인간과
공간

Mensch und Raum

by Otto Friedrich Bollnow

Copyright©1963 W. Kohlhammer GmbH, Stuttgart, 10. Auflage 2004

Korean Translation Copyright©2011 by ECO-LIVRES Publishing Co.
Korean edition is published by arrangement with W. Kohlhammer GmbH
through BC Agency, Seoul

인간과 공간

초판 1쇄 발행일 2011년 8월 23일   초판 2쇄 발행일 2014년 12월 5일

지은이 오토 프리드리히 볼노 | 옮긴이 이기숙
펴낸이 박재환 | 편집 유은재 | 관리 조영란
펴낸곳 에코리브르 | 주소 서울시 마포구 동교로 15길 34 3층(121-842) | 전화 702-2530 | 팩스 702-2532
이메일 ecolivres@hanmail.net | 블로그 http://blog.naver.com/ecolivres
출판등록 2001년 5월 7일 제10-2147호
종이 세종페이퍼 | 인쇄·제본 상지사 P&B

ISBN 978-89-6263-055-8 94300
ISBN 978-89-6263-033-6 (세트)

부산대학교 한국민족문화연구소
로컬리티 번역총서 L5

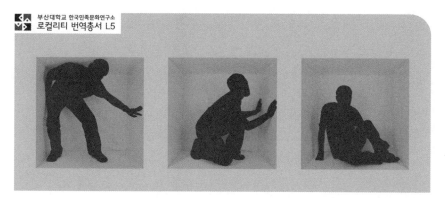

Mensch und Raum | Otto Friedrich Bollnow

인간과 공간

오토 프리드리히 볼노 지음 | 이기숙 옮김

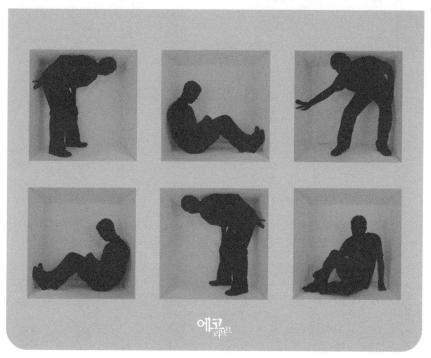

에코리브르

이 번역 총서는 2007년도 정부 재원(교육과학기술부 인문학진흥방안 인문한국지원사업비)으로 한국연구재단의 지원을 받아 연구되었음(NRF-2007-361-AL0001).

2부 넓은 세계

5부 인간 삶의 공간성

서론

1 문제 제기에 대한 역사적 고찰

인간 현존재의 시간적 구성틀 문제는 실로 현대철학의 기본 주제라고 할
만큼 지난 수십 년 동안 맹렬한 기세로 철학계를 점령했다. 베르그송은
이를 처음으로 지속(durée)의 문제로 파악해, 객관적으로 측정할 수 있는
시간과 달리 구체적으로 체험하는 시간이라는 말로 인상 깊게 표현했다.
곧이어 짐멜이 이 문제의식을 독일에 소개했고 하이데거는 실존적 존재
론을 전개하는 과정에서 인간 현존재의 시간성 문제를 자기 철학의 중심
에 확고히 세움으로써 이 문제의 총체적 중요성을 처음으로 보여주었다.
사르트르와 메를로퐁티는 다시 이 사유를 받아들여 프랑스에서 확산시
켰다. 이 같은 자극을 받아 전개된 인간 현존재의 시간성 문제는 개별 학
문에서도 대단히 생산적인 주제임이 입증되었다. 심리학과 정신병리학
은 물론이고 문학 연구를 비롯한 인문학 여러 분야에서 새로운 문제를
제기하고 결과를 도출하는 등, 풍성하고 폭넓은 논의를 불러일으킨 것

이다. 이 문제와 관련된 광범위하고 다양한 문헌 가운데 여기서는 외젠 민코브스키(1885~1972. 러시아 태생의 프랑스 정신과 의사. 《정신분열증》(1927), 《살아가는 시간》(1933), 《우주론을 향해》(1936) 등의 저술이 있다―옮긴이)의 기본 서인 《살아가는 시간》[1]만 언급해도 충분하리라 생각한다.

이에 반해 인간 현존재의 공간적 구성틀 문제, 쉽게 말해 인간이 체험하고 살아가는 구체적인 공간의 문제는 전혀 주목받지 못했다. 시간과 공간을 서로 연결해 시공간이라는 용어가 널리 쓰이는 것을 생각하면 의외라고 할 수 있다. 물론 심리학과 정신병리학에서는 1930년대 초, 그러니까 같은 시기에 진행된 시간 연구와 긴밀히 연관 지어 이 문제를 수용했으며, 특히 하이데거의 철학에 자극받아 여러 연구가 진행되었다. 독일어권에서는 아마도 그라프 뒤르크하임(1896~1988. 독일의 정신치료학자·외교관·선(禪) 교사. 심리학과 종교학을 전공한 후 제2차 세계대전 전까지는 대학에서 가르쳤으나, 전쟁 발발 후 나치에 협력했고 일본으로 건너가 외교관으로 활동했다―옮긴이)이 《살아가는 공간에 관한 연구》[2]에서 공간 문제를 처음으로 제기한 듯하다. 거의 동시에 민코브스키는 앞서 언급한 《살아가는 시간》에서 살아가는 거리(distance vécue)와 살아가는 공간(espace vécu)이라는 개념을 도입한 뒤 《우주론을 향해》[3]에서 이 개념들을 세밀히 발전시켰다. 정신병리학 문헌 중에서는 에르빈 슈트라우스(1891~1975. 독일의 신경학자·정신의학자·철학자. 1938년 나치 치하에서 미국으로 망명했다. 프로이트의 정신분석론과 하이데거의 현존재 분석을 비판적으로 연구했다. 슈트라우스 자신의 정신분석 연구는 후설의 현상학을 기초로 이루어졌다. 특히 공간과 시간의 경험을 탐구해 이것이 정신질환에서 어떻게 변화하는지를 연구했다―옮긴이)[4]와 루트비히 빈스방거(1881~1966. 스위스 정신과 의사·작가. 하이데거의 실존주의와 후설의 현상학을 심리치료에 도입해 현존재 분석(Daseinsanalyse)을 창시했다. 저서에 《꿈과 실존》, 《정신병〉 등이 있다―옮긴이)[5]의 논문을 들 수 있는데, 앞으로 논의를 진행하면서 이 문헌들을 자주 인용하겠다. 그러나 이 흥미로운 이론들은 철학이라는 좁은 영역으로 들어오지 못하고 의학을 제외한 분야에서는 금방 잊혀진 듯하다. 인간의 가장 내밀한 중심과 관련되는 시간과 달리 공간은 인간의 외적 생활환경만을 구성한다고 여겨 철학적 생산성이 떨어진다고 보았기 때문일 것이다.

카시러는 《상징 형식의 철학》[6]이라는 대작에서 우리의 주제와 관련된 문제를 전혀 다른 측면에서 접근했다. 주술적이고 신화적인 기원에서 출발해 근대의 과학적 의식으로 완성되기까지 인간 사고의 발전 과정을 추적한 그는 필연적으로 공간관과 시간관의 발전도 연구하게 되었다. 카시러는 민족학, 종교사, 언어학 그리고 인간을 연구하는 개별 학문에서 수집한 막대한 자료를 분석하여 체계적인 철학적 문제 제기에 효과적으로 이용했다. 우리의 주제와 관련해 흥미로운 것은, 그가 이질적이고 이해하기 힘든 신화적 공간구조를 어떻게 분석했는가 하는 점이다. 그는 인간 정신의 발전에서 볼 때 신화적 공간은 현대의 과학적 공간 개념에 의해 극복된 과거의 상태라고 해석했다. 카시러는 자신의 연구 주제가 지향하는 한계 때문에 현대인들도 직면한 체험공간의 문제에 주목하지 못했다. 그래서 신화적 공간관과 유사한 공간구조가 얼마나 보편적인지, 즉 현대를 살아가는 인간에게도 얼마나 타당한 의미를 갖는지 묻지 않았으며, 최소한 신화 형식이 현대인의 체험공간 이해에 얼마나 생산적으로 기여할 수 있는지도 묻지 않았다. 더욱이 카시러가 망명을 떠남으로써 그의 책은 독일에서 거의 잊혀져 훗날의 연구자들에게 대작에 걸맞은 영향을 미치지 못했다.

이후 철학계에서는 카시러의 이론을 계승하는 라센만이 직관의 현상학이라는 특별한 주제를 붙들고 공간 문제를 연구했다. 그는 하이데거가 표방한 시간성의 우위에 맞서 공간성이 인간 현존재의 구조에 부여하는 근원적인 의미를 강조했지만[7] 그의 연구도 별다른 주목을 받지 못했다.

체험공간의 문제는 근래에야 다시 연구의 전면에 등장했다. 한편에서는 뷔이텐디에크를 주축으로 하는 연구진이 구체적인 체험공간의 구조를 현상학적 · 심리학적 관점에서 설명한 비중 있는 논문들을 (아쉽게도 제1권만 발행된) 《상황》[8]이라는 연감에 모아놓았다. 이 논문들도 나중에 자세히 다루겠다. 다른 한편에서는 바슐라르가 4원소[9]에 관한 독창적인 책을 여러 권 펴낸 뒤 《공간의 시학》[10]이라는 체계적인 연구를 발전시켰다. 이로써 공간 문제는 철학 분야에도 성공적으로 진입한 듯하다. 인간 현존재의 공간적 구성틀 문제는 이제 독자적인 비중과 문제의식을 가지고 시간성의 문제와 어깨를 나란히 하게 되었다. 둘 중 무엇이 우위에 있는지를 여기서 논할 필요는 없을 것이다. 그보다는 체험공간이라는 새로운 문제에 되도록 편견 없이 접근해 거기서 어떤 결론이 나오는지 살피는 쪽이 더 생산적일 것이다. 그러나 지금까지 소개한 모든 논의는 각기 다른 학문에서 출발해 특수한 관점에서 문제를 파악한 국내외 개별 논문들에 포함된 것이다. 지금까지 이 문제를 일관성 있게, 체계적으로 기술한 연구서는 없었다. 이 책은 이러한 시도의 출발점이 될 것이다.

2 수학적 공간과의 차별성

먼저 핵심 문제부터 자세히 설명하겠다. 곧 나오겠지만, 체험공간 문제는 단순히 체험 시간의 대응 주제가 아니며, 전혀 다른 종류의 문제들과 연결된다. 그래도 우리는 체험 시간 문제에서 학자들이 성공적으로 시도한 방법을 원용하여 첫 작업을 실행하고자 한다. 시간에서는 시계로 잴 수 있는 추상적이고 수학적인 시간과 살아 있는 인간이 구체적으로 체험하는 시간을 구별하듯이, 공간에서도 수학자와 물리학자가 다루는 추상적인 공간과 인간이 구체적으로 체험하는 공간을 구분할 수 있다. 우리가 일상에서 별 생각 없이 공간이라는 말을 쓸 때는 흔히 미터와 센티미터로 측량 가능한 3차원의 수학적 공간을 생각한다. 바로 우리가 학교에서 배운 공간이고, 실제 삶에서 (이를테면 새 집에 덩치 큰 옛날 가구를 어떻게 배치할지 고민할 경우) 측량 가능한 공간에서 무언가를 가늠할 때마다 기준으로 삼는 공간이다. 그러나 이것은 공간의 특정한 일면에 불과하고, 직접 경험하는 구체적인 공간은 결코 이런 추상적인 수학적 공간과 일치하지 않는다는 사실을 우리는 좀처럼 의식하지 못한다. 우리는 인간을 둘러싼 공간에서 너무나 당연하다는 듯이 살아간다. 그래서 공간의 특성이 전혀 눈에 들어오지 않고, 그것을 깊이 고민하지도 않는다. 그렇기에 공간 연구는 그간 당연시해온 관점의 전환, 또 거의 주목받지 못한 삶의 근본으로 회귀를 전제하는 특별한 철학적 과제이다.

베르그송이 인간이 구체적으로 체험하는 시간, 즉 지속(durée)의 개념을 좀더 익숙한 수학적 시간과 대비해 설명했듯이, 우리도 당장은 이해하기 어려운 체험공간을 좀더 익숙한 수학적 공간과 차별화한다면 한결 이해하기 쉬울 것이다. 이것을 간단히 설명하기 위해 많이 알려진 3차원의 유클리드 공간을 상정하고 여기에 직교 좌표계를 설정해보겠다.

수학적 공간의 핵심 특성은 균질성이다. 이것을 설명해보자.

1. 어느 점도 다른 점보다 우월하지 않다. 수학적 공간에는 원래 정해진 좌표의 중심점이 없다. 우리는 편의에 따라 간단히 좌표를 이동시켜 아무 점이나 좌표의 중심점으로 만들 수 있다.

2. 어느 방향도 다른 방향보다 우월하지 않다. 간단히 좌표를 돌리면 공간의 어느 방향이라도 좌표축으로 만들 수 있다.

수학적 공간의 내부는 나뉘어 있지 않으며 완전히 균일하다. 그러므로 모든 방향으로 무한히 연장된다.

반면 체험공간에는 이 규정들이 적용되지 않는다.

1. 체험공간에는 우월한 중심점이 있다. 앞으로 자세히 설명하겠지만, 그 중심점은 체험하는 사람이 머물러 있는 공간 속의 장소를 통해 어떤 식으로든 정해져 있다.

2. 체험공간에는 우월한 좌표계가 있다. 그 좌표계는 인간의 신체 그리고 중력에 저항하는 직립 자세와 관련이 있다.

위의 특성에 몇 가지 규정을 덧붙여 보완하겠다.

3. 체험공간 속의 구역과 장소는 각자 질적인 차이가 있다. 체험공간은 이들의 상호 관계를 토대로 내용상 다양하게 분류된다. 반면 수학적 공간은 그렇지 않다.

4. 체험공간에는 한 영역에서 다른 영역으로 유연하게 넘어가는 통로도 있지만 뚜렷하게 구분되는 경계선도 있다. 체험공간에서는 심한 변동성을 발견할 수 있다.

5. 체험공간에서는 무한성의 문제도 근본적으로 복잡해진다. 체험공간
   은 처음에는 폐쇄된 유한한 공간으로 주어지나 훗날의 경험을 통해 무
   한히 넓은 공간으로 확장된다.
6. 체험공간은 전반적으로 가치중립적인 영역이 아니며, 삶에서 인간을
   돕거나 방해하는 식으로 관계를 맺는다. 체험공간은 인간의 생활 터전
   으로서 우리 삶을 지탱하기도 하고 가로막기도 한다.
7. 체험공간 속의 모든 장소는 인간에게 의미 있는 곳들이다. 따라서 우
   리가 체험공간을 기술할 때 언급하는 개념들은 인문학에서도 자주 사
   용하는 범주들이다.
8. 체험공간은 인간과 분리된 현실이 아니라 인간을 위해 존재하는 공간
   이다. 따라서 체험공간은 공간과 인간의 관계를 의미한다. 이 둘은 서
   로 떼어놓을 수 없다.

3 체험공간의 개념

이러한 관계들을 개념적으로 규정하기 위해 나는 체험공간(erlebter Raum)
이라는 말을 사용하려 한다. 체험공간은 인간의 구체적인 삶에 열려 있
는 공간을 뜻한다. 뒤르크하임은 앞에서 언급한 저술에서 이 용어 대신
살아가는 공간(gelebter Raum)이라는 말을 썼고, 민코브스키도 같은 뜻을
지닌 에스파스 베퀴(espace vécu)라는 말을 사용했다. 여러모로 보아 이 표
현이 체험공간이라는 용어보다 적절하다. 체험공간이란 말은 자칫 주관
적인 의미로 받아들여질 여지가 있다. 즉 공간 자체는 인간의 체험 방식
과 무관하게 존재하는 상태에서 인간이 그 공간을 체험하는 나름의 방식

으로 해석될 수 있다. 다시 말해 "체험된다"는 표현은 단지 공간에 덧씌워지는 주관적인 색채를 뜻할 수 있다는 말이다. 따라서 "체험공간"이라는 말은 심리적 상황만을 뜻하는 "공간 체험"의 동의어로 이해되기 십상이다. 이에 비해 살아가는 공간(ge-lebter Raum)이란 용어는 논의의 핵심이 심리적 상황이 아니라, 인간이 공간 속에서 공간과 더불어 산다는 면에서, 공간 자체가 논점이라는 것을 표현할 뿐 아니라 공간이 인간 삶의 매개체임을 드러내는 장점이 있다.

그럼에도 나는 실질적으로 훨씬 오해의 여지가 적은 이 개념을 사용하기가 망설여진다. 독일어에서 "살다"(leben)는 자동사이다. 산다는 것은 죽어 있는 것과 달리 살아 있음을 말한다. 이 동사는 부사로 수식할 수 있어서, 잘 산다거나 못 산다고 표현할 수 있다. 그러나 이 동사에 4격 목적어는 붙이지 못한다. "나는 더욱 처절히 투쟁하며 내 삶을 살고 있다"[11]는 한 시인의 말처럼, 기껏해야 인간이 자신의 삶을 산다고만 말할 수 있고, 같은 식으로 "살지 않은 삶"이라는 말도 가능하다. 그러나 인간이 무엇을 산다는 식으로, 이를테면 인간이 공간이나 시간을 산다고는 말할 수 없고, 이것들이 "살아졌다"고 표현하기도 힘들다.[12] 따라서 나는 여러 우려에도 불구하고 (부정확하고 오해하기도 쉽지만) 어법상 올바른 "체험공간"이라는 개념을 고수하겠다. 아무리 엄밀하게 명확성을 추구한다 해도 철학에서 언어 규범을 어겨서는 안 된다고 보기 때문이다. 명확한 설명을 위해 적절하다고 생각되는 곳에서만 가끔씩 "체험하고 사는" 공간이라는 말을 함께 사용하겠다.

어쩌면 "생활공간"(Lebensraum)이라는 말을 쓰는 편이 더 간단할지 모른다. 그러나 이 말은 생활의 확장을 위해 확보된 공간이라는 전혀 다른 의미의 좁은 뜻으로 사용되었기 때문에(생활공간이란 말은 19세기 말 유럽의

식민지 정책과 관련해 탄생했다. 독일의 지리학자 프리드리히 라첼(Friedrich Ratzel)이 1901년《생활공간》이란 책을 저술한 후 영국과 프랑스를 모델로 삼아 국가를 통일하고 식민지를 획득하자는 의미에서 이를 표어로 사용했다. 이후 아돌프 히틀러가 팽창하는 제3제국의 인구를 부양하기 위한 영토로서 러시아와 동유럽을 '생활공간'으로 삼아야 한다고《나의 투쟁》에서 주장하면서 이 용어는 독일의 제국주의를 대변하는 낱말로 굳어졌다─옮긴이) 나는 혼동을 피하기 위해 이 단어를 버리고 체험공간이라는 말을 쓰려고 한다. 그러나 오해를 막기 위해 다시 한번 강조하지만, 체험공간은 결코 심리적인 것, 단순히 경험하거나 상상하거나 공상으로 지어낸 것이 아니라 실제로 존재하는 곳이다. 체험공간은 우리의 삶이 진행되는 현실의 구체적인 공간이다.

이로써 우리의 개념 규정은 뒤르크하임과 민코브스키가 처음 이 문제를 제기하면서 살아가는 공간이란 개념을 규정했을 때와 실질적으로 완벽히 일치한다. 민코브스키도《살아가는 시간》이라는 깊이 있는 저술의 마지막 장에서 논의를 살아가는 공간으로 확대했을 때 먼저 수학적 공간 개념과 차별화를 시도했다. 그는 이렇게 적었다. "공간은 우리가 공간 바깥에서 머물며 호기심 많은 관객이나 학문적 관찰자 입장에서 규정하는 기하학적 관계로 환원되지 않는다. 우리는 공간 속에서 살고 행동하며, 우리의 개인적인 삶은 물론이고 인류의 집단적 삶도 공간 속에서 이루어진다."[13]

뒤르크하임은 처음부터 이 문제를 적절하고 폭넓게 설명해놓았기 때문에 그의 문장을 우리의 논의에 옮겨놓아도 좋을 것 같다. 그는 이렇게 말한다. "살아가는 공간은 자아에게 구체적인 실현의 매개체이고, 대항 형식이자 확장이며, 위협자이자 수호자이고, 통로이자 피난처이며, 타향이자 고향이고, 물질이고, 실현 장소이자 발전 가능성이며, 저항이자

한계이고, 자아가 존재하고 살아가는 짧은 현실에서 그의 신체 기관이
자 적수이다."[14] 이 문장에서 중요한 것은 "위협자이자 수호자", "신체 기
관이자 적수"처럼 반복해서 나타나는 전형적인 대립 표현들이다. 공간
은, 이 표현이 꿰뚫고 있듯이, 인간에게 이중의 방식으로 주어져 있다.
공간은 돕기도 하고 방해하기도 한다. 더 심층적으로 말하면, 공간은 사
지(四肢)처럼 인간에게 속하는가 하면 외부에서 적대적으로, 최소한 낯설
게 다가오기도 한다.

"발전 가능성"과 "저항"이라는 이중의 정의를 놓고 보면 공간은 뒤르
크하임에게도 결코 중립적이고 한결같은 매개체가 아니다. 공간은 삶에
서 대립적으로 작용하면서 의미들로 채워져 있으며, 이것들은 다시 공
간 속의 여러 장소와 지역에 따라 달라진다. 이 의미들은 인간이 공간과
결부하는 주관적인 느낌으로 환원되지 않는, 인간이 사는 공간 자체의
진정한 특성이다. 그래서 뒤르크하임은 이렇게 강조한다. "우리는 발전
한 인간이 살아가는 구체적인 공간과 그 안에서 그가 체험하는 모든 의
미 있는 사건들을 진지하게 생각해야 한다. 공간은 그 특성과 배열, 질서
라는 고유의 성격을 고려할 때 거기서 살고 체험하고 관계를 맺는 주체
의 표현 방식, 입증 방식, 실현 방식이기 때문이다."[15]

공간이 인간의 상관물로서 그 안에서 사는 사람과 얼마나 긴밀하게
연계돼 있는지는 공간이 사람에 따라 다르게 작용할 뿐 아니라 한 개인
에게도 당시의 상황이나 기분에 따라 다르게 느껴진다는 사실에서 드러
난다. 사람의 "내면"에서 변화가 일어나면 그가 사는 공간에서도 변화가
나타난다. 뒤르크하임은 이렇게 말한다. "구체적인 공간은 그 안에서 사
는 존재에 따라, 또 그 공간에서 진행되는 삶에 따라 다른 공간이 된다.
공간은 그 안에서 행동하는 사람과 함께 변하고, 그 순간 자아 전체를 지

배하는 특정 견해와 지향에 따라 달라진다."[16]

여기에서 최근 바슐라르가 구체적인 체험공간의 철학을 논한 저작의 제목으로 삼은 "공간의 시학"이라는 말과도 차별화를 해볼 필요가 있다. 그가 집과 우주, 다락방과 지하실, 상자와 장롱 등 인간이 체험하는 모든 공간 세계를 하나하나 분석하며 개진한 내용은 이런 제목을 붙이기에는 너무 신중하고 결국 불충분해 보인다. 물론 바슐라르의 철학이 탄생한 배경을 생각하면 충분히 이해할 수 있다. 그는 과학철학과 이 학문에 바탕을 둔 인식 개념에서 출발했다. 이렇게 보면 바슐라르가 생각하는 체험공간의 경험에는 객관적인 인식이 들어 있지 않다. 그래서 그는 체험공간의 경험을 단순히 주관적인 것으로, 즉 시적인 상상력의 소산으로 해석한다.

한편 바슐라르는 자신의 포괄적이고 형이상학적인 세계관을 노발리스와 결부하여 "마법적인 이상주의"[17]라고 불렀는데, 이 세계관을 바탕으로 상상력이 우리가 흔히 생각하는 것보다 훨씬 많은 능력을 가지고 있다고 보았다. 그에게 상상력은 말로 표현된 인간의 형상화(imagination parlée)이므로, 현실에서 저절로 만들어지는 물질의 상상력, 즉 "사물의 꿈"을 함께 꾸어야 한다.[18] 그래서 바슐라르는 시에 특별한 가치가 있다고 생각했다. 시는 "유희가 아니라 자연의 힘이다. 시는 사물의 꿈을 밝혀낸다."[19] 따라서 철학은 철학을 앞서가는 시인들의 성과에 기대야 한다고 그는 생각했다. "철학자들이 시인의 글을 읽는다면 얼마나 많은 것을 배우겠는가!"[20] 이에 따라 바슐라르가 민코브스키에 기대어 현상학이라고 이름 붙인 그 자신의 연구에서도 시적인 이미지 해석이 많은 지면을 차지한다. 그는 "시인과 화가들은 타고난 현상학자들"[21]이라는 반 덴 베르흐(Jan Hendrik van den Berg: 1914~. 네덜란드 정신의학자. 바슐라르가 인용한 문구는 다음 저술에 나온다. *A phenomenological approach to psychiatry: An introduction to recent phenomenological psychopathology*, Illinois, U.S.A., 1955. 61쪽—옮긴이)의 말을 인용했다. 바슐라르가 말한 상상력의 개념을 여기서 자세히 논하지는 않겠지만, 그가 시적인 상상력이라는 깊은 의미로 파악한 시적 공간의 분석을 우리의 체험공간 연구에서 참조할 생각이다.

4 인간 삶의 공간성

체험공간을 단순한 공간 체험이란 의미에서 심리적인 것으로만 보는 관점을 거부하더라도, 공간은 결코 주체에서 분리된 대상이 아니다. 서두에서도 강조했듯이, 우리의 논점은 인간과 공간의 관계인 동시에, 인간 현존재가 공간과의 관계를 통해 규정되는 이상, 그 현존재 자체의 구조이다. 이런 의미에서 우리는 인간 현존재의 공간성이라는 말을 쓰려고 한다. 이 개념은 삶—또는 인간 "현존재"—자체가 공간적으로 확장되어 있다는 뜻이 아니다. 오히려 존재하는 것들은 공간과의 관계를 통해서만 존재한다는 의미이고, 자신을 펼치기 위해서는 공간이 필요하다는 뜻이다.

　이런 맥락에서 하이데거는 《존재와 시간》에서—그 책의 일반적인 틀에서는 자세히 논하지 않았지만—분명히 인간 현존재의 공간성 문제를 뚜렷이 부각시켰다. 그가 인간 현존재의 구성 형식인 시간성과 객관적인 흐름인 시간을 구분했듯이, 우리도 공간과—이것이 체험공간인지 수학적 공간인지는 여기에서 중요하지 않다—공간성을 구분해야 한다. 공간성은 인간 현존재의 존재 규정이다. 하이데거의 다음 문장도 그것을 의미한다. "존재론적으로 충분히 이해되는 '주체', 즉 현존재는 공간적이다."[22]

현존재가 공간적이라는 말은 인간이 여느 물체와 똑같이 자기 몸으로 일정한 공간을 채운다는 뜻이 아니다. 즉 인간이 일정한 부피를 취하고 있고, 가끔씩―성경에 나오는 바늘귀를 통과하려는 낙타처럼―좁은 입구로 들어가지 못할 때가 있다는 뜻이 아니라, 인간은 살면서 언제나 자신을 둘러싼 공간에 대한 관계를 통해 규정될 수밖에 없다는 뜻이다.

민코브스키도 똑같은 의미에서 이렇게 강조했다. "삶은 공간으로 뻗어나가지만, 그렇다고 기하학에서 말하는 의미대로 확장되지는 않는다. 우리는 살기 위해 확장해야 하고 관점을 가져야 한다. 공간은 시간과 다름없이 삶의 발전에 필요불가결한 요소이다."[23]

삶이 "공간 속에서" 진행된다는 말은 조금 부주의한 표현이다. 인간은 물건이 상자 안에 있는 식으로 공간 속에 존재하지 않는다. 인간과 공간의 관계는, 마치 처음에는 공간이 없는 주체가 존재하다가 나중에 공간과 관계를 맺는 그런 관계가 아니다. 삶은 근원적으로 인간과 공간의 관계 속에 존재하며 생각에서조차 공간과 떨어질 수 없다. 이것은 근본적으로 하이데거가 '세계-내-존재'(In-der-Welt-sein)라는 말로 설명했던 '내-존재'(In-sein)와 동일한 문제이다. 그는 이렇게 말한다. "내-존재(In-sein)는 현존재의 존재 구성틀이고 실존이다. 그렇다고 신체(인간의 몸)가 어떤 존재하는 존재자 '속'에 있는 것으로 생각해서는 안 된다. …… 따라서 내-존재(In-Sein)는 세계-내-존재(In-der-Welt-sein)라는 본질적인 구성틀을 가진 현존재의 존재에 대한 형식적이며 실존론적인 표현이다."[24]

공간에 대한 물음은 결국 인간의 선험적 구성틀에 대한 물음이다. 다르게 말하면 공간은 인간과 무관하게 그냥 존재하지 않는다. 인간이 공간적인 존재인 이상, 다시 말해 인간이 공간을 구성하고 자기 주변에 공간을 펼치는 존재인 한에서만 공간은 존재한다. 바로 이것이 공간의 "선험적 관념성"(transzendentale Idealität)이라는 칸트의 명제에 담긴 의미이기도 하다(칸트에 의하면 공간은 우리의 지각이 갖고 있는 선험적 인식틀이다. 즉 세계에 대한 나의 인식을 가능하게 하는 경험 이전의 조건이다. 공간이 우리 자신의 일부를 이루고, 내 지각의 주관적 형식이기에 칸트는 이것을 선험적 관념성이라고 보았다―옮긴이). 그럼에도 공간은 인간의 직관 형식을 넘어서는 그 무엇이다. 여기에서 칸트의 명제는 다양한 생활환경을 갖춘 온전한 삶을 상정해 확대할 필요가 있다. 그러면 공간은 인간의 삶의 방식을 표현하는 보편적인 형식이 된다. 여기서 구체적이고 다양한 생활환경을 배제하고 삶을 단순한 이성적 주체로 환원시키면 체험공간에서 수학적 공간이 도출된다.

공간을 만들고 공간을 펼치는 존재로서의 인간은 필연적으로 공간의 근원일 뿐 아니라 공간의 영원한 중심이기도 하다. 그러나 이 말은 달팽이가 제 집을 이고 다니듯이 인간도 자신의 공간을 이리저리 가지고 다닌다는 뜻으로 거칠게 이해하면 안 된다. 인간은 공간 "속"에서 움직이고, 그가 움직이는 공간은 어느 정도 인간에게 고정되어 있다고 우리가 깊이 생각하지 않고 말하는 데에는 그럴 만한 이유가 있다. 이렇게 해서 우리는 공간에 "경험적 실재성"(empirische Realität)이 있다는 칸트의 또 다른 명제도 이해할 수 있다. 관점을 확대했을 때 이 두 규정이 어떻게 조화될 수 있는지는 아직 결론을 낼 수 없는 문제이다. 우리는 본서의 서두에서 이를 중요한 관점으로 보고 있지만 관련 논의는 잠시 뒤로 미루겠다. 구체적으로 분석하기 전에, 또 분석과 무관하게 그 문제를 다룰 수는 없기 때문이다.

인간 삶의 공간성과 인간이 체험하는 공간은 긴밀한 상관관계를 맺으며 서로 대응한다. 어느 하나에 대한 진술에는 그에 대응하는 나머지 하나에 대한 진술이 담겨 있다. 이 책에서는 체험공간의 탐구에서 출발해 인간의 공간성 구조를 역추론하려 한다. 공간성의 구조에 바로 접근해서는 충분히 드러나지 않을 풍부한 내용과 다양한 문제들이 체험공간의 분석에서 나오기 때문이다. 따라서 우리는 인간의 공간성 문제는 일단 뒤로 미루고, 인간이 체험하고 살아가는 공간부터 가능하면 편견 없이 분석하려 한다.

이 책은 체험공간이라는 문제의 중요성과 생산성을 처음으로 분명히 밝히려는 예비적 성격의 저술이다. 연구에서 대두되는 다양한 문제들에 주목하기 위해 나는 다방면으로 눈길을 돌려 개별 학문에서 제시한 연구 성과들을 철학적인 관점에서 정리하고 그것들이 얼마나 통일된 모습으로 수렴될 수 있는지를 살피려 한다. 따라서 복잡하고 다양한 자료들을 수집하는 데 많은 지면을 할애할 수밖에 없고, 다각도로 진행될 지엽적인 논의로 인해 일관된 기술의 흐름이 깨질 위험도 있다. 그러나 이렇게 모은 다양한 관점들이야말로 우리의 연구 주제의 생산성을 입증할 것이다.

물론 완벽한 연구에 도달하기는 힘들다. 다방면에서 취한 적절한 사례들을 모아놓는 것으로 충분할지 모른다. 이 책에서는 두 가지 문제를 일부러 제외했다. 그 문제들의 논점이 새로운 논의로 전개되면서 이 책의 기초적인 연구 범위를 넘어선다고 보기 때문이다. 하나는 조형미술에서의 의식적인 공간구성이고, 다른 하나는 직접적인 체험공간에서 수학적·물리적인 공간으로의 이행이다.[25]

1부

공간의
기본적인 분류

1
아리스토텔레스의 공간 개념

현대 자연과학에 의해 규정되어 오늘날 당연시되는 공간관의 편견에서 벗어나려면 아직 이런 영향을 받지 않은 다른 공간관부터 살펴보는 것이 바람직하다. 그런데 문제는 이런 공간관이 부지불식간에 사고의 밑바탕에 자리 잡았지만, 우리는 그것을 깨닫지도 분명히 표현하지도 못한다는 점이다. 여기서는 아리스토텔레스가 《자연학》 제4권에서 서구 사상사에서 처음으로 세밀하게 논한 공간 문제를 소개하면서 논의를 펼치려 한다. 이 책에서 아리스토텔레스는 그리스인의 공간관을 요약하는 동시에 다른 견해들도 매우 자세히 다루었다. 또 이 책에는 훗날의 공간 연구에서 관용구가 되어버린 공간과 시간의 병렬 표현이 등장한다. 아리스토텔레스 고유의 개념으로 말하면 '토포스'($\tau \acute{o} \pi o \varsigma$)와 '크로노스'($\chi \rho \acute{o} \nu o \varsigma$)다. 여기서는 아리스토텔레스의 극히 세분화된 설명을 일일이 따라갈 필요는 없으므로, 그의 공간관 중에서 낯설다기보다는 색다른 면이 두드러지는 관점들만 몇 가지 밝혀보겠다.

1 자연 속의 장소

이 관점들 중 하나에 의하면, 공간 자체는 자연적으로 분류되어 있으며, 당시 철학자들이 구분한 4원소(불, 공기, 물, 흙)는 각자 속한 일정한 장소가 있어서 언제나 그곳으로 가려고 한다. 아리스토텔레스는 이렇게 말한다. "모든 원소는 방해받지 않는 이상 각기 자신의 장소로 진출하려고 한다. 어느 것은 위로 가고, 어느 것은 아래로 가며, 다른 것들도 6방위의 나머지 방향으로 가려고 한다."[1] 이것은 우리에게는 아주 낯선 공간관이다. 아리스토텔레스는 공간을 균질적인 것으로 보지 않았다. 공간 내부에서 부분($\mu\acute{\epsilon}\rho\eta$)과 종류($\epsilon\ddot{\iota}\delta\eta$)들을 구별했으며, 나중에는 이것을 구체적으로 위와 아래, 앞과 뒤, 오른쪽과 왼쪽으로 나눈 방향($\delta\iota\alpha\sigma\tau\acute{\alpha}\sigma\epsilon\iota\varsigma$)이라고 불렀다. 현대의 용어로 말한다면 이는 인간의 몸에 의해 주어진 좌표계이고 바로 이것이 공간을 분류한다. 여기에 대해서는 나중에 더 자세히 이야기하겠다. 더 나아가 아리스토텔레스는 이 규정들이 인간에게 상대적으로 적용될 뿐만 아니라 원래 존재했다고 주장한다. 그의 말을 들어보자. "이 방향들—위와 아래, 오른쪽과 왼쪽—은 우리에 의해서만 결정되지 않는다. 우리 입장에서 볼 때 이 방향들은 우리가 어떤 위치에 자리 잡느냐에 따라 달라질 수 있다. 그래서 우리가 위치를 바꾸면 위가 아래가 되고, 오른쪽은 왼쪽이 되며, 앞은 뒤가 된다. 그러나 자연에서는 모든 방향이 제각기 정해져 있다. 위는 임의의 방향이 아니라 불꽃과 가벼운 물체가 이동하는 방향이다. 아래도 임의의 장소가 아니라 흙과 무거운 물체가 있는 곳이다. 따라서 방향은 위치($\tau\hat{\eta}$ $\theta\acute{\epsilon}\sigma\epsilon\iota$)에 의해서만 구별되지 않고 그 작용($\tau\hat{\eta}$ $\delta\upsilon\nu\acute{\alpha}\mu\epsilon\iota$)을 통해서도 구별된다."[2] 방향이 사람에게 적용될 때는 그 사람의 위치에 따라 바뀐다고 한 아리스토텔레스의 주장은 옳다. 어떤 이에게는 오른쪽인 것이 다른 이에게는 왼쪽이 되고, 방금 전에는 앞이었던 것이 내가 몸을 돌리는 순간 갑자기 뒤가 될 수 있다.

여기까지는 아리스토텔레스의 관점이 지극히 당연하다. 현대인은 이렇게 주관적으로 규정된 공간관에서 벗어나라고 요구할지 모른다. 그러나 아리스토텔레스의 생각은 전혀 달랐다. 그가 볼 때 이 규정들은 처음부터 인간에게 상대적으로 적용될 뿐 아니라 원래 존재한다. "자연에서는 모든 방향이 제각기 정해져 있다." 그런데 특이한 것은, 아리스토텔레스가 이 질서를 그가 근본적이라고 생각하는 위와 아래의 대립 방향에만 적용한다는 점이다. "따라서 위는 임의의 방향이 아니라 불꽃과 가벼운 물체가 이동하는 방향이다. 마찬가지로 아래도 임의의 장소가 아니라 흙과 무거운 물체가 있는 곳이다." 나머지 두 쌍의 대립 방향에 대해서 그는 언급하지 않았다. 어쩌면 인간과 관련된 상대적 규정에서 분리해 설명하기가 아리스토텔레스로서도 쉽지 않았을 것이다. 여하튼 위와 아래와 관련해 공간은 원래 나뉘어 있고, 원소들은 그 안에서 각자 소속된 위치를 가지고 있으며, 다른 힘에 의해 방해받지 않는 이상 그곳으로 돌아가려 한다. 이와 관련해 아리스토텔레스는 공간이 "존재"할 뿐만 아니라 "고유의 힘"도 가지고 있다고 말한다. 즉 공간이—번역에 따라 다르게 표현되겠지만—"일정한 작용을 가한다"³(ὅτι ἔχει τινὰ δύναμιν)고 말한다. 결국 아리스토텔레스가 생각하는 공간은 내적인 힘이 퍼져 있는 공간이고, 현대물리학에서 말하는 역장(力場)이 연상되는 공간이다.

여기에서 용어의 의미를 제한하는 언급을 해두어야겠다. 각 원소들이 본연의 장소로 가려 한다고 말했을 때 우리는 그리스어 토포스를 현재의 비슷한 용어이자 아리스토텔레스의 설명에도 자주 등장하는 "공간"(Raum)으로 번역하지 않고 오히려 내용의 흐름을 따라 "장소"(Ort)로 번역했다.⁴

우리는 우선 낱말의 뜻에 충실한 번역을 했다. 토포스는 장소·위치·자리를 뜻하고, 저작자에 대해 말할 때는 인용문의 출처도 의미한다. 따라서 위에 인용한 문장은 공간 속에 있는 모든 것이 각자 본연의 장소를 가지고 있다는 뜻이다. 공간을 뜻하는 독일어 Raum은 그리스어로는 "코라"($\chi\omega\rho\alpha$)로 번역되며, 코라는 "코레오"($\chi\omega\rho\varepsilon\omega$)에서 나온 말이다. "코레오"의 일차 의미는 '공간을 주다', '자리를 만들다'이고, 그다음으로 '비키다', '물러나다'라는 일반적인 의미가 있는데, 특히 그릇에 대해 말할 때는 무언가를 담기 위해 '무엇을 넣고', 그것이 '공간을 차지하고 있다'는 의미이다. 따라서 "코라"는 (이 개념은 나중에 다시 논하겠다) 사이 공간, 여지, 구간이라고 말할 때의 그 공간이다.

2 그릇으로서 공간

이렇게 되면 아리스토텔레스의 자연학을 다루면서 공간을 뜻하는 "토포스"의 어설픈 번역어 차용 때문에 그리스어 원문에는 있지도 않았던 문제가 발생했다고 생각할 수도 있다. 그러나 이것은 그리 간단한 문제가 아니다. 토포이($\tau\acuteο\pi\omicron\iota$, 토포스의 복수형─옮긴이)의 자연적인 배열은 공간 내부의 분류를 뜻하는데, 이런 의미에서 이는 공간구성에 대한 아주 특정한, 우리에게는 매우 낯선 진술이다. 그 밖에도 "장소"라는 번역어가 아리스토텔레스의 "토포스"라는 말에 부합하는지도 의문이다. 설사 이렇게 해서 토포스를 "공간"으로 번역했을 때 생기는 문제점을 비켜간다 해도, 아리스토텔레스에 관한 논의를 지속하다 보면 "장소"라는 번역어를 고수할 수 없는 새로운 문제에 봉착한다. 독일어에서 장소는 점의 성격을 가진 것, 내가 손가락으로 가리킬 수 있는 특정한 위치를 뜻하는 반면, 적어도 아리스토텔레스가 사용한 토포스라는 말에는 언제나 일정한 외연, 공간적인 부피란 뜻이 포함되어 있기 때문이다.

아리스토텔레스는 두 개의 물체가 서로 자리를 바꾸면 어떤 일이 생기는가, 이를테면 방금 전에는 공기가 있던 곳에 지금 물이 있으면 어떤 일이 벌어지는가라는 문제에서 출발하면서 공간을 "일종의 그릇"이라고 말한다. 그릇은 "가지고 다닐 수 있는 공간"[5]이고, 반대로 공간은 "일종의 움직이지 않는 그릇"[6]이기 때문이라는 것이다. 그러니까 토포스는 일정한 공간적 외연을 가지고 있으며 "자신의 대상을 둘러싸고 있다".[7] 더 구체적으로 아리스토텔레스는 토포스가 "무언가를 둘러싸는 물체의 경계" 혹은 "둘러싸는 도구의 외피"[8]라고 규정한다. 즉 대상 주위를 휘감은 일종의 피부라는 것이다. 그런데 이 특성이 독일어 낱말 "장소"에는 적절히 드러나지 않는다.

오늘날 우리의 공간 관념과 아리스토텔레스 공간의 차이는 그릇과의 비교에서 확연히 드러난다. 공간은 사물들 간의 관계 체계가 아니라, 어느 사물이 차지한 부피를 바깥에서 구획한 경계이다. 공간은 둘러싸는 외피에 의해 경계가 정해지는 빈 곳이다. 이 빈 곳에 해당 사물이 들어맞기 때문에 공간은 그곳을 점유한 사물과 크기가 같을 수밖에 없다.[9] 그런 빈 곳으로서의 공간은 필연적으로 유한하다. 어떤 것이 다른 어떤 것에 둘러싸여 있을 때만 공간이라는 말을 쓸 수 있다. 이런 상황을 벗어나면 공간이란 말은 의미를 상실한다. 그래서 아리스토텔레스는 이렇게 강조했다. "외부의 다른 물체에 감싸인 물체만이 공간에 있을 뿐, 그렇지 않은 것은 공간에 있지 않다."[10] 독일어에서 장소란 말이 가리키는 것과의 차이가 여기서 또다시 분명히 드러난다. 왜냐하면 장소는 반드시 나란히 놓여 있지만, 공간(아리스토텔레스가 말하는 토포스)은 작은 공간이 큰 공간 속에 들어 있는 식으로 서로 겹치거나 둘러싸기 때문이다. 이런 식으로 부피가 작은 공간에서 단계적으로 점점 큰 공간으로 올라가면서 모든 것을 포함하는 공간에 대한 의문이 생겨난다.

이렇게 해서 이 사고는 우주 전체에 대한 문제로 확대된다. 아리스토텔레스는 이렇게 말한다. "따라서 흙은 물속에 있고, 물은 공기 속에 있으며, 공기는 에테르 속에, 에테르는 하늘 속에 있다. 그러나 하늘은 다른 것 속에 있지 않다."[11] 공간은 항상 그것을 둘러싸는 다른 것을 전제로 하기 때문에 하늘은 더 이상 공간 속에 있지 않다. 오히려 우리가 생각할 수 있는 최대한 넓은 공간은 하늘에 둘러싸인 모든 것이다. "하늘 자체는 공간이 아니다.[12] 움직이는 물체의 가장자리와 맞닿지만 자신은 움직이지 않는 하늘의 내부 경계선이 공간이다."[13] 따라서 공간은 필연적으로 유한한 공간이다. 즉 천구가 둘러싸고 있는 빈 곳이다.[14] 아리스토텔레스 천문학의 문제들, 특히 이 부동의 동자(unbewegter Beweger, 不動의 動者: 자신은 움직이지도 변화하지도 않으면서 다른 존재를 움직이고 변화시키는 존재라는 뜻으로 아리스토텔레스가 규정한 개념이며, 원동자(原動者)라고도 한다—옮긴이)의 본질이 무엇인가는 여기서 다루지 않겠다. 여하튼 아리스토텔레스의 공간관에서 공간이란 항상 바깥에서 경계가 정해지고 내부가 채워진 빈 곳이라는 점, 그런 의미에서 공간은 필연적으로 유한한 공간이라는 점, 그리고 채워진 공간을 넘어 무의 공간에 대해 묻는 것은 별다른 의미가 없다는 점이 핵심이다. 무의 공간은 존재하지 않는다.

논의는 여기서 중단하겠다. 우리의 목적은 아리스토텔레스 해석이 아니라, 우리의 현재 공간 관념과 달라 우리를 혼란스럽게 하면서도 바로 그 때문에 앞으로의 논의에 도움이 될 시각을 제공하는 논점을 밝히는 것이기 때문이다. 따라서 우리는 다음과 같이 요약할 수 있다. 균질적이면서 무한대로 뻗어가는 수학적 공간은 아리스토텔레스의 인식에 들어 있지 않았다. 그리스인들은 전혀 다른 시각으로 이 문제에 접근했다. 그들의 첫째 의문은 "어떤 사물이 속한 곳은 어디인가?"였다. 다시 말해, 만물이 자기에게 걸맞은 고유의 장소를 차지하고 있는 공간의 자연적인 분류를 물은 것이다. 만물은 본디 그런 장소를 가지고 있지만 그곳은 인간이 지정한 장소가 아니다. 그곳은 우주론적으로 배열되면서도 반드시 유한하고 조망이 가능한 공간이다. 따라서 공간은 자신을 채우고 있는 사물을 벗어나지 않는다. 아리스토텔레스는 네 가지 "원소"만 가지고 이 사고를 전개했다. 하지만 이 사고는 본래 공간 속에 존재하면서 자기 본연의 장소를 가진 사물 하나하나에도 적용할 수 있을 것이다. 그리고 결국엔 인간의 공간 질서도 이 사유의 틀에 들어맞는다. 인간의 공간 질서는 다시 인간 주변의 사물에 각자의 공간을 지정하면서 동시에 포괄적인 우주 질서에 순응한다. 여기에서 다시 수많은 문제들이 탄생한다.

일상에서 쓰이는 공간 관련 용어와
용어의 역사

1 일상적 어법

지금까지 우리는 아리스토텔레스의 공간관에 주목해 현대물리학의 공간 개념이 규정해놓은 고정된 의미를 조금 해체했다. 이제 독일어에서 공간이라는 말이 일반적으로 무엇을 뜻하는지 객관적으로 살펴볼 차례다. 우선 일반적인 뜻에서 파생된 학문적 개념어 사용법은 논의에서 배제한다. 다시 말해 인간의 직관 형식으로서의 "공간", 즉 유클리드 공간이나 비유클리드 공간 같은 개념은 다루지 않겠다. 또 요즈음 널리 퍼진 전문용어에서 보듯이 공간 개념을 불확실한 비유적 의미로 사용해 무척 이해하기 어렵게 만드는 용법도 제외하겠다. 일례로 "경제" 공간, "정치" 공간, "시적인" 공간이라는 표현을 사용해 관련 현상이 일어나는 분야를 뜻하는 용법 말이다. 우리는 공간이라는 용어를 이런 변칙적인 의미에 물들지 않은 직접적이고 강력하며 자연스러운 의미로 사용하려 한다.

독일어에서 공간이라는 말이 정관사나 부정관사와 함께 쓰일 때는 집의 일부를 의미할 때뿐이다. 즉 이 경우 공간은 방과 부엌, 그리고 여타의 "공간"을 포괄하는 상위 개념이다. 이때 공간은 집을 구성하는 단위를 말한다. 이런 의미의 공간은 집에서 벽으로 분리되어 각기 다른 목적에 이용되는 독립적인 부분이다. 그래서 우리는 주거 공간, 사무 공간, 부속 공간 같은 말을 사용한다. 모임 공간은 아주 특이한 경우이다. 모임이 야외에서 진행될 때는 모임 광장이나 모임 장소라고는 말해도 모임 공간이라고는 하지 않는다. 이 예를 보아도 공간은 언제나 건물의 일부, 즉 바깥 세계와 격리된 빈 곳을 의미한다는 것을 알 수 있다. 다른 언어에는 독일어에서 볼 수 있는 이런 어법이 없다. 프랑스어 pièce에는 우리가 여기에서 주목하는 측면이 어법상 배제되어 있다. 따라서 프랑스어 pièce의 의미는 논외로 하겠다.

공간이라는 말이 관사 없이 쓰일 때는 주로 특정 의미로 굳어진 관용구의 구성요소 역할을 한다. 아직 학문적 용법이 침투하지 않은 일상어에서 공간이라는 말이 어떤 뜻으로 쓰이고 있는지를 알려면 바로 이런 관용구를 기준으로 삼아야 한다. 이런 의미에서 몸을 뻗을 "공간이 있다"거나 봄을 펼 "공간이 필요하다"고 말하고, 비슷한 뜻으로 그런 "공간을 마련한다"는 표현도 사용한다. 일례로 예수 탄생 이야기에 보면 아기 예수를 구유에 누일 수밖에 없었던 이유가 "여관에는 그곳밖에 다른 공간이 없었기" 때문이라고 나와 있다. 또 많이 인용되는 구절 중에, 서로 사랑하는 행복한 남녀에게는 "아무리 작은 오두막에라도 공간"[15]이 있다는 표현이 나온다. 이러한 상황에 대해서는 나중에 다른 주제를 다룰 때 자세히 이야기하겠다. 비슷한 의미로 "넓은(geräumig) 집", "넓은 저장실"이라는 말도 쓴다. 이럴 때도 공간은 늘 확보된 공간, 다른 용도로 쓰이지 않는 공간, 자유롭게 움직일 수 있는 공간을 뜻한다. 또 비유적인 의미로

우리는 의심 같은 느낌이나 사고에도 "공간을 허락한다"(Raum gewähren)
고 말한다.

그러니까 공간은 넓은 의미로 보면 운신의 "여지"(Spielraum)이고, 사물
사이의 "사이 공간"이며, 인간을 둘러싼 "자유로운 공간"이다. 좁음과
넓음은 공간을 가장 근원적으로 규정하는 특성이다. 공간이 좁으면 우리
는 답답함을 느끼고, 공간이 넓으면 그곳을 넉넉하게 이용할 수 있다. 이
른바 공간의 무한성이란 아리스토텔레스의 경우와 마찬가지로 여기서
도 논의의 대상이 아니다. 공간이 구체적인 생활의 필요성으로 채워지지
못하면 공간이라는 말을 사용하는 것이 무의미하기 때문이다. 공간은 구
체적으로 실현되는 생활의 범위를 결코 넘어서지 않는다. 우리는 많은
공간을 가지고 있을 수 있다. 하지만 무한히 많은 공간을 가지고 있다는
말은 혼자 필요한 것 이상으로 넓은 공간을 가지고 있다는 뜻이다.

2 언어사적인 정보

a) 공간

어원 사전에 적힌 언어사적인 지식을 우리의 해석에 동원하면 위의 견해
를 증명할 수 있다. 그림(Grimm) 사전은[16] '치우다, 옮기다, 제거하다'를 뜻
하는 동사 "räumen"의 본뜻을 "숲을 개간하거나 사람을 정착시키려고
숲에 공간, 즉 빈터를 만들다"로 풀이한다. 명사 "공간"의 의미도 바로 여
기서 결정되었다. 그림 사전에 의하면 여러 고문헌에 나오는 공간이라는
말의 뜻은 이렇다. "정착민들이 아주 오랜 옛날부터 사용한 표현으로서
…… 일차적으로 숲을 정착지로 만들기 위해 벌목하고 개간하는 행위를

뜻하며 …… 그렇게 해서 얻은 정착지 자체를 의미하기도 한다." 이 기록은 대단히 중요하다. 이런 근본적인 뜻으로 볼 때 공간은 그 자체로 이미 존재하는 게 아니라, 숲(아직 공간이 아닌 것)에서 벌목하는 식으로 인간의 행위를 통해 얻어지는 것이다. 똑같은 의미에서 클루게와 괴츠 사전[17]은 공간이라는 말이 '넓다'를 뜻하는 원시 게르만어 형용사에서 나왔고 옛날의 변화형에서는 '노출된 장소, 야영지, 앉을 곳, 침대'를 뜻했음을 알려준다. 의미가 조금 확대된 경우에 공간은 인간을 안전하게 받아주는 빈 곳, 인간이 자유롭게 움직일 수 있는 곳을 뜻하고, 인간을 둘러싸고 있지만 공간이라고 할 수 없는 다른 곳과 구별되는 빈 곳을 의미한다. 여기에는 모두 보호한다는 느낌이 담겨 있다. 비슷한 의미에서 배의 적재 공간도 화물을 수용하기 위해 지정된 선박 내부의 장소이다. 이 경우에도 사방이 둘러싸인, 확보된 자리라는 의미가 들어 있다.

 이렇게 보면 공간은 사물 사이에 존재하는 곳이기도 하다. 물론 이럴 경우 빈 공간이라는 개념은 조금 퇴색한다. 사물은 많든 적든 공간을 만들어준다. 일례로 "개울이 비집고 들어갈 공간을 주지 않는 두 개의 바위산"[18]이라는 표현이 있다. 그러니까 공간은 움직임에 조금이라도 필요한 빼듯한 곳이란 의미도 있다. 이런 뜻으로 쓰인 다른 예문을 보자. "거실 마루바닥 위에서 춤을 추었다. 다시 말해 2피트(약 61센티미터)의 공간을 차지한 사람은 그 위에서 계속 빙빙 돌았다."[19] 여기에서도 공간은 움직임에 필요한, 쟁취해야 하는 곳이다. 이 공간은 좁을 수도 있다. "앞뒤로, 옆으로 한 걸음 내디딜 공간도 없다"는 표현이 있다. 이 문장은 인간이 어딘가에 끼여 있어서 자유롭게 움직이지 못함을 나타낸다. 결국 공간은 언제나 무언가를 위한 공간이고, 특히 움직임을 위한 자유로운 공간, 자유로운 펼침을 위한 공간이다. 이런 자연스러운 의미에서 볼 때,

공간은 계속되는 움직임이 사물로 인해 방해받는 곳에서 끝난다. 한편 공간은 넓을 수도 있다. 릴케의 글에 행복한 경험을 잘 드러내는 이런 표현이 있다. "마치 사물들이 한 곳으로 모여 공간을 만들어주는 듯했다."[20] 이 모든 예문에서 공간은 구체적인 것, 상황의 제약을 받는 것이다. 우리가 일종의 비유로 어떤 상황을 답답하게 느낄 때, 그 이면에는 역시 활동 공간의 부족이라는 본래 의미가 숨어 있다.

우리는 흔히 공간 부족, 공간의 유효적절한 이용, 또는 공간 낭비라는 말을 한다. 이것을 어떤 식으로 이해하든, 이 자연스러운 표현들에서 공간은 결코 모든 것을 포괄하는 3차원의 무한한 연속을 뜻하지 않는다. 이때의 공간은 그 속에서 펼쳐지는 삶과 관련이 있다. 공간은 '살아 있다'는 의미를 가진 활동과 관련해서만 존재한다. 인간 외의 존재에 대해 공간이라는 말을 쓸 때에도 (위에 예시한 개울처럼) 그 존재가 움직이고 그리하여 생명체로 간주될 때에만 그런 용법이 가능하다. 얼마나 공간이 필요한지는 각 개인의 요구에 따라 달라진다. 괴테는 이렇게 말한 적이 있다. "공간이 별로 필요하지 않을 때 얼마나 많은 자리가 생기는지 너는 모를 거야."[21] 순한 양들은 한 울타리에 많이 들어간다는 유명 속담도 비슷한 맥락에서 나왔다. 개개인이 공간을 덜 차지할수록 그만큼 많은 사람들이 한 공간에서 자리를 확보할 수 있다. "지구상에는 모든 이를 위한 공간이 있다"[22]고 실러는 자신 있게 말했다. 여기서의 공간은 더 일반적인 의미의 삶의 공간, 즉 인간이 자신의 삶을 펼칠 수 있는 가능성을 말한다.

이로써 공간 개념은 의미가 확대되면서 답답한 한계라는 뜻에서 조금 벗어난다. 그래서 탁 트인 바다를 뜻하는 "raume See"라는 표현이 있다.[23] 또 생각으로만 가능할지라도 무한히 뻗어가는 움직임이 펼쳐지는 공간을 뜻하는 창공(Luftraum)이라는 표현도 있다.

그러나 우리 머리 위에서 푸른 창공으로 사라져가면서

종달새가 우짖는 노랫소리 울려 퍼지고[24]

"하늘의 공간"을 말할 때는 낱말을 반복해서 사용해 뜻을 강조하기도 한다. 헤세의 글에 이런 상념이 드러나 있다. "우리는 이어지는 공간들을(Raum um Raum) 즐거운 마음으로 하나씩 지나가야 한다."[25] 다음 문장에서도 좁은 한계에서 벗어난 환희가 느껴진다. "세계정신은 우리를 묶어두려고도 옥죄려고도 하지 않는다." 위에 등장한 복수형과 달리 최근 "우주 비행"(Raumschiffahrt)이 시작된 별들 사이의 우주공간은 반드시 단수로 표현한다.

b) 공간 관련 동사들

지금까지의 내용을 증명하고 확대하기 위해 동사의 어법을 참고해보자. 앞 단락의 서두에서 기본 의미를 언급했던 "räumen"(치우다, 옮기다)이라는 동사는 시간이 흐르면서 '지금까지 점유하고 있던 공간을 포기하다'라는 뜻으로 바뀌었다. 패배한 적군은 군대를 철수시켜 싸움터를 내준다(das Schlachtfeld räumen). 이사를 나가는 임차인은 집을 비울 때(die Wohnung räumen) 자신의 가구를 빼내 새로운 입주자에게 공간을 마련해준다. 경찰은 강당에서 패싸움이 벌어지면 그 안에 있던 사람들을 내보낸다(den Saal räumen). 상인은 "점포정리 대매출"(Räumungsausverkauf)을 통해 신상품이 들어갈 자리를 마련한다.

이런 의미의 동사 "räumen"은 없앤다는 뜻이고 결국 청소한다는 말과 뜻이 같다. 우리는 탁자를 청소하고(den Tisch räumen), 남은 재와 그을음을 제거해 난로나 오븐을 청소한다(den Ofen räumen). 뜻을 더 분명히 표현하기 위해 이 동사 대신에 "abräumen"(정리하다), "ausräumen"(치워서 비우다), "wegräumen"(치워서 없애다, 제거하다)이라는 말을 쓰기도 한다.

동사 "einräumen"(인정하다/비치하다)의 한 가지 의미도 이런 맥락에 속한다. 이 동사는 스스로 물러나 다른 사람에게 자리를 마련해준다는 뜻이다. 토론에서는 상대방의 의견을 인정하고 자기 입장을 포기한다는 뜻으로 쓰인다. 다른 의미로 쓰일 때는 새로운 공간이나 새로 거주할 방에 장차 거기에 보관할 새 장롱이나 서랍장 같은 물건을 들여놓거나 설치하는 과정을 뜻한다. 이럴 때는 그 물건들을 아무렇게나 넣지 않고 제한된 공간 안에 질서를 부여한다. 즉 지금까지 아무 데나 이리저리 놓여 있던 물건들을 제자리에 배치해 각자 소속을 정해준다.

똑같은 의미로 무언가를 "치우고 정리"(aufräumen)할 때는 방이나 작업실 같은 데서 아무렇게나 사용해 어지럽게 흩어져 있던 물건들을 제자리에 갖다놓음으로써 무질서로 답답했던 곳에 움직일 공간을 만들고, 직설적으로 말하면 "숨통"을 틔워준다. 치우고 정리한다는 말은 비유의 의미로 정신 상태에 대해서도 쓸 수 있다. 그럴 때의 aufräumen은 우선 분명히 사고한다는 의미이고, 나중에 등장한 낱말인 "aufgeklärt"(계몽된, 깨어 있는)와 비슷하게 분별없는 선입견에 휘둘리지 않는다는 뜻이며, 특히 '유쾌하다'는 뜻도 갖고 있다. "그 여자는 모든 이에게 친절하고 호의적이고 유쾌하게 대했다"[26]고 어느 문헌에는 비슷한 뜻의 단어들이 나란히 적혀 있고, 괴테의 유명한 시에는 이런 구절이 나온다.

성 베드로는 유쾌하지 않았다.
그는 방금 걸어가면서 꿈을 꾸었다.[27]

여기서 "aufräumen"의 새로운 뜻을 뚜렷이 알 수 있다. '그는 유쾌하지 않았다'는 말은 '치우지 않은 방'이라는 말과 의미가 비슷하다. 즉 다른 생각에 골몰해 있어서 해야 할 일을 할 수 없었고, 가브리엘 마르셀이 말한 대로 그럴 '여유'가 없었다는 뜻이다.

c) 요약

앞으로 계속될 연구의 실마리로, 지금까지 어원 분석에서 얻은 정보들을 분류해 요약해보겠다.

1. 공간은 모든 것이 제자리, 제 장소, 제 위치를 갖고 있는 포괄적인 곳이다.
2. 공간은 인간이 자유롭게 움직이기 위해 필요한 운신의 장소이다.
3. 공간의 본뜻은 숲을 벌목해 인간의 정착지로 만든 빈 곳이다. 따라서 공간은 원래 비어 있었다.
4. 공간은 압박하지는 않지만 근본적으로 닫힌 곳이다. 공간은 원래 무한하지 않다.
5. 이른바 열린 공간이라는 것도 추상적인 무한대가 아니라 방해받지 않고 뻗어나갈 가능성을 말한다. 창공을 나는 종달새가 그렇고, 넓게 펼쳐진 평지가 그렇다.
6. 공간은 인간의 삶이 전개되는 곳이며, 주관적이고 상대적으로 규정되는 좁고 넓음에 따라 측정된다.
7. "공간을 차지한다"거나 "공간을 허용한다"는 말은 인간의 발전 욕구에 자리 잡은 경쟁 관계를 뜻한다. 공간이 부족할 때 인간은 서로 부딪치고 공간을 나누어 써야 한다.

8. '여지, 여유'(Spielraum)를 뜻하는 공간은 사물 사이에도 존재한다. 이 경우에도 공간은 움직일 수 있는 공간이고 사물 사이에 있는 틈새 공간이다. 공간은 비어 있는 경우에만 공간이다. 다시 말해 사물의 표면을 넘어 사물 내부로는 침투하지 못한다.

9. 공간은 인간의 질서를 통해 만들어지고 인간의 무질서로 인해 사라진다.

10. "공간을 내주다/양보하다"(einräumen)와 "공간을 마련하다/치우다"(aufräumen)는 합목적적인 행위를 위한 공간을 확보하기 위해 인간의 생활 영역을 조직하는 형식이다.

3 공간 속의 곳과 위치

지금까지 우리는 공간을 포괄적인 전체로 이해했다. 이제는 공간의 내부 구조에 눈을 돌려 그중에서도 독일어로 표현되는 명칭부터 살펴보겠다. 우리는 공간 속에 있는 곳(Ort), 위치(Stelle), 자리(Platz) 같은 말을 사용한다 (이 대목에서 지은이는 공간 속의 Ort와 Stelle와 Platz의 어원을 분석해 세 낱말의 기본 뜻과 상호 관계를 엄밀히 규명하고 있다. 독일어 Ort, Stelle, Platz가 일반적인 텍스트에 사용되었을 때는 우리말로 곳, 장소, 자리, 위치라는 말을 자유롭게 혼용해서 번역해도 무방할 것이다. 그러나 이 부분에서는 각 독일어 단어에 하나의 번역어만 대응시켜야 지은이의 의도에 부합하고 그가 기술한 Ort, Stelle, Platz의 차이를 적절히 드러낼 수 있다. 따라서 옮긴이는 이 부분에서만 Ort를 "곳"으로, Stelle는 "위치"로, Platz는 "자리"로 번역했고, 이 책의 다른 대목에서는 해당 독일어 낱말이 등장하는 맥락에 따라 의미를 손상하지 않는 범위 내에서 "곳", "장소", "위치", "자리"를 자유롭게 혼용해 썼다. 특히 Ort는 일반적으로 "장소"라는 말로 많이 번역하지만, 여기에서는 이 단어의 언어사적인 기원과 현재까지 전해 내려오는 기본 의미인 '뾰족한 끝'을 고려해 "곳"으로 번역함으로써, 확장의 의미가 담긴 "장소"와 차별을 두었다. 그 밖에 Stelle와 Platz도 다른 부분에서는 내용의 흐름을 따라 "위치", "자리", "장소" 등으로 표현했다. Fleck도 주로 "점"으로 번역하지만, 이 낱말의 본뜻은 '두들겨 늘인 것'으로 표면의 확장을 내포하고 있기 때문에 "장소"로 번역했다―옮긴이). 따라서 이런 낱말이 지칭하는 것과 공간의 관계, 그리고 이 낱말들의 상호 관계도 규정해야 한다. 아주 거칠게 접근하자면 이 관계는 연속된 선에 있는 점들의 관계라고 말할 수 있다. 그림 사전도 이 관계를 그런 식으로 규정한다. "공간(Raum)은 펼침이나 확장을 위해 주어진 터전이다. 반면에 곳(Ort)은 그러한 공간 속에서 처음으로 탄생한다." 다른 명칭도 우리는 비슷한 의미로 이해해야 한다. 이제 이 영역에 속하는 여러 낱말들을 하나씩 살펴보겠다.

a) 곳

가장 이해하기 쉬운 것은 곳(Ort)과 관련된 것들의 관계이다. 언어사를 살펴보면 "곳"의 정확한 이해를 돕는 좋은 자료가 있다. 곳의 기본 의미는 뾰족한 끝, 특히 창끝이라고 나와 있고, 이 낱말이 최초로 등장하는 유명구절인《힐데브란트의 노래》에도 그렇게 적혀 있다. 힐데브란트와 하두브란트가 "서로 창끝을 겨누고"(ort widar orte) 마주 서 있다. 이 원천적인 뜻은 다른 의미로 쓰인 곳에도 그대로 남아 있다. 구두장이는 송곳(Ort)을 도구로 사용한다. 지리적으로 "곳"은 발트 해의 다르스 곳(Darßer Ort)처럼 바다로 돌출한 부분을 뜻하며, 루어오르트(Ruhrort)처럼 지류가 흘러드는 끝부분을 의미한다. 광부가 갱도의 제일 안쪽 끝에서 작업할 때는 막장에서(vor Ort) 일한다고 말한다. 곳은 언제나 뾰족한 끄트머리를 지칭한다.

이 언어사적인 정보는 "곳"이라는 낱말이 공간적인 맥락에서 갖는 일반적인 의미를 분명히 보여준다. 곳은 언제나 점의 성격을 가지고 있다. 우리는 곳을 손으로 가리킬 수 있다. 곳은 공간 속의 고정된 점을, 특히 지표면의 특정한 점을 의미한다. 무엇보다 이 개념은 촌락, 마을(Ortschaft)을 뜻하는 말로 의미가 좁아지면서 인간의 거주지를 지칭하는 말이 되었다. 이런 의미에서 주소(Ortsangabe), 주거지(Wohnort), 출생지(Geburtsort)라는 말을 사용한다. 그러나 우리는 항성의 위치(Ort)나 궤적이라는 말도 사용하고, 비유의 의미로 어느 글을 인용한 곳(Ort)이라는 말도 쓴다.

이를 토대로 의미를 구별해보면, "곳"에는 자리(Platz)라는 말에서처럼 확장의 의미나 채워진 표면 혹은 채워진 공간이라는 의미가 담겨 있지 않다. 우리는 어떤 것이 곳(Ort)을 가지고 있다는 말은 쓰지 않는다. 또 어떤 것에 자리(Platz)가 필요하다는 표현은 가능하지만, 거기에 곳이 필요하다고는 말할 수 없다. 곳은 늘 일정한 곳에 놓인, 정확히 고정된 지점이다. 곳에는 항상 손으로 가리킨다는 뜻이 들어 있다. 곳은 다른 곳과 구별되는 여기의 특정한 곳이다. 그래서 우리는 자리나 위치를 바꾸듯이 곳을 바꾸지 못하고 기껏해야 다른 곳으로 옮겨 갈 수만 있다. 곳을 공간 속의 다른 모든 (아무리 작은 것이더라도) 지점들과 확실히 구별해주는 것이 바로 점의 특성이다. 마을, 도시, 촌락을 "Ort"라고 하는 이유는 공간적인 확장성 때문이 아니라 그곳이 특정 위치에 있기 때문이다.

b) 위치

곳과 밀접한 낱말이 위치(Stelle)이다. 위치도 공간 속의 특정한 점을 지칭한다. 그러나 언어사적 기원이 다르므로 그 의미도 당연히 다르다. 위치(Stelle)는 동사 "stellen"(세우다)에서 나온 말이다. 동사 stellen은 우선 말 그대로 '서 있게 만든다'는 뜻이며, 여기에서 다양한 의미가 파생되어

'어느 장소에 가져가다, 세우다, 놓다, 내려놓다'의 뜻을 가지게 되었다. 이로써 stellen은 공간에 물건을 배치해(einräumen) 각각 제자리에 세운다는 말과 똑같은 맥락에 있다. 위치는 어느 물건이 놓여 있는 정해진 지점이다. '세워두는 곳'을 뜻하는 Stall도 언어학적으로는 여기에 속하지만 요즈음에는 의미가 좁아져 일반적으로 축사를 뜻한다. 이런 의미를 가진 stellen은 우리가 체험공간을 이해할 때 중요한 다른 어법과도 관계가 깊다. 물건을 들여놓는 장치인 받침대, 버팀목(Gestell)도 공간 배치와 밀접히 관련되어 있다. 또 잠을 자기 위한 받침대인 침대틀(Bettstelle)이나 차대(車臺, Fahrgestell), 승합마차(Stellwagen)도 이 맥락에 속한다.

이런 의미가 있는 위치(Stelle)는 무언가를 세워두었다가 나중에 다시 꺼내는 곳이다. 위치는 자리(Platz)와 거의 뜻이 같다. 자리는 제 위치를 말한다. 비슷한 의미에서 우리는 누군가를 데려온다(zur Stelle schaffen)고도 말한다. 한 물건이 위치에 있다는 말은 그것이 손에 잡히는 곳에 있어서 사용할 수 있다는 뜻이다. 그러나 위치라는 말은 여기에서 뜻이 더 일반화되었다. 위치는 경작지(Ackerstelle), 공사장(Baustelle), 정류장(Haltestelle), 잠자리(Schlafstelle) 등의 낱말에서 보듯이 무언가를 하기 위한 곳이나. 공사장은 건물을 짓는 위치이다. 가끔 위치의 의미가 곳의 의미와 일치해 구분하기 힘들 때가 있다. 그래서 Unfallstelle(사고 지점, 사고 위치)라고 말하고, Tatort(사건이 일어난 곳, 범행 지점/장소)라는 말을 쓴다. 위치는 좀더 자유롭게 전용되어 주변 환경에 비해 두드러져 보이는 어느 한 부분을 말하기도 한다. 그래서 사과에 "썩은 데"(faule Stelle)가 있다고 표현한다.

위치라는 말은 문학으로도 뜻이 전이되어 인용한 곳(angeführter Ort)이라는 말과 의미가 아주 비슷해진다. 이를테면 인용문의 출처(Belegstelle), 성경의 출처(Bibelstelle)라는 말이 있다. 또 어느 책에서 내게 흥미로웠던 문장이 적혀 있던 위치를 다시 찾지 못할 때가 있다. '앞에서 인용한 곳'을 뜻하는 a. a. O.(am angeführten Ort)는 작품과 쪽수를 말하는 반면, '위치'는 인용한 문장 자체를 의미하기도 한다. 따라서 우리는 특정한 곳(Ort)에 있던 위치(Stelle)를 인용할 수 있다.

위치라는 말은 다른 관계 체계에 전용될 수도 있다. 일례로 여러 자리수(mehrstellige Zahl)라는 말이 있다. 특히 어떤 사람이 차지한 "위치, 자리"(Stelle)는 그가 직업의 위계에서 담당하는 기능을 뜻한다. 누군가는 회계사 자리를 찾고, 신문에는 한 면 가득히 (일)자리를 제공한다는 광고가 실린다. 일자리, 수습생 자리가 있으며, 누구는 자리를 잃은 뒤 일자리 소개소를 찾아간다. 그러나 여기에도 일정한 차이가 있다고 생각된다. 누가 일자리(Arbeitsplatz)를 찾는다고 할 때, 여기서의 자리(Platz)는 일반적으로 구직자가 그곳에 취직해 일을 공급받는다는 의미에서의 자리이다. 반면에 일자리(Stelle)는 일터에서 완수해야 하는 특정 업무라는 의미가 더 강하다. 기능적인 의미에서는 "대행인, 대리인"(Stellvertreter)이라는 표현도 있는데, 유사시에 원래 주인의 자리를 대신하는 사람을 말한다. 비슷한 뜻으로 관공서(Amststelle)라는 말이 있고, 지시는 "최고위직"(höchste Stelle)에서 내려온다.

c) 자리

지금까지의 분석을 보면 자리(Platz)라는 말은 위치(Stelle)라는 말과 일맥상통한다. 무언가를 제자리나 제 위치에 놓는다고 말할 때 두 낱말은 크게 구별되지 않는다. 그러나 자리(Platz)는 위치와 똑같지 않기 때문에 우리는 두 개념을 구분해야 한다. 이 부분에서 언어사적인 질문은 별로 도움이 되지 않는다. 자리(Platz)는 그리스어에서 온 차용어이다. 그리스어에서 대도시의 넓은 대로를 뜻하는 "플라테이아"($\pi \lambda \alpha \tau \epsilon \hat{\imath} \alpha$, $\acute{o} \delta \acute{o} \varsigma$)가 라틴어에서는 "플라테아"(platea)로 바뀌었는데 이 말은 '도로'와 더불어 '뜰', '광장'을 뜻하는 말로 다시 의미가 바뀌었다. 여기서 다시 이탈리아어의 "피아차"(piazza), 프랑스어의 "플라스"(place) 등이 탄생했다.

Platz라는 말은 중세를 거치면서 의미가 확대되어 이제는 일반적으로 트인 공간을 의미한다. 그래서 건축 부지(Bauplatz), 잔치 마당(Festplatz), 경기장(Sportplatz), 놀이터(Spielplatz), 형장(Richtplatz) 등의 낱말이 생겨났다. 여기에서 Platz는 무언가를 위해 조성한 열린 공간이고, 특히 공간(Raum)이라는 말을 넣어 비슷하게 조합한 합성어와 달리 지붕을 얹지 않은 노천 광장이다. 상품을 모아두는 집산지(Sammelplatz), 야적장(Lagerplatz), 야외 창고(Stapelplatz), 상업지(Handelsplatz) 같은 말이 있고, 주둔군 사령관의 명령을 받는 '진지'가 있다. 또 Platz는 좁은 의미에서 개개인에게도 적용되어 쓰인다. 그래서 일정 수의 관람석을 보유한 극장이나 열차에는 좌석(Sitzplatz)이나 입석(Stehplatz)이 있다. 또 우리는 앉으면서 "자리를 잡는다"(Platz nehmen). 일반적인 의미에서 Platz는 사람이 차지하는 공간을 말한다. 이런 뜻에서 우리는 누군가에게 자리를 만들어주거나 그의 자리를 빼앗는다.

지금까지의 언어사적 정보는 빈약하기는 해도 자리(Platz)와 위치(Stelle)의 개념을 구분하기에는 충분하다. 그리스어 출처를 보더라도 위에 적힌 모든 예문에 나온 "자리"라는 말에는 항상 공간 내에서의 일정한 확장, 일정한 넓이라는 개념이 들어가 있다. 자리(Platz)는 이 특성 때문에 곳(Ort)이나 위치(Stelle)와 구별되고 그럼으로써 공간(Raum)에 더 근접한다. 따라서 우리는 자리와 공간 개념의 관계를 밝힐 필요가 있다.

자리라는 말이 공간 개념에 근접한다고는 하지만, 이 말은 제한된 의미에서만 유효하다. 공간은 훨씬 포괄적인 개념이다. 자리라는 말로는 우주공간 같은 표현을 만들 수 없다. (매우 많은 별이 우주공간에서 자리를 차지하고 있다는 어설픈 표현을 사용하는 게 아니라면 말이다.) 두 개념은 좁은 범위의 공간에서만 비교할 수 있다. 자리는 항상 인간이 만든 한정된 자리, 인간이 자신의 목적을 위해 조성한 자리이다. 이는 도시 건설처럼 넓은 범위의 맥락에서 통하는 규정이다. 이를테면 장터(Marktplatz)는 건물로 막지 않은, 상거래를 위한 자리이다. 곳(Ort)을 자리(Platz)로 규정하고 그런 자리를 만드는 것은 언제나 인간의 세계조성 행위이다. 일례로 사막이나 고산지대 또는 황무지에는 경우에 따라 사람이 서로 만날 수 있는 위치(Stelle)는 있을지 몰라도 자리는 없다.

그러나 위의 규정은 사람이 만든 공간 속의 어느 대상에 자리를 지정해줄 때처럼 좁은 맥락에서도 통한다. 이럴 경우 자리는 앞에서 말한 의미의 위치와 비슷해진다. 그러나 여기에도 분명히 차이점은 있다. 자리(Platz)는 사물에 배정되지만, 사물은 임의의 위치(Stelle)에 있을 수 있다. 또 우리는 사물을 위치에 세워둔다. 이럴 때 우리는 그곳에 사물을 위한 "자리도" 있다는 것을 전제로 삼는다. 반면에 자리라고 말할 때 우리는 필요한 공간 면적에 주목한다. 유사시에 우리는 무언가를 치워내면서 자리를 만들어야 한다. 〔재미있는 것은 건축 부지(Bauplatz)와 공사장(Baustelle)의 차이이다. 건축 부지는 건축을 위해 확보한 대지이다. 건축 부지는 상황에 따라 나중에 이용하기 위해 구입할 수도 있다. 그러나 건축 부지가 공사장이 되려면 거기에서 실제로 건물을 지어야 한다. 건축 부지는 건축 작업이 계속되는 동안에만 공사장이다.〕

이 부분에서 다시 공간과 자리가 서로 근접하지만, 두 개념의 차이를 가장 분명하게 알 수 있는 대목도 바로 여기다. 우리는 상대방이 지나가도록 자리를 만들어줄 때 옆으로 비켜선다. 또 누군가에게 앉을 자리를 제공하면서 자리를 만들어준다. 그리고 자리나 공간을 놓고 누군가와 다툼을 벌이기도 한다. 여기에서 두 개념의 차이가 분명히 드러난다. 공간 싸움에서는 개인 공간의 경계를 빡빡하게 잡느냐 아니면 여유 있게 잡느냐가 중요하다. 그러나 자리는 통째로만 내주거나 통째로만 요구할 수 있다. 어느 물건이 들어갈 자리를 만들려면 다른 물건을 빼내야 한다. 자리는 제한적으로 주어진 몫으로서 이런저런 방식으로 분배할 수 있다. 이 말은 비유의 의미로 일터에도 적용된다. 직장에서 구세대는 지금까지 앉아 있던 자리를 신세대에게 넘겨주고 은퇴하는 식으로 신세대에게 자리를 만들어준다. 이 경우에는 공간을 새로 얻는 것이 아니라 단지 기존 공간을 새로 분배하는 것이다. 반면 구세대가 신세대에게 공간을 마련해주면서 그의 역량을 펼치게 하는 경우는 위와 달리 계량이 어렵다. 그래서 실러의 작품에 이런 표현이 있다. "지구상에는 모든 이를 위한 공간이 있다." 그러나 다른 대목에는 이렇게 적혀 있다. "태수에게 자리를, 자리를! 저들을 몰아내라!"[28] "여자여, 자리를 비켜라. 안 그러면 내 말이 네 몸 위로 지나갈 테니."[29]

이는 일반적인 의미에도 해당된다. 자리는 좁은 범위에 한정된 공간의 일부이다. 이 부분에 무언가를 넣으면 그 경계까지만 들어앉고 경계 바깥으로는 나가지 않는다. 그러나 공간은 활동의 여지(Spielraum)도 의미한다. 따라서 빈 자리(freier Platz)는 이용되지 않은, 앞으로 이용 가능한 빈 장소이다. 이런 뜻에서 자리가 많을 수는 있지만 그 많은 자리들도 유한할 수밖에 없다. 반면에 열린 공간(freier Raum)은 넓은 활동의 여지를 열어준다. 열린 공간은 무한대까지 열려 있을 수 있다. 따라서 다음과 같은 구분이 가능하다. 사물에도 자리가 필요할 수 있지만, 공간이 필요한 존재는 원래 인간뿐이다. 자리는 세계 속에서 이용 가능하지만, 공간은 인

간의 초월적인 구성틀에 속한다. 이런 의미에서 공간은 공간 속의 곳이
나 위치나 자리보다 근본적으로 우위에 있다.

d) 장소

완벽을 기하기 위해 장소(Fleck)란 말도 설명하겠다. 장소는 흔히 곳이나
위치와 겹치는 개념이다. 괴테의 글을 보자. "노이슈타트에서는 모든 게
옛날 장소(Fleck)에 그대로 있었습니다. 쇠같이 무거운 왕은 예나 다름없
이 똑같은 위치(Stelle)에서 말을 타고 달렸습니다." [30] 이 예문에서 개념은
똑같은데도 장소와 위치라는 서로 다른 낱말을 쓴 것은 지루함을 피하기
위한 문체상의 이유 때문이다. 따라서 '진척이 없다'는 뜻으로 "장소에
서 벗어나지 못하다"(nicht vom Fleck kommen)와 "위치에서 벗어나지 못하
다"(nicht von der Stelle kommen)를 똑같이 쓸 수 있고, '이해심이 있다'는 뜻
으로 "마음을 올바른 장소에 지니고 있다"(das Herz auf dem rechten Fleck
haben)와 "마음을 올바른 위치에 지니고 있다"(das Herz auf der rechten Stelle
haben)를 동시에 쓸 수 있다. 일일이 언어사를 추적하지 않아도 Fleck와
Flecken(그리고 의미가 같은 Flicken)은 한 가지 재료로 된 조각을 말하고, 특
히 수선할 때 쓰는 자투리 조각을 의미한다는 사실을 알 수 있다. "예쁜 구
멍보다는 거친 조각이 낫다"는 속담도 있다. 조각(Fleck)에는 다양한 종류가
있다. 구두장이가 신발에 덧대는 가죽 조각이 있고, 재단사가 사용하는 헝
겊 조각이 있다. 그런 조각이 바탕에 비해 두드러져 보이듯이, Fleck에도
위치(Stelle)의 사례와 비슷하게 얼룩(Schmutzfleck), 잉크 자국(Tintenfleck), 기름
자국(Fettfleck)이 있고, 비유의 뜻으로 사용하는 오점(Schandfleck)이 있다.

그 밖에 우리의 논의에서 흥미로운 사실은 한 뙈기의 땅도 Fleck라고
일컫는다는 점이다. 명승지를 "ein schönes Fleckchen Erde"라고 하고,

고을을 표현할 때도 Fleck를 쓴다. 또 장터를 의미하는 "Marktflecken"이라는 말도 있다. Fleck의 두 가지 의미가 '때리다'를 뜻하는 인도게르만어에서 나왔고 그래서 원래 '두들겨 늘인 것'을 뜻한다는 사실은 매우 중요하다. 바로 여기에서 표면 확장이라는 개념이 파생되었기 때문이다. Fleck는 언제나 2차원에 머물러 있다.

e) 장

마지막으로 넓게 퍼진 표면을 뜻하는 장(場, Feld)을 생각해보자. 이 낱말은 비유의 뜻에서 중력장, 전자기장 같은 말처럼 구조화된 공간을 지칭할 때 사용한다.

지금까지 각 낱말의 의미를 구분하고 현재의 어법을 고려하면서 언어사까지 추적해보았다. 우리는 앞질러서 공간 문제를 실질적으로 연구하려는 것이 아니라, 단지 객관적인 분석에 필요한 몇 가지 관점을 미리 찾아내 준비하기 위해 이 논의를 펼쳐왔다. 따라서 이제 본격적으로 '체험 공간' 혹은 '살아가는 공간'의 내용을 분석하려 한다.

1 수직축과 수평면: 직립 인간

예비 논의를 마쳤으니 이제는 체험공간의 구조를 하나씩 살펴보자. 우선 몇 가지 일반적인 사항부터 규정한 뒤 공간을 세부적으로 분류하겠다. 다시 한번 이 책의 서두에서 언급했던 수학적 공간과 체험공간의 차이를 이야기해보자. 수학적 공간의 특징이 균질성인 데 반해 체험공간의 특징은 비균질성이라고 이야기했다. 이 차이점은 다각도로 추적할 수 있다. 체험공간이 비균질적이라는 말의 뜻은 이렇다. 체험공간에는 임의로 돌릴 수 있는 동등한 축방향이 아니라, 다른 것보다 우월한 특정 방향이 있고 이는 공간에 대한 인간의 관계를 통해 필연적으로 주어져 있다.

아리스토텔레스는 공간 내부에서 두 개씩 짝을 이룬 여섯 "종류"의 방향을 구분해 위와 아래, 앞과 뒤, 오른쪽과 왼쪽으로 나누었다. 이것은 공간 속에 있는 인간의 직립 자세를 통해 자연적으로 주어지는 방향이다. 여기에서 더 나아가 아리스토텔레스는 이 분류가 공간에 있는 인간의 신체와 무관하게 존재한다고 생각했고 모든 사물은 공간 속에 저마다 "본연"의 장소를 가지고 있다고 보았다. 물론 그는 이 분류 체계를 위와 아래의 대립 방향에만 적용해 단순화했으며—앞으로도 나오겠지만— 그로 인해 나머지 두 쌍의 대립 방향은 논의의 이면으로 후퇴했다. 하지만 우리는 논의를 우주론까지 확대하지 않고 인간이 체험한 공간이라는 좁은 의미에 한정해 이야기한다.

세 쌍의 대립 방향이 서로 대등하지 않으며 뒤바꿀 수 없는 고유한 특성을 가지고 있다는 사실은 여기에서 알 수 있다. 앞과 뒤에 대한 이해는 오른쪽과 왼쪽에 대한 이해와 성격이 다르다. 이 점에 대해서는 앞으로 다시 논의하겠다. 가장 두드러지게 눈에 띄는 것은 인간의 직립 자세를 통해 규정되는 위와 아래의 방향이다. 실제로 이 방향은 인간의 자유의지와는 무관하게 원래 존재한다고 말할 수 있다. 왜냐하면 오른쪽과 왼쪽, 앞과 뒤는 인간이 몸을 돌리면 방향이 바뀌지만, 위와 아래는 인간이 눕거나 어떻게 움직이더라도 항상 동일하기 때문이다. 위와 아래는 중력의 방향을 통해 정해져 있다. 그것은 일어서고 앉는 방향이고, 올라가고 내려가는, 즉 바닥에 눕는 방향이다. 이런 의미에서 위와 아래는 객관적으로 주어진 방향이다.

위와 아래라는 이 단순한 대립 방향에 빗대어 수많은 비유의 의미들이 만들어졌다. 그 다양한 기록들 중에서 높이의 차원에 대한 직접적인 삶의 경험이 묻어나는 것을 하나만 꼽으면 케스트너의 글을 들 수 있다. 그는 "구원 사건의 대부분은 산에서 일어난다"고 강조한 뒤 이렇게 말했다. "산 언덕 어디에나 이 구원 사건의 자취가 남아 있다. 그것은 위라는 낱말에 박혀 있는 힘 때문이고 이 말의 위력 때문이다. 천국과 지옥에 대한 믿음을 오래전에 버린 사람이라도 위와 아래라는 말에 매겨진 서열을 바꾸지 못한다. …… 위는 위다."[31] 이 말은 인간의 사회생활에도 적용된다. 인간은 모든 상황에서 위에 있으려 애쓰고 다른 이를 자기 아래에 두려 한다. 알프레트 아들러의 개인심리학은 이 대립 개념을 인간의 삶 전체를 해석하는 토대로 삼았다. 이 비유의 의미에 대해서는 더 이상 논의하지 않겠다.

반면에 앞과 뒤, 오른쪽과 왼쪽의 대립 방향은 위아래와 전혀 성격이 다르다. 앞은 내 얼굴, 다시 말해 내 몸이 향해 있는 곳에서 내 앞에 있는 방향이다. 그러나 내가 몸을 돌리면 방금 앞이었던 곳은 뒤도 되고 오른쪽도 되며 그 중간 방향도 될 수 있다. 그런데 여기에서 특이한 점이 있다. 몸을 돌릴 때 나는 공간을 내 몸에 종속된 좌표계처럼 여기면서 그것과 함께 돌지는 않는다. 나를 제외한 공간은 고정돼 있고 공간 속에서 나혼자 몸을 돌리는 것이다. 다시 말해, 내 몸과 내 몸 안에 설정된 좌표계가 공간의 좌표계 역할을 하는 것이 아니다. 따라서 내가 공간을 가지고 다니는 것이 아니다. 아무리 공간이 나와 관계를 맺고 있다 해도 공간은 나의 현재 위치와 무관한 고유의 독립성을 가지고 있다. 내가 공간을 움직이는 것이 아니라 공간 속에서 내가 움직이는 것이다.

그러나 내가 아무리 몸을 이리저리 돌리더라도 수직축은 변하지 않고 그대로이며 그와 더불어 수평면도 고정되어 있다. 개별적인 방향인 앞은 변하지만 평면 자체는 불변한다. 따라서 우리는 가장 단순한 첫째 분류 원칙을 다음처럼 규정할 수 있다. 수직축과 수평면은 인간이 체험하는 구체적인 공간을 이루는 가장 단순한 도식이다.

비슷한 의미에서 칸트도 "공간 속 방향의 차이를 낳는 기본 토대"에 관한 고찰에서 인간의 직립 자세를 거론하며 이렇게 말했다. "우리들 바깥에 있는 모든 것이 우리 자신과 연관돼 있는 한 우리는 그것들을 감각을 통해 알고 있다. 따라서 우리가 이 교차면(위와 아래, 앞과 뒤, 오른쪽과 왼쪽의 신체 방향을 통해 주어진, 세 가지 수직 평면)들과 우리 몸과의 관계를 기본 토대로 삼아 공간 속의 방향 개념을 만들어낸다 해도 이상할 게 없다. 우리 몸이 수직으로 서 있는 평면을 우리 입장에서 수평이라고 부른다. 이 수평면이 우리가 위와 아래라고 부르는 방향의 차이를 만들어낸다."[32]

2 지표면

이 첫째 도식은 아직 너무 추상적이라 수학적 공간과의 차이를 명확히 드러내기 위한 일차 도구로만 이용할 수 있다. 이제 수직과 수평 방향을 계속 살펴보자. 수평 방향부터 이야기하자면, 수평면은 단순히 추상적인 방위의 도식이 아니라 손에 잡히는 현실이다. 수평면은 내가 자리 잡은 바닥이고, 내 삶에 견고한 토대를 부여하는 지면이다. 그런데 이 지면은 공간을 전혀 이질적인 두 개의 영역으로 양분한다. 하나는 내 밑에 있는 지하 공간이다. 땅의 단단함에서 오는 저항 때문에 나는 (실제로는) 그 속으로 들어갈 수 없다. 다른 하나는 내 위에 있는 창공이다. 이곳으로도 나는 (실제로) 밀고 올라갈 수 없지만, 그 이유는 앞의 경우와 정반대이다. 공기의 무저항으로 인해 번번이 땅바닥으로 떨어지기 때문이다.

따라서 지하 공간과 창공은 아주 판이한 반(半)공간들이다. 인간은 살면서 이 두 영역 사이에 있는 경계면, 즉 지표면에 묶여 있다. 우리가 나무에 오르거나 구덩이 속으로 들어가고, 집과 탑을 세우거나 우물과 광산의 갱을 파고, 심지어 비행기를 타고 잠시 위로 올라가 지표면에서 조금이나마 멀어진다 해도, 근본적으로 지도에도 나와 있는 이 2차원 공간에 묶여 있다는 사실은 변함이 없다. 비행기를 타고 가는 여행도 지표면에 있는 두 곳을 연결할 뿐이다. 혹 우주 비행이 그런 기회를 제공한다고 하더라도 우리는 행성 공간에서 사는 모습을 구체적으로 떠올릴 길이 없다.

지표면이 산과 계곡으로 형성되었다고 해서 이 관계의 본질을 바꾸지는 못한다. 지표면이 높고 낮은 지형으로 인해 주름이 잡혀 있어도 이 지표면은 언제나 인간의 삶이 펼쳐지는 평면구조에 머물러 있기 때문이다. 우리가 어느 민족의 "생활공간"이라는 말을 쓸 때 항상 이 평면의 확장만을 염두에 두는 이유도 이 때문이다. 인간이 지상과 지하에서 건축을 하며 공중으로 올라가고 땅 밑으로 들어가는 경우에도 기껏해야 수평면 대신 수평층이라는 표현을 쓸 뿐이며, 이 수평층은 위아래로 뚜렷한 경계는 없지만 언제나 비교적 얇은 층이다. 어쩌면 가까이 있는 공간은 3차원이지만 멀리 있는 공간은 2차원으로만 뻗어 있다고 할 수 있을지도 모른다. 여하튼 외형적인 삶의 발전에서 중요한 차원은 옆으로 확장된다.

여기에서 위쪽 반공간과 아래쪽 반공간의 또 다른 차이를 강조해야겠다. 아래쪽으로는 땅의 불투명함 때문에 우리의 시야가 제약을 받지만—바다도 얕은 곳까지만 투명하다—위쪽으로는 창공의 투명함 덕분에 시야가 트여 있다. 그러니까 내 시야에 열려 있는 반공간은 하나뿐이다. 아래로는 지표면에 막혀 있고 위로는 (편평한 접시처럼 보이는) 천구에 막혀 있는 반공간은 이 두 표면이 맞붙은 경계선, 즉 지평선을 통해 유한한 공간으로서 인간 주변에 하나로 묶여 있다. 그러므로 지평선은 구체적인 체험공간과 수학적 공간을 구분하는 또 하나의 결정적인 차이점이다. 이 문제는 앞으로 더 자세히 논의하겠다.

3 바닥의 견고함과 바닥의 상실

지표면의 물질적인 특성에는 아주 중요한 의미가 내포되어 있다. 수학적
인 의미에서는 지표면을 수평면이라고 부르지 못하고, 또 그 위에 산과
계곡이 있어서 인간이 어느 정도는 지표면 위로 올라갈 수 있다 하더라
도, 인간은 딛고 설 단단한 바닥이 있어야 움직일 수 있다는 근본적인 사
실, 바닥의 견고함이야말로 인간 생활의 모든 안전을 보장하는 토대가
된다는 사실은 변함이 없다.

이 토대가 없으면 인간은 아래로 추락한다. 그 토대의 일부라도 없으
면, 이를테면 바로 옆에 절벽이 입을 벌리고 있거나 산의 가파른 낭떠러
지에 있을 때, 혹은 높은 탑 꼭대기에서 방호벽이 없는 가장자리에 있을
때, 인간은 그 위태로운 토대에서 비롯되는 현기증을 느낀다. 그럴 때 인
간은 지지대를 잃고 "바닥 없는" 심연으로 추락한다고 생각한다. 이름
모를 불안감이 그를 엄습하면서 제때에 발붙일 곳을 찾지 못하면 그는
정말 아래로 추락한다.

이 현상은 인간의 삶 전체를 이해하는 중요한 기본 사실이다. 공간 도
식은 비유의 의미에서 인간이 겪는 모든 상황에도 적용되기 때문이다.
키에르케고르는 불안을 "자유의 현기증"[33]이라고 표현했다. 여기에는
모든 불안감을 이 특정한 불안, 즉 바닥 없는 곳으로 떨어질지 모른다는
불안감을 통해 이해할 수 있다는 뜻이 담겨 있다. 의사 입장에서 플뤼게
도 위기감을 심연으로 떨어지고 추락한다고 표현했다.[34]

현기증(Schwindel)이라는 말은 또 다른 비유의 의미로도 사용된다. 아
이가 근거 없는 이야기를 지어내 "거짓말을 한다"(schwindeln: 본뜻은 '어지
럽다, 현기증이 나다'이지만 비유적으로 '속이다, 거짓말을 하다'는 의미로도 쓰인

다—옮긴이)고 말할 때, 경제 활동에서 "유령회사"(Schwindelunternehmen)가 사상누각처럼 무너졌다고 말할 때도 이 말은 똑같은 도식에 따라 이해할 수 있다. "공중누각"은 현실의 토대 없이 백일몽 속에서 짓는 건물을 일컫는 표현이다. 철학도 딛고 설 "사실의 단단한 바다"를 잃을 위험이 있기 때문에, 단순한 사실들을 연구하고 그 의미를 온전히 알아내려면 "평범함으로 돌아갈" 용기를 내야 한다. 이렇게 공간성은 어디서나 정신세계를 이해하는 토대를 제공한다. 지금 비유의 뜻으로 사용한 "토대"라는 개념, 더 일반적으로 땅이라는 개념 자체도 논리적으로 보아 여기서 발전해 나왔기 때문에 이런 뜻으로 이해해야 한다.

이와 관련해 빈스방거가 어느 유익한 연구에서 설명한 잘못된 솟구침 (Verstiegenheit)이라는 특수한 현상을 살펴보는 것도 흥미롭다.[35] "실패한 현존재"의 전형적 모습인 잘못된 솟구침도 높이와 넓이라는 공간 관계를 통해 파악할 수 있으며 방금 이야기한 고소(高所) 현기증과도 일맥상통한다. 빈스방거는 이렇게 설명한다. "넓은 곳을 설계해 그곳으로 나가고 높은 곳도 설계해 그곳으로 올라가려는 존재인 인간 현존재는 그 본질상 잘못 솟구칠 수 있는 가능성에 둘러싸여 있다."[36] 빈스방거가 보기에 잘못된 솟구침은 "높은 곳에 오르고 넓은 곳으로 나아가려는 행동의 불균형"에서 비롯된다. 등반가가 암벽에 대한 충분한 지식 없이 너무 멀리 올라가다 길을 잃으면 남의 도움 없이는 더 올라가지 못하듯이, 빈스방거는 정신분열증 환자의 잘못된 솟구침이나 보통 사람들의 솟구침도 인간의 삶에서 일어날 수 있는 일로 본다. 인간이 "더 높은" 곳에 오르고, 이상적인 관점에 도달하고, "'지상의 무거움'을 극복하고 '현세의 불안'과 압박에서 벗어나려는"[37] 열망에 휩싸여 신뢰할 수 있는 경험의 토대에서 멀어지더라도 그는 전과 비슷하게 절망적인 상황에 빠진다는 것이다. 빈스방거의 표현을 빌리면 잘못된 솟구침은 "'경험'의 폭보다 결정의 높이가 과도함"[38]을 뜻한다. 그것은 "인간이 겪는 문제에서 특정 층위나 단계에 매여 있거나 붙들려 있는 상태"[39]이다. 이것을 해결하는 방법은 잘못 솟구친 사람을 다시 지상으로 끌어내려 폭넓은 경험과 거기에서 얻을 수 있는 상황 통제 능력을 쌓게 해 새로 시작할 기회를 주는 것이다.

여기에서 나는 개별 사례들을 자세히 논하려 한 게 아니라, 인간 현존재의 정신적 상황도 공간적 도식의 발판 위에서만 이해할 수 있다는 점을 보이려 했다.

4 앞과 뒤: 이동 중인 인간

지금까지 수직축과 수평면의 도식을 설명하면서 우리는 그 둘의 관계를 지나치게 단순화했다. 앞에서 인간이 몸을 한 바퀴 돌리면서 임의의 한 점을 바라볼 때 어느 곳이 앞과 뒤이고 어느 곳이 오른쪽과 왼쪽인지는 이 회전 운동에 따라 결정된다고 말했다. 그때 우리는—다른 상황을 고려하지 않고—한가하게 서서 주변 경관을 둘러보는 인간의 모습을 가정했다. 그렇게 함으로써 균일한 모양의 지평면을 상상했고 그 지평면 위에 다른 방향보다 우월한 방향은 없다고 간주했다. 그러나 인간의 평범한 삶에서는, 즉 인간이 어떤 일에 종사하는 동안에는 상황이 완전히 달라진다. 그럴 때 인간은 앞과 뒤를 충분히 구별할 줄 안다. 이를테면 내가 강의실에서 강의를 하며 서 있다면 청중이 앉아 있는 곳이 나의 앞이다. 나는 그들을 바라보고 서 있다. 칠판에 무언가를 적는 게 아니라면 나는 몸을 돌리겠다는 생각은 하지 않는다. 몸을 돌리는 것은 내 강의 행위와 상반되고 그렇게 하면 청중도 내 말을 알아듣지 못하기 때문이다. 한편 청중에게는 강단이 있는 곳이 앞이다. 그들은 강단에 주목한다. 늦게 들어온 청중이 내는 소음에 주의가 쏠리지 않는 이상 그들도 역시 몸을 돌리지 않는다. 따라서 우리는 다음과 같은 일반 원칙을 세울 수 있다. 인간에게 앞이란 그가 행동을 하며 바라보는 방향이다. 인간은 어디가 앞이고 뒤인지를 하는 일 없이 서 있을 때가 아니라 어떤 일에 몰두할 때 비로소 알게 된다. 내 주변 공간은 이 행위로부터 일정한 방향성을 획득하고, 앞과 옆과 뒤의 방향은 이 행위에 근거를 두고 있다.

이 원칙은 인간이 공간에서 정해진 목표점을 향해 갈 때처럼 가장 근원적이고 구체적인 행위에도 해당된다. 그럴 때 인간은 고정된 한 지점에서 자기가 하는 일에 주의를 기울일 뿐 아니라, 공간에서 스스로 움직여 목적지에 도달하려고 한다. 걸어가든 탈것을 타고 가든, 도달해야 할 목적지로 가는 길에서 앞과 뒤의 대립 개념은 가는 길의 방향을 통해 규정되어, 뒤바꿀 수 없는 특정한 의미를 획득한다. 걸어가는 행동은 앞과 뒤라는 이 단순한 대립 방향에 묶여 있다. 앞은 인간이 나아가는 방향이다. 그는 길을 가는 동안 이 방향에서 눈을 떼면 안 된다. 그러기 위해서는 말 그대로 "앞을 주시"(Vorsicht: '앞'을 뜻하는 접두사 vor와 '보다'(sehen)에서 파생된 명사 Sicht가 결합된 Vorsicht는 '주의, 조심'을 의미한다—옮긴이)할 필요가 있다. 다시 말해, 길을 가면서 앞을 바라보고 혹 나타날지 모르는 장애물을 살피거나 더 빨리 도달할 수 있는 기회가 있는지 헤아리는 자세가 필요하다. 반면에 뒤는 지나온 거리이다. 그 거리는 시야에 있지 않으므로 더 이상 존재하지 않는 것과 같다.

물론 인간은 뒤를 돌아볼 때도 있다. 하지만 그러기 위해서는 몸을 돌려야 하고, 몸을 돌리려면 전진하는 도중에 멈춰서야 한다. 즉 가던 길을 중단해야 한다. 가던 길을 중단하는 데는 특별한 계기가 필요하다. 산책하는 도중에 뒤에서 불안한 느낌을 주는 발걸음 소리가 나 신경을 곤두세울 때도 있고, 아니면 피곤을 느껴서 남은 거리를 어림잡기 위해 이미 걸어온 길을 확인하기도 한다. 여하튼 가던 길에서 뒤를 돌아볼 때는 어떤 식으로든 당초의 행동이 방해를 받는다. 이럴 때 뒤돌아보는 시선은 주위를 휘둘러보는 시선으로 발전할 수 있다. 그러면—그럴 경우에만—주변 경관이 나의 시야에 온전히 들어온다. 하지만 그렇게 하려면 나는 매번 멈춰서야 한다. 즉 걸어가거나 차를 타고 가는 행위를 중단해야 한다.

길을 가는 행동은 곧바로 도덕적인 성격을 띤 행위로 확대되는데 바로 여기에서 비유의 의미가 파생된다. 인간은 앞으로 전진하려고 하거나 뒤로 물러난다. 뒤로 물러나는 후퇴 행위에는 윤리적인 평가, 즉 어떤 과제를 완수하지 못했다는 질책도 담겨 있다. 나약함 때문이든 겁이 나서 그랬든, 후퇴는 좌절이고 요구의 회피이다. "전진"하려는 욕망은 인간 삶의 근본 운명이지만, 그 전진은 "적"과의 부단한 싸움 속에서만 실행된다. 이 욕망을 가로막는 저항은 호전적인 모습으로 등장한다. 전진은 전쟁을 일으킨다.

인간은 길을 가다가 다시 집으로 돌아올 수도 있다. 이것은 후퇴 행위와 성격이 전혀 다르다. 후퇴할 때 인간은 자신의 목표를 생각하거나 그의 전진을 가로막는 적을 염두에 둔다. 그는 자신이 어디로 발을 내딛는지 알 수 없는 방향으로 불안하게 더듬더듬 뒷걸음질을 치면서 다음번에 새로 나아갈 마음의 준비를 한다. 따라서 뒤로 물러날 때 앞 방향은 변하지 않고 동일하다. 이 방향성 안에서 인간은 뒤로 물러난다. 반면에 다시 돌아올 때는 실제로 몸을 돌려서 왔던 길을 되돌아온다. 그러면 방금 전에 뒤였던 것은 앞이 되고 앞이었던 것은 뒤가 된다. 전체로 보면 귀로라고 할 수 있는 되돌아오는 길은 다시 그 길을 걸어가야 한다는 면에서 보면 앞을 향해 가는 길이다. 인간이 떳떳한 마음으로 되돌아올 수 있는 경우는 목표에 도달한 뒤 다시 집으로 올 때, 혹은 목표가 도달 불가능하다고 보고 포기할 때뿐이다. 떠났다가 돌아오는 행위의 양극성은 전진하고 후퇴하는 행위와 전혀 다르다.

결국 자연스러운 전진 행위에 상반되는 세 가지 기본 행위는 뒤돌아보기, 물러나기, 되돌아오기이다.

여기에는 오른쪽과 왼쪽을 바라보는 시선, 즉 측면 차원이 완전히 배제되어 있다. 길에서의 이동은 앞쪽과 뒤쪽의 1차원적인 대립 방향으로만 발생한다. 대지의 측면 차원은 교차로 같은 데서 길이 갈라지거나 통행이 불가능한 지역에서 길이 방향 없이 사라져버리는 경우에 등장한다. 이럴 때는 단순히 앞을 바라보거나 뒤를 돌아보는 것으로는 충분치 않고 그 지역을 둘러보며 올바른 길을 찾아야 한다. 그렇게 할 때 비로소 측면으로 확대되는 대지의 모습이 온전히 열린다.

이 규정은 구체적인 체험공간의 경험은 물론이고 인간의 삶 전체에서도 중요하다. 왜냐하면 길은 아무렇게나 정해진 일시적인 체류지가 아니라, 인간이 세계에서 처해 있는—어쩌면 가장 중요한—기본 상황이어서 인간의 삶에 중요한 원초적 상징이 되기 때문이다. 길이라는 상징은 "낱말 그대로의" 의미와 "비유적인" 의미 사이에서 경계를 그을 수 없을 만큼 삶의 이해에 속속들이 침투해 있다. 우리는 삶을 인생행로로 파악하고 인간을 이 길 위에 있는 나그네, 즉 호모 비아토르(homo viator)로 이해한다. 길을 가는 이 이동 행위에서 앞과 뒤의 개념은 시간적인 의미까지 획득한다. 앞은 미래에 걸어가야 할 삶의 거리로 우리 앞에 놓여 있는 것이고, 뒤는 우리가 걸어온 길, 즉 과거이다.

인생길을 걸을 때의 행동도 공간적으로 확장된 대지를 "실제로" 걸을 때와 동일하다. 대개 인간은 앞을 바라보고, 미래를 바라본다. 그러나 성취한 것을 놓고 기뻐할 때든, 난관에 부딪혀 검토해야 할 때든, 뒤돌아보는 순간, 회고의 순간도 있다. 하지만 인생행로에는 돌아오거나 후퇴하는 행위에 딱 들어맞는 상황이 없는 까닭에 우리는 인생에서의 전진을 싸움, 생존경쟁으로 이해한다.[40] 갈림길에 선 인간, 올바른 길과 잘못된 길을 앞두고 기로에 선 인간의 모습도 마찬가지로 인간의 삶에서 중요한 원초적인 상징이다.

앞과 뒤의 상징적 의미를 파헤치는 동안 우리는 이것과 위아래 관계의 커다란 차이점도 깨달았다. 둘 다 대립되는 가치들이지만 그 대립성은 비유의 의미를 통해 처음 나타나진 않는다. 그것은 이미 우리의 구체적인 공간 체험을 지배하고 있다. 그러나 앞과 뒤의 대립성과 위아래의 대립성은 성격이 전혀 다르다. 높은 곳으로 오르려는 욕구는 넓은 곳으로 나아가려는 열망과 다르고, 높은 데서 떨어지는 추락은 피곤해서 길에 주저앉는 상황과 다르다.[41]

5 오른쪽과 왼쪽

오른쪽과 왼쪽의 대립 관계는 앞의 두 관계와 성격이 또 다르다. 앞으로 나아가는 전진 행위를 출발점으로 삼으면, 앞과 뒤의 대립 방향 외에 옆으로 나아가는 측면 방향이 추가된다. 앞뒤의 대립 방향은 분명한 가치의 차이를 보여주지만 측면 방향은 원래 가치와 무관하다. 측면 방향은 단순히 나란히 존재하는 방향이다. 측면 방향은 두 가지 방식으로, 즉 오른쪽이나 왼쪽으로 전개될 수 있다. 이 방향은 대칭으로 구성된 인간 신체의 양쪽 측면에 해당하고, 특히 거울로 보면 대칭 역전되는 양손에 해당한다. (거울을 통한 대칭 역전에서는 대응하는 두 부분이 서로 일치하지 않는다는 특징이 있다.)

순수하게 기하학적으로 보면 두 측면 가운데 한쪽이 다른 쪽보다 우월하지는 않다. 양쪽 모두 근본적으로 동등한 권리를 갖고 있고, 둘 중 하나를 골라야 할 때(이를테면 도로의 우측통행이나 좌측통행을 결정할 때)는 자의적인 관습을 따라야 한다. 즉 우리는 어느 쪽으로도 결정을 내릴 수 있다. 그런데도 인간은 두 방향 사이에서 분명한 가치의 차이를 느낀다. 독일어에서 '옳다'를 뜻하는 단어 "recht"는 본래 감각의 차원에서 구불거리고 곡선이 있는 것과 달리 똑바름을 의미하고, 언어학적으로는 "richtig"(참된, 정당한)나 "gerecht"(공평한, 정의로운)와 일맥상통한다. 그래서 똑바른 것은 옳은 것이다. 이 표현을 오른쪽이라는 개념에 적용하면 오른쪽은 선호하는 쪽 혹은 정당한 쪽이라는 의미가 부각된다. 반면에 왼쪽은 열등하고 나쁜 쪽으로 몰려 가치가 떨어진다. 이 현상은 양쪽이 병존할 때 가치의 강조를 낳는다. 오른쪽은 선망의 자리이다. 우리는 존경하는 손님을 오른쪽에서 걷게 하고, 젊은이는 연장자를, 신사는 숙녀를 오른쪽에 두고 걷는다. 이런 태도는 미신이 개입된 가치평가에서도 작용한다. 오른쪽은 행운을 가져오는 방향이고 왼쪽은 불길한 방향이다. 그래서 일어날 때 왼발을 먼저 내딛는 것도 불길한 징조로 여긴다.

이 서열이 원래 정해져 있었던 것은 아니다. 오른손 선호가 인간 신체의 일정한 비대칭 구조에서 비롯되었는지 아니면 역사적 발전을 통해 탄생했는지 같은 어려운 문제를 논외로 한다면, 오른쪽과 왼쪽은 본래 동등하다. 우리가 한쪽을 선호한다 할지라도 충분히 다른 쪽을 선택했을 수도 있고 실제로 다른 쪽을 선호하는 경우도 많다. 일례로 로마 시대에 새떼가 날아가는 모습에서 점을 쳤던 예언술에서는 왼쪽을 행운의 방향으로, 오른쪽을 불행의 방향으로 여겼다. 마찬가지로 요즈음의 민간 미신에서도 "양떼가 왼쪽에 있으면" 행운을 약속하는 징조로 생각한다. 어쩌면 이 두 가지 성격은 하나로 묶어서 보아도 될 것 같다. 오른쪽과 왼쪽이 원래 대칭으로 동등하기 때문에 인간으로 하여금 거기에 의미를 부여하는 가치평가를 내리게 했을 테고, 이런 차이가 예언적 해석에 적용되었을 것이다.

4
공간의
중심

1 공간의 기점

인간의 내면 깊숙이 각인된 중심이라는 은유는 뒤에 가서 자세히 논할 예정이므로 여기서 앞당겨 다루지 않겠다. 우선 나는 인간 생활의 토대를 이루는 기본 공간 체계를 분석할 생각이다. 이를 위해 체험공간의 자연스러운 기점을 언급했던 앞부분의 내용을 다시 상기해보자. 인간을 공간 경험의 주체로 생각할 때는 살아 있는 생물체로서 공간에 존재하는 구체적인 인간에서 출발하는 것이 당연해 보인다. 그럴 때 공간의 위와 아래, 앞과 뒤, 오른쪽과 왼쪽은 그의 신체에 의해 규정된다. 이렇게 하면 우리는 현재의 지각 공간, 즉 관찰 공간의 기점을 체험공간 전체의 기점으로 잡을 수 있다. 이 관찰 공간의 기점은 다 알다시피 두 눈 사이에 있는 비근(鼻根)이 위치한 곳이다. 내가 왼쪽과 오른쪽으로 고개를 돌려 주위를 돌아볼 때 내 시선은 극좌표계의 벡터이고, 사물을 보는 나 자신이 좌표의 기점이다.

그러나 이렇게 설정한 기점은 순수한 지각심리학 관점에서 아무리 타당해 보이더라도 자연적인 공간 개념에는 맞지 않는다. 이 기점은 내가 공간에서 자리 잡고 있는 위치, 게다가 상황에 따라 매번 달라지는 나의 위치를 규정할지는 몰라도 내가 있는 공간의 중심점 자체를 규정하지는 못한다. 여기에서 우리는 인간과 공간의 독특한 이중 관계를 다시 살펴보아야 한다. 공간은 인간 주위에 펼쳐져 있고 인간의 초월적 구성틀에 속한다. 그러나 다른 한편으로 인간은 달팽이가 제 집을 이고 다니듯이 공간을 가지고 다니지 않는다. 오히려 인간은 사물을 편견 없이 관찰할 때 자신이 공간 "속에서" 움직인다고 말한다. 즉 자신이 움직이고 공간은 고정되어 있다는 의미로 말한다. 그럼에도 불구하고 공간은 주체와 무관하게 주어져 있지 않다. 내가 공간 "속에서" 움직이더라도 공간은 주체와 관련을 맺고 있는 특정한 기준 체계이다. 공간과 인간은 기이한 방식으로 얽혀 있다. 따라서 우리는 가능하면 아직 철학적 성찰을 하지 않는 소박한 인간의 관점에 의지해 문제를 풀어나가려 한다.

2 떠남과 돌아옴

우리는 떠나고 돌아온다는 말을 자연스럽게 사용한다. 체험공간에서 모든 움직임은 이 당연시되는 떠남과 돌아옴이라는 주기적인 변화 속에서 실행된다. 우리는 일상에서 두 개념을 사용하면서도 "떠나고" "돌아오는" 행동이 무엇을 기준으로 삼는지 분명하게 생각하지 않는다. 여하튼 이 말은 내가 정지점(停止點)에서 이탈하면서도 이것을 일시적인 이탈로 이해하고 다시 처음의 출발점으로 돌아온다는 뜻이다. 따라서 나의 현재 체류점과 내가 "속한" 곳을 구별할 필요가 있다. 내가 속한 곳은 임의의 장소 변경이 아닌 지속적인 정지 상태와 관련돼 있다. 그런데 이 암묵적으로 가정한 정지점을 어디에서 찾아야 하는지가 문제이다.

정지점은 상황에 따라 다르기 때문에 그곳이 어디인지는 일단 상대적으로만 말할 수 있다. 내가 카페에 앉아 있다가 신문을 사러 가려고 "내" 좌석에서 일어날 경우라면 나는 볼일을 본 뒤 조금 전에 앉아 있던 내 좌석으로 돌아온다. 다른 상황을 고려하지 않는다면, 이 좌석이 (상대적인) 기준점이다. 그러나 나는 빨리 커피 한 잔을 마시려고 내 방을 떠났다가 다시 방으로 돌아올 수도 있다. 이 상황에서 보면 지금까지의 기준점은 중심에서 벗어난 곳에 있는 일시적인 체류점으로 변하고, 이제부터는 내 방과 내 방이 있는 집이 나의 움직임의 중심이다. 그러나 그 방은 내가 며칠 동안만 묵는 호텔 방이거나 한 학기 동안 빌린 기숙사 방일 수 있다. 이런 경우라면—이유가 무엇이었건—나는 "낯선" 도시로 멀리 떠났다가 다시 나의 집과 가족에게로 돌아온다. 나는 "집을" 떠났다가 "집으로" 돌아왔고, 흔히 말하듯이 "귀향"했다.

그렇다면 "집"이라고 부르는 이 독특한 대상은 무엇일까? 아직 독립하지 않은 아이들이라면 대개 부모의 집을 집이라고 말한다. 그러나 인간에게 자기 집과 가족이 있다고 해서 절대적인 종착점이 주어진 것은 아니다. 어쩌면 그는 현재 살고 있는 곳에서 편안함을 느끼지 못해 과거에 경솔하게 포기했거나 자신의 의지와 달리 포기할 수밖에 없었던 옛날 거주지를 그리워할지 모른다. 그러면 "향수"에 시달린다. 향수의 이면에는 어린 시절 고향의 모습이 어렴풋하게 자리 잡고 있다. 집의 이면에 있는 고향은 더 이상 본래의 기준"점"은 아니지만 모든 공간 관계의 중심 영역이다.

하지만 아직 절대적인 기점은 주어지지 않았다. 고향도 낯설어질 수 있고 고향을 떠난 뒤 인간은 "새로운 고향"을 찾을 수도 있다. 또 비유의 의미에서 인간은 자기 자신을 잃어버린 상태, 자기 소외에서 벗어나 본연의 존재로 돌아가고 싶을 때도 있다. 혹은 지구상에는 고향이 없다고 느끼고 "영원한 고향"을 그리워할 수도 있다.

우리가 그 뜻을 어떻게 해석하든, "떠남"과 "돌아옴"을 판단할 때는 항상 일정한 기준점을 참고해야 한다. 하지만 기준점은 관찰의 층위에 따라 바뀌며, 서열이 명확하지 않은 복잡한 위계질서가 드러나면서 공간의 기준점은 더 차원 높은 기준점에 의해 상대화된다.

그럼에도 우리가 공간 관계의 영역을 아주 떠나려 하지 않는 이상 하나의 기준점은 부각되게 마련이고, 우리가 공간과의 관계, 즉 공간성을 중요하게 여긴다면 공간 속의 그 기준점에 뿌리를 두고 있어야 한다. 기준점은 인간이 정신적인 존재로서 공간에서 입지를 얻는 장소이고 그가 공간에서 "머물며", "살아가는" 곳이다. 당분간 이곳을 막연하게나마 "집"이라고 부르겠다. 이렇게 해서 일단 불특정한 의미에서 우리가 살고 있는 집은 나른 곳보다 우월한 기준점으로 부각되며, 그 밖의 장단기 체류지들은 모두 이곳을 기준으로 연관을 맺게 된다.

이로써 떠나고 돌아오는 이중의 행위는 수학적인 공간 도식으로는 파악하기 어려운 훨씬 구체적인 성격을 획득한다. 공간에서 떠남은 임의의 움직임이 아니다. 인간은 세계에서 무언가를 얻고 어떤 목표를 이루기 위해, 즉 어떤 과제를 완수하기 위해 떠난다. 그러나 과제를 완수하고 나면 (혹은 계획이 실패로 끝나면) 자신의 정지점인 집으로 다시 돌아온다. 따라서 떠나고 돌아오는 왕복 운동에서 표현되는 것은 인간의 본질적인 변화이며, 이 왕복 운동에는 각 단계마다 분명한 느낌이 있다.

3 중심을 둘러싼 질서

공간 관계의 체계는 집을 출발점으로 해서 분류된다. 내가 집을 떠나 찾아갔던 곳들은 공간 체계의 중심점인 집을 기준으로 얽혀 있다. 이사를 갈 때는 새 집을 기준으로 세계가 새로운 방식으로 재편된다. 동일한 도시 내에서 이사를 가더라도 새로운 주거 구역에 따라 모든 것이 새로 분류된다. 가깝고 먼 곳에 대한 규정만이 바뀌는 게 아니다. 평소에 내가 다니면서 익숙해졌던 시내의 도로 체계, 내가 도시에서 잘 알고 있던 곳, 희미한 배경으로 어렴풋하게만 드러났던 곳들도 함께 바뀐다. 이런 식으로 내가 도시에서 중요시하는 곳들은 각각 다르다. 그래서 도시 내에서 이사를 가면 도시 전체는 전혀 다른 성격을 획득한다. 다른 지역으로 이사를 갈 때도 마찬가지이다. 그러면 새로운 도시를 기준으로 주변 경관을 비롯해 다른 도시와의 관계에 이르기까지 모든 것이 새로운 방식으로 재편되면서 지금까지 외곽에 있던 곳은 중심으로 들어오고 중심은 외곽으로 밀려난다.

내가 이 관계를 미리 언급한 이유는 이로써 다른 방향으로 논의를 확장할 수 있기 때문이다. 방금 개인이나 개별 가족 입장에서 설명한 내용들은 인간을 더 넓은 공동체의 일원으로 볼 경우 더 강도 높게 적용된다. 그러면 우리는 좌표의 중심점도 개인의 관점이 아닌 공동체의 시각에서 규정해야 한다. 그럴 경우 지금까지 개인 입장에서 설명한 것들은 더 높은 차원에서 되풀이된다. 부락의 집들도 하나의 중심점 주변에 배치되어 있다. 조망이 쉬웠던 중세에 그 중심점은 교회나 시장이었고, 모든 도로와 개별 가옥들은 이곳을 기준으로 삼아 뚜렷한 관계를 맺고 있었다.

현대의 대도시에서는 이 관계가 옛날보다 알아보기 힘들어졌지만 그래도 여전히 비슷한 방식으로 존재한다. 예를 들어 내가 도시 변두리에 있는 집에서 살면서 엄밀한 의미에서는 벗어나본 적이 없는 "도시로"(in die Stadt: 이 말의 원뜻은 '도시로 간다'이지만, '시내로 간다'는 의미가 더 일반화되었다—옮긴이) 간다고 말할 때, 이때도 나는 중심으로 간다는 느낌을 받는다. "도시로 간다"는 말은 업무를 처리하거나 쇼핑을 해야 하는 중심을 향해 간다는 뜻이고, 변두리에 사는 나는 이런 행위를 매개로 중심과 관계 맺는다. 마찬가지로 읍은 도시와 관계를 맺고, 소도시는 대도시와, 대도시는 다시 수도와 관계를 맺고 있다. 이런 식으로 연쇄적인 관계의 사슬이 형성되면서 내가 주체로서 관련을 맺는 체험공간은 매번 더 큰 전체에 수용되고 그 안에서 지탱된다. 그렇다면 내가 이 회귀 상황에서 정지하는 중심점은 어디일까? 그리고 나는 어떤 의미에서 그곳을 체험공간의 중심이라고 단정할까? 우리는 우리가 사는 집의 위치와 일치하지 않는 초개인적인 중심점이 있다는 것을 어렴풋하게 느끼고 있지만, 그곳이 구체적으로 어디인지 명확히 알 수 없다. 관계의 사슬에는 자연스러운 종착점이 없다.

아메리가 대륙이 발견되어 근원적인 공간 질서가 상대화되기 전에는 상황이 달랐다. 그때는 어느 민족이든 자기 나라가 세계의 중심이고 나머지 나라들은 이 중심을 기준으로 얽혀 있다고 믿었다. "이란은 세계의 중심에 있기 때문에 몸 한가운데에 있는 심장처럼 다른 어느 나라보다 소중하다"[42]고 과거에 이란 사람들은 말했다. 중국인들이 자기네 나라를 중심의 나라라고 표현하고, 게르만족이 미트가르트(Midgard: 북유럽 신화에 나오는 하늘과 지옥 사이의 대지(大地). 세계의 한가운데에 있는 나라 또는 성(城)이라는 뜻으로, 인류가 여기서 산다고 여겨졌다—옮긴이)를 세계의 중심으로 보듯이,[43] 그리스인은 모든 나라가 헬라스를 중심으로 포진해 대양 오케아

노스에 둘러싸여 하나로 뭉쳐 있다고 여겼다. 이 모든 것이 자연스러운 삶의 감각과 일치한다. 나라마다 자국이 지구상에서, 하늘 아래에서 본래의 중심이라고 느끼고 다른 나라보다 우월하다고 생각했다.

이러한 사고방식으로 당연히 자기 영토에 있는 세계의 중심을 정확히 확인하겠다는 사명이 생겨났다. 그래서 그리스인들은 델포이에 있는 "세계의 배꼽"을 숭상했고, 유대인들은 예루살렘 성전이 세워진 바위를, 중국인들은 북경의 황궁을 세계의 중심으로 보았다.

지표면에 있는 이 중심점은 거기서 수직으로 올라간 세계축으로 확장되었다. 세계축의 모습은 각기 다를지라도 원칙 자체는 언제나 동일하다. 세계축은 수직으로 나뉜 공간의 세 영역, 즉 천상 세계, 지하 세계 그리고 인간이 사는 현세를 연결하는 축이다. 세계축은 세계의 중심으로서 신들이 사는 성산일 수도 있고, 성스러운 기둥처럼 특별히 세워놓은 축일 수도 있다. 캐나다 서부에 사는 어느 종족은 "동으로 만든 기둥이 우주의 세 차원(하계, 지상, 천국)을 관통하고 그 기둥이 하늘을 뚫고 올라간 곳에 '천상의 문'이 있다"[44]고 믿는다고 한다. 이와 비슷한 내용으로 유럽 문화권에서는 카를 대제가 작센 전쟁에서 파괴한 이르민술(Irminsul: 작센족이 우주를 지탱해주는 나무로 신성시한 주술의 기둥. 프랑크 왕국의 왕 카를 대제가 재위 첫 해인 772년에 작센족을 정복하기 위한 원정길에서 베어버리고 작센족을 그리스도교로 개종시켰다—옮긴이)에 관한 이야기가 전해진다. 에트루리아인들의 지하 묘혈에 있는, 위로 갈수록 뾰족해지는 원뿔형 기둥도 비슷한 기능을 했다. 스스로를 떠받치고 있는 묘혈에서 이 기둥은 결코 정적인 역할을 하지 않는다. 돌 아치로 형상화한 하늘에서 그 기둥은 "세계축의 모사이고 현존"[45]이다.

어떤 유목민들은 성스러운 기둥을 가지고 다니면서 정착하는 곳마다 그 기둥을 새로 세웠다고 한다. 이 사례가 중요한 이유는 그들이 지구상에서 유랑하면서도 중심을 가지고 다닌다는 점, 즉 체류지를 바꾸더라도 중심에서 벗어나지 않는다는 점을 보여주기 때문이다.[46] 다른 민족의 사례를 들 것까지도 없다. 게르만족에게는 가장이 앉는 자리 위의 지붕을 떠받치는 기둥이 비슷한 역할을 했다. 이들은 새로운 고향을 찾아갈 때 그 기둥을 아이슬란드 앞 바다에 던져 이곳을 새로운 정착지로 정했다고 전해진다.[47] 이것도 항해 중에 가지고 다닌 세계축이다.

이런 신화적 질서의 세계에서 중심의 문제는 명쾌하게 해결되었으며 세계의 모든 길은 이 중심을 고정된 기준점, 좌표의 기점으로 삼았다. 이런 사고는 현재 우리가 사는 세계에도 여러모로 영향을 미친다. 지금도 이탈리아에서는 로마제국 때 건설된 대로에서 로마를 기점으로 모든 거리를 계산한다. 도로 표지석마다 킬로미터가 적혀 있는데, 자세한 설명은 없어도 그것이 로마에서 떨어진 거리임을 나타낸다. 그러니까 이 체계에서는 아우구스투스 황제가 자랑스럽게 황금빛 표지석을 세워 모든 도로의 출발점으로 삼은 로마가 세계의 중심이다.[48] 역사적 사실에 대한 조망은 이것으로 끝내고 다시 우리가 사는 세계로 돌아오자.

4 세계의 유한성

여기에서 공간의 전체적인 이해에 중요한 사실을 하나 더 언급해야겠다. 고정된 중심을 가운데 두고 형성된 원시시대의 신화적 공간은 유한한 공간이었다. 자신이 사는 낯익은 거주 영역의 경계선 바깥에는 더 이상 세계가 존재하지 않았다. 엘리아데가 강조한 바에 따르면, 원시인들은 "자신이 사는 영역과 그 영역을 둘러싼 미지의 불확정적인 공간 사이에 대립을 상정했다. 그들이 사는 영역은 '세계'(더 정확히 말하면 '우리의 세계')이고 우주이다. 나머지 영역은 우주가 아니라 일종의 '다른 세계'이고 낯선 혼돈의 공간이며 유령과 악령과 '낯선 이들'이 …… 거주하는 곳이다."[49] 민족학 분야에서 하버란트도 비슷한 사실을 강조했다. "이 경계선 너머에 '나머지' 세계가 있다. 사람들이 그 실재를 확신하나 그들의 의식 속에서는 큰 역할을 하지 못하는 영역이다."[50]

이 관계를 고대 이집트의 사례를 들어 가장 날카롭게 표현한 사람은 브루너일 것이다. 그는 "우리의 세계가 …… 사방에서 혼돈에 둘러싸여 있다"[51]고 말한다. 그러면서 이 혼돈의 영역에서는 원래 공간이라는 말을 쓸 수 없고, 그곳은 오히려 "공간이 없는 곳"이라고 말한다. 그 이유를 그는 이렇게 설명한다. "이집트인의 경우 공간이라는 말은 창조된 세계 안에서만 쓸 수 있다. 창조 이전과 창조 바깥의 영역에는 공간이 없다. …… 이집트인의 상상 속에 무한한 공간이란 없다. 경계 없는 공간은 없고, 공간과 경계는 불가분의 관계로 묶여 있기 때문이다."

따라서 우리는 바이셰델의 말을 빌려 이렇게 결론을 요약할 수 있다. "초기의 공간 체험은 인간을 받아주고 보호하는 거처로 여겨졌던 동굴의 모습에서 영향을 받았다."[52] 공간이 아닌 곳을 개척해 빈 공간을 만든다는 생각, 우리가 공간을 뜻하는 독일어 "Raum"의 역사를 더듬으면서 떠올렸던 이 생각은 광범위한(여기서는 더 이상 소개하지 못하지만) 민족학적 자료를 통해 증명된 셈이다. 아리스토텔레스를 다루면서 잠깐 언급했던 그리스 천문학의 세계관은 이 근원적인 공간 의식의 투명하고 명확한 표현일 뿐이다. 그들은 아직 무한한 공간을 생각할 수 없었다.

1 공간에서 방향 잡기

우리가 익숙한 장소를 떠나 어떤 이유에서건 외부 공간으로 멀리 나아갈 때는 그곳의 길을 파악해야 한다. 즉 목적지에 갔다가 다시 집으로 돌아올 줄 알아야 한다. 우리의 거주지와 가까운 익숙한 지역에 있을 때는 어렵지 않은 일이다. 그 지역의 길을 알고 있기 때문이다. 우리는 집을 기점으로 이 길을 서서히 파악해왔고 그 길에서 이동하는 방법도 알고 있다. 그러나 익숙한 지역을 벗어나 미지의 땅으로 가면 우리는 길을 분명히 확인한 뒤 가야 할 방향을 정해야 한다. 그것은 특정한 목적지로 가는 방향이 아니라 우리의 거주지를 기점으로 뻗어 있는 방향들이다. 즉 태양의 운행과 함께 정해지는 동서남북의 보편적인 네 방위다. 인간은 태양의 위치를 기준으로 삼아 어느 지역에서든 "방향을 잡는다".

방향을 잡는다는 뜻의 "orientieren"은 다 알다시피 해가 뜨는 지역인 오리엔트라는 말에서 나왔다. 말 그대로 해가 뜨는 동쪽 방향을 정한다는 의미이다. 우리는 일상에서 이 말을 사용하면서도, 특히 비유의 의미에서 정신적인 방향 설정이라는 말을 쓰면서도 이 말의 기원은 잘 알지 못한다. 칸트는 〈사고의 방향 설정이란 무엇인가?〉라는 짤막한 논문에서 이 말의 공간적인 의미를 다음처럼 규정한다. "방향을 잡는다는 말은 뜻 그대로 풀이하면 주어진 특정 지점에서(우리는 지평을 네 방위로 나눈다) 나머지 지역을, 특히 일출 장소를 찾는다는 말이다. 지금 하늘에 떠 있는 해를 보고 정오를 전후한 시간대라는 것을 안다면 나는 남쪽, 서쪽, 북쪽, 동쪽을 알아낼 수 있다."[53]

우리는 근본적으로 동등한 네 방위를 규정할 때 특정 방향, 즉 해가 뜨는 방향을 기준으로 이름을 붙이고 그중에서 동쪽을 선호하는데 그 이유가 무엇인지 물어야 한다. 이유를 추적하다 보면 특정한 "세계관", 즉 종교사적인 전제와 만난다. 교회의 제대를 동쪽에 설치하는 "방향 잡기"에 이런 세계관이 살아 있는 그리스도교는 다시 이전의 전통으로 거슬러 올라간다. 거기에서 네 방위는 형식상으로만 구분된 동등한 방위가 아니라 특정한 의미와 고유의 성격을 갖고 있었고, 전통적인 숫자 4에도 신화에 뿌리를 둔 특정한 의미가 있었다. 오늘날 볼 수 있는 방향 설정 방식을 이해하려면 최소한 종교사적인 배경에 잠시 주목해야 한다.

카시러는《상징 형식의 철학》에서 "신화적 공간", 즉 신화적 의식 상태에서 주어진 공간을 논하면서 성격이 질적으로 판이한 방위들을 명시적으로 언급했다. 동시에 이 공간적 도식에서 우리가 익히 아는 숫자 4가 발전해 나왔다고 지적했다. 나아가 십자가의 네 횡목 사이에 있는 중간점을 포함하면 5가, 지평을 넷으로 분류한 방위에 다시 위와 아래 가운데를 추가하면 7이 생겨났다는 사실을 지적했다. 카시러는 많은 사례 중에 하나를 예로 들며 이렇게 강조한다. "주니족의 '신화사회학적인 세계관'에서 …… 전 세계를 관통하는 토템적인 7방위는 특히 공간의 이해에서 나타난다. 공간 전체는 일곱 영역으로, 즉 북쪽, 남쪽, 서쪽, 동쪽, 위의 세계, 아래의 세계 그리고 세계의 중심인 중간 세계로 분류되었다."[54]

방위를 다섯이나 일곱으로 나눈 사례는 프로베니우스의 글에서도 볼 수 있는데 이 경우에는 중심을 세계의 산이나 하늘 기둥으로 여겨 특히 강조했다. 하늘 기둥은 수평 분류의 중심이며 신성으로까지 상승하는 수직축이다. 이것을 언급하는 이유는 이 내용이 앞에서 이야기했던 세계축이라는 사고와 일맥상통하기 때문이다. 프로베니우스는 이렇게 적었다. "우랄알타이족의 상상 속에서 하늘은 '황금 기둥', '황금 말뚝', '쇠로 만든 나무'로 지탱된다. 그들은 단순한 나무기둥으로 만든 하늘 기둥을 흔히 설치했다."[55]

2 신화적 지리

방위의 개수 문제에 덧붙여 또 하나의 사고를 이야기하자. 공간은 애초에 균질적이지 않기 때문에 공간 속의 장소는 각자 고유의 성격을 가지고 있으며 자신의 '빛깔'과 '특별한 무게'를 지니고 있다(카시러). 특히 동서남북 네 방위는 방향의 측면에서만이 아니라 본질상으로도 성격이 전혀 다르다. 카시러는 이 관계를 이른바 원시 부족의 세계관에서 꼼꼼히 추적했다. 그가 주니족의 예를 들어 상술한 내용은 전형적으로 반복되는 사고를 분명히 보여준다. 성스러운 수 7은 공간만이 아니라 모든 존재를 분류한다. 그에 따라 모든 존재가 공간에서 일정한 위치에 귀속되는, 일관된 자리 지정이 발생하면서 공간 속의 특정 위치는 각기 특별한 본질을 획득한다. 카시러는 "모든 존재가 이 총체적 분류 안에서 자신의 분명한 위치를 점유하고 거기에서 확고하게 규정된 자리를 차지한다"[56]고 말한다. 그는 각기 다른 "원소"들이 어떻게 방위에 귀속되는지를 보여주었다. "공기는 북쪽에 속하고, 불은 남쪽에 속하며, 흙은 동쪽에, 물은 서쪽에 속한다." 인간의 행위도 마찬가지이다. 카시러는 이렇게 설명한다. "여기에 못지않게 사람의 지위, 직업, 기능도 똑같은 기본 도식의 적용을 받는다. 전쟁과 전사는 북쪽에 속하고, 사냥과 사냥꾼은 서쪽에, 의약과 농업은 남쪽에, 주술과 종교는 동쪽에 속한다." 카시러는 이 분류를 "신화적인 지리"[57]라고 표현했다. 그에게 신화적 지리는 "모든 존재가 공간의 어느 곳엔가 '고향'을 두고 있다는 아주 전형적이고 특별한 기본 관점의 표현"[58]이기 때문에 그 존재들은 모두 단일한 세계해석의 틀에 편입된다. 신화적 지리는 카시러가 칸트의 개념을 원용해 여러 차례 강조한 "도식적 배치"에 바탕을 두고 있으며, 정신적인 관계도 공간 관계의 이해를 통해 이 도식적 배치를 바탕으로 "매개"된다.

이런 식으로 각각의 방위는 전혀 다른 의미를 획득한다. 때론 중심에 있는 성스러운 영역을 기점으로 특정한 방위신(神)들이 갈라져 나오면서[59] 구역마다 신성이나 악마성을 얻거나 우호적이거나 적대적인 성격을 띠었다. 이 방위들 가운데 가장 중요하게 부각된 방향은 역시 동쪽과 서쪽이다. 카시러는 이 견해를 다음과 같이 요약한다. "동쪽은 빛의 근원으로서 모든 생명의 샘이자 원천이고, 서쪽은 해가 지는 곳으로 죽음의 공포가 감도는 곳이다. 산 자의 영역과 공간적으로 단절되고 분리되어 서로 대립하는 저승에 관한 사고가 탄생하는 곳마다 그 저승의 자리에는 세계의 서쪽이 배정되었다."[60] 브루너도 이집트인의 공간 개념에 관한 논문에서 비슷한 내용을 강조했다. "역사 시대에 사자(死者)는 머리를 북쪽에 두고 왼쪽으로 누워 있다. 그렇게 해서 떠오르는 해를 마주하고 탄생과 생명의 땅을 바라본다."[61] 이런 사고가 그리스도교 교회의 방향 설정과 공간 상징에 어떤 영향을 미쳤는지는 잘 알려져 있으므로 여기서는 그 사실만 기억해두자.

여러 방위가 질적으로 다르다는 생각은 예언술에도 작용했다. 뒤집어 말하면, 이를테면 로마 시대의 예언술을 알면 그 시대에 공간을 어떻게 이해했는지 알 수 있다. 카시러는 이 관계를 다음처럼 요약한다. "하늘 전체는 방위를 통해 규정된 네 부분으로 나뉜다. 남쪽에 있는 앞부분, 북쪽에 있는 뒷부분 …… 이 근원적이고 순수한 공간 분할에서 로마 시대의 '신학' 체계 전체가 발전해 나왔다. 예언자가 하늘을 바라보고 현세의 징후를 읽어낼 때면 그는 언제나 하늘을 일정하게 분할하는 일부터 시작했다. 태양의 운행 궤적으로 표시되어 확인되는 동서를 잇는 선은 그것과 수직을 이루는 남북을 잇는 선과 교차되었다. 사제들이 쓰는 용어로 데쿠마누스(decumanus)와 카르도(cardo)라는 이 두 선이 교차하는 가운데 종교적 사고는 최초로 기본적인 좌표 도식을 만들어냈다."[62]

이렇게 "신화적 지리"에서는 방위에 따른 공간의 방향 설정이 각자 고유의 특성을 가진 공간에 대한 해석과 연결되었다. 오늘날에는 이 연결이 느슨해지고 형이상학적 방위는 나침반의 방향판처럼 균질적이면서 임의로 세분할 수 있는 방향 체계로 바뀌었다. 하지만 거기에 새겨져 있던 깊은 의미는 여전히 방위 개념에 그 흔적이 남아 있다. 그래서 남쪽은 여름과 온기와, 북쪽은 겨울과 추위와 연관된다. 주택에서도 남향과 북서향은 고유의 두드러진 특성을 가지고 있어서 우리는 햇볕이 들지 않는 북쪽 방을 정서적으로 하찮게 평가한다. 석양과 아침 해도 성격이 전혀 다르기 때문에 서쪽과 동쪽이라는 개념에 이 사실이 반영되어 있다. 지금도 방위가 순수하게 수학적으로 정의할 수 있는 개념으로 완전히 퇴색하지 않았다는 사실은 원초적인 신화적 공간관이 얼마나 생동감 있고 다채로웠는지를 분명히 알려준다.

3 다른 종류의 방향 도식

공간의 방향 설정에 꼭 태양의 운행만이 기준이 된 건 아니었다. 특별한 상황에서는 전혀 다른 지리적 방위 도식이 형성되었는데 이 도식도 거기에 어울리는 신화적 배경과 결부되어 있었다. 이 사실은 옌젠이 민족학 분야의 흥미로운 사례를 들어 보여주었다. 일부 인디언 부족들은 삶과 직결된 강의 흐름을 따라 방향이 주어진다고 보았고, 강의 굴곡과 관계없이 이 방향은 불변하며 결정적인 공간축을 이룬다고 생각했다. 옌젠은 이렇게 보고한다. "유로크족에게는 '강 아래쪽'과 '강 위쪽'의 두 방향이 있다. 이 방향의 오른쪽과 왼쪽은 '강 건너편'과 '강 이편'이라고 불렀는데, 이 말을 하는 당사자는 강의 어느 한편에 있는 것으로 생각한다. 순간의 상황을 기준으로 삼는 이 방향들은 유로크족의 사고를 철저히 지배해 이를테면 집의 문은 서쪽에 있지 않고 '강 아래쪽'에 있다고 여겼다."[63] 이 두 방향에는 종교적인 의미도 있었다. 강 위쪽은 생명이 탄생하는 방향이고 강 아래쪽은 죽음의 영역으로 가는 곳이다. 하버란트는 옌젠의 저술을 언급한 자신의 책에서, 이 관념이 해당 부족의 사고에 깊이 뿌리박혀 있기 때문에 "그들은 유랑할 때도 동일하게 사고하면서 이 도식에 맞지 않는 환경에까지 그 관념을 적용한다"[64]고 말했으며 이 사고는 어떤 지리적 조건도 전제하지 않는다고 적었다.

특히 인상적인 것은 옌젠이 직접 관찰해 기술한 몰루카 제도의 세람 섬 상황이다. 섬 안쪽 산악지대에 사는 알푸르족은 우리의 고정된 방위 개념을 알지 못한다. 그들이 모든 방향의 기준으로 삼는 것은 "바다 쪽" 방향이다. 이것을 이해하려면 높은 산맥이 세람 섬을 가로지르고 부락은 바다가 내려다보이는 산중턱에 있다는 사실을 알아야 한다. 그들에게 "바다 쪽"은 "불변의 방향이며 어느 곳에서나 동일하다".[65] 이 때문에 우리가 알고 있는 "현실"과 큰 모순이 발생할 수밖에 없다. 알푸르족은 해가 섬의 다른 지역에서는 다른 방향에서 떠올라도 이상하게 여기지 않는다. 한 장소에서도 해가 뜨는 곳은 세월이 흐르면서 바뀐다고 생각하는 것이다. 그들은 바다가 보이는 곳 뒤쪽에 있는, 사람이 살지 않는 원시림 지역을 자기네 공간의 경계선으로 여기고 이 경계선과 함께 "세계는" 끝난다고 생각한다. 섬 북부 지역 한 부락의 주민들에 대해 옌젠은 이렇게 보고한다. "이 부락 원주민들은 산맥 뒤에도 바다가 있다는 사실을 절대로 받아들이지 않는다. …… 바다 쪽 해안이 내려다보이는 이곳에서 보면 섬 남부의 모든 부락은 동일한 해안선을 따라 좌우로 쭉 뻗어 있다. 따라서 '바다 쪽'을 가리키는 방향 표시 화살표들은 그들 부락 어느 곳에서나 평행하다."[66]

따라서 알푸르족에게 섬을 에워싼 해안선은 오른쪽과 왼쪽으로 무한히 뻗어나가는 직선이고, 고리 모양으로 형성된 부락은 여기에 맞게 기다란 띠 모양으로 변형된다. 하버란트는 이들의 사고를 적절히 요약했다. "세람 섬 주민들은 그들의 섬을 복합적인 전체로 상상하지 못하고 무한히 긴 해안선으로 여긴다. 그들은 산꼭대기 뒤에서 다른 세계가 시작된다고 믿으며 그 꼭대기에서부터 해안 쪽으로 강이 흐른다고 생각한다."[67] 또 옌젠은 이렇게 강조했다. "여하튼 세람 섬의 산악 주민들은 자기들 고향을 섬이 아닌 대륙으로 여기며 이 대륙은 그들 부락의 뒤쪽으로 무한히 연장된다고 생각한다."[68] 이들에게 대륙 뒤쪽은 정령과 상상 동물의 세계가 시작되는 곳이다. 세람 섬 사람들의 방향 도식을 거칠게 단순화하자면, 어느 지점의 위치는 해안의 같은 지점으로부터 떨어진 거리를 통해 규정된다. 이 도식은 그들이 활동하는 영역 안에서는 아무런 문제 없이 기능한다. 하지만 그들이 익숙한 섬 바깥으로 나갈 때는 "현실"과의 불일치가 발생한다. 그러면 유럽 민족이 아메리카 대륙을 발견해 그때까지 살던 영역을 벗어나 바깥으로 나왔을 때처럼 지금까지의 방향 도식을 수정할 필요가 생긴다.

4 선호하는 자리

공간 속의 방향과 장소가 고유의 특성을 갖는다는 사실은 다른 측면에서 공간을 이해할 때도 중요하다. 신화적인 세계관이 완전히 사라지고, 공간의 고유성이 개인을 초월한 객관적 타당성과 신화적 바탕의 유효성을 상실한 지금도 개인의 삶에서 장소와 방향은 특별한 성격을 지니고 있다. 단지 이 성격이 주로 지리적인 방위와 무관하다는 점만 다를 뿐이다. 현재를 살아가는 인간에게도 공간은 결코 균질적이지 않으며 그 속의 장소마다 특별한 의미가 부여되어 있다. 공간은 선호하는 구역과 기피하는 구역으로 나뉜다. 각 장소마다 유쾌하거나 불쾌했던 기억이 어려 있다. 그러나 일부 장소들이 그런 강렬한 의미를 띠고 특별히 부각되어 우리가 종교적 전율에 가까운 감정을 느끼더라도 대개 어렴풋하게 느낄 뿐 의식에 뚜렷하게 떠오르는 경우는 드물기 때문에 우리는 그다지 관심을 기울이지 않는다. 신화적 공간관에 나타나는 두드러진 현상들을 언급하는 편이 생산적인 이유는, 더 이상 신화에 묶여 있지 않은 현대인의 체험공간에 숨어 있는 비슷한 상황에 주목하게 될 뿐 아니라 결국 우리의 논의에 직접 기여하기 때문이다.

우리가 익숙한 환경에서 갑자기 새롭고 낯선 지역으로 갔을 때 공간에 의미를 붙여 분류하는 현상을 가장 실감하게 된다. 토마스 만은《마의 산》에서, 휴가여행을 떠나 미지의 상황에 처한 인간의 시간 감각이 어떻게 변화·갱신되는지를 탁월하게 묘사했다. 그와 비슷한 상황은 공간에서도 관찰할 수 있다. 새로운 곳에 갔을 때 우리가 만나는 공간은—적어도 우리에게만은—아직 의미 중립적이다. 하지만 체류하면서 우리는 그 공간을 우리의 의미와 감정으로 채운다. 내 강연을 들었던 청중 한 명이 이 상황을 아주 적절히 묘사했다고 생각한다. "인간이 휴가를 떠나면 처음에는 상당히 단일하고 대등한 공간이 펼쳐집니다. 하지만 그 공간은 곧 익숙한 길, 선호하고 기피하는 길과 장소로 분류됩니다. 그러다가 특히 선호하는 장소, 조용한 은신처도 생겨나는데 이런 곳들이 휴가 공간을 체험할 때 중요한 축의 역할을 합니다. 그곳은 모래성이거나 텐트를 친 곳일 수도 있고, 해변의 한 장소, 혹은 젊은이들이 흔히 여름휴가 때 설치하는 나무 덤불 아래의 '진영'일 수도 있습니다. 그 자리를 벌써 다른 이들이 차지했다는 것을 알면 우리는 그들을 침입자로 여길 수밖에 없습니다."

괴테도 만년에 인생을 회고하며 쓴 글에서 스트라스부르 대성당 첨탑을 처음 올라갔을 때 펼쳐졌던 알자스 지방의 경치를 묘사하면서 그런 경험을 고전적인 방식으로 표현했다. 그는 이렇게 적었다. "우리가 한동안 머무를 새로운 땅의 상쾌한 광경에는 아직 고유의 모습이 있어서 마치 우리 앞에 아무것도 쓰여 있지 않은 칠판이 놓인 듯이 우리와 관련된 어떤 고통이나 기쁨도 적혀 있지 않았다. 모든 것이 편안했고 예감으로 충만했다. 밝고 현란하고 활기찬 평지는 아직 말이 없었고 중요한 사물들만 시선을 잡아끌었다. 아직 애착이나 열정이 들어갈 만한 자리는 없었다. 그러나 다가올 일에 대한 예감으로 젊은 가슴은 벌써 동요했고, 채워지지 않은 욕구로 인해 앞으로 무슨 일이든 일어나기를 은근히 바랐으며, 행복이든 불행이든 그 다가올 일은 우리가 머물고 있던 곳의 지방색을 띨 터였다." [69]

5 길의 방향과 삶의 영역

이렇게 개별 장소에 해당되는 내용은 범위를 넓히면 우리의 삶에 의미를 주는 지역과 방향에도 해당된다. 그와 동시에 우리가 신화적 세계관의 방위에서 접했던 것들도 우리가 사는 일상의 작은 방향 도식에 적용된다. 우선 아침에 집을 나서는 사람의 상황을 생각해보자. 거리에 발을 내딛는 순간 그는 일정한 방향으로 접어들어야 하는데 이로써 그는 선택의 세계로 나간다. 짐멜은 이렇게 말한다. 인간이 집의 대문을 떠날 때면 "혼자 격리되어 있던 제한된 상황으로부터 길이 사방으로 뻗어 있는 무한성으로 들어서는 삶이 대문에서부터 쏟아진다." [70] 그 길들은 집 안의 평온한 균형과 달리 선택을 강요한다. 바깥 세계는 불가피한 선택의 영역이다.

현대의 주거 상황을 보면, 거리에 면해 있는 주택에서 집을 나설 때 우리는 대개 오른쪽 길이나 왼쪽 길로 들어선다. 어느 쪽을 택하든 한쪽 방향을 선택하는 행위는 외출에 따르는 의미까지 규정한다. 한쪽 방향은 평소처럼 직장에 가거나 일상의 용무를 보기 위해 "시내로"(시골이라면 "읍내로") 가는 길이다. 말하자면 그 길은 우리가 자연스럽게 저절로 가는 길이다. 다른 쪽 방향은 이 익숙한 궤도에서 벗어나 야외로 이어지는 길, 이를테면 소풍을 나가는 길이다. 여하튼 우리는 집 바깥으로 첫 발을 내딛는 순간 서로 다른 두 세계 중 하나를 택해야 한다. 일단 한쪽 방향으로 첫 걸음을 내딛고 나면─되돌아와서 처음부터 다시 시작하겠다고 분명히 마음먹지 않는 이상─한 영역에서 다른 영역으로의 이행은 불가능하다. 방향은 저마다 의미를 수반한 고유성을 가지고 있다. 우리는 한쪽 방향으로 접어들면서 삶의 특정한 영역으로 들어가고, 근무와 휴식, 일상의 습관과 새로운 시작이라는 생활 리듬은 첫 발을 내딛는 길의 공간 도식에서 벌써 윤곽을 드러낸다.

프루스트는 《잃어버린 시간을 찾아서》에서 주인공이 거쳐온 삶의 전 과정을 상반되는 두 가지 공간 방향을 통해 펼쳐놓는다. 콩브레에 있는 할아버지의 집을 나서면 두 갈래 산책로가 있다. 하나는 스완 씨의 집을 지나 메제글리즈로 가는 길이고, 다른 하나는 게르망트 쪽으로 가는 길이다. 그러나 소설의 의도로 볼 때 두 길은 각기 다른 풍경으로 가는 공간 방향에 그치지 않는다. 이곳과 연관된 인물들을 회상하며 거쳐 가는 길에서 두 방향은 정신적으로도 전혀 상반된 세계이고 나머지 줄거리도 여기서 진행된다. 공간 관계가 삶에 주는 의미와 관련해 이 독특한 대목은 매우 중요하므로 여기서 조금 길게 인용하겠다.

콩브레 주변에 두 '방향'의 산책로가 있었다. 두 길은 상반되는 쪽에 있어서 어느 방향으로 가든 같은 문으로 나설 수는 없었다. 그중 하나인 메제글리즈 라 뷔노즈 방향은 우리의 친구 스완 씨 소유지 앞을 지나가기 때문에 스완 씨네 방향이라고 불렀고 다른 하나는 게르망트 쪽 방향이었다. 나는 메제글리즈 라 뷔노즈를 가보긴 했지만 아는 것이라고는 일요일에 낯선 사람들이 콩브레를 산책하러 온다는 사실뿐이었다. 우리는 그 낯선 이들이 '메제글리즈 사람들'이라고 생각했다. 반면에 게르망트 쪽에 대해서는 언젠가 자세한 사정을 알게 되었지만 그것은 훨씬 훗날의 일이었다. 어린 시절 메제글리즈는 도달할 수 없는 그 무엇처럼 여겨졌다. 아무리 멀리 가도 언제나 땅의 기복 때문에 시야에서 벗어나는 지평선 같은 무엇이었다. 하지만 게르망트는 게르망트 지역이 끝나는 현실의 종착점이라기보다는 관념상의 종착점처럼, 마치 적도라든가 북극이나 남극 혹은 천정(天頂)처럼 일종의 지리학적 표현으로 생각되었다. 그래서 '게르망트를 거쳐서' 메제글리즈로 간다거나 그 반대로 말하면 마치 서쪽으로 가는데 동쪽으로 돌아서 간다는 말과 똑같이 무의미한 표현처럼 생각했을 것이다. 아버지는 툭하면 메제글리즈 주변이 자신이 알고 있는 가장 아름다운 평원 풍경이고 게르망트 주변은 이상적인 강변 풍경이라고 말했기 때문에, 나는 그곳을 두 개의 실체로 여기면서도 마음속으로는 두 지역이 하나이며 단일하다고 생각해버렸다. …… 이것들에 비하면 …… 이상적인 평원 풍경과 이상적인 강 풍경을 끼고 있는 물질상의 길은 바라볼 가치도 없었다. …… 특히 나는 킬로미터로 표시되는 실제 거리보다 양쪽 길은 더 멀리 떨어져 있다고 가정했다. 그것은 두 길을 생각할 때마다 내 머릿속의 두 부분 사이에 존재하는 거리였으며, 그 거리는 사물을 분리해서 생각할 뿐만 아니라 실제로도 갈라놓아 서로 다른 차원으로 보내버리는 정신 속의 거리였다.[71]

공간과 정신에서 나뉘는 두 세계에 대한 탁월한 묘사를 여기서 모두 소개하기는 아쉽게도 불가능하므로 독자가 직접 소설을 읽어보라고 적극 권하는 수밖에 없다. 단지 한 대목만 더 인용하겠다. 만년에 인생을 회고하면서 두 방향 속에서 열린 세계와 그 독특한 느낌이 남은 삶에 주는 불변의 의미를 요약한 부분이다.

> 내 정신적 고향 땅의 깊은 지층을 생각하듯이, 내가 오늘도 안전하게 걸어 다니는 견고한 토지를 생각하듯이 나는 메제글리즈 쪽과 게르망트 쪽을 돌아본다. …… 라일락 숲과 산사나무 울타리가 있는 메제글리즈 쪽 …… 강이 있는 게르망트 쪽 …… 은 언제나 내가 …… 살고 싶은 생각이 드는 고장의 모습을 보여주고 있었다.[72]

젊은 날의 풍경이 각인해놓은 모습으로 인해 주인공은 훗날의 모든 풍경을 적절하게 혹은 부적절하게 느낄 뿐 아니라, 공간 속의 두 방향도 주인공의 일생 동안 정신적인 세계를 구축하는 확고한 기반이 되었다.

1 지평선의 이중적 측면

앞에서 인간이 구체적으로 체험하는 공간을 추상적인 수학적 공간과 구별해주는 또 하나의 특성으로 유한성을 언급했으나 일단 논의를 뒤로 미루었다. 공간의 유한성을 다른 특성들과 똑같은 비중으로 내세울 수 없었기 때문이다. 그렇게 하기 위해서는 우선 설명부터 해야 한다. 어느 공간을 유한하다고 말하려면 공간이 끝나는 경계선이 있어야 한다. 산에 있는 동굴에서는 동굴을 둘러싼 암석이 이 경계선을 분명한 형태로 만들어준다. 하지만 체험공간이 모두 그런 물질적인 벽으로 둘러싸여 있지는 않다. 낮에 뚜렷하게 보이는 공간들은 지평선이라는 다른 종류의 경계선을 가지고 있다. 지평선(Horizont)이란 말은 그리스어 어원에 의하면 둘러싼다는 뜻이다.[73] 지평선은 인간의 시야를 둘러싼다. 그러나 이 경계선에는 무언가 신비롭고 손으로 잡을 수 없는 특성이 있다. 따라서 우리는 지평선이 어떤 의미에서 체험공간의 경계선인지, 또 그렇게 경계선이 됨으로써 어떻게 체험공간을 유한하게 만드는지를 물어야 한다. 반 퍼슨은 《상황》에 발표한 독창적인 논문에서 이 문제를 다루었다. 우리는 이 논문을 논의의 토대로 삼으려 한다.[74]

지평선이란 무엇인가? 단순한 지리학적 정의로는 하늘이 지표면에 얹힌 곳에 있는 선이라고 규정할 수 있다. 지평선은 어떤 물체에 의해 가려지지 않는 이상 일정한 지역 안에서 우리의 자연스러운 시야를 사방으로 에워싼다. 인간이 좁은 산비탈에서 평지로 나가면 지평선이 열린다. 우리는 탁 트인 시원한 지평선이라는 말을 쓴다. 지평선은 좁을 수도 있고 넓을 수도 있다. 산꼭대기에서 바라보면 지평선은 넓어지고, 우리의 시선이 넓게 펼쳐진 평지를 훑으면 엄청난 범위로 확대된다. 그런데 희한하게도 인간은 결코 자신의 지평선을 넘어서지 못한다. 우리가 높은 곳으로 올라가면 지평선은 아래에 머물러 있지 않고 저 너머에서 같이 솟아오른다. 지평선은 언제나 인간이 서 있는 높이에 머물러 있다. 이 현상을 아주 실감나게 경험할 때가 있다. 바닷가 근처의 산에 올라가면서 나무와 구릉이 하나씩 지평선에 추월당하는, 즉 지평선 아래로 내려가는 모습을 볼 때이다. 지평선은 언제나 수평이다. 옆 산비탈 어느 지점이 지평선에 따라잡히는 순간, 나는 내가 지평선과 같은 높이에 있음을 알게 된다.

수평으로 이동할 때도 마찬가지이다. 먼 곳이 아무리 매혹적인 모습으로 우리를 잡아끌어도 우리는 결코 지평선에 도달하지 못한다. 멀리 나아갈수록 지평선도 그만큼 뒤로 물러난다. 우리는 지평선에 가까이 간다는 말을 할 수 없다. 지평선 쪽에 서 있는 물체들, 이를테면 멀리 보이는 도시의 탑이나 산맥의 능선은 우리가 그쪽으로 가면 가까워지고, 배의 돛대는 수평선 위로 솟아오를 수 있다. 그러나 지평선은 언제나 똑같다. 지평선은 내가 움직이는 대로 따라서 움직인다. 이 현상이 특히 뚜렷하게 부각되는 경우는 개별 사물의 형태는 뒤로 물러나고 지평선만 유달리 선명하게 보일 때다. 초원을 여행한 어느 여행자는 항상 똑같이 움직이는 지평선에 갇혀 있으면 무언가 불안한 느낌이 든다고 말한 바 있다. "아무리 절망적으로 발걸음을 재촉해도 끄덕도 하지 않는 지평선을 볼 때면 팜파스(아르헨티나 부에노스아이레스를 중심으로 한 초원 지대로, 대서양에서 아르헨티나 중부를 가로질러 안데스 기슭까지 서쪽으로 펼쳐져 있다. 팜파스라는 이름은 "평평한 면"이라는 뜻의 케추아어에서 유래했다—옮긴이)는 내게 감옥이라는 생각이 든다. 다른 감옥보다 크기만 클 뿐이다."[75] 아무리 인간이 자신의 모든 한계를 넘어서는 존재로 규정되더라도 그는 지평선을 넘어서지 못한다. 지평선은 절대적인 경계선이다.

한편 지평선은 경계선으로만 머물러 있지 않다. 거기에 갇힌 듯이 불안했다는 경험은 흔치 않은 예외적 상황이다. 일반적으로 지평선은 인간을 가두지 않는다. 그 반대다. 지평선은 넓은 시야와 자유롭게 공간으로 나아갈 수 있는 바탕을 펼쳐놓는다. 지평선은 경계선이지만 제한하는 경계선은 아니다. 그것은 뒤로 물러나면서 우리를 먼 곳으로 유혹한다. 인간이 공간적으로 확장할 수 있는 바탕을 펼쳐주면서도 그 바탕을 제한하는 지평선의 이중 성격을 반 퍼슨은 분명히 보여주었다. 그는 이렇게 말한다. "지평선은 인간이 결코 도달할 수 없는 한계지만 그 못지않게 인간이 바라보고 소망하면서 …… 자신을 확장시켜 나가는 영역이기도 하다."[76] 그는 "도달 불가능한 한계와 전진의 공간"이라는 말로 "지평선의 이중 측면"을 강조했다.

그렇다면 지평선의 "실체"는 무엇일까? 지리학자들은 하늘과 땅이 맞닿은 곳에 있는 "상상의 선"이 지평선이라고 말한다. 그러나 상상의 선에도 여러 종류가 있다. 지평선은 적도와는 조금 다르다. 적도도 지표면의 보이지 않는 선이지만 지구상에서 특정한 위치를 점하고 있다. 우리는 적도에 도착해 그곳을 통과할 수 있고 (마인츠에서 도로 포석에 금속선을 삽입해 북위 50도를 표시하듯이) 지표면에 적도를 표시할 수도 있다. 그러나 지평선은 공간에서 특정한 위치를 가지고 있지 않기 때문에 인간은 거기에 도달하지 못한다. 지평선은 공간을 둘러싸면서도 스스로는 공간 속에 있지 않다. 이렇게 되면 지평선의 "실체"가 무엇인가라는 앞의 질문만 되풀이될 뿐이다.

반 퍼슨은 그의 논문에서 이 문제를 대단히 설득력 있게 설명했다. 지평선은 세계 속에 존재하지 않고 인간과 무관하게 발견되는 것도 아니다. 지평선은 "실재하지 않는다". 그렇다고 인간의 상상 속에만 존재하는 것도 아니다. 지평선은 필연적으로 세계의 일부다. 인간이 공간에서 사물과 마주칠 때는 모두 지평선의 범위 안에서 만난다. 지평선이 없는 세계는 존재하지 않는다. 반 퍼슨은 이렇게 말한다. "지평선이 없어져도 세계가 빈약해지지는 않겠지만 그 세계는 전과 똑같지 않을 것이다. 지평선 없는 세계는 상상할 수 없다."[77] 지평선은 우리 앞에 나타나는 사물들을 비로소 하나로 묶어준다. 다른 한편으로 지평선은 인간에게서 떼어놓을 수 없는, 인간의 일부이다. 인간은 지평선 안에서만 살아가며 이 지평선과의 결합에서 절대로 달아나지 못한다. "인간은 지평선을 부인할 수 없다. 지평선을 없앤다는 말은 인간을 폐기한다는 뜻이다. 지평선은 어떤 식으로든 인간과 묶여 있다."

결국 지평선이 속한 영역은 인간이나 세계에 완전히 귀속되지 않는 영역이며, 인간과 세계를 원래의 단일한 모습으로 포괄하는 영역이다. 지평선을 규정하는 가장 좋은 방법은 칸트의 개념을 빌려 지평선이 인간이라는 세계-내-존재의 초월적 구성틀에 속한다고 말하는 것이다. 그러므로 지평선은 공간 속에 있지 않지만 인간 현존재의 공간성과 떼어놓을 수 없을 만큼 인간의 일부이다. 인간은 자신을 제약하면서도 통합하는 지평선의 범위 안에서, 자신이 선 중심에서부터 공간을 펼친다. 인간이 결코 지평선에 도달하지 못하고 오히려 지평선이 인간과 함께 움직인다는 사실은 지평선이 인간의 일부이고(제 집을 이고 다니는 달팽이는 바로 이 맥락에 적용된다), 인간이 언제나 지평선으로 둘러싸인 공간의 중심이라는 사실을 보여준다. "지평선은 인간을 현실의 중심으로 옮겨놓는다."[78] 공간의 중심에 선 인간과 그 공간을 둘러싼 지평선은 필연적으로 서로 관련을 맺고 있다.

"거대한 파란 종"(니체가 《차라투스트라는 이렇게 말했다》의 3부에서 하늘에 빗대어 사용한 표현—옮긴이)처럼 보이거나 구름에 덮인 평면처럼 보이는 하늘을 지평선의 자연스러운 연장으로 생각할 수는 없을까, 하는 의문을 품을 수 있다. 왜냐하면 인간을 둘러싼 원은 하늘에서 비로소 인간을 둘러싸는 외피로 확장되고 지평선을 공간적으로 완전히 확장하기 때문이다.

반 퍼슨은 여기에 흥미롭고 중요한 생각을 하나 덧붙였다. 인간으로 하여금 세계에서 적응하고 살게 하는 것은 지평선이다. 왜냐하면 "인간은 무한한 세계에서 살 수 없고, 무한한 시야는 인간을 불안하게 만들기" 때문이다. 그럴 때 인간은 자신이 버려졌다는 느낌을 받는다. 인간을 둘러싼 공간을 유한하고 조망할 수 있는 환경으로 통합하는 것이 지평선이다. "지평선은 이처럼 보호하는 면모를 보여준다."[79] 반 퍼슨은 이렇게 말한다. "지평선은 인간을 에워싸면서 인간의 고향이 되어준다."[80] 지평선은 세계를 인간을 품는 집으로 만든다. 그 집은 인간이 떠났다가 다시 찾아올 수 있는 집이 아니라 그와 한 몸이 된 집이다. 다른 논의를 통해 알게 되겠지만, 인간을 보호하는 공간의 근원적 특성이 지평선에 드러나 있다. 공간은 인간에게 낯선 매체가 아니다. 인간은 공간에서 집에 있는 것처럼 느끼고 공간과 하나됨을 느낀다.

2 시점

시점도 지평선과 불가분의 관계로 묶여 있다. 시점(Perspektive)이란 건축의 회화적인 묘사 문제에서 탄생한 말로서, 어느 사물을 보는 특정한 관점을 뜻한다. 모든 사물은 일정한 시점에 제 모습을 드러낸다. 내가 사물을 항상 한쪽 면에서만 볼 수 있고 모든 면에서 동시에 볼 수 없는 이유가 여기에 있다. 또 사물을 한쪽 면에서 관찰하면 다른 면은 보이지 않는 이유도 이 때문이다. 모든 사물의 모습은 필연적으로 일면적이다. 사물이 항상 일정한 "원근법적인 단축법"으로만 보이고 평행선이 무한대에서 만나는 것처럼 보이는 이유도 여기에 있다. 내가 어느 건물 주위를 돌면 시점이 매번 바뀐다. 나는 건물을 묘사하기에 가장 적절한 시점을 고를 수도 있다. 그러나 아무리 시점이 바뀌더라도 나는 항상 하나의 시점에 묶여 있다. 나는 시점에서 완전히 벗어나지 못한다. 사물을 특별한 관점과 무관하게 "그 자체로" 보기란 불가능하다.

더 나아가 시점은 사물이 관찰자로부터 떨어진 거리에 따라 크기가 달라지는 현상과 연관되어 있다. 멀리 있는 사물은 작게 보인다. 멀리 떨어진 물체를 더 밝게, 푸른색으로 나타내는 이른바 대기원근법(Luftperspektive)도 이 현상을 적용한 것이다. 또 하나 말해둘 것은 앞에 있는 사물이 뒤의 사물을 부분적으로 가리면서 시야에서 빼앗아간다는 점이다. 사물은 이런 식으로, 시점을 통해 공간의 중심에 선 인간과 가깝고 먼 관계에 따라 배열된다. 한편으로 시점은 인간이 처한 공간의 "주관성"의 표현이다. 다시 말해 인간이 공간에서 특정한 지점에 묶여 있고 그 공간을 "안쪽"에서만 관찰할 수 있음을 나타낸다. 다른 한편으로 시점은 인간으로 하여금 자신이 그 지점에 묶여 있다는 사실도 깨닫게 한다.

지평선과 시점은 서로 뗄 수 없는 관계에 있다. 시점은 사물을 지평선 안에서 배열하지만, 모든 평행선이 만나는 지평선은 시점에 견고한 발판을 마련해준다. (이 말은 당연히 수평 평행선에만 해당한다. 여기에서 다시 수학적 공간과의 차이가 드러난다. 체험공간에는 미술 수업의 원칙에 따라 변함없이 수직으로만 머무는 수직선 외에 수평 평행선도 존재한다.) 결국 지평선과 시점은 인간을 공간에 처한 "유한성"의 현존재로 묶어놓지만 동시에 인간으로 하여금 공간에서 행동할 수 있게 한다. 지평선과 시점은 인간을 공간 속의 특정 상황에 세울 뿐만 아니라 그가 이 상황을 인식하여 공간에서 확고한 입지를 얻고 조망하도록 도와준다.

3 비유적인 의미의 시점과 지평

우리는 지평과 시점이라는 개념을 흔히 비유적인 의미로도 사용한다. 낱말 본연의 의미와 비유적인 의미가 서로의 영역을 넘나들기 때문에 둘을 구분하기 어려운 경우가 많다. 정신세계와 관련해서도 우리는 그것이 특정한 시점에 따른 현상으로 나타난다고 말한다. 우리는 정신적인 특성도 각각 특정한 관점, 주관적인 여건, 특정한 세계관 등을 통해 바라본다. 이 말은 특정한 관점 외에 그와 배치되는, 하지만 근본적으로 대등한 관점이 있다는 뜻이기도 하다. 이런 맥락을 생각하면, 인간이 특정한 일면적 시각에 매인 채 거기에서 벗어나지 못한다는 명제는 타당하다. 이 명제는 일례로 니체가 역설한 관점주의(Perspektivismus)지만 이를 회의적인 상대주의와 동일시해서는 안 된다. 관점주의는 인간의 유한한 인식에 딸린 필연적인 특성이다.

그러나 시점은 인간의 인식 작용에 (유감스럽게도) 붙어 있는 결핍의 의미에서 일면성만을 뜻하진 않는다. 시점에는 긍정적인 면도 있다. 어느 건물을 모사하기에 가장 적절한 관점이 있듯이, 정신적인 특성을 규명하는 데도 생산적이고 유익한 관점이 존재한다. 사물은 적절한 시점에서 관찰할 때 새롭고 깊이 있는 연관성을 환히 드러낸다.

마찬가지로 정신적인 의미의 지평도 존재한다. 우리가 한 인간이나 시대의 정신적 지평이라는 말을 사용할 때는 인간이 정신적인 차원에서 조망할 수 있는 것, 그의 세계에 속한 것들의 범위라는 뜻으로 사용한다. 정신적인 지평도 좁거나 넓을 수 있다. 많은 사람들의 정신적 지평은 반지름이 0이고, 그들은 이것을 자기네 입장이라고 부른다고 말한 사람은 다 알다시피 힐베르트(David Hilbert, 1862~1943. 20세기 수학 분야에 크게 공헌한 독일의 수학자—옮긴이)이다. 인간이 자신의 선입견을 고수하는 편협함은 그의 제한된 지평과 관련돼 있다는 점이 이 표현에 드러나 있다. 한편 지평은 인간이 살면서 낯선 생활방식과 다양하게 접촉하면서, 즉 독서나 다양한 교제를 하면서 확대되고, 여행을 하면 말 그대로 지평이 넓어진다. 넓어진 지평은 특히 예상치 못한 새 과제가 주어졌을 때 판단 능력을 부여한다. 따라서 넓은 지평은 우월한 정신의 표상이다. 그러나 인간의 정신적 지평이 아무리 넓어지더라도 근본적으로는 순수한 공간적 지평에서 확인했던 원칙이 똑같이 적용된다. 인간은 하나의 지평에 묶여 있다. 다시 말해 특정한 입장을 중심으로 조성된 제한된 시야에 갇혀 벗어날 수 없다는 점에는 변함이 없다. 지평은 정신적인 면에서도 인간의 본질에 속한다.

그러나 지평은 정신적인 영역에서도 결코 원망스러운 한계가 아니라 삶 자체에 필요한 요소이다. 지평은 삶을 일정한 형태로 통합하기 때문이다. 지평이 없으면 삶은 허물어진다. 반 퍼슨도 이 점을 분명히 강조했다. "모든 문화적 성과에는 거기에 위치를 정해주는 한계가 있다. 사고 체계가 존재하는 것은 이런 한계 덕분이다. 사고 체계는 선택을 지향하고, 출발점을 제시하며, 무언가를 규정하게 하고 분명히 드러낸다. …… 이 모든 것은 지평이 제한하는 범위 내에서만 생산될 수 있다. 지평은 인간이 길을 잃는 것을 막아주고, 인간이 자신의 위치를 규정하고 정신의 진로를 설계할 수 있게 해준다."[81] 그 때문에 정신적 지평의 과도한 확장은, 특히 피상적으로 받아들여 자신의 중심과 연결되지 않은 지식의 경우, 삶 본연의 안정을 위협한다. 니체는 당시 역사적 지식의 우세를 보고 "살아 있는 모든 것은 지평 안에서만 건강해지고 강해지고 열매를 맺을 수 있다"고 강조했는데, 이런 사실을 염두에 둔 말이다.

넓은 곳, 낯선 곳, 먼 곳

1 새로운 문제 제기

우리는 공간에 있는 인간의 행위를 논하면서 주로 왕복 행위의 기본 역학에 주목했다. 인간은 공간에서 아무렇게나 움직이지 않는다. 그가 움직이는 길은 모두 떠나고 돌아오는 기본적인 대립 행위와 관련되어 있다. 그러나 우리는 이 관점을 일면적으로만 분석해 공간 속의 자연스러운 중심을 규정하는 쪽으로만 논의했다. 이 부분으로 다시 돌아가 문제를 풀어보자.

우선 공간의 중심을 기점으로 규정한 것부터가 충분치 않다. 우리는 무엇이 기점에 우월한 의미를 부여하는지, 그리하여 기점으로 돌아가는 것이 인간의 깊은 본질을 실현하는 이유가 무엇인지 물어야 한다. 그러면 확장되지 않는 중심점의 자리에 공간적으로 확장된 나만의 영역이 나름의 특성을 가지고 들어서는 것을 볼 수 있다. 인간이 "돌아와", "집처럼" 편안하게 느끼는 이 영역, "고향"과 "집"이 되어주는 이 영역을 우리는 좀더 자세히 파헤칠 필요가 있다. 그러나 귀환이 인생의 의미인데도 그를 중심에서 내모는 것이 무엇이며 그가 바깥으로 나가 만나는 공간은 어떤 공간인지도 물어야 한다.

떠나고 돌아온다는 이중의 행위에는 공간 자체가 두 영역으로 나뉘고 그중 안쪽의 좁은 영역은 바깥의 넓은 영역에 의해 동심원처럼 둘러싸인 다는 사실이 반영되어 있다. 그러니까 집과 고향이라는 좁은 영역, 그리고 이곳을 떠난 인간이 진출했다가 다시 돌아오는 바깥의 넓은 영역이다. 두 영역으로의 분할은 체험공간 전체의 구조에서 가장 중요한 분할이다. 앞으로 우리는 이 두 영역을 자세히 추적할 것이다. 그중 어느 영역부터 살펴볼지, 즉 논의의 순서는 중요하지 않다. 두 영역은 인위적으로만 분리되기 때문에, 무엇부터 시작하든 어느 정도 무리가 따를 수밖에 없다. 나는 바깥에서 안으로 들어오는 길을 따라가겠다. 다시 말해 인간이 공간의 중심에서 멀어진 상태에서 출발해 중심의 본질을 탐구하고 귀환 과정을 추적해보겠다.

2 무한히 넓은 공간으로의 진출

공간의 바깥 영역을 여러 방향으로 따라가기 전에 잠시 역사를 조망할 필요가 있다. 이 넓은 영역은 매우 다양한 방식으로 주어져 있기 때문이다. 넓은 영역이라고 하면 오늘날에는 흔히 무한대로 넓은 우주공간을 생각한다. 그러나 이 견해는 필수적이지도 근원적이지도 않다. 과거의 공간 관념에 대한 역사적 조망은 우리의 공간 의식에 숨어 있는 특성도 밝혀줄 것이다. 공간 개념을 숲을 개간한다는 의미로 설명했던 독일어

해석을 상기해보자. 또 하늘의 맨 바깥쪽에서 회전하는 천구에 의해 공간의 경계가 정해진다고 믿은 고대의 공간 관념을 상기해보자. 이는 모두 공간을 빈 곳으로 상상한 견해이다. 근본적으로 두 견해 모두 공간을 경계가 정해진, 조망할 수 있는 공간으로 보고 있다. 물론 여기에도 넓은 공간은 존재해서, 움직임을 위해 충분히 확보된 공간이라는 개념이 있었지만, 무한히 넓은 공간이란 말은 아직 이해하기 힘든 표현이었다.

이런 배경을 감안해야만 근대가 시작될 무렵 무한한 공간이 열리면서 사람들이 넓은 신세계를 체험했을 때 공간 감각이 얼마나 획기적으로 변했는지를 이해할 수 있다.[1] 여기에서는 이미 여러 문헌에서도 전형적인 사례로 지적된 1336년의 페트라르카의 방투 산 등정을 소개하겠다. 산 정상에서 조망할 경우 넓은 공간에 대한 느낌이 인간에게 가장 직접적으로 와 닿기 때문이다. 그러나 인간이 오직 넓은 조망을 얻으려는 목적으로 산에 오르기까지는 이후에도 상당한 세월이 흘러야 했다. 그런 면에서 페트라르카는 근대의 공간 감각으로 가는 길에서 전환점을 상징한다고 해야 옳을 것이다.

놀랍게도 이 새로운 공간 감각은 페트라르카의 글에 직접 표현되지 않았다. 그는 산 위에서 본 것도 거의 기록하지 않았다. 페트라르카는 공간의 관찰에서 이내 시간의 관찰로 넘어가면서 자신의 인생을 비판적으로 회고한다. 산 정상에서 잠시 광활한 경치를 바라본 뒤, 그는 산의 크기에서 영혼의 크기로 관찰 대상을 옮겼다. "영혼만큼 위대한 것은 없다."[2] 이것은 뜻밖의 결론이다. 부르크하르트도 이렇게 적었다. "그곳의 전망 묘사를 기대하는 것은 헛된 일이다. 하지만 그것은 시인이 둔감해서가 아니라, 오히려 거기에서 받은 인상이 너무 강렬해서였다."[3] 나는 이 상황을 더 자세히 규명할 수 있다고 생각한다. 사실 페트라르카는 풍광에 무감각하지 않았고 강렬한 인상 때문에 말문이 막힌 것도 아니었다. 그보다는 광활한 공간에 감응한 그의 생각이 곧바로 영혼의 새로운 원대함으로 전환했다고 보아야 한다. 이는 광활한 공간 조망과 밀접히 연관되어 있다. 넓은 곳을 응시했던 바로 그 시선은 먼 과거로 방향을 틀었고, 무한한 공간에서 받았던 감동은 내면세계의 무한성에서, 영혼의 원대함에서도 생겨났다. 넓은 공간을 바라보는 감격스러운 경험으로 영혼 깊은 곳이 떨려왔다. 페트라르카의 글을 읽어보면 평지로 내려오면서도 감격이 사라지지 않았음을 느낄 수 있어 그가 산 정상에서 받았던 충격이 얼마가 컸는지를 알 수 있다.

이러한 공간 감각의 변화는 넓은 대양으로 진출할 때도 나타났다. 그로부터 150년 뒤 대발견의 시대에 아메리카 대륙이 발견되고 그때까지 익숙했던 세계가 확장되면서 벌어진 일들은 페트라르카의 등정으로 시작된 발전이 더욱 가속화된 사례일 뿐이다. 우리는 그러한 공간 감각이 근대에 어떤 의미를 띠었는지 생각해보아야 한다. 이미 알고 있는 나라들에 더해 지금까지 몰랐던 나라들이 새로 발견되었을 뿐 아니라, 공간 감각 자체도 근본적으로 바뀌었기 때문이다. 이는 전혀 새로운 세계가 열리는 일이었다. 드넓은 바다가 나타나, 얼마 전까지 소심하게 해안에 머물러 있던 사람들에게 활짝 열린 수평선으로 오라고 계속 손짓했다. 훗날 카를 5세가 자신의 제국에서는 해가 지지 않는다고 자랑한 바탕에는 이런 넓은 세계가 주는 황홀한 느낌이 깔려 있었다.

이 같은 발견은 감격 못지않게 현기증도 일으켰다. 넓은 세계의 발견으로 공간적 방향 설정이 상대화되기 때문이다. 이제 사람들은 옛날처럼 순진하게 자기 민족이 사는 곳을 세상의 중심으로 여길 수 없었다. 지표면이 구(球)로 둥글어지는 순간 우월한 중심은 사라진다. 어느 나라도 다른 나라보다 우월하지 않다. 그리하여 넓은 세계가 가져온 황홀감도 잠시뿐이었고, 새로운 발견과 더불어 견고한 중심의 토대가 사라지고 지상에서 인간의 위치는 완전히 상대화되었다. 제들마이어의 말을 빌리면, 당시에 공간적인 의미 그대로 "중심의 상실"[4]이 시작되었다.

그러나 콜럼버스의 업적에서 궁극적인 의미를 도출하기까지는 오랜 시간이 걸렸다. 미지의 대륙들은 오랫동안 본래의 중심인 유럽과 식민지로 인연을 맺고 살았다. 유럽의 우위가 사라지고 유럽적인 관점이 현실의 세계 역사 속으로 소멸하는 모습을 우리는 오늘에야 경험하고 있다.

비슷한 방식으로 천문학 분야인 하늘 공간에서 일어난 변화, 즉 코페르니쿠스의 발견이라고 불린 변화는 더 근본적이었다. 우리는 앞에서 프톨레마이오스 체계인 고대의 세계관이 닫힌 공간의 체계라는 점을 지적했다. 그들은 우주를 공처럼 생긴 완벽한 형태의 거대한 동굴로 생각한 것이다. 지구의 맨 바깥쪽에 있는 천구가 세계 전체의 경계였다. 그러나 코페르니쿠스의 발견은 단순히 중심을 지구에서 태양으로 옮겨놓는 좌표계의 변화만을 뜻하지 않았으며, 그때까지의 천구를 폭파하고 말았다. 천구 뒤에는 새로운 넓은 공간이 열려 있다고, 콜럼버스가 발견한 것보다 더 넓은 세상이 펼쳐진다고 생각했다.

조르다노 브루노는 이 새로운 세계를 격정적인 충동으로 표현했다. 그가 《무한자와 우주와 세계》—제목부터 의미심장하다—의 머리말에 붙인 시에 이런 구절이 있다.

자신 있게 날개를 펴도 좋으리
수정 천구(프톨레마이오스의 천구를 의미한다)는 겁나지 않으니
내가 에테르의 푸른 대기를 가르며

별들의 세계로 달려 올라가더라도

지구는 저 아래 내버려둔 채.[5]

우리가 흔히 보는 이 시대의 목판화에 사람이 수정 천구에서 머리를 내밀고 새롭게 열린 우주 세계를 들여다보는 모습이 있다.[6] 당시 사람들이 새로운 광경을 접하고 받았을 경이로운 느낌, 브루노가 범신론적인 열광으로 받아들인 그 감동을 이 목판화는 고유의 방식으로 생생히 보여준다. 브루노도 감격에 차 이렇게 말했다. "저 찬란한 별과 반짝이는 천체들, 마찬가지로 생물체가 사는 세계, 어마어마한 생명체이며 고귀한 신성인 저곳, 무한히 많은 세계가 있는 듯하고 실제로 무한한 저 세계는 우리가 사는 곳과 크게 다르지 않다."[7] 무한대로 나아가려는 이 시대의 커다란 열망은 천문학적 사고가 열어놓은 관점에 열광했다. 그야말로 하늘의 공간에 도취한 것이다. 그러므로 우리는 콜럼버스와 코페르니쿠스의 업적을 사실상 공간 의식의 혁명이라고 말할 수 있다. 인간을 품고 에워쌌던 폐쇄된 유한 공간은 와해되고 그때까지 알지 못했던 무한히 넓은 세계의 문이 열리고 있었다.

그러나 새로 경험한 우주의 무한성은 지리상의 발견과 마찬가지로 훨씬 위험한 측면을 내포하고 있었다. 우주의 광대함은 공허도 의미했다. 초기의 감격이 사그라들고 각성이 시작되면서 외로움이 느껴졌다. 이 공간에 처한 인간의 극한 외로움이었다. 그로부터 겨우 몇 십 년 뒤 파스칼은 《팡세》에서 "이 무한한 공간의 영원한 침묵이 나를 두렵게 한다"[8]고 말했다. 이는 브루노의 범신론적인 열광의 이면이자 이 혁명의 결과가 오늘날까지 이어지는 대목이기도 하다. 우리가 이런 배경을 언급한 이유는 편안하게 읽을 수 있는 흥미로운 여담을 제공하기 위해서가 아니라 그것이 오늘날의 중요한 문제들과 직결되기 때문이다.

3 바로크의 실내 공간

우리는 수백 년간 지속된 이 새로운 공간 개념의 발전이 조르다노 부르노와 파스칼의 인생관에 끼친 상반된 영향을 설명함으로써 이를 바로크의 일반적인 정신적 맥락에 접목했다. 실제로 바로크는 무한성에 대한 도취감이 극도로 상승한 시대였다. 공간 의식의 변화가 당대인들에게 얼마나 깊은 영향을 주었는지는 고정된 듯 유한한 공간, 견고한 벽으로 둘러싸인 실내 공간까지 무한대로 변용한 사실을 보면 알 수 있다. 따라서 바로크의 실내 공간은 무한성의 욕망이 뚜렷이 드러난 사례이다. 지금까지 우리는 미학적인 문제를 논의에서 제외했지만, 여기서 잠시 미술사에 주목하면 이 관계를 다른 측면에서 규명할 수 있으리라고 본다.

바로크 시대의 공간은 무한한 실내 공간이라는 다소 역설적인 말로 표현해야 가장 적절하다. 이 말은 실내 공간의 본질을 이루는 보편적인 요소, 즉 분명한 경계선을 만드는 벽을 의식적으로 가림으로써 마치 그것이 사라진 듯한 공간 효과를 냈다는 뜻이다. 이 효과를 위해 바로크 건축가들이 사용한 방법은 잘 알려져 있다. 그들은 르네상스가 강조했던 공간 사이의 경계를 조각 장식품을 겹치도록 설치해 은폐했다. 그로 인해 차단 역할을 하는 벽은 눈에 띄지 않는다. 앞뒤로 튀어나오거나 들어간 복잡한 부분과 그 사이의 모습들을 하나하나 훑다 보면 기둥을 비롯한 건축 요소들에 의해 시선이 교란된다. 그래서 지금 보이는 모습 뒤에 과연 고정된 무엇이 있는지 알지 못할뿐더러 더 물을 수도 없기 때문이다.

고정된 공간은 조망이 불가능할 정도로 이어지는 중첩 배열과 틈새 공간에서 증발하여 무한대의 시점으로 바뀐다. 반사 거울을 지나칠 정도로 많이 설치해 환각 효과를 내는 장치도 이런 목적에 이용되었다. 사람이 들어가지 못하는 공간은 무한히 먼 곳처럼 보이게 하는 착시효과를 조성할 때만 이용되었다.

이런 공간 구성이 극대화된 예가 벨텐부르크 수도원에 있는 성(聖) 게오르기우스 기마상이다. 은빛 찬란한 성 게오르기우스가 비현실적으로 넓은 공간에서 나타나면서—더 정확히는 말을 타고 솟아오르면서—마치 육신이 없다가 육화되는 순간처럼 묘사되어 있다. 이것을 두고 핀더는 다음처럼 말한다. "은빛의 성 게오르기우스가 빛이 환한 아래쪽에서 말을 타고 어스름한 제대 공간으로 솟아오르는 광경을 보면 모든 것이 신비로운 꿈으로 변한다."[9] 데히오도 이 모습을 비슷하게 묘사했다. "좁은 사제석은 어슴푸레한 빛도 없이 깜깜하다. 끝 부분은 중앙 제대가 차지하고 있다. 마치 개선문처럼 지어졌다. 한가운데에 제단화는 없고 아무것도 없는 빈 공간이 뚫려 있다. 이곳을 들여다보면 다시 형태도 크기도 불확실한 공간이 나타나면서 무한히 먼 곳에서 인물들이 넘실대는 빛의 세계가 펼쳐진다. 여기에 특별한 예술적 장치를 덧붙이지 않았다면 환각 효과는 그리 크지 않았을 것이다. 빈 공간 한가운데에 실물보다 큰 세 개의 입상이 서 있다. 가운데에는 말을 탄 기사 성 게오르기우스가 있고, 앞에서 보았을 때 왼쪽에는 저항하는 용이, 오른쪽에는 도망치려는 공주가 있다. 이 인물들은 아직 어둑한 구역에 서 있다. 그러나 반사광이 뒤에서 들어와 금빛 갑옷과 은빛 말을 훑는 덕분에 입체적인 굴곡의 느낌이 전혀 사라지지 않을뿐더러 앞쪽의 어두움과 뒤쪽의 밝음이 서로 연결된다."[10]

내가 미술사학자의 적확한 표현을 원문 그대로 인용한 이유는 이곳의 공간 효과를 (조각상을 찍은 사진보다 더) 생생히 드러내기 위해서였다. 실내 공간은 무한 공간으로 녹아들면서도 그 본질을 고스란히 유지한다. 그런데 기묘하게도 공간의 유동적인 무한성, 무경계, 제한된 공간에서 공간이 없는 무한성으로의 이행, 이 유한성과 무한성의 혼합은 실내 공간에서만 경험할 수 있다. 외부 공간은 넓은 곳이 온전히 열리는 곳, 즉 끝없는 바다의 수평선에서 분명히 조망할 수 있기 때문이다. 무한성을 향한 바로크의 열망이 실내 공간에서만 성취되었을 뿐, 건물 외부 형태는 비교적 수수한 것도 이런 배경에서 이해할 수 있다.

4 좁음과 넓음

이제 우리는 무한대로 펼쳐지는 공간을 내적으로 분류하면서 일반적인 정의부터 내린 뒤 점차 세부적으로 분류해보겠다. 일반적으로 독일어에는 드넓은 공간을 가까운 주변 공간과 구별하는 세 가지 개념이 있다. 바로 넓은 곳(die Weite), 낯선 곳(die Fremde), 먼 곳(die Ferne)이다. 이 세 개념은 관련 상황에 각기 다른 방식으로 적용된다. 나는 이 개념들을 비교 관찰하면서 공간의 특성을 가능한 한 폭넓게 분석해보겠다.

넓다는 개념부터 설명하자. 이 말의 의미는 반대 개념을 살펴보면 분명히 드러난다. 넓은 것(die Weite)의 반대는 좁은 것(die Enge)이다. 옷이나 신발은 꼭 끼거나(eng) 클(weit) 수 있다. 옷이나 신발이 그것을 착용한 사람의 몸이나 발로 적절히 채워지지 않아 주변이 헐렁하면 크다고 말한다. 반대로 그 사람이 뚱뚱해지면 옷이나 신발은 너무 낄 수 있다. 거주

공간도 넓을 수 있다. 반대로 너무 가까운 곳에 신축 건물이 올라가면 전망이 답답하게(beengt) 느껴진다. 좁은 계곡에서 평지로 나가면 시야가 넓어진다. 좁은 거리와 골목길이 있고, 바다 양옆에 육지가 바짝 붙어 있는 해협(Meeresenge)이 있다. 반대로 널찍한 장소와 널찍한 경관도 있다. 또 무한히 넓은 바다라는 말도 사용한다.

공간뿐만 아니라 사람의 마음도 좁거나 넓을 수 있다. 본래 '좁음' (Enge)을 뜻하는 불안감(Angst)이 들면 마음이 움츠러들고, 즐거운 기분이 충만하면 마음은 다시 넓어진다. 여기에서 좁음과 넓음의 비유적인 의미들이 발전해 나왔다. 기존 법규정에 얽매인 편협한(engherzig) 해석이 있는가 하면, 관대하고 너그러운(weitherzig) 마음도 있다. 인간은 너무 많은 죄책감에 시달리지 않을 때 아량이 넓어질 수 있다. 또 애석하게도 정신적 지평이 좁은 사람도 있고, 초라한 생활 형편으로 인해 숨 막히는 답답함을 느끼는 이도 있다.

이상의 예문들을 요약하면, 좁음은 언제나 자유로운 움직임을 제한하는 외피와 관련된 말이다. 이런 의미에서 옷이 몸을 조이면 몸에 꼭 낀다고 하고, 집도 거기에 사는 사람들에게 충분한 활동 공간을 제공하지 못하면 좁을 수 있다. 반면에 넓다는 것은 이런 방해에서 벗어난 것을 말한다. 이런 뜻에서 문이 활짝(weit) 열려 있으면 사람이 자유롭게 드나들 수 있다. 사람도 낯선 상황에 어안이 벙벙해지면 입을 다물지 못한다(Mund und Nase weit aufsperren).

일반적으로 인간은 좁은 공간을 자신을 괴롭히는 압박으로 느낀다. 그는 여기에서 벗어나 자유롭고 넓은 곳으로 나가고 싶어 한다. 넓은 곳은 언제나 활동 영역의 개방을 뜻한다. 그곳에는 인간의 확장 욕구와 공간으로의 진출을 가로막는 게 없다. 그래서 넓은 지역이라는 말 또는 일반적으로 넓은 세계라는 말을 사용한다. 공간의 극복 수단인 도로는 넓은 곳으로 통한다. 넓은 곳은 활동 가능한 공간으로서 항상 인간의 행위, 그리고 원심적인 확장 욕구의 중심인 인간과 관련되어 있다. "우리는 넓은 곳으로 나아간다." 이것은 청소년 운동의 노래 가사이다. 여기서 넓은 곳이란 무언가를 향해 간다는 의미에서 구체적인 목적지를 말하는 것이 아니라, 어딘가를 떠나는 행위, 답답한 좁은 곳에서 벗어나는 행위에 개방된 장을 뜻한다. 따라서 넓은 곳은 지향점이 없다. 비유의 의미에서도 마찬가지이다. 마음이 넓어지면 가슴이 넓어지고 세상의 모든 다양함을 받아들인다.

넓다는 개념을—형용사로만 사용해—거리에 적용하면 먼 길(weiter Weg)이 되어 뜻이 달라진다. '어느 곳까지는 아직 멀다(weit)'는 말은 그곳에 도착하려면 아직 한참을 더 가야 한다는 뜻이다. 이 개념은 흔히 '폭, 너비'를 뜻하는 "die Breite"와 결합될 때가 많다. 그래서 "Weit und breit"라는 표현을 사용해, 이를테면 황무지의 사방에(weit und breit) 나무 한 그루도 보이지 않는다고 말한다. 여기에서 breit는 일반적으로 종 방향과 관련된 횡 방향을 의미한다. 따라서 차가 다닐 수 있는 폭이 넓은(breit) 도로는 있지만, 자리는 넓다(weit)고 표현한다. 이 공간적 의미는 면적의 확대를 뜻하는 breiten(넓히다), ausbreiten(펼치다) 등의 동사에서 볼 수 있다.

5 낯선 곳

반면에 먼 곳(die Ferne)과 낯선 곳(die Fremde)이라는 개념은 전혀 다른 영역에 속한다. 두 낱말이 언어학적으로는 의미가 동일할지라도 오늘날엔 분명히 서로 다른 방향으로 분리되었다. 낯선 것의 반대는 아는 것, 익숙한 것, 일반적으로 '내 것'이다. 내 것과 낯선 것은 이렇게 서로 대립한다. 그래서 낯선 사람, 낯선 풍습과 관례, 낯선 나라들이 있다. 낯선 것은 언제나 나의 본질과 모순되어 나를 불안하게 만들고 나의 안전을 위협하는 "다른" 것이다. 아이들에게 낯선 사람이란 곧 모르는 사람이다. 아이들이 오랜 기간 낯선 사람을 나쁜 사람이란 뜻으로도 이해한다는 사실 자체가 이러한 근원적인 관계를 나타낸다. 아는 것은 좋은 것이고 모르는 것은 나쁜 것이다. 이런 생각은 희한한 상황으로 이어질 수 있다. 낯선 언어는 그것을 모르는 사람들에게 괴상한 횡설수설처럼 들려 웃음을 유발한다. 낯설다는 의미는 더 크게 퇴색하기도 한다. 그래서 내 돈이나 남의 돈(fremdes Geld)으로 집을 짓고, 유산이 남의 손(fremde Hände)에 넘어갈 때도 있다.

이 개념의 중심에는 변함없이 공간 관계가 자리 잡고 있다. 과거의 어법에서도 낯선 사람들이란 자신의 출신지에 살지 않는 사람, 외국인을 뜻했다. 현대의 관광 산업은 이 낯선 이들을 끌어모으려 애쓴다. 그러나 인간이 낯선 나라에 가는 즐거움을 위해서만 여행을 한 것은 훨씬 훗날의 일이다. 원래 인간은 자기 고향에서 쫓겨나 낯선 곳에서 살아야 하는 것을 "불행"으로 느꼈다. 아이들도 미지의 세상에서는 "낯을 가리고", 그런 세상에서 일어나는 일들에 우리는 의아해한다. 인간이 자진해서 나아가고 싶어 하는 자유로운 넓은 곳과 달리 낯선 곳은 무언가 불쾌하고 위협적인 영역이다. 릴케는 인간을 강렬하게 덮치는 이 생소한 느낌을 감동적으로 표현했다. 어느 여관방 창문에서 내다본 모습을 그는 이렇게 적었다.

새로운 도시는 아직 내가 다가갈 수 없는 곳이었습니다.

납득할 수 없는 풍경은 어둡게 사라졌지요.

마치 내가 존재하지 않는 듯이.

주변의 사물들은 나를 이해시키려고 애쓰지 않았습니다.

가로등이 있는 곳에서 골목은 위로 치달았습니다.

낯설게 보이더군요.[11]

이어지는 시구를 보자.

배고파 하는 낯선 존재가 공교롭게 가물가물 타오르는

내 감정을 에워쌌습니다.

일반적으로 인간은 익숙한 세계에서 낯선 환경으로 내던져진다. 그러면 주변 사람들과 사물에 대해 가지고 있던 당연하고 익숙한 느낌은 사라진다. 그는 이해할 수 있는 세계에서 이해할 수 없는 세계로 들어간다. 이 세계에서 인간은 불안을 느끼고 다른 사람들의 삶에서 배제된 느낌을 받는다. "그들은 환호하며 낯선 이를 혼자 내버려둔다."[12] 낯선 곳에 가는 인간은 그곳 사람들에게도 낯선 사람이 된다. 그러면 억제할 수 없는 힘으로 향수가 밀려온다. 우리는 낯선 곳에서 벗어나 다시 집으로 돌아가려 하는 이상하고 발작적인 아이들의 행동을 알고 있다. 인간은 대체로 이 지구상에서 자신을 이방인으로 느낄 수 있다.

그러나 낯선 곳이라고 해서 반드시 공간적으로 멀리 떨어진 지역일 필요는 없다. 낯선 곳은 인간을 에워싼 가장 가까운 영역까지 침투해 그를 압도하는 힘으로 나타날 수 있다. 우리가 사는 집에 낯선 사람이나 낯선 세력이 침입할 수 있고, 우리 자신의 삶도 우리에게 낯설어질 수 있다. 헤세는 낯선 이의 섬뜩한 힘이 인간을 전율케 하는 악마적인 모습으로 어린아이의 친숙하고 든든한 공간에 침투하는 모습을 《데미안》에서 여러 번 인상 깊게 묘사했다. 그럴 경우 인간은 불안해하면서 외로움을 느낀다.

한편 인간은 직업상 부득이한 일이 있거나 낯선 땅에서 새로운 것을 배우려 할 때 (과거에 편력 생활을 하던 수공업 도제처럼) 자진해서 낯선 곳에 가기도 한다. 우리는 "세상일에는 관심 없이 우물 안 개구리"처럼 사는 사람을 경멸한다. 그러나 인간이 낯선 곳에 가는 것은 언제나 이해할 만한 이유가 있어서이지 결코 막연한 욕구 때문은 아니다. 지식을 넓히러 가기도 하고, 고향에서는 배울 수 없는 것을 배우려고 가기도 한다. 또 한편 상인이나 도적이 되어 낯선 땅의 산물을 집으로 가지고 오려고 떠나는 사람도 있다. 여하튼 낯선 곳은 언제나 일시적인 체류지이기 때문에 인간은 목적을 달성하면 다시 그곳을 떠나 집으로 돌아온다.

이렇게 해서 원래 낯익은 것과 낯선 곳에서 배운 것 사이에 생산적인 대결이 발생한다. 넓은 의미에서 인간의 문화는 낯선 것을 새로 수용하고 습득하는 과정을 통해 성장한다. 그러나 낯선 것이 지나치게 영향을 미치고 새로 받아들인 남의 것이 내 생활을 질식시키는 과잉 상태에 이를 수도 있다.

그러므로 자신의 적응력과 습득해야 할 낯선 것 사이에서 올바른 균형을 찾는 것이 중요하다. 니체는 《반시대적 고찰》의 2부에서 이 점을 아주 명확하게 인식했다. 그는 낯선 것을 습득할 때의 "조형력"에 대해서 다음과 같이 말한다. "살아 있는 모든 것은 지평 안에서만 건강해지고 강해지고 열매를 맺을 수 있다. 자신의 주변에 지평을 만들지 못하면

…… 힘을 잃고 쇠약해지거나 때 이르게 몰락한다. 유쾌함, 양심, 쾌활한 행동, 다가올 일에 대한 믿음 ― 이 모든 것은 …… 조망할 수 있는 것, 해명되지 않는 어두운 것과 밝은 것을 구별해주는 선이 존재할 때 가능하다."[13] 니체는 이 사유를 특히 자신의 과거에 적용해 역사적 지식의 과잉을 차단하는 데 이용했다. 그러나 이 사유는 인간이 다른 이의 삶의 방식과 맺는 관계에 가장 먼저 적용해야 한다. 그럴 때 이 사유는 자신의 것과 낯선 것 사이에 선을 그으라는 요구이기도 하다. 니체는 지리학의 개념인 지평을 비유의 의미로 받아들여, 낯선 것의 과잉에 대한 한계 설정이란 뜻으로 표현했다.

6 먼 곳

먼 곳(die Ferne)이라는 개념은 또 다른 영역에 속한다. 우선 이 개념은 중립적인 의미에서 단순히 공간 관계만을 뜻하는 것처럼 보인다. 먼 곳의 반대어는 가까운 곳이다. 거리의 개념은 정서적으로 중립적인 의미를 갖고 있다. 하지만 우리는 이 개념을 그저 간격과 거리의 의미로 중화시키지 말고 그것이 삶에서 표현하는 온전한 의미를 파악해야 한다. 인간이 적극적으로 진출하는 넓은 곳과 달리, 또 인간이 쫓겨 가는 낯선 곳과 달리 먼 곳은 무언가 사람을 유혹하는 구석이 있어서 우리는 수동적으로 이끌려 거기에 가보고 싶어 한다. 그래서 낭만주의자들이 달콤한 언어로 묘사했듯이 먼 곳을 동경하게 된다. 지평선에 보이는 어스레한 푸른 산이 먼 곳을 상징적으로 구체화한다. 우리는 갈 수 없는 먼 곳(Ferne)이라는 말을 하면서 별(Sterne)을 압운어로 배치하기도 한다. 티크의 시에 이런 구절이 있다.

너희 작은 금빛 별들(Sterne),
내게는 영원히 먼 곳(Ferne).[14]

현실적으로 얼마든지 갈 수 있고 자신의 의지에 따라 얼마든지 머물 수 있는 낯선 곳과 달리 인간은 결코 먼 곳에 있을 수 없다. 그곳은 지평선과 마찬가지로 우리가 다가가려 하면 뒤로 달아난다. 먼 곳은 본질상 갈 수 없다. 신비롭게 유혹하는 먼 곳에 대한 채워질 수 없는 동경만이 남을 뿐이다. 갈 수 없는데도 인간은 거기에 가고 싶어 하고, 먼 곳은 거역할 수 없는 힘으로 인간을 잡아끈다. 먼 곳에 대한 동경은 인간의 본질 깊숙이 자리 잡은 삶의 방식을 드러낸다.

그렇다면 인간은 먼 곳에서 무엇을 찾을까? 낭만주의자들 가운데 특히 노발리스의 글에 먼 곳에 대한 동경은 "내면으로 가는 신비로운 길"과 깊이 연관되어 있고 그것의 최종 목표는 귀향이라는 점이 가장 뚜렷이 나타나 있는 것 같다. 고향에 대한 향수와 먼 곳을 향한 동경은 일맥상통하기 때문에 우리는 양자가 근본적으로 동일한 게 아닌지 물어야 한다. 인간이 자신의 바깥으로 나가 먼 곳에서 찾는 것은 바로 자신의 깊은 본질이다.

이로써 우리는 먼 곳에 대한 동경이 탄생한 이유도 이해할 수 있다. 어떻게 인간이 자기 고유의 본질을 자신의 바깥에 있는 먼 곳에서 찾을 수 있겠는가? 분주한 일상에서 자기를 상실했을 때, 제 집이 더 이상 "제 집"이 아닐 때, 고향이 낯설어질 때, 이 만족스럽지 못한 자기 소외 상태에서는 자신의 본질을 회복하는 길이 막힌 것처럼 보이고, 그러면 인간의 마음속에서는 잃어버린 고향이 아스라한 먼 곳으로부터 나타난다. 먼 곳에 대한 동경은 사실상 삶이 진정 삶다웠던, 지금은 잃어버린 시원을 향한 갈망이다.

그러므로 동물들에게는 (도식적인 구성을 통해 인간의 본질을 부각시키자면) 먼 곳으로 가고 싶어 하는 갈망이 없다. 동물은 그가 처한 환경 속에서 보호받고 있고 고향에 단단히 뿌리 내리고 있으며 지상에서 먼 거리를 이동하더라도 고향을 가지고 다니기 때문이다. 오직 인간만이 본질적으로 고향이 없는 상태에 내던져졌기 때문에 먼 곳에서도 잃어버린 고향을 찾는 것이다. 따라서 참다운 먼 곳은 인간에게만 존재한다.

이러한 먼 곳의 본질을 쿤츠는 《상상의 인간학적 의미》[15]라는 심도 있는 저술에서 설득력 있게 분석했다. 여기서는 아쉽게도 그 책에서 설명된 다층적인 맥락에 약간 무리를 가해 우리의 문제와 직결된 중요한 논지만 발췌할 수밖에 없다. 쿤츠에 의하면 먼 곳은 가까운 곳의 상실, 근원적인 고향의 상실, 특히 인간의 삶에서 불가피하게 일어나는, 인생 초기에 경험한 포근한 어머니 품의 상실에서 탄생한다. 사라져버린 가까운 곳은 애절하게 잡아끄는 먼 곳으로 전환되어 인간은 먼 곳에서 가까운 곳을 되찾으려 한다. 따라서 먼 곳은 어떤 식으로든 객관적으로 확인 가능한 공간이 아니라 인간의 본질 속에 공간으로 규정되어 뿌리박혀 있는 곳이다. 쿤츠가 말했듯이 "먼 곳은 실존하는 인간의 내면 가장 깊숙한 중심에 자리 잡고 있다".[16]

일상에서 먼 곳은 가려져 있다. 그러니까 먼 곳은 항상 같은 방식으로 주어져 있지 않다. 인간이 먼 곳에서 부르는 소리를 들으려면 먼저 그를 일깨우는 특별한 사건이 필요하다. 쿤츠는 이것을 "먼 곳의 잠입"이라고 표현했다. 그의 말을 직접 인용해 설명하는 편이 적절하겠다. "도심의 고풍스러운 공원에서 2월 초에 들려오는 올빼미 소리, 곡식 익어가는 들판에 여름이 내려앉을 때 한밤중이나 한낮에 들려오는 메추라기 울음소리, 밤거리에서 잦아드는 노랫소리, 이러한 …… 사건들은 …… 아련한 먼 곳에 감싸여 형언하기 힘든 마력을 풍긴다."[17] 쿤츠에게 그것은 잦아드는 소리이고, 아른거리다 사라지는 모습이다. 또 우리에게 기묘하게 다가오면서도 붙잡을 수 없도록 "슬며시 달아나는 가까운 곳", 낯선 모습에서 먼 곳을 탄생시키는 것들이다. 거기에는 언제나 미세한 죽음의 숨결이 도사리고 있다가 우리를 향해 불어온다. "가까운 곳이 사라진 자리에 죽음의 일반적인 상징인 소멸 가능성이 다가오면 먼 곳이 잠입한다."[18]

인간처럼 허무와 죽음의 존재에 깊은 충격을 받아 익숙한 삶의 환경이 주는 안정된 기반이 찢겨나가고 고향을 상실했다고 느끼는 존재만이 먼 곳에서 부르는 소리를 들을 수 있다. 이렇게 내면 깊숙이 고통받은 인간이 채 듣기도 전에 사라져버린 소리에 골몰하면 마음속에서는 그 소리를 따라가고 싶다는 갈망이 싹트고, 그 갈망으로부터 태어나 조종을 받는 상상은 사라진 고향의 모습을 새로 만들어낸다. 쿤츠에게 갈망의 산물은 결국 "고향의 구축"[19]이고, 그것도 돌이킬 수 없이 사라진 어릴 적 고향을 이제는 꿈에서나 실현되는 이상의 고향으로 새롭게 만드는 행위이다. 이렇게 보면 상상의 작용은 "우주 발생적인 사건이며, 인간은 이 사건을 이용해 '현세를 초월한' 비현실적인 고향을 …… 확보하려 한다."[20] 우리는 여기서 "현세를 초월한" 고향이 현존하는 인간과 분리된 내세에 있다고 생각해서는 안 된다. "그 고향은 인간의 내면을 지배하는 아련한 모습으로 그의 마음속에 단단히 뿌리박고 있다."[21]

새로운 내용으로 깊이 있게 전개되는 쿤츠의 사유를 계속 따라가면 특별한 공간 현상을 다루는 우리의 맥락에서 벗어나기 때문에 논의는 여기서 멈추겠다. 여하튼 우리가 공간에서 경험하는 먼 곳이 인간 내면의 깊숙한 본질과 밀접히 관련되어 있다는 사실이 밝혀졌다. 이 문제는 앞으로 도보여행을 논할 때 한 번 더 살펴보아야 하므로 여기에서는 일단 결론을 유보해두겠다.

1 공간의 열림

이제는 넓은 공간으로 진출하는 행위를 더 자세히 연구해보자. 인간이
집을 나서면 대지에서 아무렇게나 이동하는 게 아니라 미리 정해진 특정
한 이동 경로에 묶이게 된다. 대지 자체는 공간에서의 전진에 장애물 노
릇을 하기 때문에 인간은 공간에서 어떻게 나아가야 가장 유리한지를 살
펴야 한다. 우리의 생활환경에서는 발길이 닿지 않은 곳에서 인간이 처
음으로 길을 찾아가야 하는 경우가 아주 드물다. 그러나 고산 지대나 원
시림 같은 데서는 이런 일이 일어난다. 그럴 때 우리는 길이 나 있지 않은
상태에서 극심한 어려움을 겪으며 아주 천천히 앞으로 나아간다. 하지만
이런 경우를 제외하면 시골이라도 일정하게 정해진 길이 있기 때문에 우
리는 그 길을 따라가지 허허벌판 같은 곳에서 이동하지 않는다. 그래야
목적지에 훨씬 쉽게 도착하고, 또 대부분 그 길로 가야만 목적지에 다다
를 수 있기 때문이다. 더욱이 현대의 문화경관에서도 우리는 기존의 소

유 관계로 인해 이 길에 의지하고 있으며, 설사 그럴 마음이 있더라도 토지 소유주와 충돌하려는 게 아닌 이상 그 길에서 벗어나서는 안 된다.

일반적으로 공공 도로는 인간이 대지에서 이동할 때 이용하는 수단이다. 도로의 종류도 다양하다. 좁은 보도, 들판에 바큇자국이 난 차량 궤도를 따라 움직이는 차도, 지방도로 혹은 국도 그리고 현대의 고속도로가 있다. 작은 다리와 교량도 강이나 냇물 같은 특정 장애물을 건너게 해준다는 의미에서 도로에 속한다. 서로 떨어진 곳을 이어주는 또 다른 교통수단인 철로는 인간이 미리 정해진 특정 노선에 속박되어 있다는 사실을 더 강하게 드러낸다. 강, 운하, 바다 등의 물길과 현대의 항공 교통로는 당분간 논의에서 제외하겠다. 도로의 차이점은 그만 이야기하고 이제는 일반적인 길을 이야기해보자. 지구상에는 어디를 가나 지표면에서의 왕래를 유발하고 일정한 경로로 유도하는 정해진 길이 있다.

이로써 길은 외부 공간을 열어갈 때 특별한 기능을 담당한다. 린쇼텐은 아쉽게도 전반부만 발표된 〈도로와 무한히 먼 곳〉[22]이라는 빼어난 논문에서 "길은 공간을 열어준다"고 적었다. 그러면서 《인간과 대지》에서 비슷한 시각을 보여준 다르델의 말을 인용한다. "길에 내포된 현실적인 이동 혹은 가능한 이동은 공간의 '열림'으로 작용한다."[23]

2 길의 탄생

인간이 이동하는 대지 어디서나 습관에 의해 일정한 길이 형성되고, 그렇게 발길이 닿아 만들어진 길은 그 사이에 놓인, 길이 없는 평지보다 훨씬 편리한 연결 수단이다. 발길로 다져진 이런 길들은 인간 세상에만 있지 않다. 동물들도 그런 길을 알고 있어서 들짐승이 다니는 익숙한 통로가 있다. 동물학자들은 원시시대의 경관에도 동물들이 세대를 거치며 잇따라 이동한 통로가 수백 년에 걸쳐 남아 있다고 보고한다. 인간도 원시림에서 이동하려 할 때는 자신이 금세 하마나 코끼리의 이동로에 의지하고 있다는 것을 알게 된다.

인간 세계에서도 우리는 새로 건물을 지으면서 새로운 교통수단의 수요가 발생한 곳에서 어떻게 새 길이 생겨나는지 관찰할 수 있다. 신축 부지에 새 건물이 올라가기 시작하면 채 며칠도 지나지 않아 풀이 짓눌린 길이 만들어진다. 집을 짓는 기술자들도 잘 다져진 이 길로만 다니고 그사이에 있는 풀밭은 기피한다. 이런 길은 일상에 필수적인 이동이 이루어지는 일종의 혈관계이며, 우리는 이 길을 통해 노동이 어떻게 수행되는지 읽어낼 수 있다. 전 세계 어느 곳에나 인간이 거주하는 이상 이러한 교통 체계와 길과 도로망이 펼쳐져 있다. 그 가장 원초적인 형태를 숲에 난 수많은 지름길에서 볼 수 있다.

이런 길은 계획적으로 조성되는 게 아니라 사람이 다니면서 생겨난다. 한 사람이 단 한 번만 지나가면 길은 생기지 않을 것이다. 그러나 길이 아직 생기지 않은 땅에서 이동할 때 사람들은 대개 집이나 마을처럼 반복해서 이용하는 출발점을 떠나 역시 거듭 찾아가곤 하는 목적지, 예컨대 다른 마을이나 일터를 향해 간다. 한 사람이 여러 번에 걸쳐 무의식적으로 가장 다니기 편한 길을 지나가면 뒤를 이어 다른 사람들도 그 길을 따라간다. 하지만 그와 동시에 그들은 먼젓번 사람이 저질렀을 작은 실수를 수정해 통행에 가장 유리한 길을 만들어낸다. 그러면 머지않아 사람들의 발길로 다져진 길이 생기고, 아직 발길이 덜 닿은 길보다 선호하는 연결 노선이 탄생한다.

3 도로 건설

한번 만들어진 길은 금방 사람들의 통행을 유발하고 그 통행을 정해진 노면으로 유도한다. 하지만 통행량이 증가하면 길에 대한 요구도 늘어난다. 그러면 걸으면서 (또는 차를 타면서) 생겨났던 상태로는 더 이상 감당하기 어려워 인위적인 확충이 필요해진다. 길이 도로가 되는 것인데, 확충 형식은 당대의 기술적 상태에 따라 달라진다. 이렇게 되면 도로는 당초 밀착해 있던 지형에서 점차 벗어나 경관에 개입하면서 그것을 인간의 조형 의지에 종속시킨다. 인간이 자연의 지배자라는 사실은 여기서도 증명된다. 인간은 처음에 주택 건설자였으나 그에 못지않게 도로 건설자이기도 하다. 인간과 동물의 본질적 차이가 바로 여기에 있다. 동물들도 이동로를 가지고 있지만, 계획적으로 도로를 건설하는 존재는 인간뿐이다.

도로 건설의 위대한 스승은 로마인들이었다. 로마의 도로들은 수백 년 동안 알프스 북쪽 지역에서도 도로 체계의 기본이었다. 바로 이 로마인들에게서 우리는 체계적인 도로 건설과 밀접한 특성을 확인한다. 시골 길은 저절로 생겨날 수 있지만, 포장도로와 대로 건설은 방대한 국가 조직만이 수행할 수 있는 대규모 사업이다. 따라서 우리는 로마의 도로 체계와 로마 제국의 연관성을 이해할 수 있다. 그 도로들을 만들어낸 것은 강력한 통치 체제이다. 당초 로마의 도로들은 군대를 속주의 한 지점에서 다른 지점으로 급파하기 위한 군용 도로였다. 린쇼텐은 이렇게 요약한다. "유럽은 …… 군사적, 관료적, 진취적인 로마에서 걷고 행진하는 법을 배웠다. 도로들은 제국의 강화와 유지, 확대에 이용되었다. 로마에서 방사형으로 뻗어나간 도로들은 질서와 구조를 구축했고, 신속하고 확실하며 경제적인 행정을 보장했다. 도로는 어디서나 로마군의 통제 아래에 있던 제국의 발판이었고 로마 통치의 운하였다."[24]

이 사례에서 우리는 계획적인 도로 건설과 강력한 정치적 중앙 권력의 긴밀한 상관관계를 확인한다. 나폴레옹 3세 때에는 파리에서 대규모 도로 정비가 시작되어 수백 년에 걸쳐 늘어난 좁고 각진 도로망을 가차 없이 잘라냈다.[25] 지금도 공존하는 두 종류의 도로망을 따라 걷는 일은 여전한 파리의 매력이다. 거리 모퉁이를 도는 순간 우리는 전혀 다른 시대에 살게 된다. 독일에서도 국가사회주의의 독재 체제만이 고속도로 건설을 강력하게 밀어붙일 수 있었다. 독재 정권이 주는 교훈적인 특수 사례를 넘어 우리는 여기에서도 도로망 확장의 이면에 숨은 지배와 계획이라는 두 원칙을 확인한다. 민족은 물론이고 경관까지 도로 체계에 종속되어 합리적인 관점에 따라 설계되었다.

4 도로망

도로는 우선 한 지역을 다른 지역과 연결하며, 다른 도로들과 함께 도로망으로 연결되어 해당 지역의 어느 장소에서 또 다른 장소로 이동할 수 있게 하여 제 기능을 완수한다. 그런 의미에서 도로는 실제로 공간을 개척한다. 이 같은 도로 체계의 구조는 다양하다. 강력한 중앙집권 국가에서는, 지금도 프랑스의 국도 체계와 철도망에서 보듯이, 도로가 통치의 중심지에서부터 방사선 형태로 퍼져나간다. 대로들 간의 상호 연결 노선은 거의 발달되지 않았으며, 외곽에 있는 두 지역을 가장 빠르게 연결하는 길은 대개 중심지를 거쳐 가는 우회로이다. 이 방사형 체계는 대도시 내부에서 대규모 간선도로와 발달이 미약한 횡적 연결 노선을 비교하면 더 뚜렷이 드러난다. 대도시에서도 가장 편리한 길은 도심을 거쳐 가는 노선이다. 그러나 독일 같은 나라에서는 이런 지배적인 중심이 없이 여러 겹으로 연결되는 온전한 도로망이 발달했다. 이 도로들은 식물의 잎맥과 다르지 않은 방식으로 해당 지역을 개척한다. 대단위 도로망에서 소규모 도로들이 갈라져 나가고 여기에서 다시 더 작은 도로들이 분리되어 아주 작은 지역, 심지어 외딴 곳의 주택에까지 도달한다. 물론 산악지대 같은 데서는 마을이 단 하나의 노선을 통해 도로망과 연결되는 경우도 있다.

이제 이 도로망을 관찰해보자. 도로망은 나라의 고장들을 연결한다. 각 고장의 중요도에 따라 대도시는 주도로를 통해 연결되고, 소규모 마을은 작은 지방도로를 통해 연결된다. 이것이 가장 단순한 모습의 도로망이다. 즉 고장이 먼저 존재하고 그후에 고장을 연결하는 도로가 건설된다. 하지만 이 명제를 뒤집을 경우 도로의 의미가 확실히 드러난다. 역사학자들에게 왜 오늘날 도시들이 하필 그 자리에 조성되었느냐고 물으면 대개 교통에 유리한 입지 조건을 고려했기 때문에 그렇다고 말한다. 그러니까 교통 노선, 특히 두 노선이 만나는 교차로가 먼저 존재한 뒤 그곳에 도시가 발생한 것이다. 오래된 도로 중에는 지금의 도시들보다 역사가 더 오랜 것들이 많다. 근대사에서도 철도 건설이 공간을 변화시킨 사례를 볼 수 있다. 처음에 철도가 대도시들을 연결하면 얼마 후에는 그 사이 어디쯤에 분기점이 생기고, 나중에는 여기에 교통망을 통해 탄생한 새로운 고장이 발달해 나름의 비중을 얻는다. 19세기에 탄생한 철도에서도 공간이 철도를 통해 새로운 내적 연관성을 얻는 과정이 뚜렷이 나타나지만 오늘날 늘어난 자동차 교통으로 인해 철도는 다시 비중을 잃고 있다.

이 부분에서 흥미로운 것은 도로망이 계속 독립성을 띤다는 점이다. 처음에는 도시들이 도로를 통해 연결되었지만, 현대의 교통 체계가 발달하면서 통행로가 좁은 기존 도시들은 장애물이 되었다. 그래서 도로들은 우선 우회도로를 통해 작은 마을을 통행로에서 배제하고, 그다음에는 대도시들까지 순환도로로 우회하면서 독립성을 획득한다. 결국 이런 식으로 대로들이 도시를 기피하는 독립 도로망을 형성한 나머지 어느 지역을 찾아가려면 우리는 이 도로망부터 벗어나야 하는 상황이 되었다.

5 공간의 변화

a) 공간의 균질화

이렇게 도로망은 점차 독립성을 획득하면서 고유의 공간을 만들어내지만, 그렇게 만들어진 공간은 집이라는 자연스러운 중심점을 두고 분류되는 공간과는 성격이 다르다. 여기에서 공간의 일반적 고찰을 위해 강조해야 할 특성이 두 가지 있다. 하나는 도로로 인한 경관의 균질화이다. 린쇼텐은 이런 말로 균질화를 강조했다. "길은 공간을 재구성하고 체계화할 뿐 아니라 새로운 미개발 공간도 만들어낸다. 그렇게 함으로써 세계를 균질화한다."[26] 이 현상은 내가 집을 나와 길거리로 나갈 때 (더 분명한 예를 들면, 탈것을 타고 도로를 달리거나 기차를 이용할 때) 나타난다. 그럴 때 나는 내 집을 중심으로 삼지 않는 도로망에 편입된다. 내가 들어가는 공간은 초개인적인 공간이다. 이 공간이 특정한 교통 중심지에—내 것이 아닌—자기 고유의 중심점을 가지고 있는지, 혹은 특정한 중심점이 아예 없는지의 문제는 논외로 하겠다. 집을 나와 도로에 몸을 맡기는 순간

나는 나의 중심에 비해 (상대적으로) 중립적인 공간에 들어서고(상대적이란 말을 덧붙인 이유는, 내 집 주변 가까운 곳에 어느 정도 중간 단계가 존재하기 때문이다), 거기서 나는 집에서처럼 특정 위치에 있지 않고 아무 위치에나 자리 잡는다. 이 공간은 공동의 관계망이 되면서 객관성을 획득한다. 사물에 밀착되어 다양한 감정적 가치들이 침투해 있던 가깝거나 먼 관계들은 체류 지점에 따라 달라지는 거리(距離)로 인해 퇴색한다.

"도로는 공간을 열어준다"고 말할 때의 공간은 인간이 자기 집에서 대하는 사적인 공간과는 성격이 다르다. 그 공간은 처음부터 초개인적이고 중립적인 공간인 "교통" 공간이다. 도로망은 "교통"이 맥박 치는 혈관계이다. 개인은 도로에 몸을 맡기는 순간 이 교통에 휩쓸리고 교통에 흡수된다. 그는 집에서는 특정한 개인이었겠지만 도로에서는 익명의 통행인으로 변한다.

경관도 도로 구조 안에서 변화한다. 특정한 위치에 있다는 개별성, 풍경 고유의 특성을 잃어버린다. 지방도로는 숲으로 가는 길인지 들판으로 가는 길인지를 묻지 않고 뻗어 나간다. 린쇼텐이 "미개발의" 공간이라는 말을 쓴 것도 이 때문이다. 그는 이렇게 말한다. "길은 경관에 대해서만 중립적인 게 아니다. 길은 친숙한 농촌 풍경에까지 뚫고 들어가 그것을 피상적으로 만들고 무게 중심을 무한대로 옮겨놓음으로써 경관 자체도 중립적으로 만들어버린다."[27]

도로에서 중요한 것은 도로가 나 있는 대지의 특성이 아니라 통행의 적합성, "도로 상태", 경사 등이다. 도로가 완성될수록 킬로미터로 측량 가능한 거리만이 중요해진다. 지금도 로마 시대에 세운 도로 표지석은 일부가 남아 있거나 지역 이름으로(Quinten, Ventimiglia) 전해진다. 지금도 도로 곳곳마다 킬로미터 표시가 정확히 붙어 있다. 운전자는 자신이 몇 킬로미터를 지났고 앞으로 얼마나 더 가야 하는지를 언제라도 확인할 수 있다. 특히 요즈음 큰 교차로에 있는 표지판 체계는 단순히 거리만 부각시키는 이런 교통망을 뚜렷하게 보여준다. 이 현상은 공간의 근본적인 빈곤화를 의미한다. 지역마다 질적으로 다른 원래 공간이 도로로 인해 계량화되면서 개인적인 공간이 객관화하기 때문이다. 공간은 수학적 공간으로 바뀌었다. 결국 도로 건설은 (여기에 필요한 측량 기술과 더불어) 최소한 수학적 공간 개념을 낳는 결정적인 과정의 하나이다.

b) 중심에서 벗어난 공간

균질화와 연결되는 것이 이 두 번째 특성이다. 도로에는 끝이 없다. 도로로 갈 수 있는 도시마다 그 뒤에서는 다시 새로운 도로가 시작되어 새로운 목적지로 이어진다. 로마 시대의 도로들은 로마제국의 국경에서 끝났을지 모르지만, 현재의 도로 체계는 국경을 초월해 교통할 수 있다는 측면에서 본질적으로 무한하다.

> 모든 길은 세계 끝까지 나 있다.[28]

린쇼텐은 우리가 앞에서 이야기한 먼 곳의 특성과 길을 연관 지어 이렇게 말한다. "길은 무한히 먼 곳의 특징을 갖고 있다. 길은 정적인 경관을 움직이게 한다. 그것은 지평선을 향해 가는 움직임이다. 나란히 가다가 한 곳으로 수렴하는 길과 철로, 결코 지평선에서 끝나지 않고 그것을 넘어갈 듯이 보이는 길과 철로만큼 먼 곳의 원근법적 매력을 인상적으로 보여주는 풍경은 없다."[29]

거주 영역의 중심 공간과 달리 도로 공간은, 린쇼텐의 말을 빌리자면,

"중심에서 벗어난 공간"이다. 중심점이 없는 그 공간은 불가항력으로 인간을 무한히 먼 곳으로 잡아당긴다. 도로는 인간을 붙들어 끌고 간다. 린쇼텐에 의하면 길은 "편심적 공간성의 표현, 즉 인간이 결코 자기 자신에 머물지 못하는 세계의 표현이다".[30]

이 부분에서 린쇼텐은 최종적인 의미 해석을 덧붙인다. 길은 도달 가능한 모든 목표를 넘어 무한대로 나아가는 특성상 인간의 초월을 표현한다. 이런 뜻에서 그는 자신의 관찰을 다음처럼 요약한다. "길과 철로가 풍경을 따라 뻗어 있듯이 그것들은 인간의 모습을 그 본질대로, 즉 여행하는 존재로 그려낸다. 길의 의미는 인간 현존재로부터 나온다. 길의 '본성', 즉 길의 탄생과 발달을 지배하는 원칙은 결코 인간의 본성과 다르지 않다. 길이라는 현상은 풍경으로 전환된 인간의 의도이자 초월적인 목표 설정의 구현이다."[31]

이상이 린쇼텐의 해석이다. 그는 분명 심오한 인식을 드러낸다. 인간의 삶을 상징하는 길은, 앞에서도 보았듯이, 인류의 원초적 상징의 하나이며 중국인들의 도(道)에서는 형이상학의 근원적 낱말이 되었다. 그럼에도 우리는 이 인식을 완벽하고 완전한 진리로 받아들이기를 망설인다. 인생행로라는 상징부터가 우리가 현대적인 지방도로에서 만나는 삶의 상징과는 전혀 다른 성격을 가지고 있다. 그것은 인간을—슬프게도—영원히 머물 곳을 찾지 못하는 방랑자로 보여주지만, 이 상징에는 현대의 도로와 그 도로 이용자들의 전형적 특징인 먼 곳으로 잡아끄는 황홀한 성격이 조금도 들어 있지 않다. 이 대목에서 인간이 자신을 보호하는 집에 거주하는 현상을 고찰할 필요가 있다. 이 부분은 다음 장에서 자세히 다루겠다. 인간을 방랑자와 거주자로, 또는 중심을 지향하면서도 중심에서 벗어나는 존재로 규정하는 이 두 견해는 어떻게 접목되는가. 이것은 더 깊이 파고들어가야 할 문제이다.

6 길 위의 인간

길에서는 2차원의 지표면에서 1차원의 형상, 즉 킬로미터로 측정되는 도로라는 선을 추려낼 수 있다. 우리는 이 길 위에서 이동하는 인간의 행위를 체험공간이라는 관점에서 살펴보려 한다. 도로 교통에 부응하는, 즉 도로에 유도되는 인간 내면의 양상은 어떤 모습일까? 반대로 도로에서 인간에게 열리는 공간은 어떤 모습일까? 도로 이용자의 체험공간이란 무엇일까? 여기에서 공간과 공간에서 움직이는 인간의 긴밀한 관계가 특히 분명히 드러난다. 이 점은 뒤에 가서 별도로 논의하겠다.

a) 앞쪽으로의 이동

도로 이동 방식은 도로 규모에 따라 다양하다. 걸어가고, (슈트라우스와 리프스[32]가 거기에 담긴 독특한 공간 경험 때문에 연구한) 행진하며, 말을 타고 가는가 하면, 마차에서 자동차에 이르기까지 각종 탈것을 타고 간다. 철로와 물길 같은 특수한 경우는 여기에서 제외하겠다.

이러한 온갖 도로에서 의미 있는 이동 방향은 단 하나, 앞쪽이다. 운전자는 마주 오는 차량을 피하거나 추월하려는 차량을 보내야 할 때처럼 꼭 필요한 경우가 아니면 측면 이동을 거의 할 수 없다. 운전자가 계속 옆으로 갈 생각이라면 차에서 내려야 한다. 뒤로 가는 행위는 다시 돌아간다는 뜻이다. 하지만 이는 길의 의미를 무효화하는 행위이다. 따라서 길에서는 앞쪽 방향만이 존재하며 도로는 앞쪽으로의 전진에 맞춰져 있다. 길에서 의미 있는 행동은 하나뿐이다. 앞쪽으로 나아가기, 목적지에 도달할 때까지 계속 앞을 향해 가는 것이다. 도달하기 전에 중단하는 것은 여행의 목적에 어긋난다. 중단은 오로지 휴식할 때만 정당화된다. 즉 기력을 회복하기 위해 또는 불가피하게 차량을 수리하기 위해 일시적으로 중단하는 경우에만 그러하다. 도로는 목적지에 도착하기 위해 기술적으로 조성된 수단이다. 우리는 다른 이유가 생겨 새로운 여행을 해야 하는 상황이 아닌 이상 목적지에 가기 위해 여행한다. 도로는 교통에 이용된다. 즉 한 지역에서 다른 지역으로 옮겨가는 행위에 이용된다. 인간은 도로에서 교통법규를 지켜야 하는 "교통 참가자"가 된다. 이 교통은 피가 혈관을 순환하듯이 "굴러 간다".

도로는 "고향이 아니기에" 머무르는 곳이 아니다. 도로는 인간을 앞으로 내몬다. 도로에서는 단 하나의 의미 있는 행동만 존재한다. 가장 빠른 길로 가장 빠른 시간 내에 목적지로 가는 것이다. 도로에서 인간은 언제나 도달해야 할 목적지를 염두에 두고 모든 것을 대비한다. 도로가 그 위에서 이동하는 사람들에게 행사하는 고유의 위력은 여기에서 발생한다. 도로는 끊임없이 인간을 앞으로 몰아댄다. 조급해지고 서두르게 되는 경향은 필연적으로 이 도로의 본질에 속해서 인간은 어쩔 수 없이 그 강박 속으로 빠져든다. 머뭇거리지 말고, 멈춰서지도 말고, 계속 앞으로, 가능한 한 빨리 앞으로 나아가라고 도로는 강요한다. 이 유혹에서 벗어날 수 있는 사람은 아무도 없다. 기차 여행객들은 자신이 탄 기차가 연착하면 흥분한다. 연착하더라도 손해 볼 게 없고 오히려 불쾌한 체류 기간이 단축되는 경우에도 화를 낸다.

린쇼텐은 앞에서 여러 번 언급한 논문에서 도로 위의 행동을 묘사했다. 일단은 환자의 관점에서 기술한 글이지만 더 나아가 도로의 일반적인 본질을 설득력 있게 보여준다. "길에서 우리는 앞을 향해 걸어간다. 항상 바쁘게 서두른다. 어떤 이는 다른 사람에게 뒤처지고 어떤 이는 다른 사람을 추월하면서 미래를 향해 나아가는 경쟁적인 움직임이 발생한다." 이로써 길의 상징적인 의미까지 동시에 드러난다. "길은 미래다. 길은 복잡하게 바뀌는 다양한 사건들을 보여준다. 모든 것이 흘러가고, 우리는 급하게 서두르며 이동하고 늦게 도착한다. 기다려야 할 때도 있고, 속도를 다른 사람에게 맞추어야 하고, 또 그렇게 맞출 수 있어야 한다."[33] 계속해서 린쇼텐은 인간의 자기 소외와 도로의 소용돌이에 빨려 들어가는 예속을 더 뚜렷하게 부각시킨다. "도로의 현존재 안에서 인간은 더 이상 자기 자신이 아니다. 그는 공통된 움직임에 휩쓸리고, 언제나 도달할 수 없는 목적지, 앞에 놓인 평행선의 교차점에 계속 이끌린다. '길은 우리를 유혹한다.'"

도로 위의 인간에게 보편적으로 해당되는 사실, 즉 "길이 우리를 유혹한다"는 말은 특히 자동차 운전자에게도 해당된다. "자동차 도로는 …… 과속, 난폭함, 흥분을 요구하고, 세계에 대한 새로운 느낌을 선사한다"[34]고 하우스만은 말한다. 이동과 속도는 그 자체가 목적이 된다. 인간은 자동차 도로의 소용돌이 속에서 자신의 본질을 바꾸며, 이 유혹에서 빠져나올 수 있는 사람은 아무도 없다.

b) 측면 영역의 상실

도로 위에서 이동하는 사람의 입장에서는 전체 공간도 동시에 변화한다. 특히 이 부분에서 우리는 도로 이동자의 정신적 상태와 체험공간의 일반적인 관계를 생생히 알 수 있다. 이 변화는 이동하는 속도에 따라 단계적으로 진행된다. 공간 변화는 우선 보행자에게서 시작된다. 포장재로 마무리한 평평한 도로가 주변 지형과 달라지는 순간, 웬만큼 힘을 들여야 건널 수 있는 도랑을 사이에 두고 도로가 경관과 분리되는 순간 경관은 사라진다. 청소년 운동에 참가해 시골길을 걷던 도보여행자들 중에는 유감스럽게도 "킬로미터 사냥꾼"들이 있었다. 길의 풍경에는 아랑곳없이 오직 지나온 거리에만 신경을 쓰고 그것을 자랑스럽게 과시하는 사람들이다. 이들이 미약하게 보여준 행위는 인간이 차량을 이용하는 순간 강도가 높아지고, 고속으로 달리는 현대식 자동차에서는 더욱 과격한 형태를 띤다. 따라서 이 극단적인 사례를 기준으로 설명해도 무방하리라고 생각된다.

지방도로에서 차를 몰고 가는 사람에게는 한 가지 차원밖에 존재하지 않는다. 그것은 도로와 킬로미터로 측정되는 거리이다. 현실성을 갖는 것은 이것뿐이다. 운전자는 좁은 도로 폭에만 정신을 집중한다. 생명과 직결되는 곳이고, 위협과 위험이 도사린 영역이면서도 다른 차를 추월해 더 빨리 나아갈 수 있는 곳이기 때문이다. 운전자가 속도에 빠져 있는 동안 공간은 이 차원에 맞추어 터질 듯이 팽팽한 현실로 상승한다. 운전자의 정신은 온통 이 현실에만 쏠려 있다. 이 방향으로 무한히 뻗어 있는 현실은 공간으로 진출하라고 인간을 유혹한다. 자동차 운전자의 가장 중요한 공간 체험, 그리고 처음부터 비난할 수 없는 그의 공간 체험이 바로 여기에 있다. 그가 처해 있는 공간의 폭은 길가까지 겨우 몇 미터밖에 되지 않는다. 이곳도 삶과 직결된 현실이다. 장애물을 통과하거나 마주 오는 차량을 피할 만큼 "공간"이 충분한지가 결정되는 영역이기 때문이다. 좁고 넓음이 생명과 직결되는 영역이 이곳이다.

그러나 그 뒤에 있는 곳, 길가 너머에 있는 곳은 진정한 의미에서 더 이상 공간이 아니다. 그곳은 의미 있는 현실성을 잃어버리고 독특한 그림의 모습으로 가라앉는다. 또 하늘에 뜬 달이나 오르지 못할 산과 크게 다르지 않은, 갈 수 없는 영역이다. 자동차 운전자는 도보여행자처럼 풍경 속에서 이동하지 않는다. 오히려 풍경이 그를 스쳐 지나간다. 풍경은 그저 파노라마가 될 뿐이다. 풍경이 현실에서 벗어나 배경으로 밀려나는 이 과정은 속도가 빨라질수록 가속화되다가 결국 배경으로 완전히 사라진다.

한번은 어느 신문에서 이 과정이 기괴한 모습으로 치달은 짤막한 이야기를 읽은 기억이 난다. 운전자가 속도에 빠져 있으면 가야 할 장소는 더 이상 중요하지 않다. 그럴 때 이동은 모든 구체적인 종착점을 넘어서고 움직임 자체에서도 벗어나 무한대를 지향한다. 그래서 이동한 후 다시 원점으로 돌아와도 원칙적으로 바뀌는 것은 전혀 없다. 신문에 실린 이야기에는 유토피아적인 모습이 그려져 있었다. 이상적인 자동차 도로로 세 개의 커다란 환상도로가 등장한다. 그 위에서 낼 수 있는 속도만 다른 뿐, 모두 원점으로 돌아오는 도로이다. 운전자들은 이 환상도로를 달리면서 무한 질주의 매력을 만끽한다. 처음에는 운전자들의 눈앞에 풍경을 영화로 투사해 그들이 아름다운 풍경을 보며 지나간다는 환상을 품게 한다. 그러나 사람들은 곧 이 조치를 포기한다. 가장 중요한 운전 자체에 방해가 되어 운전자들이 풍경에 관심을 두지 않았기 때문이다. 그때부터 운전자들은 가능한 속도로 환상도로를 질주하며 운전의 황홀경을 체험하지만 결국 원점에서 조금도 벗어나지 못한다. 이것이 그저 기괴한 풍자에 불과할까? 결코 그렇지 않다. 고속도로에서 우리를 불가항력으로 덮치는 변화를 적확하게 표현한 모습이다.

이런 극단적인 사례까지 언급할 필요도 없다. 우리는 느린 속도로 운전하면서도 풍경을 즐길 수 있다. 전망이 뛰어나 선호하는 도로도 있다. 그러나 이때도 살아 있는 현실로서의 풍경 안에서 이동하지 않는다. 여기서도 실제 현실성이 있는 것은 도로뿐이다. 풍경은 들어갈 수 없는 공간에 머물러 있으며, 실질적으로 들어가지 못한다는 사실이―교통을 방해하려 들지 않는 이상 내가 차를 쉽게 떠날 수 없다는 사실이―현실 인식을 결정한다. 풍경은 내가 얼마든지 그것을 즐길 수 있는 이런 경우에도 그저 전망으로 남을 뿐이다. 이런 뜻에서 우리는 파노라마라는 말을 했다. 차에서 내려 차를 벗어날 때 비로소 나는 온전한 공간으로 물러나고 전망은 다시 살아 있는 현실로 바뀐다.

c) 인간 교류의 피상성

공간의 변화와 더불어 인간관계도 변화한다. 이 대목에서 우리는 진지하게 지방도로 고유의 사회학이라는 말을 쓸 수 있는데, 이 상황은 다시 자동차 운전자의 사회학에서 극단적인 형태를 취한다. 실러의 작품에도 이 상황을 훨씬 차분하게 묘사한 글이 있다.

> 이곳은 고향이 아니다. 너도나도
> 다른 사람 옆을 어색하게 바삐 지나가고
> 그의 고통에 대해서는 묻지 않는다……
> 그들은 모두 제 갈 길을 떠나
> 각자 볼일을 보러 간다……[35]

도로는 인간관계를 특유의 방식으로 결정한다. 한편으로 도로 이용자들 사이에는 자연스러운 동지의식이 있다. 그들은 도로에서 스쳐 지나갈 때 서로 인사를 나눈다. 자동차 운전자들 사이에도 (무례한 행동도 많이 퍼져 있지만) 일정한 예법이 있어서 당연히 서로를 배려한다. 또 어느 정도까지는 서로 도울 태세가 되어 있는데 특히 버스 운전사들이 그런 태도를 보여준다.[36] 그럼에도 이런 친절과 배려는 익명에 머문다. 그들은 "상대방의 고통에 대해 묻지 않는다". 지속적인 유대가 생기지 않는다. 만나는 것도 잠깐이고 헤어지기도 빨리 헤어진다. 훗날 우연히 다시 만나더라도 서로를 알아보지 못한다. 그래서 옛날에 만났던 기억을 되살려 어떤 인연을 만들려는 것은 무례한 행동으로 여겨진다. 그들 사이의 교류는 부담 없고 깔끔하지만, 유대감을 불러일으키지 않는 피상적인 접촉이다.[37] 나는 결코 비난하려는 게 아니다. 집이 가족이라는 세계와 특별한 방식으로 유대 관계를 맺듯이 우리는 지방도로에서 나타나는 특유의 유대감을 알고 있어야 한다는 말이다.

도보여행과
오솔길

1 도보여행

대규모 자동차 도로와 그 위에서의 이동에 대한 논의를 끝내고 이제는 정반대로 좁은 오솔길과 여기에 어울리는 이동 방식을 이야기해보겠다. 자동차 도로와 오솔길 사이에 있는 지방도로나 차도 같은 여러 중간 단계는 더 자세히 논의하지 않겠다. 산책, 소요, 유람 여행, 이리저리 거닐기, 느릿하게 걷기(목가적인 시대에는 소요라고 번역했던), 배회하기 등, 여유 있고 편안하게 걷는 여러 유형의 이동 방식 중에서 가장 눈에 띄는 것은 이제 우리가 살펴볼 도보여행이다. 도보여행이란, 임시로 기준을 세우기 위해 대략 규정하면, 조급해하지 않고 한 장소에서 그와 비슷한 다른 장소로 여유 있게 걸어가되 그 자체가 목적인 이동을 말한다.

인간이 어느 시대에나 오늘날과 같은 도보여행을 한 것은 아니다. 지난날 편력하던 수공업자 도제나 유랑 생활을 하던 학생들은 우리가 말하는 도보여행을 하지 않았다. 그들은 배움을 얻기 위해 낯선 곳으로 떠났고 모험을 즐기는 마음으로 세상을 알기 위해 길을 떠났다. 걸어서 간 이유는 그것이 가장 간단한 이동 방법인 데다 재정상 다른 이동 수단을 이용할 수 없었기 때문이다. 요즈음 말하는 도보여행, 즉 그 자체가 목적인 도보여행은 근대 문화 비판의 산물이다. 도보여행은 낭만주의 시대에 처음 시작되었으며, 20세기 초의 "반더포겔"(Wandervogel: "철새"라는 뜻으로, 1896년에 베를린에서 시민층 청소년들이 주축이 되어 일으킨 청소년 운동－옮긴이)에 이르러 생활양식으로 발전했다.

길도 처음에는 도보여행을 위해 따로 조성되지 않았다. 어느 길이나 그렇듯이, 아무리 보잘것없는 좁은 인도라도 그 길을 통해 도달할 수 있는 목적지가 있다. 그런 길은 연결 도로로 이용된다. 때문에 도보여행자는 처음에 한 지역에서 다른 지역으로 통하는 기존의 길을 이용한다. 그 길은 도보여행자가 목적지로 향하는 데 그런 대로 적당하다. 그런 길은 애초에 마을 간의 왕래를 위한 길이었지만 도보여행자의 이용도 묵인한다. "먼지 나는 시골길"에 대한 불만은 이미 오래전 이야기이지만, 왕래가 드물고 통행 속도도 느리며 아직은 도보여행자가 이용할 자리가 남아있었던 과거에는 별 어려움 없이 이런 식으로 이동할 수 있었다.

그러나 현대의 자동차 교통이 완벽해질수록, 차량들이 더 빠른 속도로 달리면서 난폭해지고 도로가 차량의 요구에 순응할수록 상황은 달라진다. 현대의 자동차 도로는 도보여행에 적합하지 않다. 고속도로는 보행자가 들어가지 못하도록 아예 차단되어버렸고, 다른 지방도로를 이용해 도보여행하기도 점점 어려워지고 있다. 그런 길에서 도보여행자는 목숨을 걸어야 할 뿐 아니라, 최소한 지나가는 자동차로 인해 방해를 받기 때문에 가능한 한 노변을 따라 걷지 않으려 한다. 물론 도보여행자 자신도 교통을 방해한다. 그는 교통의 흐름에 녹아들지 않는다.

이런 이유로 도보여행자는 대형 교통 노선을 피한다. 그가 길과 풍경, 공간과 맺는 관계는 차를 타고 이동할 때와 다르다. 도보여행자는 차가 덜 다니는 조용한 길을 이용하고, 풍경 안쪽 깊숙한 곳까지 이어지는 인도를 선호한다. 상황이 이렇게 되면 사람들은 별도의 도보여행 도로를 만들기 시작한다. 그 한 예가 대규모 도보여행자 단체가 조성한 슈바르츠발트의 도보여행로이다. 이런 길은 도보여행자들을 차도의 불편한 환경에서 해방시킬 뿐 아니라 큰 도로로는 가기 어려운 곳으로 데려다 주고, 용도가 정해진 연결 도로에서 멀리 떨어진 곳에 있는 빼어난 경관으로 안내한다. (휴양지에서 조성한 산책로를 그런 길의 하나라고 생각할지 모르지만, 그 길은 조성 목적이 따로 있기 때문에 사실상 도보여행을 허락하지 않는다.) 그러나 도보여행자들은 별도로 만들어놓은 도보여행로가 있음에도 불구하고 대부분 기존 도로를 자기 나름의 특별한 방식대로 이용한다.

　따라서 우리는 인간의 입장에서 이렇게 질문할 수 있겠다. 도보여행이 다른 여행 방식과 구별되는 특별한 점은 무엇인가? 여기에 맞는 도보여행로의 특성은 무엇일까? 그리고 도보여행 때 공간은 어떤 식으로 열릴까? 우리는 이 가운데 한 가지를 이미 이야기했다. 도보여행자는 정해진 목적지를 가장 빠른 길로 가기 위해서가 아니라 도보여행 자체를 목적으로 하여 걷는다. 도보여행은 그 자체가 목적이다. 이 말은 도보여행자가 산에 오르거나, 전망 좋은 곳을 방문하거나, 저녁에 여관에 들어가는 식으로 목적지가 없다는 말이 아니다. 그러나 이런 목적지들은 도보여행에 내용을 채우기 위한 방편일 뿐이다. 누군가 특정한 목적지를 염두에 두고 길을 떠났다가 중간에 풍경의 매력에 사로잡혀 도보여행으로 옮겨 가는 경우가 있다. 그럴 경우 이 여행자는 자신의 목적지를 잊어버리고 심경의 변화를 일으킨 것이다.

정처 없음과 연결되는 도보여행의 두 번째 특징은 서두르지 않는다는 점이다. 도보여행자는 전망이나 경치가 좋은 곳에서 멈춰 선다. 그는 항상 조용히 관찰한 준비가 되어 있다. 생각에 잠기기 때문에 외적인 계기가 없어도 멈춰 선다. 도보여행자는 늘 몽상에 빠지는 버릇이 있다.

2 오솔길

도보여행자가 흔히 이용하는 오솔길 모양도 도보여행의 특성과 일치한다. 오솔길을 지방도로나 특히 현대의 자동차 도로와 대비해 보면 그 본질을 가장 잘 이해할 수 있다. 지방도로는 인위적으로 조성된 길이다. 지방도로는 주변 경관에서 잘려 나와 그 목적에 맞게 특별히 만들어졌다. 지면의 고르지 못한 부분을 제거하고 장애물도 치웠다. 바닥에는 포석을 깔았고 최근에는 아스팔트 포장까지 했다. 이런 길에서는 행진도 할 수 있다. 다시 말해, 바닥 상태에 신경 쓰지 않고 세계로 나아갈 수 있다. 평평한 바닥에 장애물이 없어야 한다는 것은 도시의 인도와 마찬가지로 지방도로의 전제 조건이다. 도로는 철저히 인위적으로 건설된 시설이다. 때문에 하이데거는 도로를 "걷기 위한 도구"[38]라는 극단적인 말로 지칭했고, 나아가 차를 타기 위한 도구라고 표현했다. 기술의 산물인 도로는 뚜렷한 경계를 이루며 자연에서 갈라져 나왔다. 도로의 포장은 발을 흙 바닥과 분리시킨다. 길 가장자리도 확실히 구별된다. 도로 이용자들에게 길가 너머에 있는 것은 다른 세계이고, 마치 유리벽을 사이에 두고 떨어져 있는 듯한 광경이다. 그 세계는 차량 속도가 빨라질수록 그저 파노라마로 퇴색한다.

오솔길은 모든 면에서 이와 정반대이다. 이 길은 다음 여정에 있는 목적지로 나아가지 않는다. 오히려 풍경을 따라 굽이지고 장애물을 비켜가면서, 도로 건설자라면 단호하게 개입해 파괴했을 지형에 순응한다. 오솔길 바닥은 인위적으로 가공되지 않았다. 그나마 인위적인 것은 물에 젖지 않고 건널 수 있도록 질퍽한 곳에 놓인 돌멩이 몇 개와 냇물 위에 걸쳐 있는 좁다란 나무다리이다. 따라서 도보여행자는 오솔길의 바닥에 적응해야 한다. 그는 마치 행진할 때처럼 똑같은 걸음걸이로 박자에 맞추어 걸을 수 없다. 린쇼텐은 이 모습을 아주 빼어나게 묘사했다. "모래, 바윗길, 자연 그대로의 바닥이 도보여행자를 받아들이는 이유는 그들로 하여금 발걸음을 바꾸고 발을 바닥에 밀착시키게 하기 때문이다. 도보여행자는 유연한 자세로 여기에 적응하고 풍경에 자신을 맞춘다. 걷다가 발을 접질리는 사람은 풍경을 올바로 이해하지 못한 사람이다. 도보여행자는 바닥 상태에 맞추어, 바닥과 유기적으로 하나가 되어 발걸음을 크게 하거나 작게 하며 걷는다. 울퉁불퉁한 강바닥 위로 냇물이 흐르듯이 도보여행도 불규칙적으로 흘러간다."[39] 그렇기 때문에 도보여행자는 풍경과 떨어져 있지 않으며, 풍경도 더 이상 그의 옆을 스쳐 지나가는 그림이 아니다. 도보여행자는 실제로 풍경 속을 지나가면서 풍경의 일부가 되고 풍경 속에 완전히 흡수된다.

3 정처 없음과 시간에 구속되지 않음

도보여행의 본질이 여기에 분명히 드러나 있다. 하나는 목적으로부터의 해방이다. 인간은 걸으려 한다. 평소의 일상에서 벗어나고 싶어 한다. 인간은 걸을 곳을 찾지만, 걸어서 갈 목적지를 찾지는 않는다(또는 그 목적지는 최소한 부차적인 사항이다). 목적으로부터의 해방은 도보여행의 본질이다. 도보여행자는 걷고 싶고 바깥으로 나가고 싶어 하지만 어느 곳에 다다를 마음은 없다. 아이헨도르프의 《방랑아 이야기》에서 주인공이 이른 아침에 집을 떠나는 첫 장면이 생각난다. "나는 자유로운 세상으로 떠나는데, 옛날부터 알던 사람들과 동료들은 그제나 어제나 항상 똑같이 일하러 나가고 땅을 파고 쟁기질을 하는 것을 보았을 때 나는 은밀한 기쁨을 느꼈다. …… 나는 마치 영원히 일요일을 즐기는 듯한 기분이 들었다."[40] 이것은 일상의 노고와 걱정에서의 해방이고, 목적이 있는 일상의 규칙적인 노동과 걱정 없이 홀가분한 도보여행의 대립이다. 주인공은 마차에 탄 두 명의 여성이 이렇게 일찍 어디를 가느냐고 묻자 "부끄럽게도 나 역시 그것을 알지 못했다. 그래서 나는 뱃심 좋게 '빈으로' 간다고 말했다." 그러자 여자들은 그를 즉시 마차에 태워 빈으로 데리고 간다.

　도보여행의 무목적성은 정처 없음과 연결된다. 주인공은 목적지를 알지 못한 채 여행한다. 그는 이렇게 말한다.

　　"하느님은 은총을 베푸시려 하는 사람을
　　넓은 세상으로 보내시네……"[41]

　예기치 않게 질문을 받고 나서야 이 정처 없음을 의식한 주인공은 바보처럼 서 있지 않으려고 아무렇게나 생각나는 대로 목적지를 말한다. 슈텐첼은 앞으로 우리가 더 자세히 언급할 논문인 〈도보여행의 인간학적 기능〉[42]에서, 목적에 매인 여행과 단순한 도보여행을 뚜렷이 대비시킨 만프레트 하우스만의 정확한 글을 인용한다. "모든 여행자의 꿈은 도착이다. 여행 자체는 부차적이고 불필요하며 그야말로 저주받은 것이다. 반면에 도보여행자에게는 그런 도착이나 목적지가 없다. 바람이 잔잔한 노르웨이의 계곡을 걷든, 어느 도시의 주말농장을 배회하든 …… 그는 여행의 목적과 목적지를 알지 못한다. 도보여행은 추상적이고 목적이 없고 불확실하다. 도보여행자에게 중요한 것은 도착이 아니라 도보여행, 길 위에 있다는 사실, 그리고 길이다."[43]

도보여행은 이성적인 인간의 시각에서 보면 비이성적이다. 계몽적이고 이성적인 삶의 태도에서 나온 반대되는 예를 하나 들어보겠다. 인생의 모든 상황에 대한 가르침을 담은 아브라함 아 산타클라라의 《세상의 밝은 면과 어두운 면》이라는 교육적이고 훌륭한 그림책에 있는 문구이다. 거기에는 이렇게 적혀 있다.

> 멋진 오솔길은 가끔씩 도보여행자들을 매혹하지만
> 그들을 옆으로 빠지게 하고 고향으로 데려다주지 않는다.

아브라함은 이 구절에 다음과 같은 문장을 자랑스럽게 대비시켜 강조했다.

> 지방도로는 속이지 않는다.[44]

이 문장은 "인간의 건전한 상식"을 대변하는 전형적인 표현이다. "지방도로는 속이지 않는다." 우리는 아무 걱정 없이 지방도로에 자신을 의탁할 수 있다. 그 길은 분명히 목적지로 통하기 때문이다. 하지만 옆길로 들어서는 안 된다. 그런 곳은 자칫 샛길이 될 수 있고 우리로 하여금

길을 잃게 만들기 때문이다.[45]

　반면에 일정한 목적지에 가장 빠른 시간에 도착하는 것을 조금도 중요시하지 않는다면 상황은 완전히 달라진다. 그럴 때는 우회로가 나타나도 짜증이 나지 않는다. 그런 길은 풍경 안쪽으로 더 깊숙이 들어간다. 얼마나 빨리 가야 하는지는 어차피 중요하지 않다. 그러므로 도보여행자가 저녁에 다시 자신의 거처를 찾아오는 한, 길을 잃는다는 말을 의미 있게 하기는 어렵다. 정해진 길에서 벗어나는 사람만이 길을 잃을 수 있다. 그러나 일정한 목적지를 염두에 두지 않는 사람은 길을 잃을 수가 없다.

　도보여행자가 불확실하게 뻗어 있는 굽이길에 서두르지 않고 몸을 맡기려면 자신이 거기에 맞게 목적을 지향하지 않는 상태, 조용히 순간에 머무르는 상태에 있어야 한다. 우리가 강조한 도보여행의 두 번째 본질이 여기에 있다. 그것은 달라진 시간 개념이다. "시골길은 서두르지 않고 생겨난 모습대로 걷게 한다"[46]고 린쇼텐은 말했다. 시골길에 몸을 맡기는 사람도 마찬가지로 서두를 필요가 없다. 그는 여유를 가져야 하고, 아름다움에 빠질 시간을 내야 하며, 꽃과 양치류를 관찰하고, 기어다니는 딱정벌레와 휙 스쳐 지나가는 도마뱀, 팔랑대는 나비와 붕붕 소리를 내는 잠자리를 살피고, 백리향의 여름 향기와 소나무 숲의 송진 냄새를 기분 좋게 들이마시고, 멀리서 나무에 구멍을 뚫는 딱따구리 소리에 귀 기울이거나 뻐꾸기 소리를 세어야 하고, 졸졸 흐르는 시냇물 소리나 나무 우듬지가 살랑거리는 소리를 들으며 잠들 수 있어야 한다. 누구나 이와 비슷한 도보여행의 경험을 기억하며 행복하게 회상할 만한 장면들을 굳이 필자가 그려 보일 필요는 없을 것이다. 그럴 때 시간과 세상은 순수한 현재의 행복 속으로 가라앉는다. 시간을 "영원한 일요일"처럼 느꼈던 "방랑아"를 다시 상기해보자. 아예 시간이 정지했다고 말하면 지나친 말일지 모르지만, 시간은 근심스럽게 앞을 보고 달려가는 특성을 잃어버렸다. 시계는 더 이상 코앞에 닥친 요구를 상기시키면서 경고하지 않는다. 시간은 하루의 흐름에서만 존재하고 해와 별의 운행을 통해서만 현존한다. 그러나 이 흐름은 지방도로의 성급함과 달리 인간을 받아주고 마음을 위로해주는 고요한 리듬이다.

4 출발의 행복

도보여행 묘사를 마치고 이제는 다음 질문으로 돌아가보자. 인간은 대체 왜 도보여행을 할까? 인간을 그토록 저항하지 못하게 도보여행으로 잡아끄는 것은 무엇일까? 그리고 하필 현대인이 도보여행을 갈망하는 이유는 무엇일까? 도보여행의 묘사에서는 정처 없음, 목적에서의 해방, 시간에 구속되지 않음 같은 특성들이 부각되었다. 바로 여기에서 도보여행이 특히 현대의 문명인에게 발휘하는 기능을 가장 잘 이해할 수 있다. 도보여행은 인간이 대책 없이 커진 현존재의 목적 지향성을 부수고 나오려는 형식이다. 도보여행은 탈주라고 말해도 무방하다. 인간은 비좁은 도시와 문명화된 현존재의 조급함에서 나오고 싶어 도보여행을 한다. 이렇게 보면 19세기 말에서 20세기 초에 대도시 베를린에서 반더포겔이 탄생한 것도 우연은 아니다.

　도보여행은 좁은 공간에서의 해방이고 자유로운 곳으로의 돌진이다. 그래서 도보여행자들은 남보다 우월한 자신의 홀가분함을 의식하고 이렇게 노래한다.

그러고 싶은 자, 근심 걱정을 떠안고 집에 남아라!

도보여행자는 근심의 세계, 권태로운 현실의 직업 세계를 두고 떠난다. 그는 "속물"을 경멸한다. "방랑아" 역시 익숙한 일터로 나가는 동료들보다 자신이 숭고하다고 느꼈다. 도보여행은 속박을 떨쳐내는 일이다. 아이헨도르프는 용솟음치는 생명욕을 이렇게 노래한다.

그것은 숲과 푸른 들판을
헤쳐 가는 여행이어야 해.
그것을 멋진 삶이라고 하지……!
세상이 열렸다.[47]

이 마지막 문장이 이른 아침에 새롭게 열리는 넓은 세계의 공간 감각을 적절히 표현하고 있다. "세상이 열렸다." 용솟음치는 기운을 느끼며 넓은 세상으로 진출하는 자는 바로 인간이다.

5 근원으로의 회귀

그러나 도보여행은 아침에 느끼는 자유의 감정 그 이상이다. 목적을 탈피해버린 도보여행의 특성은 굽이진 오솔길 묘사에서 그 깊은 의미를 드러냈다. 도보여행에서 느끼는 감정은 무한히 먼 곳을 향해 출발한다는 행복감이 아니다. 도보여행자는 일단 풍경에 흡수되면 더는 먼 곳으로 서둘러 가려고 하지 않는다. 린쇼텐의 깊이 있는 해석에 귀 기울여보

자. 그는 릴케의 "어디에도 이르지 않는 길들"[48]을 언급하며 다음을 인용한다.

경사진 포도밭 따라
노닐고 굽이진 길[49]

그러고는 자신의 묘사를 계속한다. "숲길과 오솔길은 그 자체로 고향이다. 그 길들은 더 길게 연장되지 않고 핵심 주위를 돈다. 숲길과 오솔길은 풍경을 둘러싸고, 풍경 역시 그 길들을 에워싼다. …… 풍경의 유기적 일부인 시골길은 풍경 전체에 포함되어 있다. 풍경 전체는 스스로 달아나지 않고 스쳐 지나가지도 않는다. 풍경은 목표를 세우지 않으며 그로 인해 자신에게서 떠나갈 수 없기 때문이다. 풍경은 자기 고유의 경계를 넘어서지 않고도 만개한다."[50] 무한히 먼 곳을 향해 계속 앞으로 나아가려는 도로의 본질, 모든 구체적인 목표를 넘어서는 도로의 "초월성"에 도보여행자는 관심을 두지 않는다. 그가 걷는 길은 "그 자체로 고향"이며 "연장되지 않고 핵심 주위를 돈다". 린쇼텐은 다른 대목에서, "도보여행은 풍경을 통해 드러나는 내밀함의 중심 주변을 도는 행위"[51]이며 "시골길은 풍경의 내밀함에서 실현된다"고 말하면서 이것을 "풍경의 고향화"[52]라고 표현했다.

린쇼텐은 매번 새로운 표현으로 도보여행의 참된 행복을 설명하는 가운데 "내밀함"이라는 말을 계속 사용한다. 이 수수께끼 같은 낱말이 무엇을 뜻하는지는 자세히 설명하지 않았다. 그러나 이 말은 쿤츠가 "먼 곳의 애절함"[53]이라고 표현한 상황과 깊은 관계가 있다고 나는 생각한다. 이로써 우리는 쿤츠의 사유에 바짝 다가선 셈이다. 여하튼 내밀함은 마음으로 느끼는 친숙함이다. 그러나 린쇼텐은 자연과의 관계를 내밀하다고 표현하지 않고, 풍경 자체가 내밀함의 속성을 갖고 있다고 말한다. "내부"에서 파생된 내밀함이라는 말은 글자 그대로 풀어보면 "안쪽으로" 향한다는 뜻이다. 그러니까 여기서는 풍경 자체에 깃든 내밀함을 의미한다. 린쇼텐은 다음처럼 설명을 이어간다. "내밀함, 우리가 다가가려는 친숙한 고향은 여행자의 두 발이 움직이는 영역에 있지 않다."[54] 이 말은 공간에서는 도보여행의 목적지에 이를 수 없다는 뜻이다. 그러나 이는 목적지에 아예 도달하지 못하고 그저 영원히 채워지지 않는 동경으로만 갈망한다는 의미는 분명 아니다. 목적지는 오히려 인간 자신, 그의 평온해진 영혼 속에 있다. 도보여행의 행복은 바로 여기에 있다.

이 부분에서 심오한 의미를 가진 문장이 등장한다. "참된 도보여행에는 태곳적의 내밀한 행복으로 돌아가는 회귀 같은 것이 있다. 그 행복은 희미한 기억 속에서, 혹은 앞날의 실현을 알려주는 전령의 모습으로 나타날 수 있다. 그 자신의 내밀한 중심으로 쏠려 있는 풍경은 도보여행을 하며 '모든 사물의 근원'으로 돌아가는 자에게만 모습을 드러낸다."[55] 린쇼텐은 다른 대목에서 이렇게 설명을 계속한다. "도보여행이 자연의 고요함과 평온으로 돌아가는 행위이고 심오한 의미에서 풍경의 내재성으로 들어가는 것이라면, 도보여행자가 걷는 길은 되돌아가는 길, 친숙한 고향으로 가는 길이다."[56] 여기서 우리는 "태곳적 내밀한 행복으로의 회귀", "모든 사물의 근원"으로의 회귀, "친숙한 고향"으로 "되돌아가는 길"처럼 여러 가지 낱말로 표현되면서 다양한 울림을 주는 도보여행의 정의에 주목하게 된다. 이것은 노발리스가 처음 제기한 후 다시 터져나온 낭만주의의 기본 주제, 즉 되돌아가는 길, 근원으로 가는 길, 인간 삶의 시원으로 가는 길이다. 그러나 낭만주의자들이 이르지 못할 동경의 대상으로 마음으로만 그려보았던 것이 여기에서는 실현되었고 인간은 다시 돌아왔다. 여기에서 "친숙한 고향"이라는 말을 쓸 수 있는 이유도 그 때문이다.

그러나 이런 방식의 회귀를 우리는 공간적으로 이해해서는 안 된다. 그것은 인간의 내면에서 일어나는 회귀이고, 존재의 근원과 "모든 사물의 근원"으로의 회귀이다. 여기서 어쩔 수 없이 어린 시절의 기억이 함께 묻어나지만, 그 회귀는 이런 기억을 넘어 본질의 더 깊숙한 층위로 돌아가는 일이며, 인간이 기술로 세계를 지배하기 "이전"으로, 그래서 주체와 대상이 분리되기 "이전"으로, 또 합리성이 침투하기 "이전"으로, 그리고 직업과 기술이 지배하는 세계 "이전"으로 돌아가는 일이다. 한마디로 자기 소외 이전의 상태, 경직되고 고착되기 이전의 상태로 돌아감을 말한다. 인간이 도보여행에서 경험하는 것은 그의 본질 전체의 회춘이다.

6 도보여행의 기능

도보여행이 인간의 삶에 부여하는 커다란 의미는 여기에서 비롯된다. 그리스 신화에서 거인 안타이오스가 어머니 대지와 접촉하며 계속 새 힘을 얻었듯이, 인간도 도보여행을 하면서 젊어진다. 일반적으로 인간은 끊임없이 되풀이되는 회춘을 통해서만 자기 본질을 완성시키는 존재이기에[57] 도보여행이 "인간학적"으로 깊은 의미를 획득하는 것이다. 인간은 시간과 목적에서 해방된 도보여행을 통해 자꾸만 앞으로 밀어내는 일상의 조급함에서 완전히 물러남으로써 시간을 초월한 곳에 자리 잡은 삶의 근원과 다시 접촉한다.[58]

슈텐첼은 앞에서 거론한 논문에서 이 현상을 빼어나게 설명했다. 현대인이 몸담고 있는 직업 생활은 세분화되고 전문화되어 지극히 피상적으로 변해버렸다. 인간은 이런 생활에 얽매인 현존재에서 벗어나 아직 세분화되지 않았지만 (여전히) 생명이 약동하는 근원으로 돌아감으로써 젊어지는 것은 물론이고 세상과도 새로운 내적 관계를 맺는다. 또한 기술이 지배하는 도구적 환경에서 경직되었던 사물들도 다시 본연의 삶 속에서 모습을 드러낸다. 이것이 린쇼텐이 말하는 "내밀함"의 의미이다. 슈텐첼도 "자연에서 얻는 기쁨"이라는 말로 표현하는, 대부분 지극히 피상적으로 이해하는 느낌을 이렇게 요약한다. "도보여행에서 이루어지는 자연 체험은 더 이상 자연에 대한 학문적인 관계가 아니라 미학적 성격이 강한 훨씬 근원적인 관계이다." 그러면서 곧바로 이 문장의 의미를 부연한다. "물론 '미학적'이라는 표현도 이 관계의 외적인 면만을 나타낸다. 오히려 이 관계는 직접적인 존재의 관계, 현실의 관계라고 말할 수 있다. 이렇게 이해하면 우리는 '근원으로의 회귀'라는 행위를 새롭게 조명할 수 있다. 인간이 삶의 근본적인 바탕 및 근원을 체험하고 나면 전에는 무감각하고 피상적으로 보였던 모든 현존재가 새롭고 참되게 변하며, 자신을 탄생시킨 가장 내밀하고 근원적인 삶의 바탕과 지속적으로 교감하면서 자신을 관찰한다. 그리하여 현존재는 '내면화'한다."[59]

도보여행에서 열리는 자연과의 관계는 공간 문제만을 이야기하는 이 책에서 더 자세히 논의하기 어렵다. 그러나 이 관계에서는 공간 안에서 수행되는 특정 행위와 공간에 대한 행위, 다시 말해 조용한 오솔길을 걷는 도보여행이 인간의 전체 구성틀에 어떤 영향을 미치느냐가 중요하다. 그래서 우리는 인간의 공간적 위치와 인간 내면의 본질 간의 밀접한 관계에 주목함으로써 인간의 본질이 처음부터 공간과 관련을 맺고 있음을 새롭게 지적했다.

도보여행에 깊은 의미가 있다는 주장을 독자가 오해하지 않도록 보충 설명을 해야겠다. 근원으로 회귀해 행복을 경험한다는 말은 인간이 이 근원 상태에 머물러야 하고 모든 발전은 근원적 본질의 폐기물로 이해해야 한다는 뜻이 아니다. 앞에서 도보여행에 인간학적으로 깊은 의미가 있다고 말했을 때, 인간은 평생 목적 없이 세상을 떠돌아 다녀야 하고 방랑자가 인간의 삶의 이상이라는 말은 결코 아니다. 만일 그렇게 이해했다면 그것은 노동과 직업의 영역, 그리고 여기에서 파생되는 현대의 기술화된 산업 세계, 즉 인간이 절대로 빠져나올 수 없고 그렇게 해서도 안 되는 세계를 근본적으로 오해하는 것이고, 현실적 삶의 엄숙함을 완전히 놓치는 것이다. 그렇게 되면 인간은 자신을 통제할 수 없다. 이런 점에서 청소년 운동은 도보여행을 지속적인 상황으로 간주함으로써 많은 오류를 범했다. 애초에 도보여행이 경직된 생활 규범에 대한 반대 운동으로 탄생했듯이, 훗날에도 그것은 본질적으로 이 생활 규범과 연관되어 있다. 조금 극단적으로 표현하자면, 도보여행은 여가 활동이고 본질상 직업생활에서의 일시적인 해방이다. 인간은 도보여행의 본질인 근원으로의 회귀를 통해 심신을 회복하고 젊어져야 하지만, 그 못지않게 젊어진 심신으로 다시 엄숙한 삶으로 돌아와 자신의 과제를 완수해야 한다. 내가 말하려는 것은 우리가 두 행위의 상반성 안에서 여가의 정당성을 찾아야 한다는 점이다. 여가는 긴장 해소와 휴식의 장일 뿐 아니라 인간의 깊숙한 본질 실현인데도 그 참된 의미가 제대로 알려지지 않았다. 여가의 본질을 올바로 이해하면 도보여행은 인간의 삶과 전체적인 관계 속에서 커다란 의미를 획득한다.

3부
안식처로서
집

1
집의 의미

1 세계의 중심으로서 집

인간 삶의 기본 역학인 떠나고 돌아오는 행위에서 논의를 시작한 우리는 (불가피하게 일면적으로 추상화했지만) 이 행위를 통해 분류되는 공간 중에서 우선 바깥 세계의 넓은 공간에 주목했다. 그리고 그곳의 기본 방향과 방위, 길과 도로를 살펴보면서 이 분류의 몇 가지 특성을 설명했다. 그러나 인간은 이런 세계에서만 살 수는 없다. 인간은 자신이 다니는 모든 길의 기준이 되는 고정된 기준점, 그 길의 출발점이자 귀환점이 되는 곳이 없으면 딛고 설 발판을 잃어버린다. 이로써 우리가 1부에서 예비적으로만 거론하고 한동안 거의 주목하지 않았던 체험공간의 중심 문제가 다시 전면에 등장한다. 인간에게는 뿌리를 내릴 중심, 공간 안에서 발생하는 모든 관계의 기준이 되는 중심이 필요하다.

중심의 문제도 방위의 문제와 다르지 않다. 세계의 중심을 "객관적인" 의미에서 자기 민족의 거주지에 옮겨놓고 그곳을 성스러운 지점으로 강조해 상징화한 신화적 견해는 지구 표면에 대한 지식이 비교적 제한되어 있던 시절에만 관철될 수 있었다. 새로운 대륙들이 발견되고 지구가 둥글다는 사실이 밝혀지자 이 견해는 더 이상 정당성을 인정받지 못했다. 그 어느 나라도 다른 나라보다 우월하지 않았고 지표면의 모든 점이 (북극과 남극이 현실적으로 체험공간 외부에 있다고 보고 제외하면) 근본적으로 동등하기 때문이다. 그러나 이렇게 객관적으로 존재한다고 여겨진 공간의 중심이 사라졌어도 인간은 변함없이 그런 중심을 삶의 기준으로 삼는다. 그 중심은 인간이 이 세계에서 "거주하는" 곳, 그가 "집으로" 생각하는 곳, 그가 항상 "귀환"하는 곳이다. 그래서 방위의 문제에서 일반적으로 해당되었던 사항들이 공간 문제에도 적용된다. 신화적 견해는 우리 자신의 체험공간 구조 속에 작은 형태로 들어앉아 인식하기 어려웠던 현상들을 더 큰 규모로 보여준다. 비록 오늘날에는 체험공간의 중심이 개인 쪽으로 쏠려 있지만, 그래도 체험공간은 여전히 그 중심을 기준 및 토대로 삼아 구성되어 있다. 그 중심은 바로 인간이 거주하는 집이다. 집은 인간이 사는 세계의 구체적인 중심이다.

어느 주택용 비문에 깊이 생각하게 만드는 헤르만 브로흐의 멋진 시구가 적혀 있다.

> 모든 먼 곳의 중심에
> 이 집이 있다.
> 그래서 나는 이 집이 좋다.[1]

집이 좋은 이유, 즉 인간이 집을 가치 있게 여기는 이유로 그 집이 먼 곳의 중심에 있다는 점을 들고 있다. 이런 맥락에서 이 말의 의미는 무엇보다 집이 세계의 중심에 있다는 것이다. 집은 가깝고 친숙한 것들이 있는 영역을 가리키며, 이 영역을 중심으로 사방에 먼 곳이 자리 잡고 있다. 집은 나에게 속한 것으로, 먼 곳과는 반대되는 곳에 있기 때문에 우리는 그 집을 사랑한다. 그러나 "먼 곳의 중심"이라는 말에는 심오한 이중의 의미가 담겨 있다. "먼 곳의 중심"은 먼 곳이 가득 찬 곳, 먼 곳이 빽빽이 들어찬 곳, "가장 먼 곳", 즉 먼 곳의 심장부라는 뜻도 된다. 내 집은 가장 가깝고 당연한 공간처럼 보이지만 실제로는 가장 먼 곳이다. 우리는 집에서 살면서도 먼 곳에 존재하기 때문에 집은 상처받기 쉽고 따라서 우리는 집을 좋아해주어야 한다.

물론 현대인이 자신의 집을 세계의 중심으로 볼 때는 신화적 세계관에 비해 상당히 불리한 처지에 있다. 신화적인 인간에게 세계의 중심은 공간의 확고한 중심과 연관을 맺어 객관적으로 뿌리가 박혀 있었다. 이 때문에 신화적 인간에게 거주는 아무 문제를 야기하지 않았다. 그러나 이 객관적 중심이 사라진 후에는 객관적인 체제에 고정되었던 현실도 폐기되면서 뿌리가 뽑힐 위험이 생겨났다. 인간은 지구상에서 어느 곳에도 특별히 매여 있지 않게 된 까닭에 고향을 잃어버렸다. 인간은 위협적으로 달려드는 세계에서 영원한 망명자가 되었다. 이것이 현대인이 직면한 위험이다. 그러나 뒤집어 생각하면 이 위험에서 인간의 과제가 탄생한다. 인간이 자신의 공간에서 다시 중심을 찾는 게 중요하다면 (그리고 뒤에 가서 나오겠지만) 인간의 본질 실현이 그런 중심의 존재와 연결되어 있다면, 인간은 더 이상 중심을 주어진 것으로 보지 말고 스스로 만들어내야 하며, 자발적으로 중심에 서서 모든 외부 공격을 막아내야 한다. 이로써 중심의 창조는 인간의 중요한 과제가 된다. 그리고 그 과제는 인간이 자신의 집을 짓고 거기에 거주함으로써 실현된다. 하지만 이렇게 하려면 집을 피상적으로 소유하는 것만으로는 충분하지 않다. 오히려 중요한 것은 집과 내적인 관계를 구축해 집이 우리에게 든든한 발판을 제공할 수 있도록 하는 것이다. 인간은 거주하는 법부터 배워야 한다는 하이데거의 말도 이런 뜻이다.[2] 이로써 집과 거주의 문제가 체험공간을 연구하는 우리 논의의 중심으로 들어온다.

2 거주

인간이 자기 집에서 사는 방식을 우리는 거주라고 표현한다. 인간과 그가 사는 집의 관계를 규정하려면 우선 이 개념부터 분석해야 한다. 거주는 인간 삶의 기본적인 구성틀이지만 우리는 그 온전한 의미를 세월이 흐르면서 서서히 깨닫는다. 인간은 자기 집에서 거주한다. 또 일반적인 의미에서 도시에서도 거주한다. 그러나 거주는 단순히 존재하거나 어디에 머무르는 것 이상의 의미가 있다. 단순히 존재하고 머무르는 현상은 공간과 피상적인 관계만 맺고 있을 뿐이다. 실존주의자의 예를 들어 인간 현존재의 극단적인 모습을 말하자면, 그는 거주라는 것을 알지 못한다. 실존주의 특유의 개념이 말하는 대로 이 세상에 "내던져진" 그는 근본적으로 자신이 물색하지 않은 임의의 장소, 본질적으로 낯선 곳에 있는 자신을 발견한다. 실존주의자는 세상을 답답한 상황의 압박으로만 생각한다. 그래서 그는 지상에서 어느 곳에도 묶여 있지 않고 늘 돌아다니지만 결코 목적지에 이르지 못하는 영원한 이방인이다.

반면에 거주란 특정한 장소를 집으로 삼아 그 안에서 뿌리를 내리고 거기에 속해 있다는 뜻이다. 따라서 현재의 정신적 흐름에서, 그중에서 특히 실존주의와의 논쟁에서 다시 거주라는 개념이 논의의 전면에 등장하고 여러 작가들에게 수용되고 있다는 점, 나아가 부분적으로는 무의식적으로 그들의 어법에까지 침투해 집에 거주한다는 뜻에 한정되지 않고 다른 의미를 획득했다는 사실이 중요하다. 이런 까닭에 이 개념은 실존주의와의 논쟁에서 비롯된 근본적인 공간 감각의 변화를 표현하는 데 적절해 보인다. 인간은 다시 자신의 세계에서 거주하는 방식을 배우고 있는 것이다.

맨 먼저 생텍쥐페리가 《성채》에서 거주의 의미를 강조했다고 여겨진다. "나는 커다란 진실을 발견했다"고 적은 그는 "사람들이 집에서 살고 있다는 것, 사물이 사람들에게 주는 의미는 그들이 사는 집의 의미에 따라 달라진다는 것을 알았다"[3]고 말한다. 여기에서 거주는 다른 여러 행동들과 비슷하게 내키는 대로 저지르는 행위가 아니라 인간의 본질을 규정하는 행위이며 인간과 세계의 관계 전체를 결정하는 행위이다. 작가가 관찰한 소설 속의 주인공은 다음처럼 자랑스럽게 말한다. "무엇보다 나 역시 거주하는 사람이다."[4] 여기에서 보듯이, 인간은 집에 거주하면서 자신의 참된 본질을 실현할 수 있기 때문이다.

이 부분에서 생텍쥐페리는 하이데거와 일맥상통한다. 하이데거는 다름슈타트 강연록인 〈집짓기, 거주하기, 생각하기〉에서 전혀 다른 측면에서 논의를 시작한 뒤 이렇게 말했다. "인간으로 존재한다는 것은 필멸의 존재로서 지상에 머무는 것, 즉 거주한다는 것을 말한다."[5] 그는 인간의 본질 전체를 거주로 규정했다.

이후에는 바슐라르가 《공간의 시학》에서 집을 통해 구현된다고 본 "거주의 원초적 기능"을 예리하게 파헤쳤다. 그의 연구 내용은 앞으로 자세히 소개할 예정이다.

그러나 여기에서 특히 거론해야 할 사람은 메를로퐁티이다. 그의 글에서 핵심 용어로 등장하는 거주라는 낱말에는 그가 세계와 맺고 있는 관계가 전체적으로 반영되어 있다. 퐁티는 이 낱말로 인간과 집의 관계를 표현하는 데 그치지 않고 여기서 얻은 성찰을 통해 인간과 세계의 관계 전체를 드러낸다. 그래서 메를로퐁티는 우리가 세계에 거주하고, 세계에 존재하는 사물에 거주하며, 더 나아가 일반적인 의미에서 공간과 시간과 존재 자체에도 거주한다고 말한다. 따라서 우리는 이렇게 질문해야 한다. 거주라는 개념으로 표현할 만큼 우리가 세계와 맺고 있는 그 새로운 관계란 무엇일까?

"거주한다"(wohnen)는 낱말의 뜻을 이해하려면 다시 언어사적인 정보를 참조하는 것이 좋다. 이 낱말은 처음에 '편안하다, 만족하다'는 일반적인 기본 의미를 가지고 있다가 나중에 '머무르다, 있다'를 뜻하는 공간적인 의미의 낱말로 발전했다. 물론 후자에도 지금 같은 지속적인 거주라는 뜻은 거의 없었고 그저 일정한 장소에 머무른다는 뜻만 담겨 있었다. 거실(Wohnzimmer)은 가족이 하루 종일 머무르는 공간이다. 비슷한 의미에서 이 낱말은 "말씀이 육신이 되어 우리 가운데 거하시매"[6]에서 보듯이 그리스도교에서도 중요한 역할을 한다. "거한다"는 말에도 친숙하고 친밀한 관계가 나타나 있다. 이 의미는 합성어인 "내재하다"(innewohnen)에도 들어 있다. '사는 곳, 집'을 뜻하는 "Wohnung"도 처음에는 추상적인 의미로 사용되었다. 그래서 인간이 특정한 장소에 머무르는 '체류'를 뜻했고 훗날 인간이 사는 구체적인 복합 공간이라는 뜻으로 전성되었다. 이런 의미를 가진 "Wohnung"은 요즈음 일반적으로 어느 건물에서 한 가족이 거주하는 독립적인 부분을 뜻한다. 규모가 큰 건물에는 여러 가구의 Wohnung이 있다. (독일어에서 "Wohnung"은 사람이 사는 모든 종류의 주거 형태를 포괄적으로 일컫는 낱말이고, 일반적으로 '집'이라고 번역되는 "Haus"는 건물 자체를 의미한다 — 옮긴이)

거주(Wohnen)의 뜻은 체류(Aufenthalt)와 밀접히 연관되어 있다. 여기에서도 도움을 얻기 위해 잠시 낱말의 역사를 들여다보자. "sich enthalten"(그만두다, 억제하다, 끊다)이라는 표현에 '저항하다'라는 의미가 있다는 것은 '반대'를 뜻하는 접두사 "ent"로써 설명된다. 이 의미는 '꼿꼿하게 있다, 흔들리지 않고 저항하다'를 뜻하는 "sich aufenthalten"에 와서 더 분명해진다. 이 표현은 처음에 개별 전사의 태도에 적용되어 쓰이다가 후에는 군대 전체에 적용되었고 마지막에는 적군을 방어하는 성과 관련되어 쓰였다. 뒤러의 글에 "유사시에 적군을 막아내고 저항(sich enthalten)할 수 있도록 굳건한 성을 세우기 위해"[7]라는 표현이 있다. 따라서 체류지(Aufenthalt)는 처음에 적에 맞서 대항할 수 있는 장소였고, 여기에서 의미가 퇴색해 오랜 기간 머무는 장소라는 뜻으로 바뀌었다. 이 어원적 지식이 중요한 이유는, 어느 곳에 체류한다는 것이 밀려드는 적에 맞서 대항해야 한다는 의미에 주목하게 하기 때문이다. 이것이 오늘날 '거주하다'를 뜻하는 "wohnen"이란 말에 적용되는 의미이다.

하지만 인간이 지구상의 고정된 장소에서 거주할 수 있으려면 임시로 아무 곳에나 정착하는 것으로는 충분하지 않다. 거주를 위해서는 각별한 노력이 필요하다. 인간은 땅 위의 한 지점에 터를 잡아야 하고, 그를 다시 몰아내려는 세상의 공격에 맞서기 위해 이곳을 단단히 움켜쥐고 있어야 한다. 이것이 체류라는 말의 언어사에서 드러난 요점이다. 이 측면을 생텍쥐페리는 앞에서 언급한 작품에서 예리하게 파헤쳤다. "나는 도시의 건설자다. 나는 길을 가는 대상 행렬을 세웠다. 그들은 바람이 몰아치는 사막에 있는 씨앗에 불과했다. …… 그러나 나는 바람에 저항하며 씨를 땅 속에 묻는다. 삼나무가 신의 영광에까지 올라갈 수 있도록."[8] 이로써 중요한 핵심이 명확히 드러났다. 인간은 일정한 곳에 뿌리를 내려야만 "사막"의 공격에 맞설 수 있는, 즉 모든 것을 파괴하는 시간의 공격에 대항할 수 있는 지속성을 얻을 수 있다.

결국 거주한다는 것은 공간 속에 고정된 자리를 갖는 것, 그 자리에 속하는 것, 그 안에서 뿌리를 내리는 것이다. 그러나 인간이 이 자리에 머물고 편안함을 느끼려면 거주의 "장소"를 우리가 체험공간 본래의 중심점이라고 말했던 단순한 점, 인간이 걷는 길의 기준이 되는 점으로 이해해서는 안 된다. 그곳에서 여유 있게 살려면 어느 정도 확장된 공간이 필요하다. 그곳에서 인간은 일정 영역 안에서 움직일 수 있어야 한다. 거주에는 일정한 공간이 필요하다. 이런 의미에서 나는 집(Wohnung)이라는 말을 사용했는데, 여기에서는 집이 거주 공간이라는 사실만 언급하겠다.

3 안도감의 공간

인간이 집에서 살면서 세상의 공격에 맞서는 견고한 발판과 안전과 평화를 얻으려면 이 영역을 적절한 수단으로 보호할 필요가 있다. 생텍쥐페리는 그의 작품에서 견고한 제방이 있어야 하며 그렇지 않으면 살아갈 수 없다고 말했다. 하이데거도 지적했듯이, 독일어 어법에서도 인간의 삶에 필요한 "평화"(Frieden)는 거주 구역을 담으로 둘러친다는 뜻의 "Umfriedung"이라는 말과 관계가 있다. 따라서 평화롭게 살려면 인간을 보호하는 담과 인간을 감싸주는 지붕이 필요하다. 이런 구조물들이 존재할 때 집은 단순한 거처에서 진정한 의미의 집으로 바뀐다. 그러나 집은 다시 견고한 도시나 공간 영역과 연결되어 있고, 담과 지붕 외에 울타리도 있어야 한다. 하지만 이는 잠시 제쳐두고 논의를 간단히 하기 위해 우선 집에만 한정해 이야기하겠다.

집은 인간에게 든든함을 주는 곳이다. 따라서 거주의 문제는 집의 문제로 압축된다. 이 경우에는 언어사를 참조해도 이해를 돕는 어원을 거의 찾아보기 힘들다. 일반적으로 집은 보호 수단이고 피난처이므로 우리의 논의는 인간이 거주하는 집으로 그 범위가 좁혀진다. 흔히 속담에서 집(Haus)은 '마당, 뜰'을 뜻하는 Hof와 두운을 맞추어 "Haus und Hof"로 쓰인다. 피샤르트는 이렇게 적었다.

집은 더없이 든든한 곳,
기쁠 때나 슬플 때나 피난처.[9]

인간은 집에서 자유롭고 편안하게 움직일 수 있고 평화를 얻을 수 있다.

체험공간에서는 집의 경계를 이루는 담, 혹은 일반적으로 거주 구역의 경계선으로 인해 (우리가 서문에서 주목한) 불연속의 요인이 발생한다. 이로써 공간은 뚜렷하게 구분되는 두 영역으로 분리된다. 집의 담은 대규모 일반 공간으로부터 특별하고 사적인 공간을 떼어냄으로써 내부 공간과 외부 공간을 구분한다. 짐멜이 말했듯이, 경계를 정하는 동시에 그것을 넘어서는 능력으로 규정되는 인간은 가장 눈에 띄기 쉬운 담으로 경계를 정한다. 내부 공간과 외부 공간이라는 두 영역은 체험공간 전체 구조의 기본을 이루고, 나아가 인간 삶의 기본이 된다.

두 공간은 성격이 전혀 다르다. 외부 공간은 인간이 세계에 나가 활동하는 공간이고, 저항을 극복하고 적을 막아내야 하는 곳으로서 보호받지 못하는 공간, 위험과 희생의 공간이다. 만일 세계에 외부 공간만 존재한다면 실존주의자들의 말대로 인간은 영원히 쫓기는 망명자로 머물 것이다. 바로 그래서 인간에겐 집이라는 공간이 필요하다. 그곳은 인간이 혹 닥칠지 모르는 위협에 대한 끝없는 경계심을 내려놓을 수 있는 안정과 평화의 영역이고 뒤로 물러나 긴장을 풀 수 있는 공간이다. 인간에게 이 평화를 선사하는 것이 집의 최대 과제이다. 이렇게 해서 안도감을 선사하는 공간은 위협을 받는 공간과 분리된다.

집에 대한 이 임시 규정은 여러 측면에서 보충 설명이 필요하다. 나는 뒤에서 다룰 내용을 미리 논의하지는 않고 잠정적으로 몇 가지만 지적하겠다.

1. 우리가 일괄적으로 집이라는 표현을 썼을 때, 반드시 일가족이 소유한 단독 주택만을 의미하는 것은 아니다. 그 집은 현대 도시의 대규모 임대 주택 단지에 있는 아파트일 수도 있다. 이런 뜻에서 우리는 주택과 아파트를 동일한 의미로 사용할 수 있고, 필요한 경우에는 허름한 독방도 충분히 집이라고 할 수 있다. 그런 주택이나 아파트의 외양은 역사적 상황의 변화에 따라 심한 변동을 보일 수 있다.[10] 중요한 것은 악천후와 원치 않는 낯선 이의 접근을 확실히 막아주는 개인 공간의 확보이다. 의학적인 관점에서 거주를 연구한 추트도 이 사실을 다음처럼 요약했다. "낯선 것이 적의를 갖고 위협적으로 다가오면 우리는 어느 때처럼 평안을 누리던 곳에서 보호와 안전을 구한다. …… 우리는 익숙한 집에서 공간이 주는 최고의 안도감을 얻는다."[11]

2. 지금까지 우리가 추상적으로 "인간"이라는 말을 쓰면서 인간에겐 집이 필요하다고 했지만, 그 인간을 개인으로 생각해서는 안 된다. 집을

혼자 힘으로는 절대 지을 수 없듯이 인간은 혼자 살 수 없다. 인간은 가족과 함께, "자신과 가까운 사람들"과 더불어 여럿이, 그러나 "다른 사람들", "낯선 이들"과는 따로 살아간다.[12]

3. 집이 안도감을 주려면 침입자를 막아내 보호해주는 것은 물론이고 내부도 잘 만들어져 그 안에서 생활하는 사람들의 필요를 충족시킴으로써 휴식과 평화의 기운을 발산해야 한다. 이로써 살기 좋은 집의 특성 문제가 부각된다.[13]

4. 지금까지 우리는 내부와 외부, 집과 낯선 곳의 엄격한 대립 관계에서 출발했지만, 실제로 이 둘 사이에는 양쪽을 이어주는 연결고리가 개입한다. 인간은 자기 집 대문이나 소유지의 경계를 벗어나더라도 불쑥 낯선 곳으로 가는 것이 아니라 익숙한 도로나 친숙한 마을 혹은 친숙한 도시로 나아간다. 또 이곳을 떠나더라도 처음에는 그가 아는 지역에 머무르다가 차츰 낯선 곳으로 가게 된다. 집은 좁은 의미에서 아직은 그것보다 큰 전체 혹은 확장된 집이라 할 수 있는 고향에 편입되어 있다. 집과 고향은 밀접히 연결되어 한 공간에 속해 있다. 이렇게 집을 중심으로 친숙한 구역이 조성되어, 집이라는 영역이 얼마간 확장되더라도 그 구역들 안에서―비록 구조는 복잡하지만―집의 내부 공간과 외부 세계를 가르는 불연속적인 성격은 사라지지 않는다. 따라서 우리가 이런 단계별 구역을 무시하고 집에만 한정해 논의하더라도 전혀 무리는 없다.

4 바슐라르가 말하는 거주의 행복

바슐라르는 앞에서 언급한 《공간의 시학》에서 집의 방어 기능을 설득력 있게 분석했다. 그가 묘사한 "행복한 공간", "사랑받는 공간"은 "소유 공간"이다. 즉 인간이 소유하면서 "적대 세력으로부터 방어하는 공간"[14]이다. 그것은 "거주하는 공간", 다시 말해 집이 변화해온 갖가지 형태를 말한다. "실제로 거주하는 공간은 이미 집이라는 개념의 본질을 품고 있기"[15] 때문이다. 집의 개념을 아주 넓게 잡을 경우 바슐라르에게 거주와 집은 일치한다. 바슐라르의 견해는 지금까지 우리가 도출한 결과를 증명하는 동시에 확대해준다. 나아가 그의 책은 비교적 알려지지 않은 프랑스 시인들의 작품을 많이 인용하기 때문에 여기에서 그의 견해를 자세히 기술해보겠다.

바슐라르가 볼 때 집은 첫째로 품어주고 보호하는 기능을 가지고 있다. 그래서 그는 집의 "보호 가치"[16]라는 말을 사용한다. 집은 인간의 삶에서 "안도감의 중심"[17]이다. 집은 그 자체로 바깥세상의 무질서가 제거된 정돈된 영역이다. "집은 인간의 삶에서 우연한 사건들을 배제한다."[18] 불안정하게 떠도는 망명자의 삶과 달리 집은 인생에 깊이 있는 지속성을 부여한다. 집은 항구적인 요소이다. "집은 지속성에 대한 관심을 증가시킨다. 그렇지 않다면 인간은 산발적인 존재일 것이다." 집은 흩어진 것을 모으고 그리하여 인간까지 집중하게 한다. 바슐라르는 집을 인간의 삶에서 기능하는 "커다란 통합적 힘의 하나로"[19] 보고 있다. 그래서 집은 바깥 세계의 모든 공격을 막아낼 발판을 선사한다. "집은 인간이 하늘의 뇌우와 인생의 모든 폭풍우를 헤쳐가도록 바로 서게 해준다."[20] 특히 집은 인간이 상상력의 꿈을 좇도록 해주는데, 바슐라르에게는 이것이 "집이 선사하는 가장 값진 안락함"이다. "집은 몽상을 지켜주고, 몽상가를 감싸주며, 우리가 평화롭게 꿈꾸도록 해준다."[21] 상상력의 꿈은 다시 "꿈의 집"을, "부모님 집의 지하실"[22]을 탄생시킨다. 인간이 살아왔던 다양한 집에 대한 기억, 특히 부모 집에서 살았을 때의 최초의 경험들은 그 꿈의 집에서 집의 원초적인 모습으로 압축된다. 바슐라르는 "우리의 집, 그 잠재된 꿈의 형상은 세계 속의 둥지"[23]라고 요약한다.

바슐라르에 의하면 집이 인간에게 전해주는 삶의 원초적 감정은 안도감 속에서 느끼는 편안함이다. 인간은 보금자리가 주는 따뜻함 속에서 무엇보다 편안함을 느낀다. 그 보금자리는 인간에게 "거주의 행복"이라는 기본 감정을 선사하며, 인간은 이 속에서 자신이 동물과 비슷하다고 느낀다. 바슐라르는 블라맹크의 말에 전적으로 동의하며 이렇게 인용한다. "밖에서 비바람이 사납게 몰아칠 때 내가 난로 앞에서 느끼는 평온함은 완전히 동물적인 감정이다. 구멍 속에 웅크린 쥐, 토끼장에 있는 집토끼, 외양간에 있는 소도 나처럼 행복할 게 틀림없다."[24] 이런 뜻에서 바슐라르는 따뜻한 "집의 모성애"[25]를 찬양한다. 그는 이것이 인간의 근원적 경험이고, 외부 세계의 위협과 적대감은 여기에서 파생되어 나중에 탄생한 것이라며 실존주의자들을 논박한다. "삶은 행복하게 시작된다. 집이라는 품에 둘러싸이고 에워싸여 아주 따뜻하게 시작된다."[26] 특히 겨울의 눈과 얼음을 상상하면 집의 "친밀도"가 상승한다. 이 부분에서 바슐라르는 보들레르를 인용한다. "겨울은 거주의 시정(詩情)을 더해주지 않는가."[27] 몽상가는 "해마다 하늘에서 가능하면 많은 눈과 우박과 서리가 내리기를 기대한다. 그에게는 캐나다와 러시아의 겨울이 필요하다. 그렇게 해서 그의 둥지는 더 따뜻해지고 부드러워지고 사랑스러워진다."[28]

다른 한편으로 바슐라르는 여기에서 발생하는 "집과 우주의 변증법"에서, 자연의 위력에 맞선 저항에서 드러나는 투쟁의 요소를 간과하지 말라고 경고한다. 그는 자신의 설명을 뒷받침하기 위해 수많은 시인들의 글을 인용했다. 그 중에서 특히 인상적인 것은 카마르그에 있는 소박한 집이 폭풍우에 맞서 싸우는 모습을 묘사한 앙리 보스코의 글이다. 나는 이 글이 현재의 맥락에서 중요하다고 보아 바슐라르의 책에 인용된 일부 문장을 여기에 옮긴다. "집은 용감하게 싸웠다." "집은 저항했다. …… (지붕은) 등을 구부린 채 낡은 들보를 꼭 붙잡고 있었다. …… 집은 섬의 바닥에 단단히 뿌리를 박고 꼼짝도 하지 않았다. …… 이미 인간적인 존재로서 내 몸을 보호한 집은 폭풍 앞에서 물러나지 않았다. …… 그날 밤 집은 사실상 나의 어머니였다."[29] 여기에서 "인간과 집은 역동적인 유대 관계"[30]를 맺는다. 바슐라르는 이렇게 강조한다. "이 폭도들(폭풍우)에 저항한 집은 …… 순수한 인간성을 가진 참된 존재가 되었다. 자신을 방어하되 공격은 한 번도 한 적이 없는 존재였다. (이 집은) 인간의 저항, 레지스탕스이다. 집은 인간의 가치, 인간의 숭고함의 화신이다."[31] 집은 외적인 보호막인 동시에 인간의 삶의 상징이다. 이 부분에서 집은 교육적인 의미를 획득한다. 집은 "두려움을 이기는 법을 배워야 할 외로운 사람에게 굳건한 용기의 성채가 되었다."[32] 이렇게 해서 집은 내부적으로 따스함과 편안함을 줄 뿐 아니라, 외부적으로도 인간이 세상에서 물러서지 않을 단호함과 힘을 선사한다. "그러한 집은 …… 우주에 저항하는 도구이다. …… 집은 우리가 세상 모든 사람과 모든 사물을 향해 이렇게 말하도록 도와준다. '나는 세계에 저항하는, 세계의 거주자가 되겠다.'"[33]

그러나 집이 온전히 완성되려면 수평적인 확장뿐만 아니라 수직적인 확장도 필요하다. 다시 말해, 집은 실질적인 거주 공간 외에 지하와 공중으로도 연장되어 지하실과 지붕을 갖고 있어야 한다. "수직 방향은 지하실과 다락방의 양극단을 통해 확보된다."[34] "최소한도의 높이라는 측면에서 가장 단순한 집인 3층 집에는 지하실과 1층과 다락층이 있다."[35] 이로써 우리가 앞에서 위와 아래의 상징적 의미에 대해 설명했던 현상이 집의 내부에서 되풀이된다. 바슐라르도 이 분류를 하나씩 분석했다. 지하실로 내려가는 계단은 다락방으로 올라가는 계단과 성격이 다르다. 바슐라르에게 특히 지하실은 집을 땅과 바위 밑의 깊숙하면서도 으스스한 지하에 고정시키는 곳이다. 그는 앞에서 언급한 앙리 보스코의 또 다른 소설을 예로 들어 "우주적 뿌리를 가진 집"[36]을 설명한다. "집은 자연물이 되었다. 집은 대지에서 활동하는 산과 물과 형제가 되었다."[37] 대도시의 집들은 더 이상 참된 집이 아니라고 그는 다른 대목에서 강조한다. "파리에는 집이 없다. 대도시 거주자들은 포개진 상자에서 살고 있다."[38] "집을 꿈꾸는 몽상가는 마천루에 지하실이 없다는 사실을 상상하지 못한다."[39] 이런 집에는 "뿌리"가 없고, 그로 인해 우주와의 깊은 연대감도 없다. 그러나 진정한 집은, 거주 기능을 심층 분류해 보면, 우리가 기하학적 공간 개념으로 파악할 수 있는 것 이상이다. 바슐라르도 구체적인 체험공간으로서의 집을 추상적인 수학적 공간 개념과 엄격히 구분했다. "사람이 사는 집은 생명이 없는 상자가 아니다. 사람이 사는 공간은 기하학적 공간을 초월한다."[40] 이런 집에는 감성적인 특성, 인간적인 품격이 있다.

그럼에도 바슐라르 역시 인간이 집의 안도감에서 재빨리 벗어나고 싶어 한다는 사실을 지적한다. "우리는 왜 집에 산다는 행복감에 그렇게 금방 싫증을 냈을까?"[41] 이 물음에 대해서는 인간이 "집과 우주의 변증법", 집의 "외부와 내부의 변증법"[42]에서 일면만을 움켜쥐는데 그 일면은 끊임없이 다른 면으로 보완할 것을 요구하기 때문이라고 대답할 수 있을 것이다. 그러나 바슐라르는 이 문제를 일시적으로 집을 떠났다가 다시 돌아오는 상황으로만 이해하지 않고 더 심층적으로, 즉 인간이 모든 특정한 집에 대해 갖고 있는 궁극적인 불만으로 생각했다. "현실 이상의 무언가가 현실에는 없었다. 우리는 집에서 충분히 꿈을 꾸지 못했다."[43] 우리가 꿈꾼 완벽한 집은 현실의 집에서는 얻을 수 없다. "나는 현실의 집에서 거주의 자유를 빼앗겼다. 우리는 항상 다른 곳에 대한 몽상의 여지를 남겨두어야 한다."[44] 이 문장은 집과 먼 곳이 서로 얽혀 있음을 의미하며 인간을 애타게 먼 곳으로 끌어내는 궁극의 향수를 암시한다. "어디에서나 묵지만 어디에도 편입되지 않는 것"이라는 말로 바슐라르는 "집을 꿈꾸는 몽상가의 좌우명"[45]을 표현했다. 여기서 우리는 쿤츠[46]와 관련해 언급했던 맥락, 즉 인간은 그의 갈망에서 태어난 상상의 창조물 속에서만 궁극의 고향에 갈 수 있다고 한 대목만을 지적해두고, "어디에서나"라는 말이 거주의 고정성을 희생시키지 않았는가 하는 문제는 제쳐둔다.

5 집의 인간학적 기능

우리의 주장을 증명하는 저술에 대한 논의를 끝내고 다시 원래 주제로 돌아오자. 집의 인간학적 기능이라고 표현할 만한 것, 즉 집이 인간의 삶 전체에서 수행하는 기능은 지금까지 설명한 내용에서 뚜렷이 밝혀졌다. 인간이 이 세계에서 살아가면서 자신의 과제를 이루려면 안도감과 평화를 주는 공간을 확보해야 한다. 인간이 외부 세계와 싸우고 지쳤을 때 돌아와 심신의 긴장을 풀고 다시 본연의 모습으로 돌아올 수 있는 공간 말이다. 이 심신의 휴식과 정신 집중 과정은 공간을 논하는 우리의 연구에는 속하지 않는다. 그러나 중요한 것은 인간이 자신의 모습을 되찾는 이 과정에는 특정한 공간적 조건이 필요하다는 점이다. 인간은 거주자일 때만, 집을 소유하고 있을 때만, 공공의 영역과 분리된 "사적인" 영역을 확보하고 있을 때만 자신의 본질을 실현할 수 있고 온전한 의미에서 인간이 될 수 있다. 인간이 살아갈 수 있으려면 그런 든든한 영역이 필요하다. 인간에게서 집을 빼앗거나, 조금 더 신중하게 말해 집의 평화를 빼앗으면, 그의 내면은 필연적으로 붕괴한다.[47]

이러한 주장에 대해서는, 바로 지금 같은 시대야말로 숱한 사람이 자기 집과 고향에서 내쫓기는 운명에 처했다고 이의를 제기할지도 모르겠다. 물론 그런 사태는 잔인한 운명임에 틀림없다. 그렇다고 해서 인간의 마지막 본질 실현의 가능성까지 부인해야 할까? 이것이야말로 잔인하고 부당한 일이다. 그리고 변동이 심한 현대인의 생활에서 옛 고향이 전과 같은 비중을 가지고 있을까? 실제로 인간은 (가끔 정신질환에까지 이르면서) 거주지를 옮길 수 있고 옛 고향을 잃은 뒤에 새로운 고향을 발견하기도 한다. 그러나 특정한 집과 고향이 바뀐다고 해서 집과 고향의 근본적인 중요성이 사라지지는 않는다. 오히려 새로운 곳에서 거주의 질서와 집이 주는 안도감을 새로이 확립해야 하는 과제가 더욱 중요해진다.[48]

괴테가 《파우스트》의 한 대목에서 말한, "도망자", "집 없는 자", "목적지도 안식도 없는 비(非)인간"[49]이라는 표현을 상기해보자. "집 없는" 인간이 "비인간"이라면, 즉 인간의 참된 본질을 잃어버린 자라면, 반대로 인간은 "집을 가졌을" 때만 참된 인간이라는 결론이 나온다.

집의 이런 인간학적 기능은 오늘날 새롭게 발견되었다. 안전한 듯해 보였던 기존의 수많은 질서가 무너진 후 현대인들은 든든해 보이는 모든 것을 의심의 눈으로 바라보게 되었고, 집이 인간의 삶에 없어서는 안 될 필수요소라고 옹호하는 사람은 금방 속물이라고 낙인찍히기 때문이다. 물론 우리는 이런 인식을 인간이 자기 집으로 들어가 아무 일도 하지 않고 안락한 삶을 보내야 한다는 뜻으로 이해하면 안 된다. 그렇게 되면 집에서 사는 사람은 실제로 낭만주의자들이 비웃었던 속물이 된다.

> 집에 앉아
> 난로 앞에 앉아
> 평온을 누리는 자
> 행복하구나.[50]

아니다. 인간은 세상으로 나아가 자신의 과제를 완수해야 한다. 실러도 "인간은 적들이 있는 삶으로 나아가야 한다"[51]고 말했다. 인간은 생업에 종사하면서 그것과 필연적으로 연관된 위험에 내던져져야 한다. 그러나 세상에서 과제를 완수하고 나면 집의 보호 속으로 돌아올 수 있는 기회도 가져야 한다. 극단적인 긴장 관계로 맺어진 이 두 측면은 똑같이 필요하며, 세계라는 외부 공간에서의 노동과 집이라는 내부 공간에서의 휴식이 균형을 이룰 때 인간은 내적으로 건강해진다. 그렇기에 인간은 집을 짓고 그 집을 방어하면서 든든한 공간을 마련해야 할 절대적인 과제를 안고 있다.

6 집의 취약성

그럼에도 집이 인간에게 궁극적인 안전을 선사한다고 생각하면 오산이다. "모든 집은 위협받고 있다"[52]고 생텍쥐페리는 강조했다. 카프카는 소설 《굴》[53]에서 난공불락의 안전장치를 설치하려는 시도의 허망함을 묘사했다. 안전성을 높이려는 모든 노력은 복잡한 장치를 요구하지만 동시에 취약성도 높인다. 이 사실을 오해하고 집의 안전을 궁극적인 것으로 생각하는 순간 인간은 비웃음을 받는 속물로 변하며, 어느 때인가는, 늦어도 죽음에 이르는 순간 이 환상은 깨질 수밖에 없다. 그러므로 인간은 어느 집에서 살든지 다시 그 집을 떠날 수 있는 내면의 자유도 잃지 말아야 한다. 집에는 그 집의 상실로도 영향을 받지 않는 궁극적인 것이 있다는 사실을 인간은 알아야 한다. 오늘날 우리는 이것을 실존철학이 말하는 의미에서 집의 실존이라고 부른다. 다른 한편, 인간이 자기 집의 견고함이 위협받는다는 사실과 취약성을 안다고 해도 계획적인 이성을 동원해 집을 짓고, 그 안에서 삶의 질서를 만들고, 끈질기게 계속되는 무질서한 힘의 침입에 맞서 싸워야 하는 과제에서 벗어나는 것은 아니다. 집이라는 안전한 섬은 이러한 부단한 싸움을 통해서만 유지될 수 있다.

마지막으로 한 가지를 덧붙이겠다. 자신의 집을 짓고, 모든 것이 파괴된 뒤에도 다시 새 집을 짓는 것이 인간의 과제라 해도, 세계와 삶에 대한 궁극의 믿음이 뒷받침되지 않으면 이 과제를 완수할 수 없다. 아무리 불가피하게 환멸을 겪더라도 인간은 자신의 노력이 그래도 어떤 의미에서건 쓸모가 있다는 느낌을 잃지 말아야 한다.[54] 릴케는 제1차 세계대전이 끝나고 힘들었던 시기에 집에 써 붙일 금언을 이렇게 지었다.

일천구백십사 년에
나는 세워졌다.
아우성치는 사람들에게 부대끼면서도
나는 언제나 앞날을 내다보았다.
나는 믿었으니,
믿는 자는 살아남으리.[55]

이로써 릴케는 중요한 핵심을 언급했다. 인간은 미래에 대한 궁극의 신뢰가 없으면 집을 지을 힘을 낼 수 없다. 그런 신뢰가 없으면 사방에서 위협하는 파괴적인 힘에 직면해 애시당초 집짓기 자체를 무의미하게 여길 것이다.

공간 문제에서 이 측면을 강조한 사람은 바슐라르이다. 그는 《공간의 시학》에서 이렇게 묻는다. "만일 새가 세상에 대한 본능적인 믿음을 가지고 있지 않다면 과연 둥지를 짓겠는가?"[56] 새가 그러하다면 마땅히 인간도 그래야 한다. 계속해서 바슐라르는 말한다. "우리가 사는 집은 세계 속의 둥지이다. 우리는 타고난 믿음을 가지고 그 안에서 살아간다." 이 바슐라르의 글에서 우리는 앞에서 인용했던 문장을 뚜렷이 부각시키는 깊이 있는 배경을 만난다. 존재에 대한 신뢰, 삶에 대한 궁극의 신뢰라는 이 배경이 없으면 인간은 살아갈 수 없고, 특히 집을 짓고 거주할 수도 없다.[57]

2
신성한
공간

1 신화적 사고로의 복귀

우리가 살고 있는 이 세속적인 시대에도 집은 여전히 성스러운 성격을 간직하고 있다. 이 사실에 한번쯤 주목해본 사람이라면 누구나 그렇게 느낄 것이다. 과거에 집을 "거주 기계"라고 부르면서(르코르뷔지에) 기계 시대의 생산 의지를 주거 기능으로도 확대한 바 있지만, 사람들은 곧 이런 식의 적용이 부적절하다고 느꼈다. 인간의 주거는 기술이 지배하는 현대의 합리성으로 축소되지 않는다. 인간이 사는 집에는 합리적인 목적론적 사고로는 이해할 수 없는 태곳적 삶의 자취가 사라지지 않고 남아 있다. 인간의 집은 오늘날에도 여전히 신성한 영역이다. 다른 이의 소유물을 거리낌 없이 대하는 데 익숙한 사람이라도 남의 집에 초대받지 않고 무작정 들어가는 것은 꺼린다. 이러한 집의 특수 지위에 대한 법률적 표현이 바로 "타인의 집에 불법으로 침입하거나 불법으로 머무는 행위"라고 규정된 주거침입죄라는 개념이다.[58] 이 범죄가 "지나치게" 강도 높은 처벌을 받는다는 점이 눈에 띄는데, 여하튼 합리적인 관점에서 이해할 수 있는 수준보다 강하게 처벌받는다. 주거의 신성불가침성은―인간의 "사적 영역"의 보호나 통신의 비밀과 관련되어―신성한 성격을 풍긴다.

지금도 우리가 사는 집에 깃든 이 특별한 감상적 가치를 밝히려면, 종교심에서 많이 멀어진 오늘날 옛 인류의 모습을 되돌아보아야 할 것이다. 그러니까 신화에 영향을 받은 인간들이 그들의 집과 맺었던 원초적인 관계에 대한 민족학과 종교사 연구를 살펴볼 필요가 있다. 물론 이 책에서는 극히 세분화된 개별 연구들을 모두 살필 수는 없기 때문에 주로 최근에 나온 개괄적인 저작들만 참고하면서 복잡한 전체 내용에서 우리에게 중요한 일부 특성들만 추려내겠다. 카시러[59]와 반 데어 레우[60]의 초기 저작에 이어 최근에는 엘리아데[61]가 이 문제를 성공적으로 연구했다. 여기에서 개개인이 사는 집도 신의 집으로 볼지 아니면 신전만을 그렇게 볼지는 별로 중요하지 않다. "집과 신전은 본질적으로 하나"[62]라고 네덜란드의 종교철학자 반 데어 레우는 말했다. 집은 근원적으로 성스러운 영역이기 때문이다. 나아가 사람들이 모여 사는 질서 있는 부락과 도시도 모두 신성한 곳이다. 어느 곳이든 계획과 건설은 모두 신화적인 사고에서 취한 원칙에 따라 이루어진다.

2 성스러운 공간

엘리아데는 《성과 속》에서 종교적인 인간에게 균질적인 공간은 존재하지 않는다고 주장했다. "균질적이지 않은 공간은 단절과 틈을 보여준다. 그런 곳에는 나머지 공간과 질적으로 다른 부분이 있다."[63] 덧붙여 말해

두자면, 여기에서 종교적인 인간은 어떤 의미에서 신화적 의식을 가진 원시적인 인간과 동일시해도 좋다. 모든 원시적인 인간은 반드시 종교적이기 때문이다. 그런 바탕에서 벗어난 현대의 세속화된 인간은 이와 반대다. 그러나 현대의 세속화된 인간이라도 어느 정도까지만 거기에서 벗어났을 뿐—종교성이란 말을 원시적인 의미로 사용한다면—여전히 종교적인 특성을 일부 간직하고 있다. 한 가지 예를 들면 우리가 관심을 갖는 주제인 집의 존귀함에 대한 직감이다. 그래서 엘리아데도 "실제로 완전히 세속적인 존재는 없다"[64]고 강조했다.

공간 관계의 문제에서 엘리아데는 무엇보다 "성스러운 공간, 즉 기운이 서려 있는 의미심장한 공간"과 세속적인 공간을 구별한다. 세속적인 공간은 성스러운 공간과 달리 균질적이고 구조가 없다. 이것은 우리가 기하학적 공간을 통해 익히 알고 있는 특성이다. 그러나 조금 더 세밀하게 나누자면, 우리는 추상적인 구조인 균질적인 수학적 공간과 우리가 균질적으로 경험하는 세속적인 공간을 구분할 수 있다. 이 공간은 성스러운 공간과 대비될 때에만 균질적으로 보이며 그 공간이 자체적으로 어떻게 분류되었는지는 아직 말할 수 없다. 여기에서 중요한 것은 성스러운 영역과 세속적인 영역의 구분이고, 원시적인 공간 구조의 필수 요소인 "단절과 틈"이 두 영역을 가른다는 사실이다. 이로써 우리가 이 책의 서론에서 체험공간과 수학적 공간의 본질적 차이로 거론한 비균질성이 지금은 성스러운 공간과 세속적인 공간을 뚜렷하고 엄격하게 가르는 특성으로 등장한다.

엘리아데가 논의의 출발점으로 삼은 종교적인 원시 체험이란, 무한대의 공간 안에 성스러운 공간이라는 특별한 영역이 만들어지고 신성이 작용함으로써 그곳이 부각되는 경험을 말한다. 엘리아데는 거론하지 않았지만, 우리는 그런 성스러운 공간이나 영역이 반드시 인간이 인위적으로 조성한 건물에만 존재할 이유는 없다고 봐야 한다. 그런 공간이나 영역은 신성한 숲이나 성산 혹은 기타 특별한 장소 같은 자연에도 존재한다. 이런 곳이 나머지 세속적인 공간과 어떻게 구별되는지는 반 데어 레우가 대단히 예리하게 파헤침으로써 원시 공간의 비균질성을 새롭게 조명했다. 그는 이렇게 적었다. "공간 속의 부분들은 …… 고유의 독립적인 가치를 가지고 있다. …… 그곳은 '성지'이다. 성지가 되려면 확장된 커다란 세계에서 그곳을 '떼어내야' 한다. 공간의 어느 한 부분은 그저 '부분'이 아니라 장소이고, 그 장소는 인간이 그 위에 서면서 '성지'가 된다. 해당 장소의 위력을 깨달은 인간은 그 위력을 구하거나 회피하고, 또는 강화하거나 약화시키려 하지만, 여하튼 그곳을 성지로 떼어낸다."[65]

이렇게 성스러운 공간은 인간이 개입하지 않은 자연에서도 발견할 수 있다. 나는 여러 기록 중에서 반 데어 레우도 인용했던 세네카의 멋진 글을 소개하겠다. "수많은 고목과 유난히 키 큰 나무들이 눈에 띄는 숲에 다가가면 …… 곧게 뻗은 높다란 나무와 그곳의 신비한 어둠이 네 마음속에 신에 대한 믿음을 불러일으킨다. …… 그늘진 어둠과 깊이를 알 수 없는 수심도 호수에 신성을 부여했다."[66] 이런 현상을 반 데어 레우는 다음처럼 간략하게 정의한다. "성스러운 공간은 그곳에서 힘이 반복 작용하거나 인간이 그 힘을 반복 작용하게 함으로써 성지가 되는 장소이다."[67] 그리스도교의 교회들이 대부분 원시 이교도의 신전이 있는 곳에 세워진 이유도 사람들이 종교의 차이와 무관하게 그곳에서 신성함을 느꼈기 때문이다.

그러나 여기에 못지않게 스산하고 음험하고 위협적이어서 소름이 돋고 그래서 피하고 싶은 장소도 있다. 교수대가 세워진 동산은 수백 년 전부터 더 이상 처형장으로 이용되지 않았는데도 섬뜩한 느낌을 주고, 한 번 살인이 일어난 곳은 지나갈 때마다 항상 으스스하다. 요즘도 민간 신앙에서는 그러한 사례를 많이 찾아볼 수 있다. 시인 중에서는 베르겐그루엔이 특정 장소가 풍기는 스산한 기운을 자주 표현했다. 예를 들면 이런 글이다.

> 그 길을 걷는 사람마다
> 남모르게 두려움을 느낀다.
> 마치 발바닥이
> 제 무덤에 덜컥 붙어버리기라도 한 듯이.[68]

3 세계의 형상으로서 집

엄격한 경계를 통해 불연속적으로 부각되는 성스러운 공간은, 그곳이 신전이든 도시든 아니면 개인의 집이든, 인간이 계획적으로 조성한 신성한 장소에서 그 성격이 잘 드러난다. 이 경우에도 인간은 임의로 어떤 장소를 선택할 게 아니라 그곳이 신성하다는 사실을 알려주는 신의 신호에 주목해야 한다. 신들은 거기에 도시나 신전을 지으라는 신호를 보내야 하고, 은총을 받은 사람은 이를 신의 계시로 받아들인다. 이런 사고는 수많은 그리스도교 교회의 건설 신화에서도 전해 내려온다.

그 모든 신화에서 교회의 건설은 무질서한 공간에서 특정한 영역을 잘라내 그곳을 나머지 세계와는 다른 신성한 영역으로 구별하는 데서 시작된다. 이런 의미에서 카시러는 《상징 형식의 철학》에서 이렇게 강조했다. "성화는 공간 전체에서 특정한 구역을 분리하고, 다른 구역과 구별하고, 말하자면 그곳을 종교의 담으로 둘러치고 에워싸는 일로 시작된다."[69] 이런 과정은 본래 '잘라낸 것'을 뜻하는 라틴어 "템플룸"(templum)에 표현되어 있다. 이 낱말은 다 알다시피 원래 건물이 아니라, 새점〔鳥占〕을 치기 위해 하늘에서 잘라낸 부분을 의미했고 훗날에야 신전을 뜻하는 말로 전용되었다.[70]

또 하나 중요한 것은 그런 원시시대에 집과 신전, 도시들을 건축했던 방식이다. 주택 건축은 모두 무질서에 질서를 세우는 일이다. 여기에서 나는 주로 엘리아데를 참조해 풍부한 민족학적 자료를 모아놓은 그의 저술을 인용하겠다. 그가 강조한 바에 의하면 모든 집은 세계의 형상(imago mundi)이다. 세계는 고스란히 집에 반영된다. 때문에 주택 건축도 그렇지만 신전 건축이야말로 세계 창조의 반복이고 태초에 신들이 완성한 작품의 모방이다. 따라서 인간의 모든 공간 개발 계획은 "신들이 카오스를 코스모스로 변화시켰던 태초의 창조 행위의 반복이다."[71] 이는 무엇보다 인간의 주택에 해당된다. "집은 …… 인간이 신들의 모범적인 창조 행위인 우주 창조를 본떠 짓는 우주다."[72] 바로 이것이 세계 창조와 주택 건축이 보여주는 대칭 관계의 근원이다. "공간을 구성하는 사람은 신들의 모범적인 작업을 반복한다."[73]

반대로 신들이 만든 작품인 이 세계는 인간의 행위에 의존한다. 신들의 창조 행위가 인간에 의해 상징적으로 반복될 때에만 이 세계는 존속한다. "세계에서 살 수 있으려면 인간은 그 세계를 건설해야 한다"[74]고 엘리아데는 강조했다. 그러니까 깊은 의미에서 집의 건축은 세계를 창조하고 유지하는 행위이며 이는 신성한 의례에 따라 수행될 때만 가능하다. 따라서 이 의례는 옛날부터 주택 건축의 한 요소로서 많은 의미를 내포하고 있었다.

집은 우주를 전범으로 삼아 건축되므로 주택 건축은 우주 창조를 상징화해야 한다. "세계 창조는 인간의 모든 창조 행위의 원형이다."[75] "집은 세계의 형상이다."[76] 이런 창조 행위가 각 민족들 사이에서 어떻게 나름의 방식으로 되풀이되며 변화해왔는지를 짧게 언급하는 것만으로도 우리의 주제에서 많이 벗어난다. 그러므로 여기서는 따로 추려낸 몇 가지 사례만 소개해도 충분하리라고 생각한다. 엘리아데는 일부 인디언 부족에 대해 이렇게 보고한다. "그들의 성년식이 거행되는 신성한 오두막은 우주를 나타낸다. 오두막의 지붕은 하늘을 상징하고, 오두막 바닥은 땅을, 네 벽은 우주 공간의 네 방향을 상징한다. 공간의 의례적 구성은 각각 4방위를 대변하는 네 개의 문, 네 개의 창문 그리고 네 가지 색깔이라는 3중 상징화로 강조된다. 성스러운 오두막 건설은 우주 창조를 반복하는 일이다. 이 작은 건물이 세계를 구현하기 때문이다."[77]

이와 똑같은 현상은 훨씬 발전된 모습으로 그리스도교 교회에서도 나타난다. 제들마이어는 비잔틴 교회의 상징성을 다음처럼 요약했다. "교회 내부의 네 부분은 네 방위를 상징한다. 교회 내부는 우주다. 제단은 동쪽으로 옮겨놓은 낙원이다. …… 반면에 서쪽은 어둠과 공포와 죽음의 영역이고, 부활과 심판을 기다리는 죽은 자의 영원한 안식처가 놓이는 영역이다. …… 교회 건물의 한가운데는 땅을 의미한다. …… 교회 내부의 네 부분은 네 방위를 상징한다."[78] 그러니까 교회 내부는 세계 전체를 상징하고, 앞으로 자세히 설명하겠지만, 그 안의 모든 영역은 특별한 의미를 가지고 있다. 일반적인 공간 구성 원칙을 드러내기 위해서 이렇게 전혀 다른 분야의 사례를 나란히 소개한 것으로도 충분하리라고 생각한다.

4 도시

이와 비슷한 상황은 도시에서도 볼 수 있다. 도시는 규모가 확대된 집과 다를 바 없기 때문이다. 따라서 도시 건설에서도 주택이나 신전을 세울 때와 동일한 문제가 나타난다. 도시 역시 집들이 임의로 모여 탄생하는 게 아니라 의식적인 건설을 통해 생겨난다. 여기에서 도시 건설과 관련된 포괄적인 문제를 자세히 다루기는 어렵다. 그러므로 가장 유명한 사례인 로마 시의 건설을 플루타르코스의 저술[79]에 전해지는 내용에 따라 짧게 언급하겠다. 우리의 논의와 관련해 가장 중요한 것들만 발췌했다.

1. 맨 먼저 둥그런 구덩이를 파고 여기에 생존에 필요한 모든 것들을 집어넣었다. 문두스(mundus, 우주)라고 불린 이 구덩이는 엘리아데에 의하면 세계의 배꼽을 나타내는 동시에 "우주의 모상이자 인간 부락의 대표적인 모형이다".[80] 그런 다음 이 구덩이를 돌 하나로 막아놓았다. '영혼의 돌'이라는 뜻의 라피스 마날리스(lapis manalis)라고 불린 이 돌은 1년 중 성스러운 사흘 동안만 들어올릴 수 있는데, 이때 죽은 이들의 영혼이 돌에서 올라온다. 구덩이는 이렇게 산 자와 죽은 자의 세계를 이어준다.

2. 이어 건설자는 황소 한 마리와 암소 한 마리가 끄는 쟁기를 이용해 훗날 성벽이 세워질 경계선을 따라 깊은 고랑을 팠다. 성문을 세울 자리를 지날 때는 그 위로 쟁기를 들어올렸다. 플루타르코스는 여기에 다음과 같은 설명을 덧붙였다. "이런 이유로 사람들은 성문을 제외한 성벽 전체를 신성하게 여겼다. 그러나 성문까지 신성하게 여기게 되었을 때 사람들은 필수품이지만 깨끗하지 않은 물건을 성문을 통해 들여오기

나 내가면서 갈등을 느껴야 했다."[81] 이것이 로마인들에게서 거듭 나타나는 전형적인 건설 방식인데, 이는 프로베니우스가 《아프리카 문화사》에서 아프리카의 도시 건설을 기술할 때 동일한 방식을 상세히 보고한 사실로도 알 수 있다.[82]

3. 그뿐만 아니라 두 개의 주도로가 직각으로 교차하면서 십자축이 만들어졌는데, 이는 로마 시대 예언술의 바탕이 되었던 교차하는 두 기본 방위와 정확히 일치한다. 이 도로 체계도 마찬가지로 신성하게 여겨졌다. 네 개로 분할된 로마(정사각형 로마가 아닌)를 뜻하는 로마 콰드라타(Roma quadrata)라는 명칭도 여기에서 유래했다. 잘 알려져 있듯이 이 십자축은 로마의 병영인 카스트룸이 있는 곳마다 등장하는데 지금은 이곳 방어벽도 십자축의 영향으로 정확한 직사각형 모양을 취하고 있다. 이 도시 구획 방식은 로마의 세력권을 많이 벗어난 지역에서도 적용되었다. 베르너 뮐러는 《성스러운 도시》[83]라는 저술에서 이런 도시 유형이 등장하는 사례를 풍부한 자료를 통해 보여주고 있어서 더 자세히 관찰하고 싶어진다.

흥미롭게도 브루너는 이집트 문자에 "도시"를 뜻하는 아주 독특한 상형문자가 있다고 지적한다. 그것은 원에 대각선으로 십자 모양을 그려 넣은 상형문자이다. 브루너는 이렇게 말한다. "이 문자는 틀림없이 도시의 평면도이다. 중심에서 직각으로 교차하는 도로가 주택 밀집 지역을 네 구역으로 분할하는 모습을 동그라미 안에 그려 넣었다."[84] 이 상형문자는 이집트인들이 도시를 이런 유형으로 짓지 않았다는 사실, 다시 말해 그들이 현실 세계와 관계없이 이런 이상적인 도시의 모습을 간직하고 있었다는 점에서 더욱 흥미롭다.

이로써 로마 시는 앞에서 살펴본 집이나 신전처럼 세계 질서의 반영이며, 도시의 질서를 통해 세계와 신들의 더 큰 질서에 순응한다. 이런 의미에서 바카노는 다음처럼 요약하고 있다. "이 공간 분할은 …… 경계를 정하고 종교적인 연관성을 전달하면서 개인과 주민의 거주 감각을 결정한다. 이러한 원칙에 따라 의례에 맞게 올바로 건설된 도시는 일차적으로 거주나 경제적 동맹을 위한 집이 아니라 신들이 만들고 지켜가는 세계의 성스러운 중심이다."[85]

5 결과

우리는 그 자체로 대단히 흥미로운 이 관점을 더 이상 연구하지 않겠다. 나는 여기서 빛은 바랬지만 여전히 오늘날의 주택 건축에 남아 영향을 미치면서 우리가 사는 집의 이해에 도움을 주는 건축 방식을 지금보다 순수하고 원시적인 사례를 통해 분명히 보여주고 싶었다. 현대인의 거주지와 주택도 아직은 이런 토대에 뿌리를 두고 있기 때문이다. 집을 지을 때 수반되는 기공식, 상량식, 준공식 같은 기능인들의 관례가 어느 분야보다 주택 건축에 강하게 남아 있는데 이는 결코 우연이 아니다. 이제 과거를 돌아보면서 주택 거주에 관한 분석에서 보았던 몇 가지 특성을 더 분명히 확인해보겠다.

1. 집은 여전히 세계의 "중심"이지만, 이 중심은 과거보다 뚜렷하게 부각되지 않기 때문에 그만큼 알아보기도 어렵다. 옛날에 "객관적"인 방식으로 신화적 세계의 구성에 적용되었던 원칙들이 지금은 "주관적"으

로 체험하고 살아가는 공간의 구조에 적용될 수 있다.

2. 집이 오늘날에도 간직한 고유의 성격은 종교와의 유사성을 통해서만 올바로 파악될 수 있다. 가택침입죄를 지나칠 정도로 무겁게 단죄하는 이유도 바로 이런 특성을 통해 이해할 수 있다. 이 범죄는 비록 명시적이지는 않더라도 신성모독의 성격을 갖고 있기 때문이다. 이런 점에서 우리는 아직 현대인의 생활에 남아 있는, 그러나 과거에는 훨씬 중시되었던 손님의 체류권이 결코 침해될 수 없다는 점을 이해할 수 있다. 손님은 그가 묵는 집에서 보호받을 권리를 누리며, 집주인은 자신의 집에서 손님이 피해를 당하지 않도록 신경을 써야 한다.

3. 따라서 집은 깊은 의미에서 볼 때 여전히 불가침의 평화로운 영역이며 이런 점에서 위협적인 바깥 세계와 엄격하게 구별된다. 적대적인 악령이 더 이상 집 바깥에서 인간을 위협하지 않고 그래서 마법을 이용해 그들의 침입을 막아낼 필요가 없다 해도, 그 바깥 세계의 위협은 지금도 사라지지 않았다. 어쩌면 다른 방식으로 작용할지 모른다.

4. 집은 오늘날에도 세계의 형상이다. 집은 바깥의 커다란 세계와 똑같은 질서를 가진 작은 세계이다. 여기에서 다시 바슐라르의 말을 인용해보자. "집은 …… 우리의 첫 번째 우주다. 집은 실제로 우주다. 이 말의 완전한 뜻 그대로 집은 우주다."[86] "집은 인간이 존재하는 최초의 세계이다."[87] 집과 세계는 서로 일치한다. 어린아이에게는 아직 집이 세상의 전부다. 아이는 오직 집에 뿌리를 내리고 있기 때문에 세계 속으로 성장해 나아갈 수 있다. 인간도 집에서 살기 때문에 세계를 집처럼 느낄 수 있고 또 그 세계에서 살아갈 수 있다.

3

살기 좋은
공간

지금까지 우리는 인간이 지은 공간이 안전과 보호의 영역이라는 점을 강조했다. 그러나 인간의 주거 공간이 가진 이 특성은 내 집의 담장 안에서는 어떤 적도 나를 공격하지 못할 것이라는 확신에서 생겨나진 않는다. 그것은 주거 공간에 직접, 구체적으로 현존하는 특성이다. 직접적이고 구체적인 보호 공간의 특성이 존재하는 것이다. 이런 뜻에서 우리는 살기 좋은 주거 공간, 그곳의 안락함이나 아늑함이라는 말을 사용한다. 이 느낌은 고향 같은 주거 공간의 본질에서 나오는 특성이다. 인간은 이 공간에서 마음이 편해야 한다. 따라서 우리는 공간에 살기 좋은 특성을 부여하는 요소에는 무엇이 있는지를 물어야 한다.

인간이 지은 공간이라고 해서 모두 살기 좋지는 않다. 또 모든 공간이 그래야 하는 것도 아니다. 모든 공간을 엄격한 의미에서 "거주"의 목적으로, 그 안에서 편안함을 느끼며 머물 목적으로 만들지는 않기 때문이다. 교회 공간은 살기 좋은 곳이 아니다. 사람들에게 경건한 마음을 갖게 해야 하기 때문이다. 강의실도 사람들을 듣는 일에 집중시켜야 하므로 살기 좋은 곳은 아니다. 따라서 우리가 '살기 좋다'고 규정한 것은 내부 공간의 아주 독특한 특성이다. 하지만 바로 이 특성이 본질적인 의미에서 집의 성격이다. 그렇기에 우리는 살기 좋은 것은 무엇을 의미하며, 이런 성격을 만들어내는 것은 무엇인지를 물어야 한다.

먼저 이 성격을 지칭하는 독일어 표현부터 살펴보자면, "살기 좋다"(wohnlich)는 말은 우리에게 별로 도움이 되지 않는다. 이 낱말은 살기에 적합하다는 의미밖에 없기 때문이다. "고향처럼 편하다"(anheimelnd)는 말 역시 새로운 정보를 주지는 못한다. 이 말은 집이나 어떤 사물이 고향(Heim)의 속성을 가지고 있음을 뜻하기 때문이다. 그러나 "아늑하다"(behaglich)라는 낱말은 꽤 많은 정보를 준다. 이 말은 '울타리'(Hag), '둘러싸다'(hegen), '에워싸다'(umhegen) 같은 느낌이 들기 때문이다. 즉 울타리로 둘러싸서 보호해준다는 느낌이 든다. 따라서 "아늑하다"는 말은 만족스럽고 편한 집에서 느끼는 기분 좋음을 뜻하는 말로 의미가 좁혀질 수 있다.

"안락하다"(gemütlich)는 단어는 다른 측면에서 의미를 보태준다. "기분"(Gemüt)은 "산맥"(Gebirge)처럼 집합명사로서 마음의 상태를 총칭하지만, 감정의 측면으로 의미가 좁혀졌다. 그래서 '안락하다'는 것은 인간이 활동적인 행위와 의지에서 생기는 긴장을 내려놓고 편안하게 휴식을 취하는 상태를 말한다. 이런 의미에서 인간은 집에서 안락하게 지낸다. 집에는 안락한 구석이 있고 안락하게 머무를 곳이 있다. 물론 이것은 털슬리퍼와 잠옷으로 상징되는 나태함으로 변질될 위험까지 표현하고 있지만, 안락함은 집 바깥 생활의 긴장과 달리 집이라는 영역의 본질적인 요소이다.

생긴 지 오래된 좋은 말이지만 요즈음 아무 생각 없이 쓰는 "단란한 가정"이라는 표현 때문에 너무 진부해진 단어가 "단란하다"(traut)나 "친숙하다"(traulich)는 말이다. 이 말들은 오늘날 거의 똑같은 의미로 쓰이기 때문에 우리는 두 단어가 언어학적인 유사성이 없다는 점에 신경 쓰지 않아도 된다. "친숙하고 조용한 골짜기"라는 실러의 표현에도 나오듯이, "친숙하다"는 말은 "믿다"(trauen)에서 파생된 단어이며, 우리가 믿고 몸을 맡길 만한 영역을 가리킨다.

민코브스키는 논문 〈공간, 친근감, 주거〉에서 집의 이런 성격을 프랑스어 어법의 범위 안에서 친근감이라는 말을 바탕으로 연구했는데, 이 낱말은 집이라는 공간적인 영역을 넘어 일반적인 인간관계로까지 관련 논의가 확장되었다.[88]

이제 다시 인간이 사는 집에 살기 좋고 고향처럼 편한 성격을 선사하는 것은 무엇인지 살펴보자. 여기에서 우리는 집을 살기에 적합하도록 만드는 것이 무엇이냐 하는 객관적인 문제를 다룰 것이며 이 개념들에 부수적으로 따라다니는 감상적이고 감정적인 요소들은 배제한다. 이 문제에 가장 쉽게 답변하려면 친한 사람들의 집을 생각하면 될 것 같다. 자신의 집은 너무 당연시되어 우리가 그 특성을 깨닫기 어렵기 때문이다. 살기 좋은 집의 본질을 온전히 파악하지는 못하더라도 몇 가지 특성은 금방 추려낼 수 있다.

1. 우선 주거 공간은 격리된 인상을 주어야 한다. 인간에게 바깥 세상으로부터 피난처를 제공하는 것이 집의 과제라고 한다면, 이는 주거 공간의 양식에서도 표현되어야 한다. 복도에서는 아늑한 기분으로 머무를 수 없다. 공간을 바깥 세상에 개방하는 통유리 벽면이나 너무 큰 창문도 살기 좋다는 느낌을 감소시킨다. 이 부분에서 최근에 유행하는 여러 건

축 양식들이 현대적인 기술을 열심히 수용했지만, 대신 주변을 감싸서 안정감을 주는 집의 효과를 희생하고 말았다. 당시 많은 건축 기법들이 이전 시대의 퇴폐적 양식과 싸우면서 정당성을 얻었다고 해도, 잘못된 "시민적" 안락함이 두려워 휴식과 평화의 공간이라는 집의 현실적인 과제를 외면해서는 안 된다. 특히 밤에 공간을 차단하는 창문의 커튼도 이런 부분에서 중요한 기능을 수행한다.

2. 공간의 크기도 중요한 역할을 한다. 커다란 공간은 자칫 안락하지 못한 느낌을 주기 쉽다. 비교적 작은 공간은 아늑해 보이지만 너무 작으면 오히려 답답한 인상을 받게 된다. 공간은 거기에 사는 사람이 그곳을 자신의 삶으로 채워 넣을 수 있는 크기여야 한다. 이것은 당연히 개인에 따라 다르다.

3. 공간에 가구를 비치하는 방식도 중요하다. 황량한 빈 공간은 썰렁한 느낌을 풍긴다. 감방은 크기는 작아도 살기에 적당하지 않고 또 그래서도 안 된다. 실용 가구가 들어선 밋밋한 사무공간도 업무에 집중하게 해야 하므로 살기에 적합하지 않으며 또 적합해서도 안 된다. 가구는 휑한 느낌이나 너무 꽉 찬 느낌이 들지 않을 정도로 공간을 채워야 한다.

4. 일정한 온기도 집을 살기 좋게 만드는 요소이다. 겨울에 난방이 안 된 공간에서는 쾌적한 느낌이 들지 않는다. 공간에서는 편하게 팔다리를 펼 수 있어야 한다. 그러기 위해서는 편안하게 앉을 수 있는 가구도 필요하다. 벽의 색깔도 따뜻한 분위기를 만드는 데 일조한다. 밝으면서도 따뜻한 색은 공간에 유쾌하고 아늑한 기운을 선사한다.

5. 공간에서는 사람이 그곳을 사랑으로 돌보고 있다는 것을 알 수 있어야 한다. 무질서와 너저분함은 방해 요소로 작용하지만 과도한 질서도 숨 막히는 느낌을 준다. 그 질서를 깨뜨릴까봐 두렵기 때문이다. 또 공간에

서는 사람이 살고 있다는 것이 느껴져야 한다. 그러려면―손에서 내려놓은 책이나 방금 시작한 일 따위의―살아 있는 삶의 자취가 드러나야 한다.

6. 공간에 비치된 가구에서도 그것을 애정을 갖고 구입해 간수하고 있다는 점을 엿볼 수 있어야 한다. 극도로 몰취미한 가구와 값싼 대량 생산품들은 이런 인상을 방해한다. 그렇다고 특별히 값나가는 가구를 구비해야 할 필요는 없다. 이른바 "주거 문화"라는 유행 아래 만들어진 명품과 수제품 취향의 가구들은 집에 들어오는 이들을 금방 사로잡는 편안함을 주기에 충분치 않다. 피난민들은 가지고 있던 재산을 버려두고 "맨손"으로 다시 시작해야 했지만, 그들은 소박하고 볼품없는 가구들로도 금방 따뜻하고 아늑한 분위기를 만들어낼 수 있음을 인상 깊게 보여주었다. 아직 이해하기는 어렵겠지만, 공간을 살기 좋게 만드는 것은 사람이 내뿜는 분위기이다.

7. 이렇게 집은 그곳에서 사는 사람을 표현하며 공간으로 변한 그 사람의 일부가 된다. 그러므로 집은 해당 거주자가 삶을 이해하는 방식과 똑같은 모습의 거주 공간이 된다. 이는 남의 집에서도 언제든지 느낄 수 있다. 물건들은 정성스럽게 사용해 거주자의 삶에 녹아들도록 해야 한다. 살림살이를 한꺼번에 완비할 수 없는 이유도 이 때문이다. 젊은 부부가 신혼 초에 구입한 물건들이라고 해서 반드시 몰취미하지는 않다. 하지만 그것들은 오랜 세월 사용하고, 단계적으로 새것을 구입하고, 다른 물건들은 버리고, 사용되어 낡아가면서 서서히 사람과 동화되기 전 까지는 어색하고 정감이 가지 않는다.

8. 집은 사람을 표현하는 것으로 그쳐서는 안 된다. 삶의 확고한 지속감을 전해주려면 오랜 과거까지 비추어주어야 한다. 집에서 "역사"를 가지

고 있는 것들이 모두 여기에 속한다. 그래서 사용했던 흔적이나 약간의 훼손조차 긍정적인 가치를 지니고 있다. 그러한 집에서 진행되는 단계적인 증축은 인생사의 표현이며 집에 있는 모든 물건은 무언가를 상기시킨다. 타인들은 잘 이해하지 못하지만, 그림과 추억이 깃든 물건들은 과거의 한순간을 생생히 떠올리게 한다. 따라서 진정한 집은 인위적으로 만들어지지 않고 서서히 자라나며, 완만한 성장에서 오는 확실한 안정감을 선사한다.

9. 그런데 어려운 문제가 발생한다. 민코브스키가 앞에서 언급한 논문에서 날카롭게 제기했던 그 의문은 이렇다. 사람은 그런 살기 좋고 아늑한 분위기, 민코브스키의 표현대로 친근감을 얼마나 만들어낼 수 있는가. 그는 이것을 혼자 조성하기는 어렵다고 강조한다. 친근감에는 "여성의 현존"이 필요하다고 지적한 민코브스키는[89] 이 생각을 다음과 같이 펼친다. "친근감이 생기는 집(intérieur intime)이란 그런 곳을 소망하고 자기 주변에 편안한 분위기를 만들 줄 아는 사람, 더 정확히 말해 한 쌍의 부부가 사는 집에 쓸 수 있는 표현이다. 독신 남성의 집은 편안해 보이지 않으며, 아내와 사별한 남자는 …… 전에 그의 집을 지배했던 편안하고 친근한 기운을 결코 만들지 못한다. 그의 집에서는 차츰 이 분위기가 사라질 수밖에 없다. 따라서 삶을 일구어가고 자기 주변과 사람들 사이에 친근감을 만들려면 우리는 인간의 숙명에 따라 둘이서 살아야 옳다. '집'은 책과 잡동사니, 기쁨과 슬픔과 계획들로 채워진다. 그리고 친근한 분위기를 우선시하여 좋아하는 친구와 가까운 이들에게 개방하면서 함께 삶을 일구고 살기 좋은 집을 만들려는 노력으로 채워진다."[90]

여기에 또 하나의 중요한 생각이 등장한다. 사람 혼자서는, 특히 독신 남성은 그의 집을 편하고 친근한 곳으로 만들기가 불가능하고, 아내와 사별한 남자의 집에서는 친근한 분위기가 사라진다. 혹시 몇몇 예외가 있을 수 있다. 독신 여성들은 집을 편하고 친근하게 만들지도 모른다. 그러나 전체적으로 보아 사람은 더불어 살 때 비로소 공동의 인생사가 거주 공간에 표현되고 고향 같은 분위기를 만들어낸다고 할 수 있다. 다시 말해, 가족이 있어야 비로소 친근하고 편안한 집이 만들어진다. 이것은 대단히 중요한 인식이다. 집과 거주에 대해 이해의 폭을 훨씬 넓혀주기 때문이다. 지금까지 우리는 집을 안전의 공간으로 생각해, 보호하고 지켜주는 벽과 지붕의 관점에서만 파악했다. 즉 순수하게 공간적인 건축물로만 이해하고 개개인은 잠시 추상화해 이야기했다. 이제 우리는 개인의 관점에서는 집의 본질을 충분히 이해하기 어렵다는 사실을 깨달았다. 여기에는 둘러친 담이나 지붕 못지않게 집에서 화목하게 살아가는 가족의 유대도 중요하다. 거주는 공동의 삶으로만 가능하며 진정한 집에는 가족이 필요하다. 집과 가족은 인간의 안전과 편안함을 조성하는 과제에서—이것이 이루어질 수 있는 것이라면—불가분의 관계로 묶여 있다. 이 문제는 뒤에 가서 다시 이야기하겠다.[91]

앞에서 인용한 민코브스키의 문장에서는 또 하나의 깊이 있는 사고가 느껴진다. 이것을 조금 파헤쳐보자. 편안한 집은 그곳에서 함께 사는 사람들에게 보호의 공간만을 만들어주진 않는다. 그런 집은 사람을 끌어당기는 핵심이 되어 다른 이들에게도 풍요로운 곳이 된다. 편안한 집은 "좋아하는 친구와 가까운 이들에게 개방"되어 있다고 앞에 인용한 문장에 적혀 있다. 그 이유를 민코브스키는 이렇게 이야기한다. "친근감은 항상 문을 열어놓는다. 물론 아무에게나 열어놓지는 않는다. 이렇게 친근감은 삶에 의미를 보장해준다. 친근감을 선사하려면 마음과 정신을 도야할 필요가 있다."[92] 편안하고 친근한 타인의 집은 오로지 마력으로만 우리를 사로잡진 않는다. 그런 곳은 친근한 분위기 속에서 우리 자신을 되찾게 함으로써 우리를 변화시킨다.

4

문과 창문

1 문

집이 사람에게 감옥이 되지 않으려면 세상으로 통하는 입구가 집 내부를 외부 세계와 적절히 연결해줄 필요가 있다. 입구는 세상과 교통할 수 있도록 집을 개방한다. 집에서 이 역할을 하는 것이 문과 창문이다. 문과 창문은 안의 세계를 바깥 세계와 이어주는 연결고리이다. 하지만 그 둘은 아주 다른 방식으로 이 과제를 수행한다.

문부터 이야기하자. 문의 근본적인 특성의 하나는 반투과성, 즉 절반만 통과시키는 성격에서 나온다. 화학에서 특정한 용기들이 내벽으로는 용액을 자유롭게 통과시키고 액체에 녹아 있는 특정한 물질은 붙잡아두듯이, 문도 비슷한 기능을 한다. 집의 구성원은 자유롭게 문을 통해 드나들 수 있다. 안에서 잠긴 문을 언제라도 열고 자유롭게 드나들 수 있는 것이 집에 사는 사람이 누리는 자유이다. 반면에 낯선 이는 이 자유에서 배제되어 있어서 특별히 안으로 받아들여져야 한다.

인간은 집에서 문을 닫아걸고 있을 수 있지만 그렇다고 집에 갇혀 있는 것은 아니다. 만일 그렇다면 집은 당장 감옥으로 변해버리고, 갇혀 있다는 의식은 고통스럽고 견디기 힘든 압박으로 사람을 짓누를 것이다. 그러면 그는 소용없는 짓인 줄 뻔히 알면서도 감옥의 문을 흔들어대기 시작한다. 사람을 붙잡아두고 운동의 자유를 막으면 어린아이들이라도 본능적으로 탈출의 욕구가 생긴다고 맥두걸이 말했듯이, 사람은 갇혀 있으면 자유의 박탈에 저항한다. 징역형이 극도로 가혹한 이유도 이 때문이다.

그러나 제 집의 문을 스스로 닫아거는 사람은 자신의 자유를 지키려는 것이다. 더 나아가 그는 특별한 방식으로 자유를 경험한다. 적당한 때에 언제라도 다시 문을 열 수 있는 가능성이 있기 때문이다. 짐멜은 《다리와 문》이라는 깊이 있는 에세이에서 문의 중요한 의미를 지적하면서 바로 이 기능을 강조했다. 그는 이렇게 적었다. "인간이 스스로 경계를 정하면서도 그것을 자유롭게 한다는 것, 다시 말해 그 경계를 다시 허물고 경계 바깥으로 나설 수 있다는 것은 인간에게 대단히 중요하다."[93] 이 자유는 인간이 원하기만 하면 문을 열고 경계를 거쳐 공간을 벗어날 수 있다는 사실에 있다.

집에서 사는 사람은 스스로 문을 통해 자유롭게 드나들 수 있지만, 그 문은 낯선 사람을 몰아낸다. 타인은 거주자의 동의가 있어야만 그 집에 들어갈 수 있다. 인간은 자기 집을 닫아걸고 타인이 들어오지 못하게 함으로써 내면의 독립성을 얻는다. 북유럽의 통나무집에는 집에 들어오는 사람이 고개부터 깊숙이 숙여야 할 정도로 문이 낮게 달려 있는데, 집은 (순수하게 건축술로만 보지 말고) 바로 이러한 보호 차원에서도 이해해야 한다. 그곳 거주자들이 분명히 알려준 바에 의하면, 이는 공간에 진입하려는 사람이 우선 무방비 상태로 들어가야 한다는 뜻이다. 그래야만 공간에 있는 사람이 그를 문제없이 제압할 수 있기 때문이다. 이와 비슷한 안전장치는 중세의 성채에 나 있는 진입로에서 다른 방식으로 실현되어 있다. 영주가 사는 건물을 뜻하는 성(Schloß)이라는 낱말도 이러한 잠금 기능에서 유래했다는 사실을 언급해둔다.

집에 들어가기 위해 필요한 거주자의 동의는 결국 친한 사람들을 적이나 낯선 사람들과 구별해준다. 남유럽 국가들에서는 독일보다 더 단단히 집을 닫아걸기 때문에 사람들 사이의 왕래는 길거리의 중립적인 영역에서 더 많이 이루어진다. 반대로 생각하면, 일단 집에 들어온 사람은 보호를 받고 손님으로서 체류권을 누리므로 그동안에는 손님에게 나쁜 일이 생겨서는 안 되는 것이다.

2 자물쇠

내 집의 문을 안전하게 잠그는 수단은 자물쇠이고, 더 단순한 도구로는 빗장이 있다. 원래 빗장은 튼튼한 모양의 각목으로 만들어졌으며 전체를 질러 넣어 문을 부수고 들어오지 못하도록 되어 있다.

바인헤버는 《사람들아, 조심해라》라는 달력책에서 인간의 각종 살림살이를 빼어나게 묘사했는데 여기에서 빗장의 본질과 심오한 의미를 묻고 있다.

왜 대문은
밤낮으로 열려 있지 않은가?

그는 자유롭게 왕래가 가능하도록 왜 문을 열어두지 않느냐고 묻는다. 바인헤버는 문을 잠가두려는 욕구를 독특한 결핍의 표현으로만 보고 이것이 "우리의 나약함의 표시"이거나 "우리 모두 불안하다는 것을 증명하는 표식"이라고 말한다. 우리가 빗장을 발명한 이유는 두려움, 특히 타인에 대한 두려움 때문이다.

> 언제나 두려움에 시달리는 우리
> 우리가 편히 잠을 잘 수 있도록
> 너는 우리와 우리 가족을 지켜주는구나.

그러나 바인헤버는 사람들이 항상 타인을 위험한 적으로만 여기는 현상에서 참된 인간관계의 전도를 본다. "우리가 더 멋지게 사랑한다면" 남에게 나쁜 일을 당할까봐 두려워하지 않기 때문에 빗장도 쓸모없을 것이라고 이의를 제기한다.

바인헤버가 그의 심오한 시를 끝내면서 사용한 표현은 대단히 의미가 깊다.

> 여전히 너는 우리의 불안을 덜어주는구나.
> 때론 행복도 느끼게 해주렴!
> 아이야, 나가서 빗장을 열어라.
> 님이 오신단다![94]

빗장은 성가시고 적대적인 방문자를 멀리하는 데 쓰일 뿐만 아니라, 고대하던 손님을 집의 친밀한 영역으로 들이는 데도 이용된다. 실제로 빗장은 문을 실내 공간과 바깥 세계를 잇는 개방적이면서도 선별적인 연결고리로 만들어준다. 그렇기에 활짝 열린 문은 인간의 내적인 수용 자세를 상징할 수 있다. 이는 시에나 성문의 감동적인 명문(銘文)에도 나와 있다. "시에나는 그대에게 성문보다 더 활짝 마음을 열어놓고 있다." 또 유명한 성탄절 노래 가사는 이렇다. "문을 높이 들어라. 성문을 활짝 열어라!"

물론 우리는 바인헤버가 빗장의 사용을 오직 불안과 두려움 탓으로만 돌린 것이 옳은지를 물어야 한다. 원시적인 상황에서는 분명 그렇다 해도, 안전을 확보하려는 욕구가 그사이 승화되어 이제는 외부 삶에서의 보호가 아닌, 인간의 내밀한 영역의 보호가 중요해지지 않았는지를 물어야 한다. 만일 그렇다면 인간으로 하여금 집에 들어앉아 문을 닫아걸게 만든 것은, 외적인 위협과 무관하게 혼자 있고 싶은 욕구일 것이다.

3 문지방

문을 지나가는 것은 문지방을 넘는 일이다. 문지방은 대개 문의 가장 아래쪽에 있는 횡목을 일컫는다. 그래서 문지방은 안과 밖의 경계를 더 확실히 표현한다. 그래서 격조 높은 언어에서는 대개 문지방을 넘는 행위가 집에 들어가는 행위 전체를 대표하는 표현으로 사용된다. 우리는 귀빈을 집의 문지방에서 맞이한다.

지금까지 우리는 주로 문을 보호막으로 삼아 집에 있는 사람의 관점에서 문을 살펴보았다. 하지만 바깥에서 문을 지나 공간으로 들어오는 사람에게는 상황이 전혀 달라진다. 이때 그는 타인의 생활 영역으로 들어간다. 집과 동일한 의미를 지닌 신전에서 비슷한 사례를 찾는다면 이것은 신의 권능의 영역으로 들어가는 일에 해당한다. 과거에 종교에서 문지방이 차지하던 숭고한 제례적 의미는 바로 여기에서 유래하며, 요즘도 농촌 풍습에 많이 남아 있다.[95] 사람들은 문지방을 각별히 숭배해 그 위에서는 고개를 숙이고, 경건한 마음으로 그것을 쓰다듬으며, 특히 문지방을 발로 차면 불길한 징조라고 여겨 삼간다. 또 신부를 데리고 들어올 때는 두 팔에 안고 문지방을 넘는다. 때문에 반 데어 레우는 《종교의 현상학》에서 이렇게 강조했다. "문지방은 유달리 강한 권능을 가진 성스러운 경계이다."[96] 같은 의미에서 최근에는 엘리아데도 성과 속의 경계 역할을 하는 문지방의 중대한 의미를 지적해 요즈음의 풍습을 이해하는 데 많이 기여했다. 그는 이렇게 말한다. "문지방과 문은 공간 연속성의 중단을 직접적이고 구체적인 방식으로 보여준다. 문지방과 문이 가진 커다란 종교적 의미가 여기에 있다. 그 둘은 넘어감의 상징인 동시에 중개자이기 때문이다."[97] 이런 이유로 여러 종교에서는 불길한 힘의 침입을 막는 특별한 파수꾼과 감독자를 문지방에 두었다는 기록이 있다. 또 요즈음 미신에 의하면 문지방에는 각종 영혼들이 모여들어 집을 공격하며, 이들을 제지하기 위해 온갖 마법을 이용한다.

따라서 문은 통과의 장소로서 심오한 상징적 의미를 획득한다. 복음서에서 "좁은 문으로 들어가라"고 요구하듯이, 문은 새로운 삶으로 들어가는 통과 지점이다.

4 창문

창문의 경우 문과 성격이 다르다. 인간의 생활환경을 이루는 이 간단한 구성요소에서도 서로 겹치는 기능들이 여럿 있다. 내부 공간과 외부 공간의 관계에 주목하는 이 지점에서 나는 창문이 수행하는 가장 단순한 과제인 내부 공간의 채광은 다루지 않겠다. 여기서 이 문제를 다루는 것은 의미가 없으며, 채광이라면 인공조명이 창문을 대신할 수 있다.

창문이 수행하는 단순한 과제 중의 하나는 내부 공간에서 바깥 세계를 관찰하게 해준다는 점이다. 인간이 커다란 유리창을 설치하기 아주 오래전에는 최소한 밖을 내다보는 구멍이 있었다. 사람들은 이 구멍을 통해 집 주변을 조망하면서 혹시라도 위협이 될 만한 낯선 이가 접근하는지 살필 수 있었다. 원래 게르만어였다가 훗날 라틴식 차용어에 밀려난 "눈문"(Augentor, 실제로 바깥에 나가기 위해서가 아니라 눈으로 내다보기 위해 만든 입구. 게르만어에서 창문을 뜻하는 말은 "Augatora"였고, 고고독일어에서는 "Augentor"로 바뀌었으며, 나중에 라틴어 "fenestra"와 유사한 Fenster로 변화했다 — 옮긴이) 같은 낱말이 이 장치를 가리킨다. 눈문은 집의 벽과 지붕 마룻대 사이 측면에 만든 입구를 뜻한다.[98] 바람눈(Windauge)과 황소눈(Ochsenauge, Bullauge) 같은 명칭이나 다른 인도게르만어에 존재했던 이름에서도 창문은 집의 눈으로 해석되는데, 원래 창문 자체가—일례로 버들가지를 엮어 만든 벽의 입구처럼—눈 모양으로 만들어졌음을 말해준다. 켈러는 이 비유를 반대로 뒤집어 눈을 "사랑스러운 작은 창문"이라고 불렀다. 이런 둥근 구멍은 지금도 도시 주택에 많이 남아 있다. 그래서 소심한 주부들은 밖에서 찾아온 방문객에게 문을 열어주기 전에 재빨리 문에 붙은 작은 구멍으로 내다본다.

우리가 문의 특성으로 강조했던 일방적인 통과성은 창문에서도 뚜렷이 드러난다. 내 모습은 감추고 남만 본다는 것, 이 신중하고 안전한 삶의 기본 원칙은 창문에서 가장 명백한 형태로 실현되어 있다. 앞에서 우리는 인간의 두려움을 다스리는 도구인 빗장의 기능을 살펴보았지만, 인간이 혹시 발생할지 모르는 적의 공격에 무방비 상태로 내몰리지 않으려면 빗장은 눈으로 내다보는 구멍을 통해 보완될 필요가 있다. 이런 측면에서 보면 구멍도 인간의 근심을 진정시키는 도구이다. 그러나 여기에서도 빗장의 경우처럼 처음에는 두려움 때문에 탄생한 주변세계의 관찰 행위가 세월이 흐르면서 일반적인 관찰의 즐거움으로 자리 잡았다는 점을 지적하고 싶다. 랑에펠트는 자신은 숨어서 주변 세상을 눈에 띄지 않게 관찰할 수 있는 은신처에 대한 욕망이 어린아이의 마음속에 얼마나 깊숙이 자리 잡았는지를 주목했다. 아이는 이런 은신처에서 꿈을 꾸면서 말할 수 없이 든든한 행복감을 느낀다.[99] 아이에게서 이렇게 직접적으로 생생히 드러나는 감정은 성인의 마음 깊숙이 들어 있는 욕망과도 일치한다. 밖을 내다보는 구멍은 벌써 오래전에 널찍한 창문으로 바뀌었어도 인간은 자신의 은둔 공간에서 외부 세계를 눈에 담고 싶은 욕망을 느낀다. 그는 창문을 통해 눈앞에 밝게 펼쳐진 세상을 내다보지만, 세상은 어두운 방에 숨어 있는 그를 보지 못한다. 인간은 장막과 커튼을 쳐서 남이 창문으로 들여다볼 개연성을 차단해왔지만, 현대의 생활양식에서는 오히려 커다란 판유리를 통해 집을 외부 세계로 더 많이 개방하는 것이 특징이다. 반대로 밤에 밝은 불빛이 비치는 방에 있다가 남몰래 어둠 속에서 들여다보는 낯선 이의 시선에 노출되면 우리는 불안을 느끼고 커튼과 덧문을 닫는다.

5 주변세계의 파악

밖을 내다보는 구멍이 창문으로 확대되어 더 이상 가상의 적을 일일이 포착하지 못하고 주변의 모습을 통째로 받아들이면 창문의 기능도 변화한다. 이제 창문은 내부 공간을 세계 전체에 개방한다. 작은 주거 공간은 창문을 통해 거대한 세계 속으로 들어가며, 우리는 창문을 통해 이 세계를 파악하게 된다. 창문 너머로 바깥세상을 보고, 하늘을 보고, 지평선을 본다. (지평선 자체는 보이지 않더라도 그것을 포함하고 있는 외부 세계의 일부를 본다.) 사람이 사는 내부 공간은 창문을 통해 수직과 수평의 거대한 질서 안으로 일목요연하고 분명하게 편입된다. 반면에 완전히 닫힌 공간에서는 이 질서가 바닥과 그 위에 놓인 사물을 통해서만 간접적으로 조성되어 있다.

더 넓은 곳을 알고 파악하려는 이러한 욕구에서 비롯되는 것이 방공호에서 생기는 불안감이다. 사람은 방공호에 있으면 감금된 듯이 갑갑한 느낌이 든다. 얼마 전 신문에는 미군 병사들이 그런 지하 방공호에 오래 머물 때 생기는 압박감을 해소하기 위해 커다란 그림을 걸어놓고 야외 풍경을 보는 듯한 착각을 불러일으키려 했다는 기사가 실렸다. 내부를 수시로 어둡게 했다가 다시 밝혀야 하는 상황을 피하려고 아예 창을 내지 않고 건축하는 현대식 대형 강의실과 관련한 우려도 비슷한 사례에 속한다. 이 경우에는 조명과 환기 장치라는 기술적인 수단으로 문제를 해결할 수 있을 것이다. 인간이 굳이 창문에 다가가려는 것은 낭만적인 습관 때문이 아니다. 사람은 자유를 누리고 싶은 욕망 때문에 창문을 소망하고, 창문 없는 공간에 갇혀 있는 상황에 저항한다.

물론 일시적인 격리감은 성격이 다르다. 가족이 밤에 창의 덧문을 닫고 램프 주위에 둘러앉아 있을 때 불 밝힌 공간은 폐쇄감과 안정감을 자아낸다. 이럴 때는 이것이 낮과 밤의 보편적인 리듬과 관련된 일시적인 상태라는 사실, 또 날이 밝으면 세상이 새롭게 열린다는 사실을 항상 의식하고 있어 답답하게 느껴지지 않는다. 아침에 창의 덧문을 여는 일은 언제나 세상과의 새로운 접촉을 위해 자신을 열어젖히는 즐거운 행위이다. 로마의 판테온이 주는 공간적인 인상, 즉 바깥 세계가 잘려나간 것 같고 하늘은 천장에 붙은 커다란 창 하나만으로 보이는 모습도 이런 측면에서 이해해야 한다. 이럴 때 인간은 의식이 온전히 내면으로 집중됨을 느낀다. 가시적 세계의 조망이 차단되어 있음에도 불구하고 무한대의 일부가 항상 현존하기 때문이다.

6 창문의 밀어내는 작용

어쩌면 앞부분의 논의에 더 어울리는 주제일지 모르지만, 창문의 특별한 기능을 문과 대비하는 마지막 관점을 설명해야겠다. 인간은 문을 통해 지나다니고, 창문을 통해서는 밖을 내다본다. 단순하고 지극히 당연해 보이는 이 진술은 세상으로 나 있는 집의 두 입구의 차이에 대해 사실 아주 많은 것을 말해준다. 실제로 우리는 문을 통과해 집 바깥으로 나간다. 반면에 ("눈문"으로 기능하는) 창문을 통해서는 눈으로 바깥을 내다보기만 할 뿐 우리 자신은 집 내부에 있다. 이는 세계가 두 상황에서 아주 다른 방식으로 존재한다는 뜻이다. 문의 경우에 세계는 아주 가까이 있다. 그래서 직접 어느 지점에 가려면 그냥 바깥으로 나가기만 하면 된다. 그러나 창문의 경우 우리는 유리창을 통해 세계를 본다. 이 유리는 눈에 보이지 않는 듯해도 (혹은 거의 안 보이는 듯해도) 세계를 중요한 방식으로 변화시킨다. 안과 밖을 나누는 유리창이 없어도, 다시 말해 열려 있는 창문조차도 세계를 비슷하게 밀어내는 작용을 한다.

창문을 통해 바라보면 세계는 먼 곳으로 밀려난다. (그곳으로 가려면 우리는 먼저 창문에서 몸을 돌리고 비교적 먼 길을 걸어 문에 도달해야 하기 때문이다. 이 과정은 언제나 우리의 의식 밑바닥에 존재하고 있다.) 창틀과 창살은 이 효과를 한층 더 상승시킨다. 그 둘은 창으로 본 사물을 밀어내고, 주변세계에서 일정 부분을 잘라내 이것을 "그림"으로 만들기 때문이다. 이런 의미에서 창문은 창틀과 창살에 의해 잘려 하나로 모인 세계의 일부를 이상화한다.

릴케는 그의 시에서 사물을 밀어내 이상화하는 거울 효과를 매번 새로운 측면에서 형상화했다.[100] 이를 발판으로 그는 프랑스어로 쓴 연작시 〈창문들〉(Les fenêtres)에서 창의 본질을 해석했다.[101] 그에게 창문은 적절한 부분만을 세계에서 끄집어내주는 "기대의 척도"(ô mesure d'attente)이다. 이런 의미에서 창문은 "바깥의 수많은 사물들을 우리와 동화시키는 손잡이"이다. 둘러싸는 효과를 내는 창문은 인간이 가져다 붙인 꼴, 즉 릴케가 말한 대로 "우리의 기하학"이다. 그것은 창문으로 본 사물들을 무한히 흘러가는 주변에서 잘라내 순수한 그림의 차원으로 격상시킨다. 창문을 통해 보는 모습은 우연에서 비켜나 있다. 이는 그림으로 변하고 그런 의미에서 "영원한 이상의 세계로 들어간다". 릴케는 창문에 나타난 연인의 모습을 두고 이렇게 이야기한다.

이렇게 창문을 사색적으로 관찰할 때 무한한 신비가 모습을 드러낸다. 마지막으로 인용한 릴케의 시구에서 이상적인 모습으로 창가에 나타난 존재가 사랑하는 사람이었듯이, 창가에 선 사람이라는 모티프는 그 깊은 의미로 인해 언제나 화가들에게 묘사의 충동을 불러일으켰다. 창밖을 내다보며 생각에 잠겨 풍경에 빠져 있는 인간, 거기에 펼쳐진 무한한 풍경, 그러나 떨어져 바라보는 까닭에 풍경에서 잘려 나와 현실의 직접적인 압박에서 벗어난 인간, 인간을 이런 식으로 본 것은 무엇보다 낭만주의자들이었다. 아이헨도르프의 시구를 생각해보자.

별은 황금빛으로 빛났네.
나는 창가에 외롭게 서 있었지.
멀리서 들려오는
조용한 마을의 우편마차 나팔 소리.[102]

그러나 이는 인간의 거주를 이해하기 위해 집의 입구인 문과 창문의 의미를 간단히 살피는 현재의 논의를 벗어나는 주제인 듯하다.

5

침대

1 집의 중심인 아궁이와 식탁

인간이 실제로 살아가는 공간은 분리되지 않은 수학적 공간과 달리 구체적인 중심을 가운데 두고 구성되었으며, 이 중심은 추상적인 수학의 점으로 규정할 수 없는 특정한 공간이고 심장부라는 것, 다시 말해 위협적이고 넓은 바깥 세계와 달리 보호와 안전을 약속하는 닫힌 공간이라는 것이 우리 논의의 출발점이었다. 우리는 이 보호의 공간을 인간의 노동으로 지어진 집에서 찾아냈다. 그곳에는 보호의 기능을 가진 담과 지붕이 있고 외부 세계와 왕래하게 하는 연결고리로서 문과 창문이 달려 있다. 그러나 여러 개의 방과 다락방, 지하실이 딸린 집은 그 자체로 다시 여러 부분으로 나뉜 비교적 광범위한 공간이다. 따라서 집 내부에서 생활공간의 중심을 좀더 자세히 규정할 수 있지 않을까 생각하게 된다.

소박한 농촌으로 돌아가 특히 고대 세계를 생각해보자. 당시에는 집 내부에 그런 공동의 중심이 있었다. 그곳은 말 그대로 아궁이(Herd, '중심'이라는 뜻—옮긴이)였다. 당시 아궁이는 공간적으로도 집의 중심에 자리 잡고 있었으며, 종교적인 의미를 띠고 있어서 제단 역할을 했다. 게르만족이 살던 지역에서도 아궁이는 원래 집의 중심에 있었고 연기는 지붕에 달린 통기구로 빠져나갔다. 밤에도 꺼지지 않게 재를 덮어 조심스럽게 지켰던 아궁이의 불은 집 안 생활의 중심이었다. 지금도 아궁이에는 어느 정도 이런 종교적 의미가 남아 있다. 그래서 독일어에서는 흔히 집과 아궁이 (Haus und Herd)를 하나로 연관 지어 사용한다. 널리 알려진 속담에 "내 집 (아궁이)이 최고"(Eigner Herd ist Goldes wert)라는 말이 있고, 실러도 "아궁이 의 신성함"(des Herdes Heiligtum)을 지켜야 한다고 표현했다. 아궁이는 우리 자신의 가정과 동일시된다. 비유의 뜻에서 "질병의 온상"(Krankheitsherd)이 라는 말을 사용하는데, 이 낱말은 병의 발생지, 병이 처음 나타난 곳을 가리킨다. 그러나 현대의 주택에서 부엌은 부속 공간으로 축소되고 아궁이 도 집의 중심 위치를 잃어버렸다. 오늘날 아궁이는 현대식 전기 레인지 로 바뀌었고 당연히 상징성 강하고 눈에 보이는 불꽃은 사라졌다.

이후에는 식탁이 어느 정도 아궁이의 자리를 대신했다. 이제 식탁은 온 가족이 때가 되면 모여 앉는 곳이다. 여러 속담에 나타난 식탁도 이런 상징적 의미를 그대로 간직하고 있다. "두 발을 집의 식탁 아래에 두고 있다"(seine Füße unter den Tisch eines Hauses stecken)는 말은 지금도 가장의 권력, 특히 아직 독립하지 않은 자식들에 대한 아버지의 지배권을 표현 하는 말로 통용된다.

2 중심으로서 침대

아궁이와 식탁은 이런 식으로 가족 공동의 중심을 상징했다. 그러나 가족의 공동생활이 분열되고 각 구성원의 삶이 독립되면서 아궁이와 부엌은 중심 기능을 잃었다. 따라서 이제 집 안 어느 곳이 구성원들의 중심이고, 그들이 집 안팎에서 다니는 길의 좌표가 되는 곳은 어디냐는 문제가 생긴다. 나는 이 중심을 침대라고 생각한다. 침대는 인간이 하루 일과를 시작하기 위해 일어나는 곳이고 저녁에는 일을 마치고 다시 돌아가는 곳이기 때문이다. 하루의 일과는 언제나 (정상적인 상황에서는) 침대에서 시작되고 침대에서 끝난다. 인간의 전 생애도 똑같다. 우리의 일생은 침대에서 시작되고 (역시 정상적인 상황을 가정하면) 침대에서 끝난다. 결국 침대에서 하루가 완성되고 일생이 완성된다. 깊은 의미에서 볼 때 인간은 침대에서 안식에 이른다. 따라서 침대가 인간의 생활 구조, 특히 인간이 살고 체험하는 공간의 구조에 주는 의미를 연구해야 한다.

그러나 침대는 지금까지 이상하게도 사람들에게 사유의 자극제가 되지 못했다. 시인들 중에 누가 침대를 합당한 방식으로 찬양한 적이 있는가? 사상가들 중에 침대가 인간의 삶에 주는 의미를 파헤친 사람이 있는가? 우리가 볼 수 있는 기록들은 지극히 소수에 불과하고, 그것도 대부분 눈에 띄지 않게 다른 맥락에서 등장하기 때문에 찾아내기 쉽지 않다. 곧이어 자세히 다루겠지만, 바인헤버가 침대를 감동적으로 찬양한 것은 보기 드문 예외이다.

거룩한 살림살이 침대!
너를 생각하면 마음이 평온해진다![103]

침대가 이렇게 주목받지 못한 이유는 이 조용한 가구의 수수함뿐만 아니라 은밀함 때문이기도 하다. 침대는 우리가 그다지 얘깃거리로 삼지 않는 "내밀한" 삶의 영역에 속한다. 침대를 거리낌 없이 전시하는 가구점을 제외하면 침대는 집에서 사적인 영역에 속하고, 집의 여타 공간과 격리되어 있다. 침실도 방문객들에게는 대개 닫혀 있다. 하여 독일어에서는 침대라는 말을 직접 발음하는 것을 피하려고 여러 별명을 만들어놓았는데, 이를테면 "Klappe", "Falle", "Nest", "Buntkarierten"("Klappe"와 "Falle"는 각각 '뚜껑'과 '덫'을 뜻하고 "Nest"는 '둥지'를, "Buntkarierten"은 '화려한 격자무늬가 있는 것'을 의미하지만 구어에서는 '침대'를 의미하기도 한다—옮긴이) 등으로 표현한다. 트뤼브너 사전에 등재된 "베들레헴(Bethlehem)으로 가다", "베팅겐(Bettingen)으로 가다", "깃털 베개(Federpose) 쪽으로 가다", "리그니츠(Liegnitz)로 가다"도 그런 별칭에 속한다. 일상의 가구 중에서는 유일하게 침대에 이런 다양한 우회적 표현들이 덧붙여진다. 이는 침대가 명시적으로 이름을 부르기 싫어하는 영역에 속한다는 사실을 알려준다.

3 침대에 대한 언어사적 · 문화사적인 정보

침대가 생활에서 담당하는 기능은 역시 언어사적인 맥락에서 우선 찾아볼 수 있다. "침대"(Bett)는 원래 인도게르만어에서 '바닥에 파놓은 잠자리, 바닥에 판 구덩이'[104]라는 뜻을 가지고 있었을 것으로 추정된다. 이런 의미에서 강바닥(Flußbett)이라는 말이 있고, 언어학적으로 동일한 화단(Gartenbeet)이라는 단어도 있다. 이는 "침대"의 본뜻이 우리가 앞에서 강조했던 "공간"(Raum)의 원래 의미, 즉 '숲을 벌목해 만든 야영지' 혹은

'빈터'와 일맥상통한다는 점에서 흥미롭다. 이는 두 낱말의 깊은 내적 연관성을 암시하는 듯하다. 침대는 숲을 개간해 만든 야영지가 대규모로 수행하는 기능을 축소해 보여준다. 그 기능이란 둘러싸는 편안한 공간, 사람이 자유롭게 움직일 수 있도록 비워낸 공간을 만드는 것이다. 이뿐만 아니라 '시간, 틈, 여유'를 뜻하는 낱말 "Weile"가 침대의 본뜻과 아주 가깝다는 점도 중요하다. 문헌학자들은 이 낱말을 고대 북유럽어에서 침대를 뜻하는 "hvila"와 휴식을 뜻하는 "hvild"와 연관 지었다. 따라서 침대는 사람이 머무르고 체류하는 곳, 다시 말해 일상의 체류지를 말한다.

이 단락에서 우리는 침대의 다양한 문화사는 다루지 않고[105] 현대 유럽 문화의 생활 풍속들을 자세히 구분하지 않고 일괄해보려 한다. 그러나 현재 우리가 알고 있는 침대, 즉 나무틀과 베개로 구성된 침대의 역사는 길지 않다는 사실을 알 필요가 있다. 이런 침대는 비교적 근래에 남유럽에서 중유럽과 북유럽으로 전해졌다. 극동 문화권을 포함한 유럽 이외의 대부분 민족들은 침대를 사용하지 않는다. 고대 게르만인들도 짐승의 털을 깔고 잠을 잤다. 이들이 거주 공간의 벽에 침상을 설치한 것은 훨씬 훗날의 일이다. 이후 남유럽 국가에서 사용되던 침대 형태가 북쪽에서 보편화되었으며, 중세부터는 가난한 사람이나 참회자들만이 침대틀이 없는 침대를 사용했다. 그리고 집 내부에서 완벽하게 격리된 특별한 공간을 침대를 통해 구현하려는 욕구로 점차 다양하고 독특한 침대가 생겨났다는 점을 기억해두어야 한다. 사람들은 커튼을 치거나 기둥에 휘장을 달아 침대를 더 특별한 공간으로 분리했고, 아예 잠글 수 있는 장이나 칸막이 속에 침대를 설치하기도 했다.

붙박이 침대, 즉 고정되어 떼어낼 수 없는 침대를 사용했던 오래전의 보편적 풍습은 든든한 안식처를 침대에 마련하려는 인간의 욕구를 잘 보여준다. 호메로스가 그려낸 오디세우스의 침대가 대표적인 증거이다. 오디세우스가 귀향했을 때 페넬로페는 그가 오랫동안 집을 비운 사이에 침대를 다른 곳으로 옮겨놓았다면서 그를 시험한다. 그러자 오디세우스가 이렇게 대답한다.

> 여인이여, 그대는 내게 쓰라린 모욕의 말을 하고 있소.
> 내 침대를 누가 다른 곳으로 옮겼단 말이오?
> 설사 옮길 줄 안다고 해도
> 웬만한 힘을 쓰지 않고는 불가능하다오.
> 침대를 다른 데로 가뿐히 옮기려면
> 신들 중의 한 명이 와서 들어야 한다오.
> 그러나 살아 있는 인간 중에는 아무리 힘이 세더라도
> 그 침대를 가볍게 들어 치울 만한 사람이 없소.
> 내가 만든 그 침대에 어마어마한 징표가 있기 때문이오.[106]

오디세우스는 땅 속에 단단히 뿌리를 내린 올리브나무 줄기에서 우듬지를 잘라내고 줄기를 꼼꼼히 다듬어 침대 기둥으로 만든 다음 그 주위에 침실을 만들었다고 말한다. 땅에 뿌리를 박아 옮길 수 없는 이 침대 기둥은 영웅이 오랜 표류 생활 끝에 돌아온 세계의 견고한 축이자 확고한 중심점의 상징이다.

4 침대에서 느끼는 안도감

침대는 어디에서나 따뜻함과 편안함으로 사람에게 평온하고 든든한 느낌을 준다. 욥도 "잠자리나마 나를 위로하고 침상이나마 내 탄식을 덜어주겠지"라고 생각했다.[107] "침대는 말 그대로 보호받으며 쉬는 거처"라고 트뤼브너 사전은 적은 뒤 다음처럼 슈바벤 지방의 속담을 인용한다. "두려워하는 자는 침대에서도 편안하지 못하다." 두려움을 품은 사람은 가장 안전한 곳인 침대에서조차 불안을 느낀다는 뜻이다. 그래서 삶의 고난이 감당할 수 없을 지경에까지 이르면 강한 남자들까지도 침대로 도피하는 경우가 있었다. 프렝켈은 의사 입장에서 이렇게 강조한다. "정신적으로 정상인 사람들도 공포에 사로잡히면 하루 동안 침대에 누워 쉬는 것이 최고의 충격 해소법이다."[108] 이불을 머리 위로 끌어당겨 덮으면 위험에 처한 타조가 모래에 머리를 처박을 때(사실 타조는 이렇게 하지 않는다)와 비슷한 상황을 경험한다. 그런 자기기만은 당연히 비웃음을 산다. 문제는 더 깊숙한 곳에 있기 때문이다. 이것은 안전 공간인 침대가 인간의 삶에서 수행하는 필수적인 기능과 관계가 있다. 토마스 만은 그의 책에서 톨스토이 회고록의 한 구절을 인용했다. 톨스토이가 "어린 시절이 끝나고 여자들의 보호에서 벗어나 형들이 있는 아래층으로 거처를 옮겼을 때" 느낀 고통을 이야기하는 대목이다. 거기에는 이렇게 적혀 있다. "나는 익숙한 것(영원히 익숙했던 것)과 이별하기 힘들었다. 나는 우울했다…… 보모와 누나들, 숙모와 이별해서 그런 게 아니다. 내 작은 침대와 커튼과 베개와 떨어져야 했기 때문이다. 나는 새로 시작된 삶이 두려웠다."[109] 톨스토이는 침대를 견고하고 안전한 삶이 압축된 장소로 느낀다.

어른의 삶에서도 마음의 안정을 주는 침대의 커다란 의미를 바인헤버는 다음처럼 멋진 시구로 적절하게 표현했다.

> 아픔과 고통과 긴장이
> 너를 찾아온다. 안녕!
> 너는 긴장을 풀어주고
> 치유의 방울을 피 속으로 넣어준다.
> 목표에서 벗어나 바람에 흔들리는 우리에게
> 너는 한줄기 안도감을 선물한다.[110]

위에서 표현했듯이, 침대에 누우면 삶의 고통은 "한줄기 안도감" 속에서 해소된다. "한줄기"라고 한 이유는 밤 동안에만 안도감을 얻을 수 있고 밤이 지나면 새 날이 새로운 위험을 안고 기다리기 때문이다.

바인헤버가 시의 형식으로 표현한 침대의 본질은 현상학적·심리학적인 관찰로도 확인된다. 반 덴 베르흐는 병든 환자의 상황과 전혀 다른 건강한 사람의 상태를 이렇게 표현한다. "건강한 사람에게 침대는 밤의 대명사다. 그는 매일 밤 똑같이 달콤한 기분으로 침대에 몸을 맡긴다." 반 덴 베르흐는 이 생각을 다음의 문장으로 요약했다. "건강한 수면자에게 세계는 침묵이다. 모든 것이 다 잘될 거라는 무언의 기대이다."[111] 비슷한 의미에서 린쇼텐도 이렇게 강조했다. "(침대에 누운) 나를 잠들게 하는 것은 침대가 주는 본질적인 안도감이다."[112]

5 직립 자세

이제 우리는 인간이 만든 환경 안에서 하필 침대가 이런 궁극의 안도감을 주는 특별한 장소가 되는 이유를 물어야 한다. 물론 침대가 잠을 자는 곳이라서 그런 것은 아니다. 인간이 잠을 잘 수 있으려면 우선 편안한 상태에 있어야 한다. 침대에 이런 특별한 의미가 있는 이유는 먼저 몸을 눕히는 과정 자체와 관련이 있을 것이다. 왜냐하면 평소에 인간은 비록 다양한 자세일지라도 몸을 곧게 펴고 있지만 침대에서는 몸을 눕히기 때문이다. 이것을 이해하려면 우리는 직립 자세(혹은 걷는 자세)와 단순히 누워 있는 자세의 상관성을 고려해야 한다. 서고 눕는 행동은 동물도 한다. 그러나 서기와 눕기의 상반성은 인간의 직립 자세에서, 다시 말해 네 다리로 걷는 자세에서 두 다리로 걷는 자세로 이행하는 과정(이 차이는 여기에서 다루지 않겠다)에서 뚜렷하게 드러난다. 인간이 침대에 눕는 행동의 의미를 이해하기 위해서는 먼저 똑바로 선다는 것이 무엇을 말하는지 알아야 한다.

인간이 잠을 자려고 몸을 눕힐 때는 공간은 고정된 채 인간이 그 안에서 움직이는 것이 아니다. 이때는 공간에 대한 인간의 관계가 근본부터 달라지고 그에 따라 (이 책의 서두에서 이야기한) 체험공간 자체가 달라진다. 그 이유는 서 있기 혹은 몸을 똑바로 세우기와 눕기의 본질적인 차이에 있다. 서 있을 때는 중력에 저항하기 위해 지속적으로 긴장해야 한다. 물론 이때도 동물이 네 다리로 서는 자세와 인간의 직립 자세를 구별해야 하고, 인간의 경우에는 다시 서 있기, 앉아 있기, 몸을 구부리기 등 갖가지 자세를 구별해야 하지만 여기에서는 이런 차이를 자세히 다루지 않겠다. 우리가 이야기하는 것은 일반적인 의미에서 인간의 직립 자세(die aufrechte

Haltung)이므로 당분간 이 개념을 가지고 이야기하겠다. 자세히 관찰하면 직립 자세만이 엄격한 의미에서 "자세"이기 때문이다. 서 있을 때 인간은 몸을 올바로 가누어야 한다. 즉 지속적인 긴장 상태에서 몸을 똑바로 세워야 한다. 이것은 자연의 중력에 저항하는 행위이다. 따라서 직립해 있다는 것은 매순간 중력과 싸우면서 몸을 바로 세우는 일이다.

하지만 이 자세를 신체적인 관점에서만 보아서는 안 된다. 직립 자세는 세계에 대한 인간의 모든 관계를 결정짓는 동시에 그 관계 속으로 침투한다. 이 사실은 E. 슈트라우스가 〈직립 자세〉라는 논문에서 매우 설득력 있게 파헤쳤다. 이 자세로 인간은 주변세계에 묶여 있던 상태에서 벗어난다. 직립 자세라는 개념의 비유적인 의미에는 위쪽 방향이라는 뜻이 포함되어 있다. 슈트라우스는 이렇게 말한다. "직립 자세는 위쪽을 가리키고 바닥에서 일어남을 의미한다. 이 자세는 묶어두고 구속하는 중력 작용의 반대 방향이다. 일어나는 자세를 취할 때 우리는 물리력의 직접 지배에서 벗어나기 시작한다."[113] 따라서 직립 자세에서는 인간의 자유가 실현되고 이 자세에서 인간은 주변세계와 자유롭게 맞선다. 인간은 이 자세를 취할 때 세계의 사물과 분명한 거리를 두며, 그를 둘러싼 공간은 자유로운 조망의 장으로 변한다. "직립한 인간 주변에는 많은 공간이 존재한다"[114]고 슈트라우스는 강조한다. 그리고 이 거리로 인해 세계는 인간이 자유롭게 관계를 맺을 수 있는 대상으로 바뀐다. 계속해서 슈트라우스는, "직립 자세를 취할 때 인간은 세계에서 입지를 얻고, 세계에 대해 독립적으로 행동하고, 세계와 자기 자신을 만들 수 있는 가능성을 얻는다"[115]고 말한다. 세계와 긴장 관계를 맺는 것이 바로 직립 자세를 취하는 인간의 특성이다.

이로써 자세라는 개념은 신체를 넘어선 강력한 의미를 획득한다. 앞에서도 인용했고 뒤에 더 자세히 다룰 예정인 린쇼텐의 수면에 대한 논문에는 이렇게 강조되어 있다. "'자세'는 몸의 자세만이 아니라 우리가 마음가짐이라고 부를 수 있는 개인의 태도까지 가리킨다."[116] 나아가 한스 리프스는 《인간의 본성》[117]에서 린쇼텐이 "마음가짐"으로 이해한 자세의 개념을 좀더 확장해 일반적인 개념으로 발전시켰고, 나는 《기분의 본질》[118]이라는 저술에서 이 개념을 더 광범위하게 인간학적인 맥락과 관련지었다. 인간을 엄습해 그의 세계 속으로 균일하게 파고드는 기분과 달리 자세는 인간이 마음속에 갖추는 일정한 내적 구성이며, 이는 다시 세계와 타인에 대한 그의 관계, 나아가 삶의 문제 일반에 대한 그의 관계에까지 영향을 미친다. 아무 생각 없는 "태도"와 달리 자세는 항상 자신에 대한 분명한 입장을 전제하며, 인간이 자신의 본성과 맞설 수 있는 내면의 자유를 요구한다. 이 덕분에 우리는 세계에 대해 분명한 거리를 유지할 수 있다. 인간과 동물의 본질적인 차이는 바로 여기에 있다. 동물은 "자신의 본성에 대해 변함없는 태도"[119]를 유지하기 때문에 자세가 없다. 그러나 자세에는 항상 자의식이 필요하고 여기에는 세계와의 거리와 긴장 관계가 요구된다. 때문에 리프스는 이렇게 말한다. "자세를 취한다는 것은 분명한 거리두기를 의미한다. 자세를 취하면서 인간은 스스로를 지켜낸다."[120]

6 눕기

자세에 대한 이해는 인간이 몸을 눕힐 때 일어나는 일을 파악하는 데 상당히 중요하다. 내면의 자세인 마음가짐도 외적인 자세와의 연관 속에서만 유지된다는 점에서 이 둘 사이에는 본질적인 관련이 있는 듯하다. 다시 말해 인간은 신체적으로 긴장된 자세에 있을 때만 어떤 마음가짐을 가질 수 있고 누운 상태에서는 마음가짐을 잃어버린다. 이런 의미에서 린쇼텐은 눕는 행위의 다음 단계인 완전한 수면을 이야기하는 대목에서 다음처럼 말한다. "잠이 든다는 것은 자세를 포기하는 것이다. 이는 몸만이 아니라 개인 전체에 해당되는 말이다."[121] 그러나 자세의 상실은 잠이 드는 과정에서 처음 일어나는 것이 아니라 단순히 누워 있을 때부터 금방 느껴진다. 따라서 우리는 이 두 상태를 구분해야 한다. 그러나 여러 저술에서는 수면과 눕기를 구분하지 않고 하나로 묶어 논의하고 있다. "인간은 깨어 있을 때만 똑바른 자세를 가질 수 있다"[122]고 강조한 슈트라우스의 말은 분명 옳지만, 그렇다고 인간이 똑바른 자세를 포기한다고 해서 곧바로 잠이 드는 것은 아니다. 우리는 이미 누워 있을 때부터 서 있을 때와는 다른 방식으로 세계와 관계를 맺는다. 이것은 그냥 앉아 있는 경우에도 해당된다. 안락한 소파에 몸을 맡기기만 해도 자세가 요구하는 긴장감이 해소되면서 몸이 "편안해지고" 주변 자극에 소극적으로 반응하게 된다.

이 말은 우리가 마음가짐의 특성으로 강조한 세계와의 긴장 상태가 누워 있는 사람에게는 사라진다는 것을 의미한다. 페터는 이렇게 강조한다. "몸을 똑바로 세운 자세에서 바닥과 수평을 이루는 자세로 옮겨 간다는 것은 인간이 깨어 있을 때 취하는 대결 자세를 포기한다는 뜻이다."[123] 페터도 깨어 있는 상태를 직립 자세와 동일시했지만, 우리는 인간이 잠들기 전에 침대에 누워 있는 자세부터 논의하려 한다. 그러나 여러 저술에 나타난 수면에 대한 내용들은 누워 있는 자세에도 적용된다. 린쇼텐은 이렇게 적었다. "직립 자세가 의미하는 것들, 즉 개인과 세계의 대결, 몸을 일으켜 우리 위쪽에 있는 것을 잡으려는 행동, 먼 곳으로의 접근 가능성, 손에 잡힐 듯이 가까운 주변 사물들, 우리가 처한 공간의 조망 가능성, 자유로운 장소 선택, 이 모든 것을 우리는 잠이 들면서 포기한다."[124] 슈트라우스도 비슷한 말을 했다. "우리는 잠을 자려고 누울 때 온몸을 뻗고 자신을 세계에 내맡긴다. 더 이상 세계에 맞서 우리를 주장하지 않는다."[125] 앞에서도 말했듯이 이 말은 누운 자세에도 해당된다. 물론 잠이 들면 세계와의 대립은 당연히 한층 더 약화된다.

지금까지의 논의를 우리의 문제에 적용하면 이런 결론이 나온다. 침대에 누워 있는 인간과 직립하여 움직이는 인간은 공간과 서로 다른 관계를 맺는다. 더 정확히 말해 두 사람이 처한 공간은 각기 다른 공간이다. 이미 외적인 측면에서도 같은 말을 할 수 있다. 직립으로 움직이는 인간의 일상적인 세계에서 사물까지의 거리와 사물 상호간의 질서는 그곳까지의 도달 가능성에 의해 결정된다. 다시 말해 그 사물을 잡기 위해 필요한 (가상적) 움직임에 의해 결정된다. 반면에 침대에 누워 있는 인간에게는 사물이 훨씬 먼 곳으로 달아난다. 침대를 벗어나지 않고는 그 사물에 다가갈 수 없기 때문이다. 그리고 이렇게 하기 위해서는 내적으로 상당한 힘이 소모된다. 앞에서 언급한 반 덴 베르흐의 논문을 다시 인용해보겠다. 그는 주변세계의 변화를 이렇게 묘사해놓았다. "세계는 내 침실 크기로 줄어들었다. 정확히 말하면 내 침대 크기로 작아졌다. 두 발을 땅에 디디기만 해도 나는 낯선 구역으로 들어간다는 인상을 받는다. 화장실에 가는 것도 일종의 낯선 여행이 된다. …… 그곳에서 돌아와 이불을 머리 위로 끌어당겨 덮는 순간 나는 다시 집에 왔다는 느낌을 받는다."[126]

이런 느낌은 일반적인 의미에서도 타당성이 있다. 사물들만 내가 도달하기 어려워지는 먼 세계로 도망가고 내면적으로도 나와 무관해지는 먼 곳으로 달아나는 게 아니다. 나에 대한 세상의 요구도 마치 불확실한 먼 곳에서 온 것처럼 희미하게 다가온다. 그 요구들은 나와 직접 관계가 없는 듯하고 방금 나를 지독히 괴롭혔던 근심들도 이제는 훨씬 가벼워진다. 침대에 누워 있으면 전화벨 소리도 다르게 들린다. 전화가 울릴 때마다 항상 수화기를 들어야 한다는 의무감을 더는 느끼지 않는다. 그냥 저혼자 조용히 울리게 내버려 두어도 문제가 없고, 그러다 저절로 벨소리가 멈추면 우리는 안도한다.

침대에 누우면 우리는 물적으로 다가오는 세계와 더 이상 의식적으로 관계를 맺지 않는다. 그저 따뜻하고 편안한 주위 환경과 하나가 됨을 느낀다. 신체적으로도 어떤 단단한 물체에 저항할 이유가 없어지듯이 의식 역시 더 이상 긴장할 필요가 없어지고 우리는 주변세계와 다시 하나가 된다. 침대에 누워 있는 나를 감싸는 끝없이 편안한 느낌은 여기에서 나온다. "너는 치유의 방울을 피 속으로 넣어준다"고 한 바인헤버의 말은 정확히 이 상황에 들어맞는다. 침대에 누우면 우리는 몸을 맡기고 잠들 수 있는 편안한 상태에 놓인다.

침대가 인간의 삶 전체에서 수행하는 필수적인 기능을 바로 여기에서 확실히 알 수 있다. 물론 잠은 침대 바깥에서도 잘 수 있다. 침대가 아닌 다른 곳에서도 피곤하고 지친 상태가 되면 잠이 쏟아진다. 그러나 이것은 깨어 있을 힘이 충분하지 않아 집중력이 급작스럽게 깨지는 상황이기 때문에 진정으로 긴장에서 풀려나 쾌적하고 편안한 느낌으로 조용히 몸을 맡기는 잠은 아니다. 참된 의미의 깊은 수면을 위해 외적인 조건을 만드는 것, 다시 말해 완벽하게 편안한 공간을 만드는 것이 침대의 과제이다. 침대는 이런 보호 기능을 가진 분리된 공간이고 그런 의미에서 집에서 편안함의 정점을 이루는 곳이다.

6
깨어남과
잠듦

누워 있는 자세에서 발생하는 의식의 변화는 수면이라는 더 본질적인 문제, 각성에서 수면으로 들어가는 과정, 그리고 잠이 드는 상태와 깨어나는 상태를 살펴보게 한다. 피곤해서 몸을 눕히는 행위는 잠들기 전의 단계에 불과하다. 그래서 지금까지 인용한 여러 문헌에서는 이 두 과정을 따로 구분하지 않았다. 지금까지 누운 자세를 논의한 내용을 되새겨보자. 우리는 각성에서 수면으로의 전환을 마치 본질적으로 동일한 자아가 각성과 수면 중에 똑같이 유지된다든지, 혹은 변함없이 지속되던 체험시간이 밤에는 수면으로 잠시 중단되었다가 아침이면 다시 전날 밤 수면으로 중단된 시점과 이어지는 과정으로 이해해서는 안 된다. 이 과정에서는 자아 자체가 변하고, 변하는 자아와 함께 그것을 둘러싼 세계도 바뀐다. 밤이 되면 인간은 깊은 심연으로 들어간다. 그곳에서 의식적인 자아는 포괄적인 매개체로 바뀌지만, 아침이 되면 다시 주변세계와 함께 새롭게 살아난다. 이것이 상당히 과감한 주장처럼 생각되고 근거 없는 억측처럼 보이겠지만 사실은 인간이 날마다 잠들고 깨어나는 구체적인 경험에서 나오는 결론이다.

이로써 잠들고 깨어나는 과정은 철학적인 의미를 획득한다. 이 과정을 살핌으로써 평소에 의식이 깨어 있을 때는 가려져 있던 연관성을 밝혀낼 수 있다고 보기 때문이다. 그렇다면 이제는 다른 의문이 생긴다. 잠이 들었다가 깨어날 때 우리에게는 과연 무슨 일이 일어날까? 인간은 날마다 자연스럽게 잠이 들고 깨어나지만, 그에 관한 신빙성 있는 사실을 확인하기는 대단히 어렵다. 이 과정을 계획적으로 관찰할 수 없기 때문이다. 잠을 잘 때는 본질적으로 의식이 아주 없거나 완전한 상태가 아니다. 수면은 희미한 의식 언저리에서 진행된다. 그런 다음 의식이 완전히 돌아왔을 때 기억을 되살리면서 어렴풋한 그림자를 잡아보고 수면 순간에는 알지 못했던 것들을 의식으로 끌어올릴 뿐이다. 그러나 이 일에도 한도가 있다. 게다가 수면 중에 일어난 일을 포착하기도 어렵다. 수면 과정의 각 단계가 대단히 빠르게 이어지고 서로 뒤섞여 분리하기 힘들기 때문이다. 따라서 여기에서는 신중을 기해, 이 과정을 밝혀낼 목적으로 우리 자신의 수면을 관찰하지는 않겠다. 그런 관찰은 체계적인 문제 제기와 우리가 품고 있는 기대에 쉽게 영향을 받기 때문이다. 오히려 타인의 수면 기록을 참고하는 편이 더 신뢰할 만하다. 물론 이런 기록 역시 수면 과정의 휘발성과 불투명함으로 인해 많지 않으며, 감정이 섬세한 소수의 관찰자만이 그런 과정을 알아낼 수 있다. 하지만 이런 기록들이 존재한다는 것에 감사한다. 우선 이 기록들에서 각 단계별 순간을 분리하고 나면 이를 단서로 우리 자신을 관찰하면서 진술을 검토하고 확인할 수 있을 것이다.

A 깨어남

우선 깨어나는 과정부터 살펴보겠다. 인간이 잠에서 깨어난 직후에는 의식이 완전한 상태에서 기억이 생생하게 남아 있어 수면 과정을 되새겨볼 수 있기 때문이다. 서로 보완 관계에 있으며 유례없는 감수성으로 기록된 두 문헌을 인용하려 한다. 하나는 마르셀 프루스트가 《잃어버린 시간을 찾아서》[127]의 도입 부분에 시적으로 표현한 글이고, 다른 하나는 앞에서 언급한 《살아가는 공간에 관한 연구》[128]에서 뒤르크하임이 보여준 심리학적인 관찰이다. 뒤르크하임은 이 문제를 우리의 논의에서 중요한 체험공간의 문제와 연관 지었다. 따라서 매우 복잡한, 깨어나는 과정을 이야기할 때도 이 과정이 체험공간의 이해를 위해 무엇을 말해줄 수 있는지에 한정해 논의를 이어가겠다.

1 현존재의 불확실한 느낌

두 문헌을 비교해서 읽어보면, 잠에서 깨어나는 순간 인간은 아직 예전의 익숙한 공간에 있지 않다는 것이 핵심 내용이다. 그는 전혀 공간이 없는 상태에 놓인다. 공간은 여러 단계를 거친 뒤에야 구성되므로 인간은 이 단계들이 연결된 후에야 기존의 익숙한 공간을 되찾는다. 동시에 다른 과정이 진행된다. 잠에서 깬 인간은 아직 구체적이고 개별적인 자아가 아니다. 구체적인 자아도 주변 공간의 구성과 엄격하게 맞물려 여러 단계를 거친 후에 돌아온다. 우리의 논의에서는 바로 이 점이 매우 중요하다. 이 과정을 통해 공간이 구성되는 과정을 들여다볼 수 있고 그 구성이 진행되는 단계들을 해체할 수 있다고 보기 때문이다.

우선 강조하고 싶은 특징은 이 과정이 무척 짧다는 점이다. 뒤르크하임은 "순간"이라는 말을 썼고, 프루스트는 "이 과정이 항상 단 몇 초밖에 걸리지 않았다"고 말한다.

잠에서 깨어난 뒤의 첫 순간을 프루스트는 이렇게 묘사한다. "한밤중에 눈을 뜰 때면 나는 내가 어디에 있는지 알지 못했고, 처음에는 내가 누구인지조차 의심스러웠다. 나는 짐승 내부에서나 꿈틀거릴 법한 지극히 단순하고 원초적인 존재감만 느꼈다. 그때 나는 혈거인보다 더 벌거벗었다. 그러나 곧 기억이 강림해 …… 나 혼자서는 빠져나올 수 없을 것 같던 허무의 심연에서 나를 건져올렸다."[129] 프루스트가 "짐승 내부에서나 꿈틀거릴 법한 존재감"이라고 표현한 것은 내가 어디에 있고 누구인지조차 알 수 없을 정도로 분화되지 않은 상황 감각이다. 이 불확실한 상황에서 인간을 단계적으로 끌어올리는 것은 바로 기억이다.

이 여러 단계를 구별하기 위해 나는 뒤르크하임의 저술에 나온 상세한 묘사를 따라가겠다. 거기에는 이렇게 적혀 있다. "누구나 잠에서 깼을 때 '모든 방향감각'이 존재하지 않던 순간을 기억한다. 여기서의 방향감각이란 내가 어디에 있는지 알려주는 정보를 말하는 게 아니다. 그것은 불편한 자세로 잠에서 깼을 때처럼 순간적으로 '갈피를 잡을 수' 없는 독특한 상황을 말한다. 이럴 때 우리는 어디가 위고 아래인지 알지 못한다. 더 정확히 말하면 위와 아래가 존재하지 않는다. 주체의 방향감각이 전혀 없고 그에 따라 공간 감각도 존재하지 않는다. 그것은 실체 없는 존재가 중심에서 벗어나 무(無)에 매달린 기묘한 순간이다. 무게도 신체도 공간도 없는 상태, 고정되지도 않고 방향성도 없이 그저 흘러가는 상태, 공간의식이 없는 상태, 더 중요한 것은 자의식이 없는 상태라는 것이다."[130]

프루스트도 이런 경험이 강렬하게 나타나는 때는 주로 익숙지 않은 시간에 익숙지 않은 자세로 잠이 들었을 때라고 말한다. 뒤르크하임은 내가 "어디에" 있는지 모른다는 것이 무엇을 말하는지 좀더 상세히 설명해놓았다. 프루스트가 말한 단순하고 원초적인 "존재감"은 공간의 어느 지점에 내가 있는지 알지 못하는 무지일 뿐 아니라 더 나아가 공간적 방향성의 부재에 해당한다. 어디가 위고 어디가 아래인지 모르는 것이다. 이런 의미에서 그것은 "실체 없는 존재가 균형에서 벗어나 무에 매달린 기묘한" 상황이다. 여기에서 뒤르크하임은 자의식의 부재까지도 지적했다. 결국 잠에서 깬 후 맞이하는 첫 단계는 공간적 방향감각도 없고 자아를 느끼는 존재감도 없는 불확실한 상태라고 할 수 있다.

2 자기 위치 식별: 근접 공간의 구성

다음으로 오는 둘째 단계는 뒤르크하임의 글에서만 첫 단계와 뚜렷하게 구분되어 있다. 둘째 단계에서도 아직 구체적인 장소 확인은 불가능하다. 그러기 전에 먼저 일반적인 방향 확인이 선행한다. 맨 먼저 깔개 위에 누운 자신의 공간 속 위치를 파악하면서 위와 아래를 식별한다. 저자의 말을 직접 들어보자. "이 불확실한 상태에서 벗어나게 하는 첫 단계는 갑작스러운 '바닥' 체험이다. 즉 누워 있는 신체의 표면과 깔개가 서로 분리되면서 갑자기 자신이 어디에 있는지를 발견하는 체험이다. 자신의 위치를 파악하는 것이다."[131] 어디가 위고 아래인지를 알게 되면서 우리는 처음으로 공간 속에서 방향을 식별한다.

그러니까 공간의 방향이 구성되는 첫 단계는 위와 아래의 경험, 즉 수직축의 확인이며 이를 바탕으로 나머지 공간의 방향이 구성된다. 맨 먼저 손과 발의 위치를 확인하고 그 주위를 둘러싼 방의 사물들을 파악한다. 프루스트의 글에는 이렇게 나와 있다. "내 몸은 마비되어 꼼짝도 할수 없었으나 피로의 정도에 따라 손발의 위치를 확인하고, 벽의 방향과가구의 자리를 추측하고, 지금 있는 곳을 재구성해 그것들에 이름을 붙였다."[132] 뒤르크하임은 이 방향 구성의 첫 단계를 더 자세히 분석했다. 자신의 "위치를 파악"한 뒤 이어지는 상황을 그는 이렇게 묘사한다. "대개는 이 순간에 찰칵 하고 완전한 공간 식별이 일어난다. 가끔 또 하나의단계가 중간에 끼어들기도 한다. 바닥과 아래는 확인했지만 몸은 움직일수 없는 상태에서 가까운 주변을 식별하지 못하는 단계이다. '정신'은 들었지만 몸은 마치 이곳저곳이 고정되어 있는 듯한 상황, 움직일 수 있는가까운 곳들이 확인되지 않는 상황, '벽'이 어디에 있고 '자유롭게 움직일 수 있는' 공간이 어디인지, 바닥 상태가 어떤지 알지 못하는 상황이다. 이런 식으로 이 단계 특유의 부동성이 지속된다. …… 그러나 자기 위치를 파악하고 어렴풋하게 방향이 짐작되면 어느 정도 중심이 확인되면서바로 전까지 불가능했던 단편적인 자기 존재의 확인이 가능해진다."[133] 뒤르크하임은 이때 공간이 완전히 식별된다고 말한다. 그렇게 되면 이과정은 우리가 관찰하기에는 너무 빨리 끝나버린다. 하지만 중요한 것은뒤르크하임이 이 과정을 쪼개 일시적인 단계를 끼워 넣은 상황이다. 이때는 몸이 누워 있는 자리에서 일반적인 방향은 확인할 수 있지만 몸을움직이지 못하므로 주변의 가까운 사물들을 식별하지 못한다.

다시 말해 내 몸이 확인된 이 단계에서는 움직이지 않고 누워 있는 채로 어느 정도 공간의 방향은 구별한다. 하지만 내 몸 바깥의 공간은 아직구성되지 않았다.

여기에 경계는 모호하지만 또 하나의 단계가 필요하다. 뒤르크하임의 묘사에 의하면 이 단계는 무의식적인 몸의 움직임과 함께 일어난다. 이렇게 되면 주어진 공간은 몸이 있는 자리를 넘어 "주변"으로 확장된다. "일례로 손으로 더듬더듬 탐색하다 보면 갑자기 바로 옆의 상황을 훤히 알게 되는 것처럼, 무의식적인 몸의 움직임으로 주변을 파악하고 일거에 익숙한 공간으로 돌아오면, 공간 전체가 어느 정도 질서를 되찾으면서 중심과 방향을 뚜렷하게 잡고 움직일 수 있으면 그에 따라 자아도 완전히 되돌아온다. 따라서 자아의 '완전한 현존재'에는 중심의 식별과 방향의 확인이 필요하다."[134] 침대에 누운 채 처음으로 몸을 움직이면 어느 정도 주변 공간이 열린다. 뒤르크하임의 기술에 의하면 이로써 잠에서 깨는 과정은 완전히 끝난다. 그는 잠에서 깨어 모든 단계를 거친 후 완전히 공간을 식별하는 갑작스러운 과정을 "찰칵"이라는 말로 표현했다. 여기에서 중요한 것은 주변 공간이 여러 단계를 거쳐 구성되는 동안 자의식도 똑같은 단계를 거쳐 구성된다는 점이다. 신체 외부 공간의 구성과 자아의 구성은 언제나 동시에 일어난다.

3 장소 확인

뒤르크하임이 조금 서둘러 기술한 이 부분은 프루스트의 상세한 관찰로 보완할 수 있다. 주변 공간이 대략 구성되면 동시에 특정 장소를 확인하게 된다. 내가 어디에 있는지 모른다는 불안감은 잠에서 깬 인간에게 고통스럽게 내려앉을 수 있다. 그 순간 우리 마음속에는 내가 도대체 어디에 있을까, 라는 짧은 의문이 생긴다. 프루스트가 암시하고 뒤르크하임의 글에도 나왔던 경험을 누구나 해봤을 것이다. 불안감이 생기면서 어디가 벽일까 하고 처음으로 방향을 확인하는 경험 말이다. 특히 여행 중에 낯선 호텔방 같은 데서 잠이 깨면 벽이 왼쪽에 있는지 오른쪽에 있는지, 여유 공간은 왼쪽인지 오른쪽인지, 방의 침대는 어떻게 놓여 있는지 의문이 든다. 이는 바로 앞에서 논의한 근접 공간의 구성에 대한 의문이 아니라, 주변 공간을 파악해 내가 있는 방을 확인하고 그럼으로써 나의 현재 상황을 확인하려는 시도와 연관된 의문이다. 이 확인 작업이 끝날 때 비로소 나는 자신을 되찾는다. 기억이 빨리 돌아오지 않으면 우리는 몸으로 더듬어 확인해야 한다. 이를테면 팔을 뻗어 벽이 가로막고 있는지를 확인한다. 그곳이 익숙한 방인지 낯선 방인지 전혀 알 수 없는 상태에서 지난밤에 잠들었던 곳에 생각이 미칠 때까지는 불안하게 기억을 더듬는 상태가 오래 계속될 수 있다.

프루스트는 이 경험을 생생히 묘사해놓았다. "(몸의) 기억이 …… 전에 누워 잔 일이 있는 많은 방들을 차례차례 눈앞에 떠올리는 동안, 몸 주위에서는 눈에 보이지 않는 벽들이 잇따라 떠오르는 방 모양에 따라 방향을 바꿔가며 어둠 속을 비틀거린다."[135] 공간을 재구성하는 기억은 "지금 내가 있는 장소가 아니라 과거에 산 적이 있는 장소, 또는 살았을 법한 여러 군데의 장소"[136]로 나를 데려간다고 프루스트는 말한다. 섬세한 감수성으로 깨어 있는 의식의 경계를 넘나들었던 프루스트는 장면이 어떻게 바뀌며 흘러가는지를 묘사했다. 당장이라도 어머니가 다가와 잘 자라는 인사를 할 것만 같은 어린 시절의 침대가 나타나고, 나이가 들어 시골에 사는 친구를 방문했을 때는 늦잠을 잔 줄 알고 서둘러 식사하러 가려고 허둥대기도 한다. 특히 "저녁을 먹은 뒤 안락의자에 앉아 평소와 달리 어색한 자세로 선잠이 들기라도 하면 무질서한 세계에 빠져 혼란은 최고조에 다다르고, 그 마술의자는 나를 태운 채 시간과 공간을 전속력으로 달린다. 그러다 눈을 뜨면 어쩐지 몇 달 전에 다른 나라에 가서 잠자리에 든 느낌이 들 것이다."[137]

완전히 잠에서 깨어났을 때, 예컨대 방의 벽에 손을 대보고 이 방이라는 것을 깨닫는 순간 소용돌이는 멈추고, "확신을 안겨주는 선한 천사가 주위의 모든 것을 정지시키면서 나로 하여금 방 안에서 이불을 덮고 자게 해주며, 어둠 속에서도 나의 서랍장, 벽난로, 거리에 면한 창문, 그리고 두 개의 문을 그럭저럭 제자리에 놓아두었다."[138] 어둠이 지속되는 이상 주변세계는 대강의 질서만 잡힌다. 프루스트는 이것을 "그럭저럭 제자리에"라는 말로 신중히 표현했다. 사물이 완전히 자리 잡으려면 낮의 밝은 빛이 필요하다. "분필 자국처럼 하얗게 정정해주는"[139] 대낮의 환한 빛이 들어와야 그럭저럭 놓여 있던 사물들은 최종적으로 제자리를 찾는다. "낮이 손가락을 들어올려 커튼 위에 표시한 희뿌연 표식이 내가 어둠 속에서 만들어놓았던 집을 쫓아냈다."

공간 속의 장소를 확인한 후에야 인간은 완전한 의미에서 다시 자신을 되찾는다. 공간을 되찾는 것은 자아를 되찾는 것이다. 공간이 자아 형성에 결정적으로 중요한 이유도 여기에 있다. 경험 세계를 구성하기 위해서는 자아의 동일성이 근간이 되어야 한다는 일반적인 명제는 여기에서 뒤집힌다. 만일 그렇다면 인간은 끝없는 변화 속에 내던져지기 때문에 자신을 파악할 수 없을 것이다. 자아는 공간 속의 특정한 위치를 확인하고 나서야 자신을 동일한 존재로 파악할 수 있는 고정성을 획득한다. 때문에 공간은 자유롭게 자신과 관계를 맺는 자아 형성에 필수적인 조건이다.

리프스도 인간은 깨어 있을 때 철저히 "자기 자신"으로 깨어난다고 말한다. "인간이 손에 잡히는 주변의 가까운 현실을 확인하고 지금 꿈꾸는 게 아니라는 사실을 안다고 해도 곧바로 자기 자신으로 돌아올 수는 없다. 이는 …… 그가 있는 위치에서 자신을 재확인할 때, 그곳을 스스로 파악할 때만이 가능한 일이다."[140] 이것으로 깨어나는 과정에 대한 논의를 마치겠다.

B 잠듦

잠드는 과정은 깨어나는 과정과 순서가 반대이다. 잠에서 깰 때는 알 수 없는 어두운 상태에서 밝은 의식으로 올라오지만, 잠이 들 때는 밝은 의식에서 다시 불가사의한 어둠 속으로 들어간다. 그러나 잠드는 과정이 깨어나는 과정보다 훨씬 관찰하기 어렵다. 깨어났을 때는 의식이 맑은 상태에서 아직 생생한 기억을 붙잡거나 여운이 남아 있는 체험을 불러올 수 있지만〔후설이 말하는 '다시 당김' Retention(후설이 만든 개념으로, 현재 순간의 지각과 더불어 직전의 지각, 즉 근접 과거의 지각을 붙잡아두는 의식의 능력을 말한다. 이것을 1차적 기억이라고 부른 후설은 이 능력을 기초로 해 회상이 이루어진다고 보았다―옮긴이)〕, 잠이 들면 다시 깨어날 때까지 대개 많은 시간이 흘러가므로, 잠들 때의 과정을 (수면으로 분리된 시간 이후까지) 기억할 수 없기 때문이다. 따라서 우리의 논의를 이어가기 위해서는 잠이 든 순간에 어떤 이유에서건 다시 깨어나 아직 기억이 남아 있을 때 방금 진행된 과정을 확인할 수 있는 예외적인 경우를 살펴보아야 한다.

이 경우에도 나 자신의 잠든 모습을 관찰하기보다는 우리의 논점에 좌우되지 않고 사실을 있는 그대로 보여주는 타인의 기록에 의지하는 편이 나을 것이다. 그런 면에서 린쇼텐의 탁월하고 자세한 연구[141]를 참조할 수 있어 다행스럽다. 이 문헌에서 나는 체험공간의 구성에 대한 이해를 보여주는 부분을 발췌한다.

1 영혼의 근원으로 회귀

린쇼텐은 잠듦이 "성찰하는 '정신'의 침묵이며 체험이 깊은 '영혼의 근원'으로 돌아가는 회귀"[142]라고 해석했다. 잠듦은 활동의 포기인데,[143] 이 말은 좀더 자세히 설명할 필요가 있다. 활동의 포기는 비록 특별한 종류이기는 하지만[144] 그 자체로 인간의 행위이기 때문이다. 그것은 자신을 놓아주는 행위, 잠에 몸을 맡기는 헌신의 행위이다.

활동의 포기는 클라게가 말한 의미에서의 성찰의 중단, "정신"의 중단을 의미하며, 그런 의미에서 성찰 행위로 중단되지 않은 체험 흐름을 회복하는 것이다. 린쇼텐도 이 부분에서 클라게의 주장에 동의한다. 이는 인간이 깨어 있는 상태에서 수면으로 들어가는 중간 단계이다. "체험의 영역은 닫히고 자유로워지지만, 순수한 체험의 흐름은 이것을 분리하는 성찰 행위에 의해서도 중단되지 않는다"[145]고 린쇼텐은 설명한다. 의식의 실마리는 녹아서 사라지지만 그와 동시에 "이미지"가 깨어나 독자적인 생명을 얻는다.

이 상태의 본질적인 요소로 등장하는 것이 어둠과 정적이다. 그러나 린쇼텐은 어둠과 정적이 수면을 유발한다고는 말할 수 없다고 이야기한다. 양자는 인과관계가 아니라 본질적인 관계로 묶여 있다.[146] 그렇기에 인간이 잠을 자면 세계와의 연결이 끊긴다고 말할 수도 없다. 수면은 세계와의 분리가 아니다. 수면 중에는 다른 세계가 나타난다. 잠자는 인간에게는 세계도 말하자면 잠을 자는 세계로 변한다. 잠자는 인간에게 일어나는 의식의 변화는 바로 이 수면 세계 속에 투영된다. 그래서 직접 자신을 관찰할 때보다는 수면 세계를 통해 그 변화를 파악하기가 더 쉽다. 수면 세계의 경험을 기록한 빼어난 글은 역시 프루스트의 작품에서 만나볼 수 있다. 그는 앞에서도 자세히 인용했던 잠에서 깨어나는 부분에서 이렇게 묘사한다. "…… 잠깐씩 잠을 깨는 순간이 있었다. 눈을 뜨고 어둠의 만화경을 물끄러미 바라보거나 의식 속에 어렴풋이 비치는 빛에 의지해 가구와 방, 공간 주위로 잠이 밀려드는 것을 느끼는 순간, 공간의 일부에 지나지 않았던 나는 이내 다시 그곳의 무감각 속으로 빠져들었다."[147] 세계가 잠에 빠져들고 잠자는 사람을 흡수한다. 잠자는 사람은 그 세계 속으로 녹아들면서 잠자는 세계의 일부가 된다.

개별적으로 따지면 앞에서 깨어나는 순간에 관찰했던 것과 동일한 과정이 순서만 바뀌어 나타나는 것을 볼 수 있다. 공간 속의 방향이 사라지면서 나는 내가 어디에 있는지 알 수 없게 된다. 클로델은 이렇게 묘사했다. "밤이 우리에게서 증거물을 빼앗아가면, 우리는 더 이상 자신이 어디에 있는지 알지 못한다. …… 우리의 시선이 닿는 곳은 눈에 보이는 경계선이 아니라 눈에 보이지 않는 감옥이다. 똑같고, 냉담하고, 바로 옆에 있는 빽빽한 감옥이다."[148] 우리는 주위에 명료하게 펼쳐진 공간에서 벗어난다. 그와 동시에 시간도 사라진다. 우리는 마치 영원 같은 시간 속에서 잠들며 살아간다. 그 시간은 현재의 순간에서 사라지는 시간이다. 우리 몸에 대한 인식도 사라진다. 린쇼텐은 이 과정을 이렇게 묘사한다. "잠이 드는 순간 몸은 용해된다. 팔과 다리가 제자리를 잃어버리고, 몸이 누운 자리에 대한 인식도 없어진다."[149] 이렇게 되면 적극적으로 나를 주장할 수 있는 가능성도 사라진다. 세계는 우리의 손아귀에서 벗어난다. 이와 동시에 개별적인 자아도 융해된다. "잠드는 순간 나는 더 이상 내 곁에 있지 않다. 나는 익명의 존재가 되어 나에게 나타나는 사물들 속에서만 존재한다."[150] 레비나스의 뛰어난 묘사도 인용하겠다. "(밤에) 잠에서 깨어나면 이름이 없어진다. 밤중에 깨어나는 것 혹은 불면증 때문에 깨어 있는 것은 내가 아니다. 깨어 있는 것은 밤이다. 밤이 깨어 있다. 익명으로 깨어 있는 상태에서 나는 완전히 존재에 내던져져 있다. 불면의 나를 가득 채우는 모든 사고들은 무(無)에 매달려 있다. 딛고 설 발판이 없다. 나는 이름 없는 내 생각의 주체가 아니라 객체다."[151] 이것은 인간이 텅 빈 밤의 세계에 융해되어 고유의 중심을 잃고 그 속으로 녹아드는 비인격적인 상황이다.

2 안도감

이제는 이 과정이 체험공간을 이해하는 데 기여하는 바를 물어야 한다. 잠이 드는 세계의 특성을 다시 이야기해보자. 잠이 들면서도 세계는 여전히 존재한다고 우리는 말했다. 그뿐만이 아니다. 인간이 잠들 수 있으려면 그 세계에는 인간을 품어주는 특성, 인간이 아무 조건 없이 몸을 맡길 수 있는 믿을 만한 특성이 있어야 한다. 린쇼텐은 이렇게 강조했다. "주위가 편안하고 안전하고 조용해야 우리는 잠들 수 있다. 잠이 들려면 나는 내가 안전하다는 사실을 알고 있어야 한다. 더 정확히 말하면, 그 상황이 나를 보호하고 감싸주면서 안전하다는 것을 체험해야 한다. 내가 긴장을 풀고 잠의 망각 속에 빠지려면 적의를 품고 나에게 달려드는 대상으로부터 보호받아야 한다. 그러므로 잠이 드는 순간 우리는 언제나 그 상황이 편안하고 안전하다는 것을 안다. 어둠과 정적도 그런 기능을 한다." 간단히 말해, "나를 잠들게 하는 것의 본질은 …… 안도감이다".[152] 인간은 안도감을 의식할 때만 잠에 빠질 수 있다. 그리고 인간을 둘러싼 먼 곳의 세계를 차단해 그의 주위에 좁은 공간을 만들어놓는 어둠과 정적이 이 안도감을 불러 일으키는 데 기여한다. 또 인간으로 하여금 기분 좋은 편안함에 몸을 맡기게 하는 온기도 얼마간 필요하다. 공간 자체는 잠자는 사람을 둘러싸는 보호막이 되어 그의 주위에서 수축한다.

이런 모든 외적인 상황은 안도감을 주기에 유리한 조건들이지만 이것만으로는 충분치 않다. 어둠과 정적은 무언가 불안한 특성도 가지고 있다. 인간은 아주 작은 소리만 나도 두려운 마음으로 신경을 쓴다. 두려워하는 자는 침대에서도 편안하지 못하다는 속담을 앞에서 소개했다. 잠이들 때 정말로 안도감을 느끼려면 인간의 마음속에서 세계와 삶을 신뢰하는 태도가 생겨나야 한다. 인간은 자신을 잠들게 하는 조건들을 스스로 만들어내야 한다.

이것 역시 실존주의와의 논쟁에서 중요한 문제이다. 실존주의자들에게 세계는 무시무시한 공간이다. 그는 잠이 들어서는 안 되고, 최소한 그래서는 안 되는 줄 알면서도 잠이 들면 안 된다. 오직 피곤에 지쳤을 때만 어쩔 수 없이 잠들 수 있다. 실존주의자라면 언제라도 그에게 덮쳐올 수 있는 위협에 대비해야 하기 때문이다. 린쇼텐은 다른 측면에서 이 사실을 강조했다. "활동 속에서만 살 수 있다고 헛된 망상을 품은 이여, 딱하구나! 그는 잠들까봐 두려워한다. …… 그는 깨어 있을 때의 안전한 발판을 잃을까봐 겁을 낸다."[153]

잠든다는 것은 자신을 떨어뜨리는 것, 다가오는 잠에 자신을 맡기는 것이다. 우리는 말 그대로 "잠에" 떨어진다. "바닥이 멀어지고, 세계도 사라지고, 잠자는 사람은 의식이 없는 상태로 미끄러져 들어간다."[154] 자신을 떨어뜨리려면 믿음이 필요하다. 앞날에 대한 믿음, 모든 것이 잘될 거라는 믿음이 필요하다. 베르겐그루엔의 멋진 시에 "걱정 말고 자거라"라는 구절이 있다.[155] 걱정 없는 사람만이 진정으로 잠을 잘 수 있다. 걱정 없이 앞날을 내다보는 희망, 그것도 특정한 희망이 아니라 일반적인 희망으로 가득 찬 미래에 대한 믿음이 잠을 자기 위한 필수 조건이다.

3 깊은 잠

잠드는 과정은 이렇게 해서 완전한 수면으로 이어진다. 우리는 수면에 대해 알지 못한다. 잠을 자면 의식이 사라지기 때문이다. 그러나 잠이 드는 행복한 경험과 상쾌하게 깨어나는 과정을 생각해보면, 수면은 완전한 무공간의 상태라고 생각할 수밖에 없다. 달리 말하면, 공간이 구체적으로 파악 가능한 사물들의 관계로 인간에게 마주 서는 상태가 아니라 자아와 세계 사이의 긴장이 완전히 사라지는 상태이다. 이는 궁극적인 안도감을 느끼는 상태라고도 볼 수 있다. 그럴 때 인간은 힘겹게 자신을 주장할 필요가 없다. 깊은 존재 속으로 받아들여진 느낌이 들면서, 어느 문헌에서도 표현했듯이, "영혼의 심연"이 존재의 심연과 하나로 녹아든다.

인간이 안도감을 느끼며 잠에 빠져 있을 때는 무방비 상태로 모든 공격에 노출된다. 셰익스피어도 "죄 없는 신성한 잠, 무방비의 잠"[156]이라고 말했다. 잠자는 사람을 살해하기를 꺼리는 이유도 바로 여기에 있다.[157] 다치기 쉬운 사람 앞에서 느끼는 경외감이 마치 잠자는 사람을 보호하듯 내려앉는 것이다.

그러나 안도감과 잠은 인과관계가 아니라 상호 영향을 미치는 본질적인 관계라고 앞에서도 강조했다. 따라서 안도감을 주는 외적인 상황이 수면을 가능하게 만들지만, 수면 역시 인간을 치유하고 진정시키는 효력을 발휘한다. 그래서 인간은 수고하고 걱정하며 깨어 있던 상태가 지나면 잠에서 구원을 얻기를 갈망한다. 달콤하고 우아한 잠, 신성한 잠을 찬양한다. 인간은 잠을 행복이라고 찬양한다. 잠자는 사람은 막상 자신이 행복한 줄 모르지만, 깨어 있는 삶의 고통이 없어지는 것만으로도 행복감을 느낀다. "나는 잠자는 게 행복하다."[158] 미켈란젤로는 헛된 수고로 지친 삶에 절망해 이렇게 외쳤다. 그러나 이 행복은 대개 부정적으로만 규정되어 무감각 상태에서 고통스러운 근심을 망각하는 것으로만 생각되었다. 그 대표적인 예를 미켈란젤로의 이어지는 말에서 볼 수 있다. "나는 무엇보다 내가 돌이라는 것을 찬양한다." 다시 말해 완전히 무감각한 상태에 도달했음을 찬양한다는 뜻이다. 호메로스도 잠을 이렇게 표현했다.

속눈썹을 감고 몽롱하게 잠이 들자마자
그는 모든 기쁨과 슬픔을 잊어버렸다.[159]

셰익스피어도 앞에서 인용한 대목에서 이렇게 말한다.

흐트러진 걱정의 실타래를 풀어주는 잠,
날마다 생기는 고통과 욕심을 묻어버리고
다시 새 아침에 깨어나게 하는 잠[160]

그러나 이렇게 부정적인 관점으로만 접근하면 깊은 잠의 본질을 바로 보지 못한다. 잠의 긍정적인 성격에 다가가는 말이 괴테의 《에그몬트》에 나온다. "네가 근엄한 사고의 매듭을 풀고 기쁨과 고통의 모습들을 모두 뒤섞으면 내면의 조화가 거침없이 순환하니, 우리는 편안한 광기에 감싸인 채 아래로 가라앉아 존재하기를 멈춘다."[161] 괴테는 아래로 가라앉는 것을 고통의 침묵으로만 이해하지 않고 "내면의 조화로운 순환"에 동참했다고 느끼는, 행복한 경험으로 파악한다. 이 견해는 잠드는 과정을 자세히 묘사할 때 언급한 경험과 일치하는 듯하다.

잠은 귀향이며 "깊은 영혼의 근원으로 회귀"라는 생각은 지금까지 여러 번 암시되었다. 그리고 우리가 우회로를 거쳐 잠이라는 문제를 논하게 된 출발점은 나가고 돌아오는 행위의 상관성이었다. 이것을 증명하는 마지막 글을 다시 린쇼텐의 문헌에서 발췌하겠다. 헤겔의 제자 에르트만은 이렇게 말한다. 잠자는 사람이 평안한 이유는 "그가 행복하고 평화롭기 때문이다. 즉 그의 영혼이 고된 생활에서 벗어나 자신에게 돌아왔기 때문이고, 더 이상 낯선 것과 부대끼지 않고 만족스러운 상태이기 때문이며, 산만함에서 탈피해 마음이 가라앉았기 때문이고, 이 평정한 모습이 바람 멎어 수면이 거울처럼 맑아진 깊은 호수 같기 때문이다."[162] 여기에서 우리는 '돌아오다', '귀향', '평온', '더 이상 낯선 것'처럼 자주 쓰인 낱말에 주목하게 된다. 이런 개념들로 인해 잠을 해석할 때 도보여행에서 제기했던 문제들과 맞닿는 더 깊이 있는 질문을 하게 된다.

일반적으로 우리는 잠이 노동에 바쳐진 참된 생활의 중간에 취하는 휴식이고 지친 후 다시 일하기 위해 필요한 휴식이라고 생각한다. 이렇게 보면 잠은 새로운 깨어남을 준비하고 돕는다는 측면에서만 의미가 있다. 마찬가지로 생활이 권태로워지면 고통을 잊게 하는 잠이 긍정적인 평가를 받는다. 그러나 이제 등장하는 견해들은 모든 것을 잊게 하는 잠에 대한 찬양과 배치되진 않지만, 각성과 수면의 관계를 전혀 다르게 파악하는, 어쩌면 정반대로 돌려놓는 것들이다. 여기에서는 깨어 있음을 낯선 곳에서의 삶, 인간을 그의 본질에서 소외시키는 것으로 생각한다. 그래서 잠은 인간에게 깨어 있음의 목표이자 삶의 진정한 의미로 여겨진다. 이는 사실 상당히 포괄적인 결론이다. 그러나 우리는 이 마지막 결론 앞에서 주저한다. 잠드는 과정을 "깊은 영혼의 근원으로 회귀"라고 표현한 린쇼텐조차 이 견해에 놀라 주춤한다. "잠은 두말할 것 없이 휴식이다. 그런데 이게 참다운 삶일까? 이것이 인간의 운명일까?"[163] 낭만주의의 근원 회귀의 문제가 여기에서 제기된다.

4 삶에서의 두 가지 이동

우리가 논의를 시작한 출발점은 떠남과 돌아옴이라는, 삶의 공간 이동이었고 아직은 그 완전한 의미를 파악하지 못했다. 떠남과 돌아옴은 공간적인 관점에서 보기 힘든 깨어남과 잠듦이라는 더 본질적인 행위와 얽혀 있다. 낭만주의적인 입장은 근원으로의 회귀를 선호한다. 이 회귀는 무의식 상태인 영혼의 근원과 깊은 잠으로 가는 길이기도 하다. 그러나 공허하고 번잡한 일상에 빠진 피상적인 삶에서 탈피해 근원으로 회귀하려는 이유가 아무리 많다고 해도—이는 문화 비평의 문제이다—먼저 떠나지도 않고 돌아가려는 것은 모순이다. 만일 그렇다면 삶은 그 안에서 막을 내릴 것이다. 귀향은 낯선 곳으로 멀리 나가는 행위가 선행할 때만 대립 행위로서 의미를 가진다. 이중 어느 하나를 우위를 두어야 한다면 다름 아닌 떠나는 행위일 것이다.

앞에서 도보여행과 집을 논할 때 거론했던 두 가지 이동이 여기에 다시 등장한다. 인간이 세상으로 나가 일을 하려면 집을 떠나야 하듯이, 마찬가지로 일을 마친 뒤에는 잠을 자야 다시 아침의 상쾌한 기분을 느끼며 활동적인 생활을 할 수 있다. 이 두 활동은 들숨과 날숨처럼 불가분의 관계로 묶여 있다. 그러나 인간에게 공간은 먼 곳으로 나가는 이동을 통해서만 완전히 열리는 반면, 잠이 들면 그는 다시 공간에서 후퇴해 내면으로 돌아와야 한다. 귀향의 의미를 온전히 이해하려면 우리는 먼저 그 반대쪽으로 시선을 돌려야 한다. 그래서 좁은 집을 벗어나 넓은 세상으로 나아가는 길, 잠에서 깨어나 친숙하고 좁은 영역을 나와 힘차고 활동적인 삶으로 나아가는 길부터 살펴보아야 한다.

4부
공간의
여러 관점들

호돌로지적 공간:
길이 열어주는 공간

1 거리

지금까지 우리는 주로 공간의 전반적인 성격을 논의했다. 이제는 공간의 내부 구조로 더 깊이 들어가 보겠다. 여기에서도 우선 수학적 공간과 비교하는 것이 우리의 목적에 부합할 듯하다. 다 알다시피 우리는 주변 공간을 얼마든지 수학적인 방법으로 파악할 수 있다. 공간을 정확히 측량하고, 각 지점 간의 거리를 미터와 센티미터 단위로 정확히 표시하며, 이것을 설계도나 지도에 일정한 비율로 그려 넣을 수 있다. 그렇게 하면 벽, 창문, 문, 경우에 따라서는 가구들까지 표시된 건물의 평면도가 탄생하고, 도로와 광장이 표시된 도시의 설계도, 산맥과 도시와 강이 그려진 한 나라의 지도, 그리고 지구 전체의 모습을 그려 넣은 지구본이 탄생한다. 이 모든 것에는 위치 관계가 기입돼 있고 특히 거리가 정확하게 표시돼 있어서 필요할 경우에 지도를 보고 해독할 수 있다. 비율에 맞게 공간을 모사한 지도로 일정 지역에서 방향을 가늠하기도 한다.

그러나 지도 사용자라면 누구든지, 이를테면 산길을 걸어 여행할 때 그런 기하학적 공간 묘사의 한계를 느꼈을 것이다. 현실에서 공간을 걸어갈 때 경험한 거리가 지도에서 읽어내는 직선거리 및 꼼꼼하게 측량한 도로 거리와 맞지 않기 때문이다. 일반적으로 말하면, 직접 경험한 거리는 미터로 표시된 두 지점 간의 거리와 일치하지 않는다. 오히려 해당 목적지까지의 도달 가능성, 극복해야 할 크고 작은 난관, 난관 극복에 필요한 힘에 따라 크게 좌우된다. 계곡에서 산 위로 올라갈 때와 "같은" 길을 반대 방향으로 내려올 때도 서로 다르다. 특히 유념해야 할 것은, 직선거리가 결코 두 지점을 잇는 지름길이 아니라는 점이다. 목적지에 도달하려면 도리어 우회로가 필요하거나 우회로로 가는 편이 더 합리적일 때가 있다. 실제 삶에서 경험하는 거리에는 이 우회로를 포함해야 한다. 그래서 기하학적으로는 아주 가까운 곳이 사실은 멀리 떨어져 있거나 무한히 멀리 있어서 도달하기 힘들거나 아예 도달할 수 없는 경우가 생기는가 하면, 기하학적으로 멀리 있는 지점이 오히려 훨씬 도달하기 쉬운 경우도 있다. 구체적으로 경험하는 사물의 원근은 기하학적인 비율에 따라 계산할 수 없다.

이 관계를 조금 추상적으로 극단화해 다음 문제를 생각해보자. 이웃집에 면해 있는 내 집 벽의 어느 한 지점에서 이웃집 벽의 해당 지점까지의 구체적인 (경험에 의한) 거리는 얼마나 될까? 추상적으로, 즉 수학적으로 생각하면 벽의 두께에 따라 몇 센티미터에 불과할 테지만, 구체적으로는 훨씬 먼 거리이다. 그 지점에 도달하려면, 다시 말해 이 벽을 "반대편"에서 관찰하려면 나는 내 방과 집을 벗어나야 하고, 현관문을 지나 거리로 나와야 하며, 거기에서 이웃집으로 들어간 뒤 다시 내 집 벽의 "반대편"까지 가야 한다. 설계도를 보며 "동일한 지점"을 찾을 때 생기는 어려움은 제쳐두고라도 아마 이웃집 사람은 내 의도를 전혀 이해하지 못한 채, 들어가게 해달라는 부탁을 의아하게 여길 것이므로 나는 그에게 궁금한 것을 물어볼 엄두도 내지 못할 것이다. 달리 말하면 이는 내가 추상적으로 그 존재를 분명히 알고 있는 이웃집 벽의 해당 지점이 체험공간에서는 무한히 멀리 떨어져 있다는 것, 즉 여기에서는 존재하지 않는다는 것을 의미한다.

2 주거 공간의 동굴적 성격

집에 있는 공간을(편의상 2차원의 주거 면적으로 단순화해 논의하겠다) 객관적으로 파악하려 할 때도 비슷한 관찰을 하게 된다. 여기에서 인간의 초기 주거 형태가 동굴이었는지를 되새겨볼 필요는 없다. 체험공간이라는 측면에서 집은 요즘도 산에 있는 동굴과 같다. (현대의 대도시들이 인공적인 콘크리트 산으로 변해갈수록 이런 느낌은 더 강해진다.) 집에는 출입구가 있고 이곳을 통해서만 집은 주변 공간과 연결된다. 그 출입구는 사람이 드나드는 문이다. 동선은 이곳을 기점으로 자력선처럼 뻗어나가면서 복도와 층계를 거쳐 각 방으로 이어진다. 그러나 동선은 사방에서 벽이라는 경계와 마주친다. 공간은 여기에서 끝난다. 안에서는 이 벽 바깥에 있는 곳에 도달할 수 없다. 그곳은 실질적으로 존재하지 않는 곳이다. (앞에서도 말했듯이, 창문 너머 내다보이는 것들은 직접적인 현실성이 없기 때문이다.) 이렇듯 집에서 느끼는 상황은 인간이 살 수 있는 동굴로 들어갈 때와 본질적으로 다르지 않다. 동굴에도 안쪽에 경계가 있다. 굴이 암벽과 만나는 곳이다. 그 뒤쪽에는 또 다른 공간이 아니라 공간이 아닌 곳, 다시 말해 무정형의 암벽 덩어리가 있다. 아예 공간이 없는 곳이다. 건축된 집의 공간도 마찬가지이다. 이것이 아주 뚜렷하게 나타나는 사례가 여러 채의 가구가 공동의 계단에 의해 나뉘는 아파트이다. 구체적인 공간 체험에서 보면 아파트는 바위에 조성한 동굴 시스템과 다르지 않다. 아파트와 아파트가 서로 붙어 있는지 아니면 그 사이에 몇 미터 두께의 공간 아닌 곳이 자리 잡고 있는지는 구체적으로 느끼는 공간 감각에서 중요하지 않다.

이 관계를 아주 극명하게 보여주는 사례가 쿠젠베르크의 환상 소설 《천국의 술집》[1]에 나온다. 쿠젠베르크는 교회와 술집의 기능을 동시에 가진 건물을 묘사한다. 들어가는 입구에 따라 건물 전체는 교회가 되기도 하고 술집이 되기도 한다. 어느 쪽이 됐든 한쪽 입구로 들어가면 그곳이 너무나 커서 외벽으로 둘러싸인 공간 전체를 건물이 차지하고 있는 것처럼 느껴지고, 똑같은 담 안에 어떻게 다른 공간을 위한 자리가 있는지 이해되지 않을 정도이다. 작가는 두 생활 영역이 어떻게 갑작스럽게 출몰하는지, 어떻게 교회에 술집 손님들이 불쑥 나타나고 술집에는 소년 성가대와 교회 신자들이 등장하는지를 기괴한 분위기로 하나하나 그려내고 있다. 이 대목에서는 시적인 표현이 더 많이 부각된다. 그럼에도 이 환상적인 시각의 바탕에는 구체적인 공간 경험이 자리 잡고 있으며, 주거 공간과 생활공간에 스며든 독특한 동굴적 성격이 잘 드러난다.

주택 평면도에 여러 방들을 (필요한 벽의 두께까지 포함해) 서로 빈틈없이 들어맞도록 배치한 것은 추상적이고 기학학적인 사고 행위의 결과이다. 이는 건축가의 시각과는 일치하지만 거주자의 관점에는 들어맞지 않는다. 거주자는 각각의 방과 공간을 그곳까지의 도달 가능성과 내적 연관성에 따라 구체적으로 경험하는 관계망에 포함하지만, 그 공간들이 어떻게 "그 자체로" 서로 들어맞는지에 대해서는 설명하지 못한다. 옛날성에 있던 유명한 "비밀의 방들"은 복잡한 건물에 사는 사람이 기하학적·공간적 관계를 완벽히 파악할 수는 없지만, 발각될 위험 없이 평면도에 비밀의 방을 위한 자리를 남겨둘 수는 있었음을 보여준다. 쿠젠베르크의 이야기도 기하학적으로 조성된 공간과 체험으로 느끼는 공간의 괴리를 암시한다. 물론 구체적인 생활공간을 수학적인 평면도에 맞게 눈앞에 그려보기는 어렵다. 구체적인 공간은 결코 2차원 도식으로 환원되지 않는다. 만일 우리가 합리적으로 명확하게 알고 싶은 욕구에 따라 평면도에 맞게 공간을 묘사하려 한다면 곧 어려움에 빠진다.

물론 인접한 집이 갑자기 아주 가깝게 다가오는 상황을 맞을 수도 있다. 예를 들면 이웃집 사람이 망치질을 하거나 시끄러운 소음을 내서 나의 관심권 안으로 들어온다. 그러면 나는 누가 소음을 내는지 알게 되고, 이것을 근거로 다시 구체적인 거리가 확인된다. 이렇게 이웃집이 방해하면서 내 생활권 안으로 밀고 들어오면 그 집은 가깝게 다가온다.

만일 내가 벽에 구멍을 내거나 지금까지 서로 통하지 않던 두 공간 사이에 연결문을 만들면 상황이 완전히 뒤바뀐다. 그러면 기존 거리감이 아예 달라진다. 내가 직접 경험했던 일이 아직도 생생하게 기억난다. 두 집 마당을 나누는 울타리에 난 구멍은 아이들이 드나드는 개구멍으로 이용되면서 바깥 길을 멀리 돌아가야 하는 수고를 덜어준다. 이 구멍은 두 집을 공간적으로 가깝게 이어줄 뿐 아니라, 두 집 사이에 공적인 접근 외에 "사적이고", "은밀한" 연결을 조성하면서 두 가정까지 친밀하게 엮어준다.

주택 내부의 층간 관계도 비슷하다. 어린 시절 내가 (방학 때) 시끄러운 소리를 내어 내 방 위층에서 주무시던 할아버지를 깨웠을 때 얼마나 당황스럽고 화가 났는지 아직도 기억이 난다. 나는 그런 일이 가능하리라고는 전혀 생각하지 못했다. 그때 내가 보기에 아래층 방과 위층 방은 아주 멀리 떨어져 있었다. 그래서 소리가 아래층에서 여러 개의 방을 지나 계단을 올라간 뒤 거기에서 다시 할아버지의 침실까지 전달될 거라는 생각은 하지 못했다. 그러나 소리가 천장을 통해 전해지는 길은 실제 체험하는 길보다 훨씬 가깝다는 사실을 깨달았다. 이는 사고의 전환을 가져온 발견이었다.

3 레빈의 호돌로지적 공간

이런 맥락에서 레빈이 도입하고 사르트르가 수용한 호돌로지적(hodologisch) 공간과 거리라는 개념은 매우 투명하고 생산적이다. '길'을 뜻하는 그리스어 "오도스"(ὀδός)에서 유래한 호돌로지적 공간은 길이 열어주는 공간을 의미한다. 앞에서 린쇼텐과 연관지어 길을 논의할 때, 길이 공간을 열어주고 그 길을 통해 지나온 거리를 열어준다고 이야기한 바 있다. 어감이 너무 딱딱하지 않다면 이 개념은 독일어로 "길이 개척하는 공간" (Wegraum)이라고도 말할 수 있을 것이다. 호돌로지적 공간은 근본적으로 추상적이고 수학적인 공간과 대조를 이룬다. 수학적 공간에서 두 지점 사이의 거리는 양 지점의 좌표에 의해서만 결정되므로 그 사이에 놓인 공간의 구조와는 무관한 객관적인 수치다. 반면 호돌로지적 공간은 인간이 구체적으로 살아가고 체험하는 공간에서 우리가 목표점까지의 다양한 도달 가능성이라고 표현했던 요소가 추가되면서 나타나는 변화를 포함한다. 그래서 두 지점을 잇는 최단 거리인 직선 대신 레빈의 표현에 따르면 "최상의 길"이 등장한다. "최상의 길"은 여러 가지를 뜻할 수 있는

데, 그 길에 대한 인간의 다양한 요구에 따라 의미가 달라진다. 레빈은 이것을 다음처럼 표현했다. "최상의 길은 '가장 돈이 적게 드는' 길, '가장 빨리 갈 수 있는' 길, '불편함이 가장 적은' 길, '가장 안전한' 길 등으로 해석할 수 있다."[2] 그러니까 최소한의 시간, 최소한의 노력 등, 특정한 최소한의 요구를 의미한다. "최상"은 경우에 따라 최대한의 요구라는 말로 표현할 수도 있다. 최고의 즐거움을 주는 길, 이를테면 휴가지의 산책로에서 주어진 시간 안에 가장 전망이 좋은 곳들을 이어주는 길을 찾을 때가 그렇다.

따라서 특정 지역에서 최상의 길은 한마디로 규정할 수 없을 뿐 아니라 요구되는 극단적 조건에 의해 결정된다. 가장 편안한 길이라고 해서 반드시 최단 거리의 길은 아니다. 최단 거리의 길도 반드시 가장 빠른 길은 아니다. 그것은 "장"(場)을 결정하는 요인들에 따라 달라진다. 레빈은 이렇게 강조한다. "생활공간에서의 구조와 방향과 거리는 기본적으로 진행되는 과정 혹은 선택의 법칙에 따라 상대적으로만 규정할 수 있다."[3] 만일 극복하기 힘든 장애물이 있다면 상황은 비교적 간단해진다. 이를테면 특정한 우회로를 거쳐 가게 하는 담이 있을 때가 그렇다. 하지만 그 장애물이 주는 어려움이 상대적이라면 상황은 훨씬 복잡해진다. 아주 간단한 예를 들어보자. 만일 내가 쟁기질한 밭에 있는 어느 지점에 가야 한다면, 나는 이 까다로운 길을 가능하면 단거리로 가기 위해 밭 가장자리에서 목표점과 가장 가까운 곳을 찾아볼 것이다. 반면에 밭의 통행을 어렵게 하는 애로 사항들의 차이가 크지 않다면 이때 최상의 길은 점점 직선거리에 가까워질 것이다. 수학적으로 말하면, 호돌로지적 길을 결정하는 것은 변수이다. 모든 이질성이 사라지면 호돌로지적 공간은, 앞에서도 언급했듯이, 유클리드 공간이라는 특수한 경우로 바뀌고 최상의 길은 직선이 된다.

레빈은 호돌로지적 방향과 거리도 같은 의미로 규정했다. 호돌로지적 방향은 기하학적 연결선으로 결정되는 방향과 일치하지 않는다. 기하학적 연결선이 결정하는 방향에서는 어느 사물이 다른 것에 의해 가려지지 않는 한 그것을 눈으로 볼 수 있다. 호돌로지적 방향은 내가 호돌로지적 길에 있는 목표점에 가려 할 때 첫 걸음을 떼는 순간 접어들어야 하는 방향이다. 만일 우회로를 통해서만 그 목표점에 도달할 수 있다면 호돌로지적 방향은 기하학적 방향과 크게 다를 수 있다. 호돌로지적 거리도 기하학적 거리와는 다르다. 호돌로지적 거리는 내가 한 지점에서 다른 지점까지 걸어가야 하는 최상의 길의 길이에 의해 결정된다. 레빈은 여기에서도 삼각부등식이 적용된다는 것을 보여준다. A에서 B까지와 B에서 C까지 최상의 길의 길이의 합은 A에서 C까지의 최상의 길의 길이보다 길거나 같다. 길이가 같은 경우는 A에서 C로 가는 최상의 길에 B가 위치할 때이다.

레빈도 강조했듯이, 최상의 길은 사물의 관계에 의해서만 결정되지 않고 인간의 마음에 따라서도 크게 달라진다. "생활공간의 기하학은 그 안에서의 방향을 포함해 …… 해당 인물의 상태에 좌우된다."[4] 만일 최단 거리의 길에서 불쾌한 사람을 만날까봐 두렵다면 나는 우회로를 택해 다른 길로 갈 것이고 이때는 이 길이 최상의 길이 된다. 반면 급히 서둘러 가야 할 경우에는 불쾌한 만남도 감수해야 하므로 최상의 길이 달라진다. 또 최상의 길은 몸이 피곤한지 상쾌한지에 따라서도 바뀌며 그로 인해 거리도 달라진다. 아침에 기분이 상쾌할 때는 목적지에 빠르고 쉽게 도달하지만, "피곤한 발걸음으로 걸으면 어느 길이든 멀기만 하다".[5] 그뿐만 아니라 길을 택하는 방식도 달라진다. 육체적으로 피곤한 상태라면 나는 시간이 절약되는 평소의 익숙한 지름길이라도 부담감 때문에 마다할 것이다. 또 심장병 환자라면 상당히 먼 길을 돌아가는 한이 있어도 고도의 차이가 커서 힘이 드는 길은 피할 것이다.[6]

4 사르트르의 공간

사르트르는 그간 본질적으로 변화한 철학적 상황에서 호돌로지적 공간 개념을 수용해 거의 잊혀졌던 레빈의 이론을 부활시켰다. 사르트르는 레빈을 언급하며 이렇게 강조했다. "참된 세계 공간은 레빈이 '호돌로지적'이라고 말한 공간이다."[7] 다른 대목에서는 다음처럼 말한다. "나에게서 발견되는 원래 공간은 호돌로지적이다. 호돌로지적 공간은 길과 도로에 의해 개척되고, 도구적이며, 도구의 장소이다."[8] 이어 그는 우리가 앞에서 논의한 내용과 동일한 의미에서 이렇게 말한다. "나의 호돌로지적 공간에는 차단물과 장애물이 있다."[9]

그러나 사르트르는 호돌로지적 공간 개념을 대단히 흥미로운 방식으로 확장했다. 호돌로지적 공간이 도구적이라는 말부터가 레빈의 원래 개념을 넘어선다. 이 문제는 뒤에 가서 다시 다루고 여기에서는 그의 다른 사상을 잠시 이야기하겠다. 인간은 그의 체류지에서 시작되는 길의 체계에 의해 "위치가 결정된다"고 사르트르는 조금 딱딱한 표현을 사용해 말한다. 이 길은 지금까지 우리가 말한 것을 넘어 무엇보다 타인의 존재를 통해 의미를 얻는 장소와 연관된다. "인간은 장소와의 관계, 즉 그곳의 위도와 경도를 통해 위치가 결정되는 것이 아니라 자신이 사는 공간을 통해 위치가 결정된다."[10] 해당 인물의 현재가 "그가 위치한 '호돌로지적’ 공간을 펼치게 만든다”[11]는 것이다. 사르트르는 모로코에 사는 사촌을 생각하며 사람들이 모로코로 가는 길이라고 부르는 것을 마음속에 그려본다. 세계 속에서 인간의 위치를 결정하는 것은 그가 마음속에 떠올린 타인과 그를 이어주는 수많은 길이다.

이 같은 사상은 생산적이긴 하지만, 한 가지 지적해둘 것이 있다. 사르트르의 주장으로 인해 레빈의 원래 이론은 적지 않은 변화를 겪으면서 새로운 내용을 얻었지만 대신 간결성을 상실했다. 레빈이 말하는 것은 최소한의 특정 요구로 결정되는 어느 지역의 구체적인 길이고 그 자체로 우리가 분명히 상상할 수 있는 길이다. 그러나 사르트르의 글에서는 이것이 공간적으로 멀리 떨어진 사람(혹은 사물)과의 애매한 관계로 퇴색했다. 모로코에 있는 사촌에게 갈 수 있는 구체적인 길, 그리고 수많은 길 중에 어느 것을 택할지는 사르트르에게 전혀 중요하지 않다. 이렇게 되면 특정한 “최상의 길”을 선호하는 문제나 레빈이 말한 호돌로지라는 문제가 사라진다.

5 풍경의 호돌로지적 분류

논의를 확대하기 전에, 레빈이 (수학적인 공식을 염두에 두고) 다소 추상적으로 파악한 호돌로지의 원칙이 풍경의 분류에 적용된 몇 가지 사례를 통해 이 개념을 조금 구체적으로 살펴보는 것이 좋겠다.[12] 풍경이 호돌로지적 원칙에 따라 구성된 극단적인 예는 레빈의 초기 논문에 나와 있다. (따라서 그가 훗날 발전시킨 개념들은 아직 이 논문에 적용되지 않았다.) 거기에는 레빈이 제1차 세계대전의 경험과 당시의 진지전이 초래한 상황에서 본

전쟁의 풍경이 매우 생생히 기술되어 있다. 레빈은 이 풍경의 특수성을 평범한 "평화 시의 풍경"과 구별했다. 평화 시의 풍경은 균일하게 먼 곳까지 뻗어나간다. "그 풍경은 앞과 뒤가 없이 둥글다."[13] 반면에 전시의 풍경에는 두 가지 본질적인 특징이 있다. 그 하나는 한쪽으로 향해 있다는 것, 즉 일관되게 "전선"을 향해 있다는 점이다. 다른 하나는 이 "전선"으로 인해 풍경이 제한된다는 점이다. 모든 것이 전선에 맞춰져 있지만 전선 뒤에서는 모든 게 끝난다

풍경은 우리가 후방에서 나와 접근할 때부터 이런 방향성을 보여준다. "전시의 풍경에는 앞과 뒤가 있다. 그것은 행진하는 사람을 기준으로 삼은 앞과 뒤가 아니라 지역 자체에 주어진 고정적인 방향이다. 또한 앞쪽으로 갈수록 위험이 증가해서 접근이 어렵다고 의식하지 않는다. 그냥 풍경 자체가 바뀐다. 해당 지역은 '앞쪽'에서 끝나고 그 너머에는 '아무것도 없는' 것처럼 보인다."[14] "지역은 전선 쪽 어딘가에서 끝나는 것처럼 보인다. 풍경은 제한되어 있다."[15] 전선에 접근할수록 풍경의 구조는 복잡해진다. 이때 경계선과 나란히 특별한 "위험 지대"가 형성되지만, 위험성은 균일하지 않고 전투 상황에 따라 바뀌는 "위험 지점"이 군데군데 도드라져 있다. 위험 지대는 앞쪽으로 갈수록 "진지"로 변한다. 그러나 우리는 이 풍경의 세세한 모습을 말하고 싶은 게 아니다. 중요한 것은 다른 사례에서도 반복되는 상황이 이 극단적인 예에서 분명히 드러날 뿐 아니라, 이런 극단적인 경우를 미리 살펴보고 나면 이보다 덜 뚜렷한 경우에도 상황을 쉽게 알 수 있다는 점이다.

산간 계곡에서도 비슷한 상황이 나타난다. 구체적인 공간은 길과 도로를 이용한 통행 가능성에 따라 나뉘고, 길과 도로는 물길이 그렇듯이 계곡의 흐름을 따라 이어진다. 주요 간선도로는 계곡 밑바닥에 의해 정

해지고, 지선 도로는 작은 계곡에 의해 정해지며, 계곡이 끝나는 곳에서 도로는 막힌다. 높은 산은 전쟁에서의 전선처럼 경계선 역할을 하므로 길은 이 산을 기준으로 위쪽으로 나 있다. 이 경계선은 일부 고갯길을 제외하면 차량 통행이 불가능하다. 그래서 직선거리로는 몇 킬로미터밖에 떨어져 있지 않은 마을이 실제로는 며칠 걸릴 만큼 먼 곳에 있을 수 있다. 그곳은 이미 다른 세상에 속하기에 계곡 주민들에게는 사실상 가기 어려운 먼 곳에 있는 마을이다. 알프스 계곡에서 이웃한 마을 간에 문화적 교류가 적다는 사실은 이를 분명히 보여준다.

바다에 면해 있는 해안 풍경도 비슷하다. 경계선이 뚜렷하지 않고 방향성도 계곡과는 다르지만 여기에도 해안의 제한을 받는 풍경이 있다. 사람들은 바다를 보며 살아간다. 바다는 절대적인 무는 아니지만 접근 가능성이 근본적으로 달라지는 지역이다. 바다는 어부라면 몰라도 육지 주민에게는 접근할 수 없는 곳이다.

위의 사례와는 상황이 다르지만 그래도 비교해볼 만한 경우가 큰 강이 도시를 둘로 나눌 때다. 강은 여기에서도 경계선을 만든다. 양분된 두 지역을 연결하는 것은 (단순한 상황으로 한정할 때) 다리뿐이다. 모든 교통로가 부채꼴 모양으로 다리로 모여들었다 다시 갈라지므로, 강변에서 서로 마주보고 있는 지점들을 오가려면 다리를 거쳐 돌아가야 하는 경우가 생긴다. 그래서 다리가 있음에도 두 지역은 완전히 융합하기 어렵고 양분되어 있어 공간적으로 가까워도 실상은 멀리 떨어져 있다. 대개는 한 지역이 수백 년 동안 열등감을 벗어던지지 못한다.

정해진 세관을 통해서만 지나갈 수 있는 국경 지역도 호돌로지적 원칙에 따라 파악할 수 있다. 특히 통과할 때 여러 절차가 필요한 시기에는 더욱 그렇다. 무엇보다 전쟁이 끝난 후 국경을 새로 정할 때 이런 현상이 두드러진다. 이때는 영토만 나뉘지 않으며 생활에 중요한 수많은 교통 노선, 즉 호돌로지적 시스템 전체가 절단되어 새로운 상황에 맞게 이를 힘들여 재건해야 하기 때문이다.

실제로 체험한 풍경이 지도상의 모습과 일치하지 않음을 보여주는 마지막 사례를 들어보자. 배를 타고 강을 유람할 때가 그렇다. 강은 레빈이 말한 "호돌로지적 길"의 특성이 두드러진 곳이다. 나 자신의 경험을 말한다면, 가끔 마인츠에서 코블렌츠까지 가는 라인 투어를 했던 일이 생각난다. 배에서 펼쳐지는 강의 풍경은 지도가 보여주는 "실제" 모습과 일치하지 않는다. 그러나 걸어서 산 위에 올라가 맞은편에서 방금 지나온 라인 강을 바라보면 뚜렷하게 알 수 있다. 그러면 라인 강이 "실제로는" 배에서 생각했던 것보다 훨씬 만곡이 심한 것을 깨닫고 놀란다. 배에서 체험하는 라인 강은 직선이라고까지 할 순 없어도 비교적 곧게 뻗어 있는 것처럼 느껴진다. 그런데 산에서는 강줄기가 오른쪽으로 휘다가 왼쪽으로 휘는 것이 보인다. 하지만 배가 커브를 따라 운행할 때는 이 굴곡이 약해지면서 덜 굽이진 것처럼 보이고 실제로 직선으로 운행하는 것처럼 느껴진다. 강변은 뒤쪽에 있는 마을이나 산과 함께 밀려나고, 높은 굴뚝처럼 눈에 띄는 표식들이 시야에 들어올 때는 감동하게 된다.

지방도로와 철도에서도 비슷한 경험을 할 수 있다. 같은 도시를 차창 오른쪽과 왼쪽으로 내다보면 언제나 조금씩 혼란스럽다. 어느 지역의 길을 갈 때 호돌로지적인 면에서 최상의 길은 일반적으로 직선에 가까워진다는 느낌을 받는다.

2
행위 공간

1 호돌로지적 공간 개념의 확장

호돌로지적 공간 개념은 체험공간의 내적 분류를 투명하게 보여주는 데는 생산적이지만, 한편으로는 특정한 맥락을 규명하는 하나의 관점만 제시하므로 체험공간 자체와 동일시할 수 없다. 따라서 우리는 지금까지의 일면적인 관찰에서 벗어나 이것 못지않게 중요한 다른 관점들도 받아들여 체험공간의 내적 분류를 더 폭넓게 이해해야 한다.

사르트르가 호돌로지적 공간 개념을 수용해 구체적인 체험공간과 동일시했던 방식에 벌써 이 개념이 암묵적으로 확장되어 있다. 나는 이런 식의 확장이 우리의 목적과 완전히 부합한다고는 생각하지 않는다. 이로써 레빈이 호돌로지적 공간 개념으로 밝혀낸 뚜렷한 특성들이 다시 불투명해졌고, 다른 측면에서 파악할 수 있는 정말 새로운 관점의 특성이 분명히 부각되지 않기 때문이다. 따라서 레빈이 당초 의도했던 호돌로지적 공간 개념의 엄격성을 그대로 유지하되, 이 개념을 특수한 관점으로 보고 일반적인 체험공간 개념과 구분하면서 일반적 개념에 내포된 다양한 의미를 드러내는 다른 관점에도 눈을 돌리는 것이 적절하다고 생각한다.

호돌로지적 공간 개념은 두 방향으로 확장할 필요가 있다. 호돌로지적 공간은 공간 속에서 개별 장소에 도달할 수 있는 길의 체계를 기술한다. 그래서 호돌로지적 공간은 공간 속을 이리저리 흐르는 자력선에 비교할 수 있다. 자력선은 물리학적인 의미에서도 그것을 생성하는 전하나 질량과 관계가 있다. 체험공간에서도 길은 방향과 거리와 더불어 그 길로 이어지는 목적지와 관련된다. 모든 길은 어느 곳으로 가는 길 혹은 무엇이 있는 쪽으로 가는 길이다. 길은 이 관련성을 통해 비로소 길이 된다. 길의 목표점에는 인간이 그곳으로 가야 하는 의미가 깃들어 있다. 또는 인간이 그곳에서 피신해야 하는 의미도 있다. 가고 싶은 곳만 있는 게 아니라 위험하고 불쾌한 곳도 있기 때문이다. 따라서 도주로와 출구도 길의 체계에 포함해야 한다. 인간의 체류지에서 시작되는 모든 길은, 사르트르가 올바로 보았듯이, 구체적인 공간에서 인간의 상황을 결정한다. 그러나 각각의 목표점은 공간 속의 사물과 인간을 질서 잡힌 하나의 전체로 만든다. 그래서 체험공간은 의미 있는 장소와 자리가 합리적으로 나뉜 총체이다. 이제 우리는 이런 장소와 자리의 체계인 인간의 질서 있는 공간이 어떤 특징을 가지고 있는지 자세히 분석해보겠다.

두 번째로 살펴볼 관점도 호돌로지적 공간 개념을 넘어선다. 우리는 길이라는 말을 집 바깥에 한정해서만 의미 있게 사용한다. 길은 인간이 활동하는 개별 장소와 집과 일터를 연결한다. 집 안 활동도 걸어다니면서 하지만, 집 안에서는 길이라는 말을 쓰지 않는다. 가정주부가 날마다 부엌에서 남기는 수많은 발걸음의 흔적은 길이라고 하지 않는다. (부엌의 본질과 동떨어진 합리적 관찰을 통해 가능하면 작업장을 합목적으로 배치하려고 그 길을 측정하겠다는 발상을 할 수도 있다.) 농부가 밭을 경작하면서 이동하는 행위에 대해서도 길을 갔다고 말하지 않는다. 길은 일터로 가는 접근로이다. 소식을 전하는 전령, 특히 집배원이야말로 길을 걷는 행위를 본질로 삼는 유일한 직업인일 것이다. 이를 제외하면 길은 인간의 활동 장소와 휴식 장소를 연결한다. 이런 장소에서 발생하는 일에 길의 개념을 적용하는 것은 억지스럽고 적절하지 않다.

마지막으로 하나 더 생각할 것이 있다. 호돌로지적 공간 개념은 길에서 수행하는 의미 있는 행위를 바탕으로 발전했다. 그 행위는 걷기와 탈것을 타고 가는 행위이다. 걷기와 타고 가는 행위는 풍경 속에서 진행되는 비교적 광범위한 이동이다. 나는 풍경 속에 있는 각각의 장소를 걷거나 탈것을 타고 찾아간다. 풍경 속 공간의 구조도 이를 바탕으로 전개된다. 그러나 내가 일하거나 쉬는 시간에 머무르는 공간을 분류하는 경우와는 상황이 다르다. 물론 여기에도 크고 작은 도달 가능성의 차이는 있다. 어떤 물건이 필요하면 나는 그 물건이 있는 자리에서 찾는다. 그리고 손으로 물건을 쥔다. 그 물건을 손에 넣기 위해 때로는 내가 있는 자리에서 멀어져야 하는 경우도 있다. 그러면 발이 지나온 거리와 손이 거쳐온 거리가 함께 생긴다. 그렇다고 이때 (상황과 동떨어진 추상적인 표현이 아니라면) 내 손이 길을 지나왔다고 말하지는 않는다. 길이 사방으로 퍼져 있는 곳이라면 나는 언제나 수평으로 이동하므로 길의 체계도 평면에 지도처럼 그릴 수 있지만, 손으로 잡거나 쥐는 행동은 위와 아래까지 포함해 모든 방향으로 손을 내미는 행위이기 때문에 이때는 처음부터 3차원으로 확장된 공간이 만들어진다.

따라서 여기에는 전혀 다른 관계가 존재하고 그와 더불어 공간 구성의 관점도 완전히 달라진다. 적절한 표현이 없어서 나는 이 공간을 행위 공간(Handlungsraum)이라고 일컫겠다. 내가 말하는 행위 공간은 인간이 의미 있는 활동을 하면서 머무르는 공간, 즉 일을 하거나 쉬면서, 넓은 의미에서는 인간이 거주하며 머무르는 모든 공간을 뜻한다.[16] 어감이 조금 어색해도 비슷한 의미의 도구적(ergologisch) 공간이라는 말을 사용해도 되고, 간단히 활동 공간이라고 해도 괜찮을 것이다. 다른 문헌에서는 행위 공간이나 활동 공간이라는 말이 정착되었기 때문에 나도 이 개념을 계속 사용하겠지만, 여러 저자들이 각기 다르게 사용하는 어법들과 일일이 구별하지는 않겠다. 이제부터 이 행위 공간의 특성을 자세히 살펴보자.

2 공간 내부에서 사물의 포착 가능성

하이데거는《존재와 시간》에서 인간의 공간성을 짧게 분석하는데, 이는 행위 공간에 대한 적절한 접근법과 그 본질적 특성을 명확히 보여준다. 나는 그의 책의 전체 맥락에 따른 구성은 무시하고 이 분석만을 따라가보겠다. 사물이 당초 주어진 방식, 하이데거의 어법으로 말하면 도구가 처음 주어진 방식을 지칭하는 "손안에 있음"〔zuhanden, 용재성(用在性)〕이라는 표현은 이런 의미에서 적절히 선택된 개념이다. 이 개념 자체가 애초에 공간을 가리키기 때문이다. 사물이 "손안에 있다"는 것은 내가 사용할 수 있도록 놓여 있고 내가 그것을 처분할 수 있음을 의미한다. 또 내가 손만 뻗으면 손에 쥐고 원하는 방식대로 사용할 수 있음을 말한다. 사물에 쉽게 도달하려면 그것이 공간적으로 웬만큼 가까이 있어서 편하게 잡을 수 있어야 한다. 이를테면 사람들이 빌려갈 수 있도록 도서관에 비치되어 있는 책은 내가 이용할 수는 있지만 아직 내 손안에 있지는 않다. 손안에 있으려면 나는 책을 빌려와 작업 장소 가까운 곳에 놓아야 한다. 따라서 '손안에 있음'은 엄격한 의미에서 보면 어느 정도 나와 가까운 영역에 묶여 있지만 그 경계가 정확히 어디인지는 여기에서 제시하지 않겠다. 이것만 보아도 벌써 행위 공간이라는 좁은 영역과 넓게 펼쳐진 길의 공간이 구별된다.

어느 물건이 내가 손에 쥘 수 있도록 놓여 있으려면 그것이 제자리에 놓여 있어야 (혹은 세워져 있어야) 한다. 즉 그 물건이 속하는 자리(Platz), 내가 한참 찾지 않더라도 바로 발견할 수 있는 자리에 있어야 한다. 이 특정한 자리에서 그 물건은 나와 특정한 공간적 관계를 맺는다. 내가 손으로 잡아야 하는 방향, 부득이한 경우에는 내가 걸어가야 하는 방향에 놓여 있다. 또 어느 정도 멀거나 가까운 거리에 놓여 있다. 이것이 그 물건에 대한 손쉬운 혹은 어려운 도달 가능성을 결정한다. 물건이 속해 있는 위치(Stelle)에 대해서도 똑같은 말을 할 수 있는데, 우리는 이를 통해 그 물건이 생활에서 수행하는 기능을 표현할 수 있다. 순수하게 언어학적인 측면에서는 자리보다 위치라는 말이 더 나을지도 모르겠다. 정돈하는 행위를 뜻하는 "stellen"(놓다), "hinstellen"(세우다), "aufstellen"(진열하다), "unterstellen"(밑에 놓다), "abstellen"(내려놓다)과의 관계가 이 말을 통해 더 분명히 드러나기 때문이다. 사물은 인간의 생활환경에서 모두 제자리나 제 위치를 가지고 있다.

이 관계를 아주 단순한 수학적 모델로 생각해보자. 그러면 물건의 자리와 나의 관계는 극좌표에 의해, 즉 각으로 측정되는 방향과 길이로 측정되는 거리에 의해 결정된다고 할 수 있다. 이때 방향과 거리는 호돌로지 관점에서 이해해야 하며 거기에 대응하는 기하학적인 표시와 일치하지 않는다는 점을 알아야 한다. 자주 사용하지 않는 물건의 경우 그것을 탐색하는 시선이 필요한데 이는 기하학에서 방향에 해당한다. 물론 손으로 그것을 잡을 때는 시선의 방향과 다른 길을 택할 수 있다. 하지만 나에게 익숙하고 내가 자주 손으로 쥐는 물건일수록 시선 같은 보조 수단은 필요하지 않기 때문에 나는 시선을 따라 손을 움직이지 않고도 물건을 잡을 수 있다. 일례로 내 주머니에 있는 열쇠꾸러미는 제자리에 들어 있다. 나는 필요하면 언제라도 그것을 손으로 쥘 수 있다. 열쇠꾸러미는 이 상태에서 어떤 방향과 거리에 있지만 나는 그 둘의 기하학적인 좌표를 비슷하게라도 표시하지 못한다.

이 문장의 의미가 얼마나 중요한지는 어느 물건이 제자리에 있지 않아 내가 힘들게 찾아야 할 경우에 뚜렷이 알 수 있다. 이를테면 차표 검사를 당할 때, 차표를 넣어두었다고 생각한 곳에 있지 않아 정신없이 이리저리 찾으면서 갈피를 잡지 못하는 상황이 발생한다.

물건이 제 위치에 있어서 '손-안에-있다'는 것〔Zur-Hand-sein, 용재성(用在性)〕과 그것이 공간에서 기하학적으로 표시 가능한 위치에 있어서 그냥 '손-앞에-있다'는 것〔Vor-handen-sein, 물재성(物在性)〕은 완전히 다르다. 전자는 내가 그 위치에 있는 물건을 분간하면서 단순히 이론적으로 인지하는 태도가 아니라, 내가 그 위치에서 수행하는 실제 행동을 통해 특정한 의미를 얻는 것이다. '손-안에-있음'은 "삶과의 연관성"에 해당하고 나는 이 연관성을 통해 그 물건과 맺어진다.

따라서 행위 공간은 일하는 사람 주변에서 일상의 물건이 차지하는 자리들의 총체라고 말할 수 있다. 이때 물건은 저 혼자 존재하지 않는다. 각각의 자리는 질서 있게 모여서 의미 있는 전체를 만들고, 각각의 물건들은 이 속에서 같은 종류에 속하는 다른 물건들과 연관을 맺으며 놓여 있다. 책은 책꽂이에 꽂혀 있고, 책꽂이는 다시 서재의 벽에 세워져 있다. 속옷은 옷장에 있고, 집게는 도구상자에 있다. 각 물건은 의미의 연관성을 통해 묶이는 다른 물건들과 공간적으로 가까운 곳에 놓여 있다. 하이데거는 물건의 자리가 위치하는 "영역"(Gegend)이라는 말을 사용했다. 여기서 "영역"이란 경관상의 구획이 아니라, 실제적인 동질성으로 묶인 사물의 전체 영역을 말한다. 특정한 물건을 찾을 때면 나는 우선 이 "영역"부터 살펴본다. 잉크병이 필요하면 책상의 "영역"으로 눈을 돌려 자세히 살펴보고 거기에서 잉크병을 찾아내려 한다. "영역"은 영역대로 더 큰 맥락 안에 위치한다. 이런 식으로 제자리에 놓인 각각의 물건에서 시작해 영역이 모인 구역을 거쳐 점점 넓어지는 공간의 질서 체계가 단계적으로 구축되면서 길의 구역, 일터의 구역, 도시 구역 등이 만들어진다. 공간은 이렇게 자리의 총체 그리고 동질적인 구역의 총체로 나뉘게 된다.

3 공간 정리

모든 물건에는 제자리가 있다. 그 자리를 인간이 지정하는 이상 나는 거기에서 물건을 찾고 발견한다. 자리는 질서를 만들려는 인간 행위의 결과이다. 자리를 지정하는 방식은 개별적으로 다를 수 있다. 하이데거의 말을 빌리면, 물건은 "본질적으로 부착되고, 보관되고, 진열되고, 정돈되는 도구이다".[17] 준비하고 보관하는 방식은 여러 가지가 있다. 책은 나중에 사용하기 위해 책꽂이에 꽂아놓을 수 있고, 당장 사용하기 위해 책상 위에 둘 수도 있다. 자전거는 창고에 세워놓고, 감자는 지하실에 저장하고, 비축 양식은 음식 창고에 보관한다. 당장 사용할지 나중에 사용할지에 따른 시간차와 관련된 여러 가능성이 존재한다. 또 금방 사용하기 위해 마련해둔 자리만이 아니라 나중에 사용하기 위해 물건을 넣어두어야 하는 공간들도 있어야 한다. 바로 저장실, 창고, 다락, 도서관 등이다.

이 관계가 특히 분명하게 드러나는 경우는 내가 정돈된 환경에 있지 않고 스스로 사물에 질서를 부여하고 자리를 지정해야 할 때이다. 예컨대 새로 이사한 집의 방이나 새로 장만한 서랍장을 정리할 때가 그렇다. 정리한다는 것은 공간이나 용기 속의 모든 물건들에 속할 위치를 지정하는 행위이며, 사용하려고 끄집어냈다가 다시 갖다놓을 위치를 심사숙고해 지정하는 행위이다. 이용할 수 있는 공간을 남김없이 사용하고, 같은 종류의 물건이 함께 있도록 (뒤죽박죽이 되지 않게) 하며, 자주 쓰는 물건은 손닿기 쉬운 위치에 두려면 목적에 걸맞게 정리해두어야 한다. 정리는 인간에게 매번 독특한 만족감을 선사한다. 세계가 인간의 행위로 치워지고 정리되면서 투명하고 일목요연하고 제어 가능해지기 때문이다. 이러한 사례를 보면 정리라는 개념은 인간이 주변 공간을 합목적적인 행위로 구성하는 방식에도 적용될 수 있다. 우리가 살고 있는 자리와 위치의 체계는 이런 식으로 정리된 세계이다.

그러나 인간이 만든 질서는 인간의 활동으로 인해, "삶" 자체를 통해 어쩔 수 없이 다시 사라질 수밖에 없고 우리는 힘들게 그것을 회복시켜야 한다. 내가 어느 물건을 사용한 뒤 바로 제자리에 갖다놓지 않고 부주의하게 방치하면 그 물건은 "아무데나" 임의의 장소에 놓인다. "아무데나 있다"는 것은, 하이데거도 말했듯이, "공간 속 임의의 자리에 그냥 존재하는 것"[18]이 아니라 무질서의 표시로서 내 질서를 방해한다. 그것 자체가 처음부터 이 질서와 관련돼 있다는 뜻이다. 아무데나 놓여 있는 것은 내 길을 가로 막는다. 즉 다른 물건이 차지할 자리를 빼앗고 내 움직임을 방해한다. 그러면 나는, 내 고향 사람들이 말하듯이, "쓰레기에 둘러싸여 있게 되고" 따라서 다시 "청소"를 해야 한다. 즉 새로운 질서를 세워 공간을 다시 확보해야 한다.

청소는 구체적인 공간을 이해하기 위한 매우 의미 있는 과정이다. 청소를 하면서 인간은 다시 공간을 마련한다. 내가 생활하는 특정한 방의 공간, 혹은 내가 물건을 보관하는 특정한 용기 속의 공간은 객관적으로 정해진 치수에 따라 항상 똑같이 존재하지 않는다. 무질서는 인간이 움직이지 못할 정도로 공간을 줄이고 질서는 다시 새로운 공간을 만든다. 청소한 곳은 자유롭고 넓은 새로운 공간을 보여주고, 극단적으로 말하면 조금 공허하고 차갑기까지 한 공간을 만들어낸다. 공간의 크기는 본질적으로 인간의 행위에 따라 달라진다. 그래서 메피스토펠레스의 말을 우리의 맥락에 맞게 바꾸면, "질서는 너희에게 공간을 얻는 법을 가르쳐준다"(괴테의 《파우스트》 1부 1908행에서 메피스토펠레스는 "질서가 시간을 버는 법을 가르쳐준다"고 말한다 — 옮긴이)고 표현할 수 있을 것이다.

4 생활공간의 이해 가능성

인간이 살아가는 구체적인 공간은 이렇게 공간 속의 모든 사물에 자리를 지정하는, 목적이 있는 인간의 행위를 통해 조직된다. 그러나 이 공간적 질서에서는 극히 일부만을 개인이 직접 조성한다. 그 대부분은 개인을 초월한 질서로서 이미 존재하며 개인은 태어난 후 이 질서 속으로 편입된다. 하지만 초개인적인 질서 역시 합목적적인 인간 행위의 결과로 탄생한 것이다. 그래서 우리는 인간의 행위로 조성된 이 공간을 목적 공간 (Zweckraum)이라는 말로 표현해도 좋을 것이다. 세계는 이렇게 합목적적으로 구성될 때 이해할 수 있으며, 내가 공간에서 의미 있게 움직일 수 있는 이유도 그 때문이다. 목적 공간은 이해할 수 있는 공간이다.

이 관계는 이미 딜타이가 분명하게 인식했다. 그는 이렇게 말한다. "나무가 심어진 모든 자리, 좌석이 정렬된 모든 실내는 우리에게 어렸을 적부터 이해 가능한 곳들이다. 인간의 목적 행위, 정리 행위, 가치 결정의 행위가 함께 어울려 …… 방에 있는 모든 사물에 자리를 지정했기 때문이다."[19] 다른 대목에서는 이렇게 말한다. "인간은 (자신을) 둘러싸고 있는 모든 것을 그 안에서 객관화된 삶과 정신으로 이해한다. 그의 집 문 앞에 놓인 벤치, 그늘을 드리우는 나무, 집과 정원은 이 객관화를 통해 본질과 의미를 얻는다."[20] 딜타이도 인간의 행위가 개별 사물에 지정하는 위치(Stelle)라는 말을 사용했다. 사물은 이해할 수 있는 내적 질서를 세우려는 인간의 계획에 따라 각자의 공간적 상호 관계에 맞게 배치된다. 실내에 정렬된 좌석, 문 앞에서 그늘을 드리우는 나무 등 모든 개별 사물은 이 "위치"를 바탕으로 이해할 수 있다. 그리고 인간은 이 "위치" 덕에 각각의 사물을 무엇으로 파악해야 하는지, 또 어떻게 하면 그것을 올바로 사용할 수 있는지를 이해한다. 공간적으로 특정한 위치에 존재한다는 것이 깊은 의미를 갖는 이유는 바로 이 때문이다. 위치는 처음부터 사물에 담긴 의미의 상관성을 이해하는 길잡이 역할을 한다. 그래서 문 앞의 벤치는 공공시설의 벤치와 다르고, 여럿이 함께 쓰는 식탁 의자는 강의실에 정렬되어 있는 의자와 다르다.

딜타이는 이런 정리된 공간을 인간 정신의 객관화로 이해했다. 그래서 인간의 구체화된 생활공간은, 헤겔의 개념을 수용한 그의 표현대로 객관적 정신이며, 니콜라이 하르트만의 더 예리한 구분에 맞게 표현하자면 객관화된 정신이다. 객관화된 정신으로서 공간적 질서는 우리가 안전하게 움직일 수 있는 공동의 매개체이고, 모든 것이 "어렸을 적부터 이해 가능한" 매개체이다.

5 행위 공간의 여유

이 광범위한 문제를 다루기 전에 지금까지 기술한 내용을 보충하고 일부 수정할 필요가 있다. 이를 위해 가장 간단한 예로 정리된 자리의 상관성을 다시 상기해보자. 공간 속의 개개의 자리가 모여 전체를 이룬다고 해도, 공간은 그 자리들이 모인 전체와 같지 않다. 자리는 거기에 속한 사물을 위한 자리이다. 하지만 그 자리를 언제나 해당 사물이 차지하고 있는 것은 아니다. 그 자리가 비어 있을 경우 우리는 거기에 있으리라 예상했던 것을 보지 못한다. 이를테면 도구가 원래 속한 자리에 있지 않고, 감자 저장실에 아무것도 없다면 나는 실망해서 돌아올 것이다. 하지만 자리는 아직 거기에 아무것도 속하지 않은 자리일 수 있다. 이것은 앞의 예와 상황이 다르다. 이럴 경우 나는 그 자리에 아무 물건이나 놓을 수 있다. 내가 손에 쥐고 있던 물건을 내려놓거나 나중에 사용하려고 어떤 것을 준비해놓을 경우 나는 항상 빈자리를 사용한다. 이는 자리들의 전체를 서로 연관성 있는 공간적 부피들의 전체로 이해해서는 안 된다는 뜻이다.

이뿐만이 아니라 나의 생활공간과 행위 공간은 내 주위의 채워진 자리나 비어 있는 자리의 총체와는 근본적으로 다르다. 내가 사물들 사이에서 움직이고 그것들을 실제로 운용하려면, 즉 사물들 사이에서 활동하고 그것들과 관계를 맺으려면 공간이 필요하다. 그러나 이 말은 육신을 가진 존재로서 내게 일정한 자리가 필요하다는 뜻이 아니다. 물론 이 문장에서 자리라는 말은 의미가 조금 다르다. 그것은 지정된 위치로서의 자리가 아니라 필요한 공간적 부피를 뜻한다. 공간 관계를 이렇게 이해하는 한, 나는 자신을 여러 사물 중의 하나로 여기는 데 불과하다. (어떤 의미에서 이것은 사실이다.) 그러나 내가 어떤 물건을 손에 쥘 때, 잡을 때, 그것으로 무언가를 할 때, 아니면 그것을 그냥 바라보기만 할 때는 상황이 다르다. 이때는 그런 행동을 할 수 있는 공간, 내가 손을 뻗는 공간, (밖에서 객관적으로 보는 움직임이 아니라, 내면에서 보고 내면에서 진행되는) 움직일 공간이 필요하다. 이럴 경우 공간이란 말은 의미가 전혀 달라지면서, 앞에서 인간이 거주하는 빈 공간을 언어학적으로 논의했을 때 접했던 의미를 획득한다. 그리고 이 대목에서 공간 문제의 초월적인 측면과 마주한다. 같은 맥락에서 하이데거는 이 문제를 "세계 내적으로 손안에 있는 것의 공간성"(Räumlichkeit des innerweltlich Zuhandenen)과 "세계-내-존재의 공간성"(Räumlichkeit des In-der-Welt-seins)[21]으로 구분해 강조했는데, 사물이 자기 자리로 가까이 가려는 접근과 방향에 해당하는 것이 "거리 없애기"(Ent-fernung)와 "방향 잡기"(Ausrichtung)이다. 인간은 호돌로지적인 관계를 통해 "위치가 결정된다"는 사르트르의 말도 같은 의미로 볼 수 있다. 여기에서의 위치도 객관적인 공간적 상태가 아니라 내면에서 설계된 세계와의 관계로 이해해야 하기 때문이다. 이렇게 보면 자리들이 만드는 전체 질서와 내가 행동할 수 있는 여유 공간이 상호 관계를 맺으며 나의 행위 공간을 결정한다고 할 수 있다.

6 행위 공간 개념의 확장

지금까지 우리는 합목적적인 인간 행위를 통해 구성된 행위 공간을 살펴보았다. 하이데거가 말한 엄격한 의미에서 손안에 있는 것, 즉 일상적으로 사용하는 물건들은 인간의 정리 행위로 제자리에 놓여 있다. 하지만 그것들은 이미 그전에 인간이 만들어놓은 것, 즉 인간의 수공 능력이나 기술력으로 탄생한 것들이다. 이 일상의 사물들이 공간의 전체 질서와 조화를 이루면 빈틈없이 조직된 공간, 우리가 완전히 파악할 수 있는 공간이 탄생한다. 좁은 의미의 작업 공간도 그렇다. 이곳은 인간이 작업하는 곳이기도 하지만 인간의 작업에 의해 만들어진 공간이다. 이 공간은 수공과 기술의 세계가 존재하는 곳이다. 이런 곳은 주택 내부, 조직화된 작업장, 공장, 연결 도로, 교통 단위 등에서 확실히 실현되어 있고, 부정확해도 이해하기 쉽게 줄여서 말하면 도시에서 가장 순수한 형태로 실현되어 있다. 이 공간에서 나는 너무나 안전하게 움직인다. 문의 손잡이에서 담배 자판기 손잡이에 이르기까지 나는 모든 것을 손으로 쥘 수 있고 사용할 수 있으며 올바로 사용할 줄 안다. 이 공간 내부에 합리적 질서에서 벗어나는 경계가 있다면 그곳은 인간의 태만이나 실패로 유발된 "무질서"로 규정된다.[22]

그러나 이 공간은 공간 전체가 아니다. 기술이 지배하는 도시를 벗어나 자연으로 나가면 어느 정도 상황이 달라진다. 물론 기본 구조는 그대로 유지된다. 우리는 우리가 조성한 길 위에 서 있고, 우리가 가꾼 정원들, 우리가 개간한 밭 사이에 서 있다. 자연도 인간이 구축한 공간적 질서 안에 편입되었고 풍경도 인간에 의해 개발되었다. 대지의 기존 여건과 유기적 성장 고유의 법칙성이 인간의 설계 의지에 일정한 제한을 가

한다 해도, 근본적으로는 이곳에도 자리와 위치가 빚어내는 동일한 질서 구조가 남아 있어서 우리는 그 공간을 파악할 수 있다. 자연도 문화가 되었고 인간의 작업 공간과 거주 공간으로 바뀌었다.

그러나 인간이 경작한 곳의 경계선에 이르면 정말 사람의 손길이 닿지 않은 경관이 열리면서 우리가 가기 어려운 곳이 나타난다. 공간에 대한 지금까지의 정의가 적용되지 않는 곳이다. 그 경관은 인간의 설계 의지에 따라 형성된 곳이 아니다. 물론 대지의 상태에 따라 그곳으로 가는 길을 개척해야겠지만, 이곳은 우리가 조성한 길의 영역 바깥에 있는 호돌로지적 공간이라고 말할 수 있다. 도달할 수 있는 목적지 뒤에는 어떤 길로도 갈 수 없는 가파른 산처럼 전혀 다른 곳이 존재한다. 또 이곳에는 사용 가능한 사물이 자리 잡을 고정된 자리도 없다. 그래서 인간이 조성한 행위 공간을 정의할 수도 없다. 그러면 그 경관은 더 이상 공간이 아닌가? 이 질문에 대해서는 우리가 다른 공간에 들어왔다는 말로 대답할 수밖에 없다. 인간의 행동이 달라지면 공간도 달라진다. 그 공간은 이론으로 구축한 탐험가의 기하학적 공간일 수도 있고, 경관을 감상하며 받아들이는 관찰자의 미학적인 공간일 수도 있으며, 그저 인간의 모험심이 찾아낸 무한히 넓은 공간일 수도 있다. 이제 우리는 이런 종류의 공간을 통해 문명세계에 존재하는 일상의 좁은 공간을 탐색해볼 수 있다.

낮 공간과
밤 공간

1 두 공간의 관계

지금까지 우리는 행위 공간을 기술하면서 주로 인간이 만든 공간, 그래서 인간이 파악할 수 있는 공간의 분류에서 작용하는 합리적인 요소들을 분석했다. 그러면서 방법론상으로 가해진 제약 때문에 일면적인 요소만을 부각시켜 공간의 특정한 관점만 따로 떼어내 이야기하고 다른 관점들은 잠시 보류했는데, 이제 이것들을 살펴봐야겠다. 이런 관점이 있다는 사실을 우리는 이미 잠이 들고 깨어나는 과정을 논의할 때 분명히 알았다. 그 논의에서 공간이 단순히 사라졌다가 재구성되는 것이 아니라, 밤의 어둠 속에서는 낮 동안에 숨어 있던 전혀 다른 공간, 빛이 비치는 낮의 밝은 공간과 전혀 다른 고유의 특성을 가진 공간, 그리고 이 특성으로 인해 잠이 드는 인간을 보호하며 감쌀 수 있는 공간이 등장한다는 것을 확인했다.

이런 경험을 통해 비로소 우리의 일상적 공간 개념이 특정한 공간에 의해, 즉 투명하고 조망 가능한 낮 공간에 의해 유도된다는 것을 알았고, 우리가 무차별로 공간에 부여해온 많은 특성이 공간의 일반 속성이 아니라 낮 공간의 특성이라는 점에 주목하게 되었다. 그중 대표적인 것이 우리가 당연히 인정했던 전제, 그러나 사실은 전혀 당연하지 않은 전제, 즉 우리가 공간에서 사물을 볼 수 있다는 전제이다. 우리가 공간의 기본 구조를 기술할 때 당연한 듯이 포함했던 지평선과 시점은 가시적인 세계에만 존재한다. 그러나 우리가 더 이상 사물을 보지 못한다면 지평선도 시점도 모두 사라진다. 하지만 그것을 위해 우리의 눈이 멀 필요까지는 없다. 어둠이 찾아오는 저녁이 되면 공간에 있는 사물의 가시성은 사라진다. 그럼에도 우리는 공간 속에 존재한다. 단지 이 공간의 성격이 전혀 다를 뿐이다. 우리는 이 공간을 밝은 낮 공간과 구별해 밤 공간이라 부르고 밤 공간에 주어진 새로운 관점들에 시선을 돌려보겠다.

  두 공간을 대비할 때 우선 눈에 띄는 것은, 낮 공간이 시각을 통해 파악된다는 것, 다시 말해 낮 공간은 시각적 공간이라는 점이다. 낮 공간에서는 시각이 주도하면서, 만지고 듣는 다른 감각들은 보완적으로만 나타난다. 반면에 밤에는 후자가 우세하다. 시각을 완전히 배제하지는 않지만 최소한도로 밀어낸다. 따라서 각각의 감각이 전체 공간 구성에 관여하는 비율을 연구하여 그 감각에 해당하는 공간 형태인 시각 공간, 청각 공간, 촉각 공간을 구별해야 할 듯하다. (후각과 미각은 여기에서 제외하겠다.) 실제로 심리학에서 실행한 이런 감각 공간들의 연구 결과는 중요한 자료이다. 하지만 우리는 인위적으로 잘려 추상적으로만 분리되는 이런 부분적 공간이 아니라, 여러 다른 조건에서 변화하는 체험공간 전체에 관심이 있다. 여기에서는 낮 공간과 밤 공간을 구분하면서 그 중간에 있는 전환적 형태도 살펴보려 한다. 각기 다른 감각 공간들은 상상에 의한 공간으로서 보조적으로 참고하겠다.

2 낮 공간

낮 공간은 공간 경험에서 우위에 있다. 우리에게 익숙한 기존 공간 개념
은 낮 공간에서 얻어낸 것들이다. 밤 공간 고유의 본질을 알기 위해서는
그것을 낮 공간과 대비해봐야 한다. 그러면 맨 먼저 밤 공간의 특성을 결
정하는 결핍 현상들, 즉 가시성과 연관된 요소들의 단절이 드러난다. 이
것을 안 뒤에야 우리는 밤 공간의 긍정적인 특성을 발견할 수 있다. 따라
서 밤 공간을 낮 공간과 대비하려면 우리는 낮 공간부터 관찰해야 한다.
여기에서는 두 공간의 결정적인 차이점을 드러내는 특성에만 한정시켜
보겠다.

　낮 공간의 본질적 특성은 우리가 그것을 온전히 확장된 상태로 "조
망"할 수 있다는 데 있다. 우리는 개별 사물들만 보는 것이 아니라 그것
을 공간 전체에 편입해 바라본다. 무엇에 몰입하는 순간 우리가 시선 면
을 이용할 때, 즉 거리는 무시한 상태에서 모든 공간 현상을 시선 방향의
수직 면에 투영하면, 개별 사물들은 일정한 윤곽을 가지고 뚜렷하게 구
별되어 나타난다. 그러나 시선 면은 늘 색과 밝기로 채워져 있으며 항상
연속체로 주어져 있다. 다시 말해 그곳에는 빈 부분이 없다. 시야에 빈틈
을 만드는 눈의 "맹점"이나 암점도 언제나 완결된 연속체로 모인다.[23]
　시선 면은 여기에서 논의를 단순화하려고 끌어들인 예에 불과하다.
실제로 우리는 사물을 처음부터 온전히 입체적인 모습으로 본다. 시각적
깊이까지 포함해서 본다는 뜻이다. 여기에서 시각적 깊이의 체험이 어떻

게 유전학적으로 발생했느냐 하는 것은 핵심이 아니다. 우리에게 중요한 것은 이미 시각적 깊이가 주어졌다는 순수한 현상적 사실이다. 시각적 깊이에서 사이 공간을 채우는 연속체처럼 보이게 하는 것은 가까운 사물을 지나 멀리 있는 사물이 있는 공간까지 도달하는 시선이다. 이때 시선 면의 완결성을 만들어내는 연속체는 빈 공간이 되고 이것이 가까운 사물을 먼 곳의 사물과 분리한다. 우리가 아무것도 없는 것처럼 보이는 사물 사이의 사이 공간까지 지각할 수 있다는 점이 낮 공간의 특성이자 낮 공간을 다른 공간 형식과 구별해주는 점이다.

시각 공간이 일목요연하게 깊이까지 분류되는 이유는 여기서 자세히 분석할 수 없는 인지와 운동의 결합 때문이다.[24] 즉 내가 앞쪽 사물을 지나 뒤쪽 공간을 "응시"할 때 시선이 이동하는 방식 때문이다. 이 경우 요구되는 물리학적 전제는 곧게 뻗는 광선의 직선적 성질인데, 시각적 공간에서만 직선이 (그리고 이 개념에 근거한 평면이) 의미 있다는 것을 알아야 한다. 라셴이 "가시적 사물의 연결"[25]이라고 일컫은 현상도 시선의 "응시", 다시 말해 세 점을 일직선에 놓을 수 있는 능력으로 인해 가능해진다. 라셴은 여기에서 공간과 얼굴의 본질적 유사점을 도출해냈다. 이는 우리가 이해하는 공간이 눈으로 포착한 공간이며, 촉각을 비롯한 다른 감각들도 함께 작용하기는 하지만 독자적인 공간은 생성하지 못한다는 것을 의미한다.

가시 공간이 일목요연하게 조망된다는 사실은 민코브스키가 《살아가는 시간》에서 낮 공간과 밤 공간, 밝은 공간과 어두운 공간을 구별하며 분명히 강조했다. 눈을 뜨면 낮 공간이 내 앞에 활짝 열린다. 나는 뚜렷한 윤곽을 가진 사물을 볼 수 있고, 사물들을 떼어놓는 거리도 인지한다. 또 나는 사물들만 보지 않고 그 사이에 존재하는 빈 공간도 본다. 거기에는 내용이 채워진 부피 있는 물체도 있고 빈 공간도 있다. 이때 중요한 것은 모든 것을 하나로 연결하는 일목요연함이다. 민코브스키는 "이 공간에 있는 모든 것은 투명하고, 확실하고, 자연스럽고 아무 문제가 없다"[26]고 말한다. 그 공간은 빛과 밝기와 투명함과 확실함이 특징인 "정신적" 공간이기도 하다. 민코브스키는 이 밝은 공간이 처음부터 다른 이들과 함께 쓰는 공동의 공간으로 주어졌다고 덧붙였다. "밝은 공간은 넓은 의미에서 사회화된 공간이다." 만일 이 공동성에 완전히 노출되고 싶지 않다면, 거기에 홀로 쓸 수 있는 사적인 영역, 공간의 공공성에서 물러나 숨어들 수 있는 은신처를 마련해야 한다.

3 어스름한 공간

완전한 어둠이 지배하는 밤 공간을 이야기하기 전에 앞에서 언급한 전환적 현상에 시선을 돌려보겠다. 여기에서는 낮 공간에 있던 투명함과 일목요연함이 사라지고 그와 더불어 존재했던 지평선도 단계적으로 없어진다. 여기에 속하는 것이 황혼과 안개, 그리고 이와 유사한 현상들이다. 나는 이것들을 간단히 어스름한 공간이라고 부르겠다.

a) 숲

어스름한 수평적 공간으로는 맨 먼저 숲을 들고 싶다. 물론 숲은 엄격하게 말하면 어스름하다고 할 수 없다. (아니면 나무들이 희미하게 솨솨거리는 소리와 맞물린 숲의 어둠 때문에 아주 제한적으로만 그렇게 말할 수 있다.) 다른 전환적 현상과 달리 숲에서는 안개나 어둠 같은 매개물이 가시성을 방해하지 않는다. 이곳에서는 사물의 형태를 분명히 알아볼 수 있다. 오히려 숲에서는 사물 자체가 시선을 방해한다. 즉 나무줄기, 덤불, 가지, 나뭇잎 따위가 일종의 내부 공간 같은 좁은 영역에 인간을 가두면서 시선을 가로막는다. 그래서 시선은 겨우 몇 미터 정도만 숲 안쪽으로 들어갈 수 있을 뿐 더 나아가지 못하고 나무줄기 사이에서 사라진다.

이런 면에서 숲은 내부 공간과 외부 공간 사이에 자리 잡은 일종의 중간 지대라고 할 수 있다. 숲은 넓게 퍼진 자유로운 공간이 아니다. 그곳은 밖을 내다볼 수도 없고 분명히 끝나는 지평선도 없는 곳이다. 인간은 숲에 포위된다. 그러나 이것은 여타 전환 현상의 포위와는 성격이 많이 다른, 어느 정도 물질적인 포위이다. 안개를 비롯한 포착할 수 없는 매개물(여기에 대해서는 뒤에 가서 이야기하겠다)이 시선을 차단하는 게 아니라, 나무나 덤불처럼 잡을 수 있는 실제 사물이 이동 능력 자체를 방해하기 때문이다. 그러나 한편으로 숲의 포위는 통과 불가능한 경계선을 표시하는 고정된 담의 포위도 아니다. 숲에서 인간은 좁은 공간에 묶여 있지만 거기에는 표시할 수 있는 정해진 경계선이 없다. 숲에서 인간은 어느 정도 자유롭게 움직일 수 있다. 숲을 통과해 지나갈 수도 있다. 그러나 숲의 한쪽으로 들어가는 순간 인간의 시선은 갇힌 상태에서 빠져나오지 못한다. 오히려 겨우 조망할 수 있는 좁은 영역이 그림자처럼 그를 따라 움직인다. 이 역설적인 숲의 성격은 바슐라르가 인용한 프랑스 현대 시인의 글에 이렇게 적혀 있다. "숲의 특색은 닫혀 있는 동시에 사방으로 열려 있다는 점에 있다."[27] 으스스하게 옥죄는 듯한 숲의 성격은 여기에서 비롯된다.

그런데 모호하게도 이 "경계 없는 세계"[28]에서는 어떤 방향도 다른 방향보다 특출나지 않다. 그래서 인간은 숲에 나 있는 길의 안내를 받지 못하면 방향감각을 잃어버리기 십상이다. 하지만 이 길조차 인간을 안전하게 데려다주지 않는다. 가늠하기 힘든 굽이길 속에서 확실한 방향을 유지할 수 없기 때문이다. 그는 길을 가면서도 무작정 이끌려간다. 그래서 인간은 숲에서 길을 쉽게 잃는다. 그래서 불안감이 생겨날 수 있다. 그는 자유로운 시선에 따른 안전한 시야를 얻지 못한다. 덤불마다 적이 매복하고 있을 수 있다. 어스름, 즉 반투명함도 숲의 본질에 속한다. 개개 사물은 뚜렷한 윤곽을 잃고 사방으로 들어찬 이 매개물에 흡수된다. 게다가 어딘가에서 쫄쫄거리는 소리까지 들리면 개별 소리들은 이 불특정한 상황에서 하나로 합쳐져 어둑하고 몽롱한 인상을 풍긴다.

아이헨도르프의 시에서는 이 느낌이 낭만주의적 해석을 통해 매번 새로이 표현되었다.

> 숲 속에서, 물이 졸졸 흐르는 속에서,
> 나는 내가 어디에 있는지 모르겠네.[29]

이렇게 그는 포괄적인 전체에 안거(安居)하는 낭만주의적이고 범신론적인 태도를 보여주었다. 그러나 이런 분위기는 낭만적이고 낙관적인 삶의 열광이 사라진 곳에서는 스산함으로 바뀔 수 있다. 그러면 숲은 어마어마한 위력으로 (열대 원시림이 과거 문명의 발상지를 삼켜버렸듯이) 인간의 모든 공간 구성을 좌절시키는 위협적인 힘으로 느껴진다.

> 숲에는 어마어마한 힘이 있다.[30]

숲의 근원적인 힘을 강하게 느꼈던 베르겐그루엔은 이렇게 말했다.

b) 안개

숲에서는 연달아 밀려드는 숱한 형태의 사물로 인해 개별 사물이 공동의 전체 속으로 사라졌다. 이 현상은 만질 수 있는 개개 사물이 아닌, 대기 (大氣) 상황 전체가 시선을 차단하는 곳에서 정점에 이르고 특히 안개에서 인상적으로 나타난다. 안개는 조망 가능한 낮의 세계와 비교할 때 완연히 달라진 세계를 보여준다. 안개 속에서 사물은 포착할 수 있는 성질을 잃어버리고 붙잡을 수 없게 달아나면서 새로운 위협으로 다가온다. 우리가 숲에서 강조했던 것보다 더 큰 위협이다. 사물은 안개 속에서 등장했다가 다시 사라진다. 왔다 가는 모습을 볼 수도 없이 두 현상은 갑작스럽게 일어난다. 그래서 내 마음은 사물의 접근에 대비하지 못한다. 느닷없이 내 앞에 사물이 위험할 정도로 가까이 다가와 있다. 이 세계에서는 거리가 단계적으로 천천히 바뀌지 않는다. 안개 속에는, 숲의 경우와 비슷하지만 그보다 훨씬 범위가 좁은 근접 구역만이 존재하고, 그 뒤쪽에서는 흰색 무(無)가 열린다. 그래서 동프리슬란트어로 안개를 "작은 세계"라고 하는데, 이는 작은 근접 구역에 한정돼 있음을 분명히 표현한 말이다. 그렇기에 안개 속에서는 갑자기 충돌할 만큼 가까운 곳에서 사물을 마주친다. 그래서 이 경우에는 사물이 접근할 때 흔히 "앞을 주시" (Vor-sicht)하는 행동이 불가능하므로 더 큰 주의를 기울여야 한다.

헤르만 헤세는 이 경험을 인간 고독의 체험으로 인상 깊게 묘사했다. "안개가 이웃한 사물들, 서로 친근해 보이는 것들을 모두 떼어놓고, 모든 형체를 덮어버리고, 차단하고, 피할 수 없이 외롭게 만드는 것을 볼 때면 이상하게도 늘 마음이 아프다. 시골길에서 한 남자가 네 곁을 지나간다. 암소나 염소를 몰고 가는 사람일 수도 있고, 손수레를 밀고 가거나 여행 보따리를 지고 가는 사람일 수도 있다. …… 그 남자가 다가오는 것을 보고 네가 인사를 하면 그 사람도 답례 인사를 한다. 하지만 그가 막 네 곁을 지나가자마자 몸을 돌려 바라보면 그는 어느새 모습이 희미해지고 이내 자취도 없이 희뿌연 안개 속으로 사라진다."[31] 다른 세계의 소리는 들려오지만 그 모습은 더 이상 보이지 않을 때 고독은 더욱더 마음을 짓누른다. "네 귀에 아주 가까이에서 사람과 짐승의 소리가 들려와도 너는 그들을 보지 못한다. 그들이 걸어가고 일하고 소리를 지르는 모습도 보지 못한다. 이 모든 것이 조금은 동화 같고, 낯설고, 다른 세상의 일 같다. 그러면 너는 잠시 그 속에 있는 상징성을 분명하게 느끼고 소스라치게 놀란다. 한 사물이 다른 사물에게 낯설고, 그게 누구든 인간도 다른 인간에게 너무나 낯선 존재이며, 우리는 길을 가며 겨우 몇 걸음 옮기는 동안 서로 스치며 만날 뿐 겉으로만 서로 비슷하고 가까우며 친절하다고 느낀다." 헤세는 이 경험을 널리 알려진 시구로 표현했다.

안개 속을 걸으면 이상하여라!
수풀과 돌은 저마다 외롭고
나무도 다른 나무를 보지 못한다.
모두 다 혼자다……
안개 속을 걸으면 이상하여라!
삶은 외로운 것.
사람들은 서로를 모르고 산다.
모두 다 혼자다.[32]

헤세가 인간의 고독에 초점을 맞춘 것은 어쩌면 그만의 특별한 해석일지 모른다. 그의 문장에서 확실히 드러나는 직접적인 사건에 주목해보면 이는 빈 공간에 두렵게 매달려 있는 상황에 가깝다. 그리고 안개가 옅고 휠수록 상황은 더 두려워지면서 실체 없이 빈 공간에 떠 있다는 느낌이 어떤 위협보다 강하게 밀려든다. 여기에서는 파스칼이 말한 무한한 공간의 침묵[33]보다 더 두려운 공허함이 바로 옆에서 덤벼든다.

c) 내리는 눈

슈티프터는 《수정》에서 두 아이가 함박눈이 쏟아지는 길을 걷는 모습을 으스스한 분위기로 묘사했다. 두 아이에게 눈은 주변 세상을 사라지게 만든다. "아이들 주위로는 눈부시게 하얀 눈밖에 없었다. …… 그 눈은 점점 작은 원을 그리며 아이들 주변을 맴돌다가 띠 모양으로 밝게 내려앉는 안개로 바뀌었다. 나머지 하얀 눈들을 빨아들이고 감싸던 안개는 다름 아닌 지칠 줄 모르고 내리는 눈이었다." 이어 슈티프터는 이렇게 적었다. "아이들 주변에는 온통 하얀 눈뿐이었다. 그것을 차단하는 어둠은 주변에 보이지 않았다. 눈은 넘쳐흐르는 거대한 빛처럼 생각되었지만, 사실은 세 발자국 앞도 볼 수가 없었다. 모든 것이 유일한 하얀 어둠에 감싸여 있었다. 그림자가 없으니 사물의 크기도 가늠할 수 없었다. 급경사에 발이 걸려 어쩔 수 없이 위로 방향을 틀어야 할 때까지 아이들은 자기들이 위로 가는지 아래로 가는지도 알지 못했다."[34]

이것도 안개 속 공간과 비슷하게 허공에 떠 있는 느낌이지만 그와는 조금 색다르다. 슈티프터는 "넘쳐흐르는 거대한 빛"과 "유일한 하얀 어둠"이라고 표현했다. 산에서 스키를 타본 사람이라면 이런 경험을 해보았을 것이다. 어마어마한 밝음, "하얀 어둠"이 무언가 확실한 것을 알아볼 수 없는 상황에서 인간을 밤의 칠흑 같은 어둠보다 더 두려운 허공 속에 내던진다. 이는 주변세계가 완전히 실체를 잃은 상태이다. 그럴 때 인간은 허공으로 추락할 수밖에 없다는 느낌이 든다. 주변에 의지할 수 있는 고정된 것이 전혀 보이지 않기 때문이다. 그는 몸이 붕 떠서 허공으로 떨어진다고 생각한다. 이때도 눈이 내리는 흐린 상태에서 몸이 이탈되는지, 아니면 정말 안개까지 낀 상태에서 강렬한 햇빛에 의해 그 안개가 거대한 하얀 빛으로 바뀌는지를 구분해야 한다.

눈이 내리는 공간은 절대적인 수평 공간이다. 위에서 분명하게 드러나 있듯이, 눈이 내리면 수직과 수평을 구분하는 인간의 방향감각은 금방 사라지지 않더라도(중력감이 남아 있다) 불안하게 위태로워진다. 높이의 차이를 알 수 없게 되고, 하늘과 땅의 경계가 보이지 않는다. 조심스럽게 더듬어 나가는 발길이 높낮이의 차이를 지각할 때, 수평으로 이동하다 높은 곳으로 올라갈 때, 비로소 우리는 달라진 근육 감각을 통해 지형이 높아진다는 사실을 알아챈다.

d) 황혼

황혼이 깃든 후 어둠이 점점 짙어지다가 곧 깜깜한 밤으로 바뀔 때의 상황도 안개와 비슷하다. 두 현상은 흔히 함께 나타난다. 황혼이 깃들 때 특히 안개가 피어나기 때문이다. 땅거미에서 피어올라 어둠 속으로 사라지는 안개는 밝은 빛이 넘칠 때의 안개와 성격이 전혀 다르다. 황혼의 안개는 인간을 빨아들여 그가 허공으로 떨어진다고 믿게 하는 무(無)의 느낌이 아니라, 반대로 실체를 가진 어떤 것이 인간에게 위협적으로 달려드는 느낌을 준다. 지각과 착각의 경계가 모호해지는 곳에서는 끊임없이 변해 붙잡을 수 없는 위협적인 세계가 탄생한다. 어스름 속에서 희미하게 사라지는 수풀은 위협적인 형상으로 바뀐다. 곳곳에 알 수 없는 위험이 항상 도사리고 있고, 깊은 불안감이 인간을 엄습한다.

괴테의 시 〈마왕〉에는 황혼이 빚어내는 무시무시한 효과가 시적으로 표현되어 있다.[35] "안개 띠", 마른 잎이 바람에 흔들리는 소리, 오래된 잿빛 버드나무는 그런 으스스하고 위험한 세계를 만들어내기에 충분하다. 괴테는 이 위협적인 땅거미의 위력을 여러 시에서 훌륭하게 묘사했다. 일례로 〈중국·독일의 계절과 시간〉에는 이렇게 적혀 있다.

땅거미가 내려앉으면서
가까이 있는 것들은 모두 멀어졌다……
모든 것은 불확실한 모습으로 비틀거린다.
안개가 슬그머니 피어오르고,
호수는 칠흑 같은 어둠을 비추며
가만히 누워 있다.[36]

여기에서 중요한 것은 주위가 축소되어 "작은 세계"로 밀려난다는 점이다. "가까이 있는 것들은 모두 멀어졌다……." 가까운 주변 구역이 인간을 중심으로 줄어든다. 지금까지 가깝다고 생각되던 것들이 멀리 밀려났기 때문이다. 〈환영과 이별〉에는 더 극단적으로 표현되어 있다.

떡갈나무는 벌써 안개 옷을 입고 있다.
거인이 우뚝 솟아 있었다.
어둠이 덤불에서 백 개의 검은 눈으로
내다보던 그곳에.[37]

어둠에 있는 "백 개의 검은 눈"은 희미한 세계에서 인간을 덮치는 스산함을 나타내기에 적절한 표현이다. 인간은, 그를 바라보고 있는데도 정작 자신은 응시할 수 없는 시선에 속수무책으로 내던져졌다는 느낌을 받는다. "밤은 수천 개의 괴물을 만들어낸다"고 같은 시에 적혀 있다. 그것은 인간의 두려움이 만들어낸 괴물이다.

물론 같은 황혼이 인간에게 전혀 다르게 다가올 수 있고 덜 위협적으로 느껴질 수 있음을 간과하면 안 된다. 마티아스 클라우디우스는 〈황혼의 외투〉라는 유명한 저녁 노래에서 세상이 너무나 아늑하고 사랑스러워지는 황혼을 노래한다. 먼 곳이 사라지면서 세계가 작은 영역으로 축소되는 느낌은 여기에도 나타난다. 그러나 세계가 어둠 속에서 사라지면 동시에 적대적으로 위협하는 세계도 함께 사라진다. 그러면 이제 나타나는 좁은 세계는 어떤 외부 힘에도 위협받지 않고 인간을 보호하는 외투처럼 느껴지고 마치 인간 자신의 것인 양 느껴진다. 그것은 잠이 드는 세계이자 인간까지 잠으로 초대하는 세계이다.

따라서 인간은 이 공간에 전혀 상반되는 느낌으로 반응할 수 있다. 안개와 황혼 속의 인간을 처음 덮치는 것은 으스스하고 불안한 느낌, 유령이 나올 듯이 위협적인 느낌이다. 그곳은 인간이 불안과 고독감으로 고통받는 두려움의 공간이다. 하지만 그 황혼은 무언가 "아늑한" 느낌, 인간을 감싸는 느낌을 줄 수 있다. 이 느낌이 완성되는 때가 밤이다.

똑같은 상황, 혹은 기껏해야 단계적으로 달라지는 상황이 이렇게 상반되는 작용을 하는 이유는 무엇일까? 바로 인간의 태도가 각기 다르기 때문이다. 잠이 드는 과정을 이야기할 때 우리는 인간이 잠에 빠지려면 낮에 갖고 있던 주의력을 어느 정도 내버리고 자신을 떨어뜨려야 한다는 것을 알았다. 그러면 한눈에 조망할 수 있어 신중히 자아를 유지할 수 있었던 낮 공간이 달아나면서 처음에는 꼼짝도 할 수 없는 불안감이 엄습한다. 그럴 때 인간은 불안해지고, 앞에서 묘사했듯이, 내던져졌다는 느낌을 받는다. 어둠은 빛이 없는 상태이고, 세상에서 목적을 가진 행위를 하지 못한다는 사실을 의미한다. 인간이 밝은 낮의 세계에서 갖고 있던 방향감각을 포기하고 무방비 상태로 자신을 어둠에 맡길 때 비로소 어둠은 본질을 펼칠 수 있다. 그러면 인간을 감싸는 밤 공간을 깊이 있게 경험할 수 있다. 따라서 우리는 지금부터 밤 공간 고유의 본질을 살펴보려 한다.

4 밤 공간

a) 밤길

눈에 보이던 익숙한 공간이 대기 상황의 변화에 따라 달라지는 현상은 밤에 이르러 완결된다. 양극단에 있는 두 공간을 서로 비교해보자. 어두운 밤 공간은, 투명하고 조망 가능하지만 무미건조하고 평온한 낮 공간과 전혀 다른 구조를 보여준다. 이는 순수한 촉각 공간 혹은 청각 공간의 추상적인 구조나, 눈이 멀어 볼 수 없는 사람의 세계에서 그 공간이 실현되는 방식을 뜻하는 말이 아니다. 밤이면 우리 모두에게 주어지는 공간에 대한 구체적인 경험을 말하고, 규칙적으로 밝은 낮 공간으로 전환되는 와중에도 매번 어떻게 그런 경험을 할 수 있느냐를 묻는 것이다. 어쩌면 낮의 밝은 세계를 알고 있는 존재만이 어두운 공간의 특성을 완전히 이해할 수 있을 것이다.

생생한 비유를 들기 위해 밤에 시골길을 걷는 상황을 설명해보겠다. 이곳도 가시성이 완전히 사라진 공간은 아니다. 밤길을 걸으면 먼 농가에서 개 짖는 소리, 나에게 다가오는 사람의 발걸음 소리 등 여러 소음이 들려오듯이 가시성의 흔적도 조금 남아 있다. 일례로 나는 머리 위에 떠 있는 별들이나 구름 뒤에 숨어 있는 달 빛, 멀리 떨어진 부락의 불빛을 볼 수 있고, 몇 걸음 앞에 놓인 길이 그 옆의 어두운 풀밭과 어떻게 다른지도 알 수 있다. 그러나 분간할 수 있는 곳은 희미한 근접 지역뿐이다. 그 뒤쪽 세계는 균일한 어둠 속으로 사라진다. 나에게 스며들던 불빛조차 일정한 거리에 있지 않다. 그래서 밤길을 걸을 때는 눈앞에 나타난 불빛이 얼마나 멀리 떨어져 있는지, 피곤한 상태에서 얼마나 더 걸어가야 하는지 가늠하기 어렵다.

이런 상황들로 인해 어둠 속에서 걷는 나의 움직임이 바뀐다. 그 공간을 "조망"할 수 없기 때문에 나는 자유롭고 자연스럽게 움직일 여지가 없다. 더욱이 눈앞에 있는 손도 보이지 않을 만큼 어둡다면 그 공간에서는 조심스럽게 더듬어 나가야만 움직일 수 있다. 당장 고르지 못한 땅바닥에 걸려 넘어지거나 어떤 식으로든 무언가에 아프게 부딪힐지도 모른다. 그래도 거리낌 없이 걸어간다면 그 이유는 단단한 길의 성질에 대한 "맹목의 믿음" 때문이다. 마찬가지로 어둠 속에서 내 집에 있을 때 나는 비교적 자유롭게 움직인다. 낮 동안에 모든 사물의 위치를 알아두었고 사물들 사이를 오가는 움직임이 습관에 의해 체화되었기 때문이다. 그래서 어느 물건이 원래 있을 자리가 아닌 곳에서 걸음을 방해하거나 그 물건에 부딪치면 그만큼 나는 흠칫 놀라고 때로는 고통스러울 것이다. 하지만 내가 알지 못하는 공간에 들어선 순간, 이를테면 길이 없는 숲 속이라면 나는 두 발로 더듬고 두 손으로 확인해야만 앞으로 나아갈 수 있으며, 예상치 않은 소리가 나면 그것이 어디에서 들려오는지 귀 기울이게 된다. 평소에 하던 "전방 주시"(Vor-sicht)가 불가능하기에, 즉 내 앞에 놓인 공간을 조망할 수 없기에 나는 사방으로 주의를 집중해야 한다.

그럼에도 밤 공간을 낮 공간의 결핍으로만 보거나 완전한 가시성이 단절되어 공간이 제한돼 있다고만 보는 것은 잘못이다. 밤 공간 역시 고유의 성격을 갖고 있기에 우리는 그것을 알고 있어야 한다.

b) 민코브스키와 메를로퐁티의 묘사

앞에서 낮 공간의 특성을 논의할 때 언급했던 민코브스키는 밤 공간의 본질을 처음 분석한 사람일 것이다. 먼저 그가 관찰한 내용부터 살펴보겠다. 민코브스키에 의하면, 밤 공간을 결정하는 어둠은 단순히 빛의 결핍이 아니다. 어둠은 고유의 긍정적인 특성을 가지고 있다. 어둠은 밝음보다 "더 물질적"이다. 어둠의 공간은 분명히 알아볼 수 있는 낮 공간처럼 "내 앞에서 확장되지 않는다". 그것은 "나와 직접 접촉하고 나를 감싼다. …… 어둠의 공간은 내 안으로 들어와 나를 철저히 관통하기 때문에 …… 빛은 그렇지 않은데 어둠은 나를 통과한다고까지 말할 수 있다".[38]

그러니까 밤 공간은 내가 어느 정도 자유롭게 움직일 수 있는 운신의 여지를 주지 않는다. 밤 공간은 나를 바싹 에워싼다. 말하자면 내 몸 표면에 얹혀 "나와 직접 접촉한다". 그러나 한편으로 밤 공간은 낯설지도 않다. 나는 이 공간이 나를 보호하며 받아준다는 느낌을 받는다. "어둠의 공간은 내 안으로 들어와 나를 철저히 관통한다." 자아가 어둠과 뒤섞이고 인간은 그 공간과 하나로 녹아든다.

이 성격과 연관되는 두 번째 특성이 있다. 깨어 있는 밝은 공간의 투명함과 달리 어둠의 공간은 "불투명"하고 그래서 신비로 가득하다. "암흑의 공간에서는 모든 것이 어둡고 신비스럽다."[39] 그곳에서 우리는 미지의 것의 현존을 느낀다. 따라서 어둠은 결코 절대적인 무가 아니라, 정반대로 경이와 신비로 가득 차 있다. 빛 혹은 가물거리는 빛이 어둠을 꿰뚫고 들어오고 살랑거리는 소리가 나기도 한다. 이런 희미한 모습과 소리들은 어둠을 채우듯이 나까지 가득 채운다.

밤 공간에는 거리가 없고 본래 의미의 확장도 없지만 나름의 깊이는 있다. 하지만 이 깊이는 낮 공간에서 보는 깊이와 차원이 다르다. 밤 공간에 있는 깊이는 높이와 너비와 연계되지 않는다. 밤 공간이 가진 유일한 차원이 (어떤 식의 측량도 불가능한) 깊이다. 밤 공간은 끝이 없는 어두운 덮개이며, 모든 방향은 그 속에서 똑같아진다. 또 밝은 낮 공간은 (민코브스키에 의하면) 처음부터 공동의 공간인 반면, 밤의 어두운 공간에서 인간은 혼자다. 무언의 동의를 표현하는 눈빛도 없고 연대감을 표시하는 미소도 없다. 밤은 무언가를 보여주지 않는다. 그저 말하거나 침묵할 뿐이다.

민코브스키는 어두운 공간에 대한 자신의 결론을 우선 정신분열증 환자의 세계와 연결시켜 발전시킨다. 그의 견해에 의하면 정신분열증 환자들에게는 어두운 공간만이 존재한다. 하지만 어두운 공간은 건강한 사람의 세계에도 존재한다. 단지 밝은 공간과 주기적인 전환 관계에 있는 공간이라는 점이 다를 뿐이다. 따라서 낮 공간과 밤 공간의 상호 관계에 대한 의문이 생긴다. 이에 대해 민코브스키는, 내 방에 앉아 있을 때도 방의 벽 너머에서 공간이 계속 이어진다는 것을 안다는 전제에서 출발한다. 그는 방에서 보이지 않는 이 공간을 밝은 영역의 경계선 뒤로 물러난 밤 공간과 동일시했다. 밝은 공간은 어두운 공간에 둘러싸여 있고 어두운 공간은 밝은 공간 뒤에 있다고 민코브스키는 생각했다. 가시성의 경계 너머에서 불확실하게 주어진 공간을, 구체적으로 느끼는 어두운 공간과 동일시하는 것이 완전히 납득되지 않을 수도 있다. 그러나 두 공간을 대칭 관계로 볼 수 없다는 점, 오히려 어두운 공간은 불확실하고 알기 힘든 방식으로 낮 공간이 전개되는 바탕을 만든다는 견해는 적절하다. (방은 밝은 공간부터 파악해야 할 것이다.)

메를로퐁티는 《지각의 현상학》에서 밤 공간이 낮 공간보다 우위에 있다는 민코브스키의 견해에 동의하며 그것을 받아들였다. 그는 낮의 세계가 밤의 세계로 넘어가는 과정을 이렇게 묘사한다. "투명하고 확실했던 사물의 세계가 제거되면, 그 세계에서 차단된 지각하는 우리의 자아는 사물이 없는 공간성을 그려낸다. 이 과정은 밤에 일어난다. 밤은 내 앞에 있는 대상이 아니다. 밤은 나를 감싸고, 내 모든 감각 안으로 들어오며, 나의 기억들을 질식시키고, 내 개인의 정체성을 거의 지워버린다. 나는 더 이상 지각 장소에 머물러 거리를 두고 사물의 윤곽을 차례차례 떠올리지 않는다. 밤은 윤곽이 없다. 나와 직접 접촉하며, 밤과 나는 마나 (mana: 자연계에 내재하며 그곳에서 발현해 우주의 질서를 유지하는 초자연력—옮긴이)와의 신비로운 합일을 이룬다. 밤에 존재하는 외침이나 먼 곳의 불빛도 어렴풋하게만 들리고 보일 뿐이다. 밤은 오로지 전체로서 살아 있다. 밤은 층과 표면, 거리가 없는 순수한 깊이이다."[40]

메를로퐁티의 묘사는 그가 일부만 참고했던 민코브스키의 묘사와 전적으로 일치한다. 이보다 더 중요한 것은 그가 민코브스키의 사유를 발전시킨 방향이다. 그중 하나가 마나의 개념을 끌어들여 그것이 밤에 신비롭게 관여하는 걸 보여주는 부분이다. 밤 공간에 나타나는 사고의 형태는 "논리에 앞서는" 사고이다. 이런 측면에서 보면, 밤에 삶의 근원을 가깝게 느꼈던 낭만주의자들의 태도는 지극히 당연하다. 개인의 정체성 소멸은 주체와 객체의 분리가 사라지면서 나타나는 필연적인 결과이다. 밤에 애니미즘적 사고가 등장하는데 이 역시 원초적인 삶의 태도와 일치하며, 오늘날 우리가 볼 수 있는 유령에 대한 믿음이나 유령 공포증도 이런 사고가 낳은 결과이다.

공간성의 변화는 수면과 꿈속에서 더 분명하게 드러난다. 인간이 깨어 있는 상태로 밤 공간에 있으면, "사물이 없는 공간성"은 불안을 안겨주거나 사물이 있을 때 느꼈던 익숙한 발판의 결핍으로 여겨진다. 이 상황에 맞서 그는 당장은 낮 동안의 팽팽했던 주의력을 유지하지만 나중에는 밤과 신비로이 합일을 이루며 밤 공간은 내부에서 활기를 띤다. 반면에 잠을 잘 때 인간은 의식적 사고 차원을 완전히 포기하고 삶의 깊은 밑바닥에 온전히 자신을 내던진다. 밤 공간의 경험은 이때에야 비로소 완성된다. 메를로퐁티는 이렇게 강조했다. "잠을 자는 동안 나는 내 실존의 주체적 근원으로 돌아온다. 꿈에서 보는 모습들은 밝은 공간과 관찰 가능한 대상들이 속해 있던 일반적 공간성을 더 잘 드러낸다." 이와 관련해 메를로퐁티는 신비하고 병리적인 공간 경험에서도 접할 수 있는 "근원적 공간성"[41](spatialité orginaire)이라는 말을 사용했다. "근원적 공간성"이라는 말은 "사물이 없는 공간성"이라는 오해하기 쉬운 표현이 암시하듯 개별적인 지각에 앞서 주체 속에 심어진 선험적 공간 구조를 뜻하는 게 아니다. 그것은 인간 주체의 근원적 상태에 부합하는 공간성, 여타 변형된 공간성을 파생시키는 본래의 공간성을 의미한다.

4

분위기 있는
공간

1 좁은 느낌과 넓은 느낌

어스름한 공간과 밤 공간을 관찰한 결과 공간은 대상의 인식과 합목적적인 행위가 이루어지는 항상 동일한 장일 뿐 아니라, 더 나아가 감정이나 의지와 밀접히 결부된 곳이고 인간의 전체 심리 상태와 관련되는 곳임을 분명히 알게 되었다. 레빈도 호돌로지적 공간은 대지의 외형적 조건만이 아니라 개인의 심리 상태에 따라 달라진다고 지적했다. 이 말은 일반적인 의미에서 체험공간 전체에도 적용된다.

앞에서 논의했던 공간의 좁음과 넓음의 문제를 한 번 더 살펴보자. 우리는 이 문제를 인간의 삶의 여유라는 측면에서 이해하려 했다. 좁은 것은 삶의 발전을 방해하고, 넓은 것은 삶에 충분한 발전 여지를 준다. 이와 동시에 우리는 넓고 좁음이 결코 객관적이고 보편타당한 척도로 결정되지 않는다는 점도 안다. 어떤 사람에게는 넓게 보이는 것이 다른 사람에게는 그런대로 충분하거나 좁게 느껴질 수 있다. 일할 때 좁은 독방에 들어가는 사람이 있는 반면, 자신의 역량을 펼치기 위해 커다란 홀 전체가 필요한 사람도 있다. 창밖을 내다보는 것이 좋아 책상을 창문 가까이 붙여놓고 간간이 생각에 잠겨 먼 곳을 바라보는 사람도 있지만, 닫힌 공간에서만 충분한 집중력이 생기기 때문에 책상을 창문에서 돌려놓는 사람도 있다. 또 같은 사람이라도 심리 상태와 그때그때의 필요성에 따라 공간에 대한 욕구가 달라진다. 깊은 슬픔에 빠졌을 때는 동굴처럼 좁은 곳으로 들어가고, 즐겁게 들뜬 상태에서는 넓게 펼쳐진 공간이 필요하다. 바슐라르도 거주 기능을 분석하며 이렇게 설명했다. "오두막과 성이라는 두 극단적인 현실이 …… 은둔과 확장에 대한 우리의 욕구를 단적으로 말해준다. …… 잠을 잘 자려면 커다란 방에서 자서는 안 된다. 일을 잘 하려면 좁은 은신처에서 일해서는 안 된다."[42] 다른 상황에서는 또 다른 욕구가 생길 것이다.

2 분위기 있는 공간의 개념

이 관계의 특징을 설명하기 위해 빈스방거가 처음으로 제시한 분위기 있는 공간[43](der gestimmte Raum)이라는 개념을 도입하겠다. 오해를 피하기 위해 덧붙이자면, 분위기 있는 공간이란 다른 공간들과 별도로 존재하는 공간이 아니라, 앞에서 말한 호돌로지적 공간 혹은 행위 공간을 뜻하며, 공간을 관찰하는 관점을 나타내는 말이다. 분위기는 모든 공간이 갖고 있는 본질적 특성이다. 단지 어느 상황에서는 그 분위기가 강하게 드러나고 어느 상황에서는 약하게 나타날 뿐이다. 오해를 줄이려면 분위기의 특성 측면에서 공간을 관찰한다고 말하는 편이 좋겠다.

하이데거가 철학적 기본 개념으로 도입하고[44] 내가 같은 맥락에서 확장한[45] 분위기(Stimmung)라는 개념은 주체와 객체가 분리되기 전의 상태라는 점에서 적절한 논의의 출발점인 듯하다. 분위기 자체는 인간 "내면"에 존재하는 주관적인 것도, 그를 둘러싼 "바깥"에 있는 객관적인 것도 아니다. 분위기는 주변세계와 일체를 이룬 인간에게 적용되는 말이다. 그래서 분위기는 체험공간을 이해하는 핵심 현상이다.

여기서 중요한 것은 분위기의 양면성이다. 공간은 내부 공간이나 자연 경관이나 모두 일정한 분위기를 가지고 있다. 밝은 분위기, 가벼운 분위기, 어두운 분위기, 밋밋한 분위기, 장엄한 분위기를 풍기는 공간이 있다. 이 분위기의 특성은 해당 공간에 머물고 있는 인간에게 전이된다. 특히 대기의 상태는 밝고 환하고 우울한 기분으로 사람에게 영향을 준다. 마찬가지로 사람도 내면의 특정한 기분에 장악되면 그 기분을 주변 공간으로 전파하기 쉽다. 전파란 말은 공간과 분위기가 서로 일치할 만큼 밀접히 연관되었다는 점을 설명하려고 임시로 사용한 표현이다. 또 우리는 인간의 품성에서 나오는 분위기, 풍경이나 닫힌 내부 공간이 주는 분위기라는 말도 사용한다. 분위기의 양면성은 엄격히 보면 하나의 단일한 분위기가 깃든 공간이 보여주는 두 측면에 불과하다.

우선 나는 이 문제를 설명해줄 몇 가지 문헌들부터 살펴보겠다.

3 색채의 감각적·윤리적 작용

이를 위해 대기 상태가 공간 체험에 어떤 영향을 주는지 일일이 따져볼 필요는 없다. 그 둘의 상관성은 누구나 자신의 관찰을 통해 알고 있기 때문이다. 아주 단순한 공간 상태, 이를테면 공간 속 사물이 우리에게 보이는 거리도 날씨에 따라 바뀐다. 비가 온 뒤의 청명한 저녁이나 비가 오기 직전의 저녁에는 멀리 있는 산과 집이 아주 가깝게 다가온다. 그것들은 갑자기 "손에 잡힐 듯이 가까이" 있는 동시에 입체감도 아주 커진다. 다 알다시피 우리는 이 현상을 이용해 날씨를 예측할 수 있다. 멀리 있는 사물이 가깝게 보이면 날씨가 좋지 않다는 징조이다. 그러나 아지랑이가 핀 곳에서 특히 해를 마주보고 있으면 사물은 멀리 달아난다. 산은 점점 뒤로 물러나다가 완전히 아지랑이 속으로 사라져 더는 존재하지 않는 듯하다. 이 현상들을 상기해본 이유는 기후 조건이 공간 경험에 미치는 영향을 설명하기 위해서이다.

색채가 공간을 좁게 또는 넓게 만드는 것도 같은 현상에 속한다. 밝은 색은 공간을 환하고 넓게 만들지만, 어두운 색은 좁게 만든다. 검은색 천장은 압박하고 마치 짓누르는 듯한 특성이 있지만, 그와 동시에 폐쇄적이고 집처럼 아늑하고 따뜻한 느낌을 준다. 개개의 색조에 대해서도 같은 설명이 가능하다. 괴테는 이 작용을 "색채의 감각적·윤리적 작용"이라는 제목으로 자세히 연구했다. "각각의 색이 특별한 정서적 분위기를 자아낸다는 사실은 경험이 가르쳐준다"[46]고 그는 적었다. 우리는 괴테의 관찰을 통해 이 연관성을 밝혀보려 한다. 여기서는 순수하게 현상적인 것만 논의하고 가능하면 괴테의 색채론은 제외하겠다.

괴테는 이렇게 강조한다. 노랑에는 "밝고 활발하고 부드럽게 자극하는 성질이 있다. …… 경험에 의하면 노랑은 따뜻하고 편안한 인상을 준다. …… 특히 우중충한 겨울날 노란색 유리를 통해 풍경을 관찰하면 이 따뜻한 효과를 생생하게 느낄 수 있다. 그러면 눈이 즐거워지고, 가슴은 펴지고, 마음은 밝아지며, 바로 옆에서 따스한 기운이 우리에게 불어오는 것 같다." 노란색이 내는 자극적인 효과는 노랑이 빨강에 가까워질수록 상승한다. 주황색(괴테의 표현을 따르자면 붉은빛이 도는 노랑)이 "편안하고 밝은 느낌", "따스함과 환희의 느낌"을 준다면, 주홍색(황화수은의 색)에서는 이 작용이 "견딜 수 없는 위력"으로까지 상승한다. "주홍색의 활동적인 측면은 극도의 에너지에 있다. …… 완벽한 주홍색 면을 뚫어지게 응시하면 그 색채가 정말로 신체 기관을 뚫고 들어오는 것 같다." 이 노란빛을 내는 빨강이 가장 활동적인 색깔이다. 이 색깔은 인간에게 가장 강렬하게 다가오고 그가 있는 공간을 좁게 만들지만, 동시에 사람을 자극한다. 우리는 이 특성을 괴테의 관찰과 달리 빨강 자체에도 적용할 수 있다. 괴테가 빨강의 특징으로 묘사한 것은 자줏빛이 돌면서 "진지하고 화려한" 느낌을 주는 색조이기 때문이다. 이 색채가 차지하는 특별한 위상에 대해서는 괴테의 색채론의 틀 안에서만 이해할 수 있다.

반면에 파랑은 정반대의 영향을 미친다. 주홍은 우리를 파고들면서 우리가 있는 공간을 좁히지만, 파랑은 우리 앞에서 뒤로 물러난다. 우리가 "파란색을 바라보기 좋아하는 이유는 그것이 우리에게 다가오기 때문이 아니라 우리를 잡아끌기 때문이다". 높은 하늘의 색깔이자 먼 산의 색깔인 파랑은 우리 주위의 공간을 확대한다. 그러나 한편으로 파랑은 "차가운 느낌을 주고 그늘을 연상케 한다". 이런 느낌은 파란색을 실내 공간에 사용했을 때도 나타난다. 괴테는 이렇게 적었다. "파란색으로만 도배한 방은 어느 정도 넓어 보이지만 텅 빈 듯하고 차갑게 느껴진다." 색의 관점에서 보는 공간을 요약해보자. 노란 빛이 도는 빨강에서는 적극적이고, 사람 속으로 파고들고, 사람을 활기차게 하면서도 공간을 좁게 만드는 작용이 느껴지는 반면, 파랑에서는 후퇴하면서 공간을 넓게 만들지만 동시에 공간을 비우고 경직되게 만드는 작용이 느껴진다.

그에 반해 녹색은 주황과 파랑의 상반된 작용이 해소되면서 좁게 만들지도 넓게 만들지도 않고 중립을 지키는 탁월한 색이다. 그래서 사람들은 녹색을 특히 안정감을 주는 색으로 찬양하면서 거주 공간의 색으로 선호한다. "우리의 눈은 녹색에서 진정한 만족감을 얻는다. 두 개의 근본색이 혼합되어 정확하게 균형을 이루면 우리의 눈과 마음은 이 혼합된 색에서 휴식을 취한다. 우리는 더 나가려 하지 않으며 나갈 수도 없다. 그래서 사람들이 항상 머무르는 방의 벽지 색으로는 대부분 녹색을 고른다."

괴테의 이론과 관련해 말해둘 것이 있다. 그가 말한 색채의 "감각적이고 윤리적인 작용"은 연상을 통해 일어나는 것이 아니다. 이를테면 주황색이 따뜻해 보이는 것은 불꽃과 따스한 햇살을 떠올리게 해서가 아니다. 파랑도 시원한 그늘과 차가운 얼음을 생각나게 해서 차갑게 느껴지는 것이 아니다. 이는 (괴테의 글에서는 두 관점이 섞여 있지만) 그 자체가 오로지 현상적으로 색채에 주어진 속성이다. 그래서 방에 페인트칠을 할 때 이 속성을 특정한 사물에서 분리해 그 작용을 음미해보거나, 괴테가 자주 쓰는 예시법대로, 주변세계를 색유리를 통해 바라보면 색채가 빚어내는 일관된 분위기를 그대로 느낄 수 있다.

4 내부 공간

색채의 작용에 대한 이야기 중에서, 특히 색채가 분위기 전체를 좌우하며 주변 환경에 영향을 미친다는 말은 조금씩 차이는 있어도 우리를 둘러싼 모든 공간에 적용된다. 공간은 저마다 고유한 분위기를 가지고 있다. 이 분위기가 우리에게 다가와 마음을 사로잡기 때문에 우리 기분은 이 분위기에 맞춰진다. 먼저 건축가가 의식적으로 이 분위기의 효과를 겨냥해 조성한 내부 공간의 예를 몇 가지 살펴보겠다. 미술사를 잠시만 훑어보아도 이렇게 지어진 다양한 건물들이 많이 눈에 띈다.

어둑한 성당 공간은 미사가 진행되는 순간이 아니라도 엄숙한 기분이 드는 곳이다. 공간 자체의 특성이 이런 효과를 발휘한다. 이와 달리 18세기 개신교 교회 건물들은 깨어 있는 듯 밝고 냉정한 분위기를 풍긴다. 교회 방문자들로 하여금 설교를 분명히 받아들이게 할 뿐, 성사에 참여하도록 이끌지는 않는다.

우리는 건축사 전체를 내부 공간이 풍기는 다양한 분위기라는 측면에서 살펴볼 수 있다. 초기 바실리카 양식은 폐쇄된 어두운 벽과 촛불이 가물거리며 비추는 황금색 모자이크와 더불어 엄숙하고 신비스러운 장엄함을 전해준다. 이와 달리 자유분방한 고딕식 교회 건물은 담이 거의 건물 뼈대에 흡수되고 커다란 창문으로 형형색색의 빛이 흠뻑 쏟아져 들어온다. 제들마이어는 고딕식 성당이 풍기는 전형적인 분위기에 관한 책에서[47] 이 분위기를 지상으로 내려온 천국으로 해석했다. 해석이야 어떻든, 이 분위기는 무겁고 어둡게 내리누르는 궁륭 천장과는 전혀 다르게 가볍고 넓고 자유로운 느낌을 준다. 이 공간에서 우리의 정신은 확대되고 위쪽으로 치솟는 거대한 움직임에 이끌려 올라간다.

후기 바로크 양식의 수많은 교회 건물들은 환호하는 듯한 밝은 분위기로 또 다른 경쾌함과 가벼움을 보여준다. 그래서 당시의 시대정신으로는 분명히 교회 건물이지만 요즈음 사람들에게는 전혀 성스러운 공간처럼 느껴지지 않는다. 이 건물들에서도 무한히 넓은 느낌이 지배해 우리를 사로잡지만, 그것은 지상에 있는 우리를 위쪽으로 끌어올려 건물 위 높은 곳으로 잡아당기는 움직임이 아니라, 이미 지상에서부터 우리를 가득 채우면서 우리가 노래하고 떠다니듯이 가벼움을 느끼게 하고 축제 같은 분위기로 밀려오는 움직임이다.

그 외의 다른 사례들은 다른 주제를 논할 때 이야기하겠다. 여기에서는 건물이 주는 다양한 분위기를 보여주기 위해 몇 가지 예들을 언급했다.

5 두려운 마음을 압박하는 공간

이러한 효과는 의식적으로 건축한 내부 공간에서만 나오지 않고 "탁 트인" 경관의 공간에서도 발생한다. 검은 비구름은, "실제로는" 인간에게 충분한 운신의 여지를 줄 때에도 마치 아치형 천장처럼 짓누르고 압박하는 느낌을 준다. 비구름은 인간을 그 자신으로 돌아가게 하고 내면을 바라보게 한다. 일례로 아이헨도르프의 소설 속 주인공인 "방랑아"는 비가 내리는 흐린 날이었다면 자신이 살던 방앗간을 떠나지 않았을 것이다. 비가 오면 방랑이 힘들어지기 때문이라는 뜻이 아니다. 햇빛은 우리를 먼 곳으로 유혹하지만, 어두운 구름은 우리 주변의 세계를 아주 좁게 축소하기 때문이다.[48]

앞에서 강조했던 안과 밖의 상호작용, 다시 말해 세계가 인간에게 영향을 미치고 인간도 세계에 영향을 준다는 의미에서의 안과 밖의 합일에 대해서도 똑같은 말을 할 수 있다. 고통받는 사람을 둘러싼 공간은 좁아진다. 모든 것이 좁고 답답해지기 때문에 그는 고통스럽게 사방에서 충돌한다. 시선이 아래로 처져 지평선이 보이지 않고 인간은 아주 좁은 공간에 갇힌다.

이와 관련해 빈스방거는 괴테의 작품에 나오는 아주 적절한 구절을 인용했다. 괴테는 이렇게 외친다.

> 오, 우리의 마음이 좁은 곳에 갇혀 불안해하면,
> 세상과 하늘은 얼마나 좁아지는지요.[49]

원래 뜻이 '마음이 답답하고 좁아짐'을 뜻하는 불안(Angst)은 우리를 둘러싼 온 세상을 수축시키고 세계 속에서 우리가 활동할 여지를 좁힌다. 빈스방거는 위의 예문을 통해 공간 분위기의 본질을 설명하며 이렇게 덧붙였다. "괴테는 '—하게 되면—얼마나'의 관계를 결코 인과관계로 보지 않았다. 즉 마음의 불안이 세계와 하늘이 좁아지는 원인으로 생각하지 않았다. …… 나의 기분과 …… 세계의 공간성이 맺고 있는 본질적 관계에서는 발생론상의 선(先)과 후(後), 원인과 결과, 조건과 조건의 제약을 받는 것, 야기하는 것과 야기된 것이 없으며, 이유와 결과조차 존재하지 않는다. 우리가 마음의 불안이라고 일컫는 것이 바로 세계와 하늘의 제한에 있으며, 거꾸로 세계와 하늘의 제한은 우리 마음의 불안 속에 있다."[50] 빈스방거는 또 우리의 문제와 연관된 내용을 다음과 같이 분명한 용어로 정의했다. "이 존재론적·발생론적 연관성은 현상학적인 본질 관계의 바탕 위에서만 생긴다. 이 관계를 우리는 분위기 있는 공간의 관계라고 이름 붙이겠다."[51]

H. 텔렌바흐가 〈우울증 환자의 공간성〉이라는 논문에서 관찰한 내용도 비슷하게 전개된다. 그가 묘사한 체험공간의 변화에서 가장 눈길을 끄는 것은 공간적 깊이의 상실이다. 병적으로 심각한 우울증 상태에서는 주변세계가 깊이감이 없이 오직 평면으로만 보이고 그에 따라 입체감도 없다. "모든 것이 단 하나의 평면이었다."[52] "모든 것이 벽 같고, 모든 것

이 평평하다."[53] 이것이 우울증에 빠진 사람들이 반복해서 들려주는 전형적인 진술이다. 이 증상과 더불어 사물이 먼 곳으로 달아나는 느낌도 자주 발생한다. "모든 것이 나로부터 너무 멀리 떨어져 있다", "모든 것이 너무 멀리 보여서 마치 다른 마을에 있는 것 같다"는 식이다. 텔렌바흐는 하이데거의 현존재 분석의 틀에서 이 상태를 인간의 본질에 속하는 "접근 성향"의 상실로 이해한다. "우울증 환자는 도구를 정리하고 배치한다는 의미에서 접근성을 상실했다."[54] "우울증 환자가 보는 세계의 모습은 이름 없는 배경으로 이루어져 있다."[55] 이 상태는 주변 사람과 사물에 대한 모든 감정적 관심의 증발도 포함한다. "모든 것이 허무하고 삭막했다."[56] 분위기 있는 공간이란 관점에서 보면 이 삭막한 상태는 내면과 그를 둘러싼 외부를 똑같이 관통한다는 특징이 있다. "마음이 공허해지는 내면의 빈곤은 주변이 공허해지는 세계의 빈곤과 일치하고, 모든 것이 증발해버린 공간은 내면의 공허로 이어진다"[57]고 텔렌바흐는 강조한다. 이렇게 되면 세계가 존재하지 않는 듯한 외로움이 밀려온다. 이 느낌은 우울증 환자의 진술을 들어보면 가장 확실히 알 수 있다. "나는 모든 연관성을 잃어버렸다. 나 자신이 홀로 존재하는 작은 돌멩이가 되었거나, 희미하게 녹아버리는 끝없는 회색 풍경 속에 내던져진 작은 돌멩이 같다고 느껴진다. 작다는 느낌, 불안감, 외로움이 너무 큰 나머지 내가 마치 우주공간에 버려진 점 같고, 가을날 생기를 잃은 세상에서 이리저리 흔들리는 마지막 마른 나뭇잎 같다."[58]

이 상황을 이해하려면 야코프 부르크하르트가 《콘스탄티누스 대제의 시대》에서 지적했던 저물어가는 로마 제국을 관찰해보는 것도 좋다. "로마 제국 사람들은 강물이 얕아지고 산이 낮아지기 시작한다고 생각했다. 바다에서는 에트나 산이 옛날처럼 멀리 보이지 않았다. 그리스의 파르나소스 산과 올림포스 산에 대해서도 똑같은 말이 나왔다. 열심히 자연을 관찰한 사람들은 심지어 세계가 몰락하는 중이라고도 생각했다."[59] 이 관찰도 분위기 있는 공간의 특징인 마음과 세계의 일치에서 나왔을 것이다. "언제나 찬란하게 생각되었던 옛날에 비해 지금 일어나는 모든 일은 보잘것없다는 느낌",[60] 자신이 무가치하다는 의식. 당시 사람들을 엄습했던 이 감정은 자연에서도 자신을 제외한 모든 것을 하찮게 여기는 결과를 낳았다. 의기소침한 마음은 그들이 속한 세계의 단조로움으로 연결되었다.

6 도취의 공간

지금까지 우울증 측면에서 이야기한 내용은 그 반대 기분에도 똑같이 적용된다. 멀리 유혹하는 듯한 청명한 하늘은 인간의 내면까지 변화시킨다. 그런 하늘은 인간이 마음을 열고 밖으로 나오도록 유혹한다. 인간의 움직임부터 공간을 크게 휘젓는 사람의 동작으로 바뀐다. 여기서도 앞의 경우와 똑같이 마음과 세계의 관계를 뒤바꿔 생각할 수 있다. 즐거운 기분으로 눈을 위로 쳐들면 공간이 넓어진다. 기쁨이 충만한 상태에서 샘솟는 힘은 그 자신을 벗어나 훨씬 커다란 공간을 펼쳐놓는다.

빈스방거는 《사고의 비약》[61]에서 들뜬 기분과 거기에 상응하는 공간성의 관계를 정신병리학 차원에서 설명했다. 그가 극단적인 사고의 비약에 시달리는 환자를 예로 들어 구체적인 임상 사례 분석을 통해 연구한 내용은 이 특별한 사례에 한정되지 않고 모든 낙천가들에게 포괄적으로 적용된다. 더 일반적으로는 일시적이라도 즐겁고 들뜬 기분에 있는 모든 사람에게도 해당된다. 어느 여자 환자의 사례에서 출발한 빈스방거는 그녀의 신체와 정신에서 나타나는 행동 방식을 "도약한다"는 말로 표현했다. 그는 이렇게 적었다. "특정한 형태의 도약이 나타나는 이유는 …… 모든 생각, 인간, '공간' 속의 사물이 환자에게 가까이 다가오고, 그녀가 이 모든 것을 아주 쉽게 '수중에 넣을 수 있다'고 생각하기 때문이다. 그녀가 사는 공간과 세상은 달라진 공간이자 달라진 세상이다. 바로 이 달라진 세상을 바탕으로 우리는 그녀의 달라진 행동을 이해할 수 있고 그 행동 자체도 이해할 수 있다."[62] 이 변화가 초래하는 공간적 특성, 즉 가까이 다가온 사물에 대한 용이한 이용 가능성이 이 문장에 분명히 표현되어 있다.

병리적인 사례에서 명확히 드러나는 이 현상은 일반적으로 낙천가들의 세계에서도 확인된다. 빈스방거가 낙관적 세계에서 풍기는 기분의 일반적인 특징으로 묘사한 내용 중에서 나는 이 특징에 해당하는 중요한 공간 구조에 관한 문장들만 인용하겠다. 그는 다음과 같이 요약한다. "낙천가의 언어는 자신의 세계를 장밋빛 세계 혹은 구름이 없는 세계로 표현한다. 다시 말해 밝게 빛나는 환한 세계이다. 낙천가는 '어려움이라고는 모르기' 때문에 자신의 세계도 쉬운 세계로 표현한다. 그는 세상에 부대끼지 않고 세상과 마찰을 겪지 않으므로 그의 세계는 당연히 매끈하다. 그는 '너끈하게 삶을 헤쳐나가므로' 그의 세계는 평탄하다. 또 '장애물이라고는 알지 못하므로' 그가 처한 공간은 넓거나 확 트여 있다. '항상 출구가 보이기 때문에' 그의 세계는 밝다. 그는 딱딱한 침상에서도 '장미꽃' 위에 누웠다고 느끼므로 그의 세계는 부드럽다. 그는 '불가능을 가능으로 만들기 때문에' 그의 세계는 입체적이고 유연하다. …… 그는 사람들의 '좋은 면만 생각하므로' 그의 세계는 '더불어 사는 세상'이고 좋은 세상이다."[63] 낙천가의 밝은 세계를 그려낸 이 묘사에는 공간이 넓음을 직접 드러내는 표현도 있지만, '가볍고', '매끈하고', '평탄하고', '부드럽고', '유연한' 등의 낱말처럼 공간의 특성을 간접적으로 보여주는 표현도 눈에 띈다. 그래서 그 공간에서 가볍게 움직이는 모습을 부드러움과 유연성이라고 표현했고, 그가 공간에 들어오려 할 때는 뒤로 물러나 "공간을 만들어주는" 곳으로 묘사했다.

이런 특징은 빈스방거의 저술에 나오는 다음 단락에서 더 확실히 부각돼 있다. (내가 지금까지 빈스방거의 사유 과정 전체를 소개한 이유는 바로 이 대목을 인용하기 위해서였다.) "'세상은 좁다'거나 '공간에서는 사물들이 서로 강하게 부딪친다'는 주장이 보편타당하다고 믿는다면 그것은 착각이다. 낙천가의 세계는 좁지 않고 넓다. 그렇기 때문에 사물들은 서로 강하게 부딪치지 않고 부드럽고 매끈하게 스친다. '우리'도 그 사물에 세게 부딪치지 않는다. 오히려 사물이 우리 앞에서 뒤로 물러나 '공간을 만들어준다'. 그래서 우리는 '거의 상처 없이', 다치지 않고 세상을 헤쳐나간다. 낙천가의 세계가 보여주는 변신 능력, 변화 가능성, 융해력, 기화성, 한마디로 휘발성이야말로 그 세계가 '우리를 짓누르지 않고', '바닥으로 내리누르지 않는' 본질적인 이유다."[64]

따라서 낙천적인 세계는 사람을 압박하지 않고, 도리어 사물들이 사람에게 "공간을 만들어주어" 그가 거침없이 움직일 수 있게 한다는 일반적인 특성을 가지고 있다. 이 현실적 특성을 빈스방거는 날아간다는 뜻의 휘발성이라는 개념으로 표현했다. 이로써 우리는 앞에서 "도약"의 여러 사례를 분석할 때 만났던 '떠다니고', '날아가고', '헤엄치는' 행위에 대한 표현으로 다시 돌아온다. 세계의 성격은 그 세계에서 움직이는 사람의 마음 상태도 표현한다. 빈스방거는 이렇게 말한다. "이 세계가 휘발성을 띤다는 사실은 거꾸로 그 세계에 존재하는 사람에게도 영향을 준다. …… 언제 어디서나 '쉽게 양보하는' 환경 속에서 떠다니고 날아가고 혹은 헤엄치는 것이 낙천가가 움직이는 형태이다."[65] 특정한 공간 경험에 부합하는 이 움직임의 형태는 뒤에서 다시 이야기하겠다.[66] 지금까지의 논의 결과를 우리가 다루는 좁은 문제와 연관시켜 보면, 움직임의 형태와 공간 형태의 상관성을 빈스방거의 말을 빌려 이렇게 요약할 수 있다. "인간 현존재가 도약하고 활주하는 양태의 특징은 세계-내-존재의 공간성 측면에서 넓이라는 기준으로 표현할 수 있다."[67]

7 문학작품에 나타난 도취의 공간

기쁨이 충만한 상태의 본질을 환자의 정신 상태의 경험을 통해 얻었다는 점이 우려될 수도 있겠지만, 중요한 것은 똑같은 특성이 건강한 사람에게서도 발견된다는 점이다. 하지만 사람은 행복한 삶의 순간에 좀처럼 자신의 상황을 돌아보고 글로 표현하지 않기 때문에 이 경험을 건강한 사람에게서 관찰하기는 대단히 어렵다. 그래서 이런 경험이 설득력 있게 표현된 문학작품은 중요한 자료가 된다. 이 경험을 보여주는 적절하고 훌륭한 대목이 《파우스트》에 나와 있다. 악마로 변신한 메피스토펠레스가 파우스트에게 꿈속에서 "감미로운 모습들"을 보여주며 홀리는 장면이다. 이 대목이 우리에게 흥미로운 이유는 빈스방거가 휘발성이라고 표현한 여러 움직임들이 설득력 있게 나타나 있기 때문이다.

악마가 노래한다.

저 위의 어두컴컴한 둥근 천장이여,

사라져버려라!

새파란 하늘이여

예쁘고 정다운 모습으로

이 안을 들여다보라!

저 검은 구름은

산산이 흩어져버렸으면!

작은 별들은 하늘에서 반짝이고

부드러운 햇빛이

안으로 비처드는구나……

새들의 무리는

즐거움의 술을 마시고

태양을 향해 날아오른다

물결 위에서

넘실거리는

밝은 섬들로

둥실둥실 날아간다

섬에서는 환호하는 무리들이

입을 모아 합창하고

초원으로 나와

춤을 추는구나

모두가 밖으로 나와

즐기고 있구나……

하늘을 떠도는구나

모두들 삶을 향해

사랑스러운 별을 바라보며

축복의 은혜가 깃든

아득한 먼 곳을 향하는구나.[68]

  여기서는 긴 원문 중에서 일부만 발췌했다. "어두컴컴한 둥근 천장"은 파우스트의 서재 천장을 말한다. 이 대목이 나오기 전에 이런 구절이 있다.

슬프도다! 아직도 나는 이 감옥에 처박혀 있단 말인가?

이 저주받을 답답하고 음침한 방

여기서는 다정한 하늘의 빛마저

채색된 유리창으로 희미하게 비쳐드는구나.[69]

  이 답답한 공간은 이제 멋진 환상 속에서 넓은 공간으로 바뀐다. 이것이 거짓 환상이라고 해도 거기에서 본 진실은 훼손되지 않는다. 둥근 천장이 사라지고(어떻게 사라졌는지는 알 수 없다) 구름마저 흩어지면서 세상은 탁 트인 하늘을 향해 열린다. 하늘에서는 부드러운 햇빛이 비쳐든다. 모든 것이 행복한 삶을 성취한 상태에서 표현된다. 아무것도 정지해 있지 않고 모두 자유롭고 기쁘게 움직인다. 원래는 이 대목에 들어 있었지만 편의상 인용한 부분에서 제외했던 구절을 여기에 덧붙이겠다.

영혼이 아름다운……

둥실둥실 떠 간다

동경하는 마음으로

그들 뒤를 따라가라

옷가지에서

펄럭이는 허리띠는

산천을 뒤덮고

정자도 덮어씌우니

그곳에선 서로 좋아하는 연인들이……

평생의 인연을 맺는구나……

거품 이는 포도주는

시냇물처럼 흘러넘치고

맑고 고귀한 바위 틈새로

졸졸 흘러내린다……

새들의 무리는

즐거움의 술을 마시고

태양을 향해 날아오른다……

　환호하며 합창하는 무리들, 춤추는 이들, 둥실 떠가는 이들의 모습이 설득력 있게 그려져 있다. 시종일관 모든 이를 행복하게 만드는 용솟음치는 움직임뿐이다. 여기에 나오는 동사들을 모아보자. 펄럭이고, 넘실거리고, 기어오르고, 헤엄치고, 흘러넘치고, 졸졸 흐르고, 거품이 일고, 날아다니고, 춤추고, 그리고 마지막을 장식하는 둥실 떠 간다는 말까지 동원되어 혹독한 삶을 자유롭고 가뿐하게 넘어가는 동작을 표현하고 있다. 이것은 빈스방거가 휘발성이라는 말로 표현한 것과 동일한 움직임이다. 단지 질병으로 의심되는 상태에서 벗어나 현존재의 궁극적 성취의 영역으로 올라갔을 뿐이다. 여기에서는 모든 존재가 행복감으로 충만해 있다. 환호하고 춤추고 떠다니면서 "축복의 은혜가 깃든 먼 곳의 사랑스러운 별을 향해" 움직인다. 자유롭게 풀려나 먼 곳으로 간다는 것은 마지막 축복의 조건이다. 분위기 있는 공간 문제의 핵심 주제, 즉 넓은 공간과 인간 행복의 내적 합일이 시적인 이미지를 통해 빼어나게 묘사되어 있다.

마지막으로 철학적인 측면에서 이 이미지를 증명하는 니체의 글을 하나 더 소개하겠다. 《비극의 탄생》에서 니체는 디오니소스적인 도취 상태에 있는 인간을 이렇게 이야기한다. "인간은 노래하고 춤추면서 자신이 고귀한 공동체의 일원임을 보여준다. 그는 걷고 말하는 법을 잊어버리고 춤을 추며 공중으로 날아오른다."[70] 여기에서도 우리는 일상에서 말하고 걷는 동작이 아닌, 노래하고 춤추는 모습을 본다. 그것은 지상의 중력 상태를 초월한 새로운 공간 극복의 가능성이다.

이는 도취 상태에서의 공간 체험의 변화를 다룬 니체의 후기 저술에도 잘 나타나 있다. "공간 감각과 시간 감각이 변했다. 아득히 먼 곳을 조망할 수 있고 이제야 그곳을 식별할 수 있게 되었다. 수많은 사물이 있는 곳과 먼 곳으로까지 시야가 확대된다."[71] 도취는 행복감의 절정으로서 그 본질을 예리하게 드러내고 있다.

5
현재적
공간

1 소리의 공간적 성격

인간은 "노래하고 춤추면서" 존재와 하나가 되고, "걷고 말하는 법을 잊어버리고 춤을 추며 공중으로 날아오른다"고 니체는 말했다. 이 말은 빈스방거가 도취한 인간의 움직임으로 강조한 것과 일치한다. 춤추는 행위는 행복감과 해방된 움직임을 극대화하는 표현이다. 움직임의 형태와 공간 체험의 밀접한 상호 관계에 주목해보면, 춤추는 행위는 비교적 흔치 않은 특별한 경우지만 바로 이 행위로부터 특별한 정보를 기대할 수 있고, 이를 바탕으로 다시 평범한 움직임의 방식도 이해할 수 있다. 그래서 슈트라우스는 〈공간성의 형태〉라는 정평 있는 논문에서 춤을 출 때 체험하는 공간 구조를 중심으로 "공간의 특질, 움직임, 지각의 관계"[72]를 논했다. 그에게 춤은 이 연관성을 푸는 핵심 현상이었다.

슈트라우스는 음악과 춤이 밀접한 연관성이 있다고 생각했다. 음악을 배제하고 "순수하게" 춤만 추려는 시도는 만족스러운 결과를 내지 못한다. 이를 통해 슈트라우스는 음악과 춤은 내적인 필연 관계에 있다고 결론지었다. "춤과 음악의 본질적인 관계로 인해 춤은 음악에 묶이고, 음악으로 조성된 공간 구조에 묶인다."[73] 슈트라우스는 이에 따라 음악의 공간적 특성에 주목했으니, 음악의 공간적 특성은 소리의 보편적인 공간성에 바탕을 두고 있다. 슈트라우스는 먼저 소리 공간의 분석에서 출발했다. 우리는 그의 분석을 곧이어 나올 춤에 관한 논의의 전제로만 삼지 않고 앞에서 관찰한 어스름한 공간과 밤 공간에 대한 보충 설명으로도 이용할 생각이다. 낮 공간과 밤 공간의 차이는 공간에서 보는 기능과 듣는 기능의 차이를 통해 결정되기 때문이다.

슈트라우스는 우선 시각 공간과 청각 공간을 비교한다. 그가 색깔 있는 사물 세계의 특징을 설명하는 방식은 우리가 밝고 조망 가능한 낮 공간을 설명하는 방식과 동일하다. 그는 이렇게 말한다. "우리가 색을 …… 보는 방향은 정확하게 정해져 있다. 우리는 간격을 두고 건너편에 있는 곳의 색을 본다. …… 우리는 언제나 저쪽에 있는 색을 본다. 다시 말해 방향과 거리가 제약을 가하는 상태에서 맞은편에 있는 색을 본다. 색은 공간을 차단하고, 공간을 나란히 놓인 공간 혹은 연달아 이어지는 부분 공간들로 나눈다."[74] "시각 공간의 사물들은 서로 뚜렷한 경계를 가지고 구분된다."[75]

그러나 소리의 공간적 특성은 전혀 다르다. 사람들은 청각 영역에서는 원래 공간을 경험하지 못한다고 믿었고 우리가 소리를 지각하는 곳은 다른 공간이라고 생각했다. 한 가지 예로, 소리가 들려오는 방향을 확인하기 어렵고 따라서 소리가 발생한 공간 속의 지점도 알기 어렵다는 점을 지적했다. 이와 달리 슈트라우스는 소리의 진원지와 소리 자체를 구분해야 한다고 말한다. 물론 소리의 진원지는 확실히 알기 어렵다. 그러나 색이 사물에 달라붙어 떨어지지 않는 시각 영역과 달리, 청각 영역에서는 소리가 소리의 진원지에서 분리될 수 있다. 따라서 청각 공간 고유의 성격을 알기 위해서는 소리 자체에 초점을 맞추어야 한다.

이를 위해 슈트라우스는 소리의 두 가지 성격을 구별했는데, 이는 소음과 순수한 음의 차이와 관계가 있다. "소리는 한편으로 사물을 가리키고 그것을 지시할 수 있지만, 다른 한편으로는 순수한 고유의 존재로 거듭날 수 있다."[76] 앞의 특성은 소음에서 볼 수 있다. "소음에는 가리키고 지시하는 성질이 있다."[77] 예를 들어 달리는 자동차의 소음이 그렇다. "우리가 듣는 이 소음은 바깥의 특정한 위치에서, 즉 우리가 진원지를 확인할 수 있는 곳에서 들려온다."[78] 그러나 소리는 이런 지시하는 성격에서 풀려나 소리라는 고유의 존재로 작용할 수도 있다. 지시성이 있는 소음과 달리 순수한 음이 그렇고, 완성된 음악 형식도 여기에 속한다. 슈트라우스는 이렇게 강조했다. "진원지에서 분리된 소리는 순수한 고유의 존재로 거듭날 수 있다. 이 가능성은 음악의 음에서 완벽하게 실현된다."[79] 음 자체는 그것이 나오는 고유의 방향을 가지고 있지 않다. 슈트라우스는 이렇게 말한다. "음 자체는 한 방향으로 뻗어가지 않는다. …… 음은 우리에게 다가와 우리에게 도달해 우리를 사로잡고, 우리 곁을 스쳐 지나가고, 공간을 채우고, 연속되는 시간 속에서 구체화된다."[80] 그렇다고 해서 음을 비공간적이라고 말해서는 안 된다. 단지 음에서 드러나는 공간이 다른 종류의 공간일 뿐이다. 그 공간은, 슈트라우스도 말했듯이, 방향이 있는 시각 공간과 달리 "균질화된" 공간이다. 슈트라우스의 업적은 이러한 소리 공간 고유의 특성을 이해했다는 데에 있다.

그러나 이 특성이 순수한 음에만 있는 것은 아니다. 소음에는 특이하면서도 흥미로운 중간 단계가 있다. 슈트라우스는 이것을 그가 관찰한 유익한 사례를 들어 설명했다. "우리가 …… 익숙한 환경에 있지 않고 언어도 관습도 습관도 낯선 도시에서 시끄럽고 혼잡한 곳에 있다고 하자. 그러면 그곳의 소음은 이 작용(무언가를 지시하는)을 잃어버리고 음악이 완벽하게 내는 음과 비슷해진다. 그런 상황에서는 소음도 공간을 관통해 공간을 채우고, 공간을 균질화해 우리의 방향감각을 흐트러뜨리며, 그렇게 함으로써 혼잡함과 이질감을 상승시킨다. 우선 뒤엉킨 목소리부터, 우리가 붐비는 거리에서 알아듣고 이해하고 그 발설자까지 구분할 수 있는 단어나 문장과는 전혀 다른 공간적 존재가 된다. 소음이 엉키고 특정한 대상을 지시하는 기능을 잃어버릴수록 그 소음은 음악의 음이 보여주는 현상적 존재 방식에 가까워진다."[81]

이와 비슷한 공간적 성격은 불분명하게 뒤엉킨 소음이 나는 곳이면 어디서나 찾아볼 수 있다. 이를테면 꿀벌통 근처에서 벌이 웅웅대며 공중을 가득 채우는 소리가 그렇고, 숲 속의 나무 우듬지에서 나는 바람 소리도 그렇다. 아이헨도르프는 이런 뒤엉킨 소음을 즐겨 묘사했는데 이것이 그의 작품에 담긴 낭만주의적 성격의 본질이다.

이런 공간적 성격은 음악에서 가장 순수하게 드러난다. 가수는 혼자 존재하고 연주할 때도 혼자 노래한다. 그러나 순수한 기악곡의 경우 우리가 음 자체에 귀를 기울여 집중하면 음이 악기에서 완전히 분리된다. 그 음은 공간 전체를 채우고 균질화한다. 그러면서도 음은 독특하게 역동적으로 작용한다. "음은 …… 우리에게 다가와 우리를 감싸고, 덮치고, 휘어잡는다. 음이 우리를 따라다니므로 우리는 거기에서 벗어나지 못하고 음에 내던져진다."[82] 슈트라우스는 언어학적으로도 "듣다"(Hören)라는 말이 "속하다"(Gehören)와 "지배되다, 따르다"(Gehorchen)와 관계가 있다고 지적했다.

슈트라우스는 이 특성을 학술용어로 정리해, 음이 주어진 방식은 "현재적"(präsentisch)이라고 표현하고 그에 따라 음의 공간은 "현재적인 공간"이라고 말했다. "듣는 행위는 모두 현재적이다." "음은 현재적인 사건이고, 색은 거리를 가진 존재이다."[83] 그는 이 두 측면을 클라게스의 표현을 빌려 "지각에서의 지식적(gnostisch)인 요소와 교감적(pathisch)인 요소"[84]라는 말로 구분했다. 교감이란 그리스어에서 '고통을 느끼다/좋아하다'를 뜻하는 "파스케인"($\pi \acute{\alpha} \sigma \chi \varepsilon \iota \nu$)에서 파생된 낱말로, 음에 장악되고 압도되는 상태를 표현한 말이다. 이런 의미에서 슈트라우스에게는 지식과 교감의 성격을 띤 것이 모든 "지각 체험"을 지배하는 "근본 형식"이자 "공간성의 양태"이다. "지식의 요소는 주어진 대상의 정체성, 즉 그것이 무엇이냐를 밝혀내고, 교감의 요소는 그것이 주어진 방식, 즉 그것이 어떻게 주어졌느냐를 보여준다."[85]

슈트라우스가 암시한 또 하나의 중요한 생각을 덧붙이겠다. 교감의 요소는 청각 분야에만 한정되지 않고 어느 정도는 시각적인 영역에도 존재한다. 이를테면 미술에서의 묘사가 그렇다. 일례로 렘브란트의 그림에서 보이는 어둑어둑한 색채에서는 인접해 있는 사물들이 뚜렷하게 구별되지 않는다. 그런데 이런 작용은 미술 외에도 황혼녘이나 밤에 사물을 직접 지각할 때도 나타난다. 슈트라우스는 이렇게 말한다. "황혼녘을 아늑하다고 말하는 이유는, 사물을 구분해주는 경계선, 그리고 우리가 사물과 떨어져 있는 간격을 자연 자체가 가려버리기 때문이다. 나아가 황혼은 밤이 그렇듯이 공간을 채우면서 음과 비슷한 작용을 한다. 즉 공간을 채우고 균질화하며, 사방으로 흩어지려는 것들을 하나로 묶고 이어준다."[86] 여기에서 중요한 것은, 슈트라우스가 생각한 소리의 특징이 소리의 영역을 넘어 시각 세계까지 포괄한다는 점이다. 다시 말해 이 특성이 감각 영역의 본질에 뿌리를 두고 있는 것이 아니라 일반적인 공간의 본질임을 암시하며, 따라서 메를로퐁티가 말한 대로 낮의 투명함을 초월한 "원초적인 공간성"에 뿌리를 두고 있음을 보여준다.

2 춤의 무목적성

단순한 지각 작용을 넘어 움직임까지 함께 관찰하면 소리와 공간의 연관성은 포괄적인 새로운 의미를 획득한다. 음악에 인간이 사로잡히면 몰입된 움직임을 보여준다. 이는 아무렇게나 나오는 것이 아니라 음악의 영향 아래에서만 가능한 동작이며 일상생활의 움직임과는 크게 다르다. 슈트라우스는 이렇게 말한다. "춤을 추는 공간의 구조를 만드는 것은 음악이다."[87] 슈트라우스는 음악에 맞추어 걷는 행진도 언급했지만, 더 중요하게 생각한 것은 춤이다. 춤 동작은 그 독특한 성격 때문에 목적을 가진 행위 동작, 즉 우리의 정의에 따르면 행위 공간에서 일어나는 움직임과 엄밀히 구별된다. 같은 관점에서 슈트라우스는 다음 같은 기본 명제를 제시했다. "시각 공간은 방향성과 목적을 가진 움직임의 공간이고, 청각 공간은 춤의 공간이다. 목적을 가진 움직임과 춤은 동일한 움직임의 요소들이 각기 다른 방식으로 결합한 것이 아니다. 그 둘은 서로 다른 양태의 공간성을 보여주는 두 가지 기본적인 움직임으로 보아야 한다."[88]

때문에 슈트라우스는 춤에 상응하는 공간 체험을 알아내기 위해 춤 동작을 자세하게 분석했다. 나는 그중에서 가장 중요한 부분만 발췌해 소개할 생각인데, 대개 슈트라우스의 정확한 표현을 가감 없이 인용하는 편이지만 여기서는 그의 논의 과정을 조금 단순화해 설명하겠다. 전문 무용수가 아닌 비전문가의 눈으로 춤을 평범한 합목적인 행동이라는 관점에서 관찰하면, 춤은 일반적인 행위 목적에 배치될 뿐 아니라 비합리적으로까지 보이는 회전이나 후진(後進) 같은 다양한 동작들로 구성되었음을 알 수 있다. 인간이 목표 지점에 가려고 할 때는 호돌로지적인 원칙에 따라 "최상의 길"로 가려고 하며, 바닥 상태가 똑같을 때는 지름길을 거쳐 가려고 한다. 그러나 춤을 추는 사람은 이동하면서도 앞으로 나아가지 않는다. 춤을 출 때의 움직임은, 슈트라우스도 말했듯이, "일정한 직선거리에서 전진에 도움이 되지 않는"[89] 움직임들뿐이다. 따라서 우리는 춤을 행위 공간에서 취하는 합리적 행위의 관점에서 파악해서는 안 된다. 이런 까닭에 바이닝거는 춤을 비윤리적인 움직임이라며 외면했다.[90] 춤은 성격이 전혀 다른 움직임이다. 슈트라우스는 이렇게 말한다. "우리는 공간 속의 한 지점에서 다른 지점으로 가려고 춤을 추진 않는다." 그는 원시인들의 춤에서 자리 이동이 일어나지 않는다는 점을 지적한다.

춤의 두 번째 특성을 생각해보자. 일상의 공간에서─슈트라우스는 이것을 단순화해 시각 공간이라고 불렀다─회전과 후진은 무의미할 뿐 아니라 괴로운 동작이기 때문에 우리는 불가피한 경우가 아니면 이 동작을 취하지 않는다. 회전 동작은 금방 현기증을 일으킨다. 제때 멈추지 않으면 넘어진다. 또 후진 동작은 눈으로 "앞을 주시"(Vor-sicht)하며 지형을 조망하고 혹시 나타날지 모르는 장애물을 피해 갈 기회를 빼앗는다. 후진할 때는 발로 조심스럽게 더듬어야만 발걸음의 안전을 확보할 수 있고 언제라도 무언가에 부딪힐 각오를 해야 한다. 춤이 보여주는 차이점은 바로 여기에서 시작된다. "시각 공간에서는 후진도 방향이 있는 회전 동작처럼 괴로운 동작이다. 우리는 이 동작을 피하고 싶어 한다. 그러나 외관상 동일한 이 동작이 춤을 출 때는 너무나 당연한 동작이 된다. 불가피하게 후진할 때 느꼈던 저항과 어려움을 춤에서는 전혀 느끼지 못한다." 슈트라우스는 이 차이를 다음과 같이 요약했다. "우리는 후진을 강요로 느끼지만, 춤에서 후진은 자연스러운 행위로 받아들여진다."[91]

그 이유는 슈트라우스가 역사적 공간이라고 부른 목적 행위의 공간이 방향 지향적인 공간이기 때문이다. 행위 공간에서 특히 걷는 행위는 앞쪽으로 나가는 분명한 방향을 가지고 있다. 그것은 길 자체의 방향이다. 슈트라우스는 전투 공간과 도주 공간을 대비시켜 이 공간을 이해한다. 앞쪽 방향으로 나가려는 이 공간에서 후진 동작은 애초에 비난받아 마땅한 행동이다. 슈트라우스는 이렇게 말한다. "역사적 공간에서 후진은 공간이 야기하는 추동력과 배치되는 동작이다."[92] 즉 후진은 앞으로 나가려는 동력에 위배된다. 계속해서 슈트라우스는 이렇게 이야기한다. "그러나 춤에서는 역사적 공간의 추진력을 조금도 느끼지 못한다." "춤은 방향과 아무 관계가 없다."[93]

이것과 결부된 춤의 마지막 특성을 보자. 인간이 행동하는 공간, 즉 역사적 공간에는 일정한 중심이 있고, 공간에서 취하는 각각의 움직임은 이 중심을 기준으로 삼는다. "우리가 사는 공간은 역사적 공간"이라고 슈트라우스는 말한다. 이 공간은 "하나의 중심, 고정되어 움직이지 않는 '이곳'을 기준으로 체계화되어 있다."[94] 이런 관점에서 우리는 앞으로 나갔다가 다시 돌아온다고 앞에서 자세히 논의한 바 있다. 우리는 "고정된 이곳과 유동적인 이곳", "고향과 거주지"를 구분한다. 그러나 춤에서는 이중 어느 것도 느낄 수 없다. 앞에서 우리가 체험공간에서의 이동을 구성하는 기본 요소라고 배웠던 떠남과 돌아옴의 반복 행위가 춤에는 없다. "춤을 출 때 우리는 일정한 '이곳'을 중심으로 제한된 일부 공간에서 움직이는 게 아니라, 방향의 차이와 장소의 가치에서 자유로운 균질한 공간에서 움직인다."[95] 이 장소는 저 장소와 똑같고, 이 방향은 저 방향과 차이가 나지 않는다. 춤을 추는 사람은 앞서 언급한 정의에서 탈피한, 분류되지 않은 균일한 공간에서 움직인다.

우리는 이 정의를 통해 공간 속에서 춤추는 사람의 행동을 기술할 수 있다. 그러기 위해서는 역사적 공간에서 가장 단순한 움직임인 걷는 행위와의 차이부터 살펴보는 것이 좋다. 슈트라우스는 이렇게 말한다. "걸을 때 우리는 일정한 거리를 지나고, 걸으면서 공간을 측량한다. 반면에 춤은 방향성이 없는 …… 움직임이다."[96] 게다가 춤은 "제약을 받지 않는 움직임이다." 공간에서 도달해야 할 목표점이 없기 때문에 움직임에서도 자연스러운 종결이 없다. 춤은 무한히 계속될 수 있다. 그래서 움직임이 끝나지 않으려면 춤은 거듭 되풀이되는 움직임이어야 한다. "춤은 방향이나 거리와 관계가 없고, 공간의 크기나 공간적·시간적인 제약도 없다."[97] 춤은 아주 작은 면적에서도 출 수 있으며, 그런 좁은 영역에 제한되었다고 해도 답답함을 느끼지 않는다. 즉 공간의 제약을 받지 않는다. "춤은 어떤 모양의 공간에서도 출 수 있다. …… 공간의 크기와 형태를 자유자재로 고를 수 있다는 것은 춤이 비록 공간이 끝나는 곳에서 중지되더라도 그곳이 경계선은 아니라는 점을 보여준다. 시간에 대해서도 같은 말을 할 수 있다. 어느 시각에 도달했다고 해서 춤이 끝나야 하는 것은 아니다. 슈트라우스는 이렇게 말한다. "춤에는 시간 제한이 없다. 지쳤거나 절정에 이르러서야 끝난다. 이는 춤이 아직 사교댄스나 예술적춤이 되지 않은 곳 어디에서나 볼 수 있다." 결국 춤은 시간이나 공간의 제약을 받지 않는 무한의 움직임이며, 방향이 없는 분류되지 않은 공간에서 진행되는 움직임이다.

3 달라진 공간 관계

지금까지 춤의 과정을 기술한 결과, 움직임으로서의 춤은 물론이고 춤을 추는 공간도 합목적적인 행위나 이 행위가 진행되는 공간과 달리 오직 부정적인 특성만 드러냈다. 행위와 행위 공간의 본질적인 특성이 춤에는 존재하지 않는다. 지금까지 이해한 대로라면 춤은 빈약한 공간에서 진행되는 빈약한 사건이다. 만일 춤이 이런 것이라면 왜 사람들이 춤추기를 좋아하는지, 왜 하필 소박한 사람들이 춤을 즐기는지 이해할 수 없을 것이다. 따라서 우리는 다음의 문제에 봉착한다. 사람들이 춤을 추는 이유는 무엇일까? 슈트라우스는 다음과 같은 새로운 질문으로 시작했다. "사람이 이동할 때의 기술로 이용해야 한다면 극도로 불쾌해질 동작을 하게 만드는 것은 무엇인가?"[98] 춤은 외적인 목적에 봉사하지 않기 때문에 춤 자체에 무언가 즐겁고 유쾌한 면이 있어야 하며, 그것도 개별 동작이 아닌—개별 동작을 전체 맥락에서 떼어놓을 수는 없으므로— 춤 전체에 그런 특성이 있어야 한다.

슈트라우스는 그 이유를 다음처럼 이야기한다. 인간은 춤을 추면 공간과 근본적으로 달라진 관계를 맺고, 일상의 공간과는 본질적으로 다른 새로운 공간을 경험하며, 이 경험으로 인해 말로 다 할 수 없는 기쁨으로 충만해진다. 그러므로 춤을 추는 공간의 부정적 특성, 즉 일반적 행위 공간에서 나타나는 현상의 부재를 강조하지 말고 그곳의 긍정적인 특성을 이해하는 것이 중요하다.

춤을 추면 인간과 공간의 관계가 달라진다. 슈트라우스는 이것을 다음의 문장으로 표현했다. "걸을 때 우리는 공간을 관통하여 움직이면서 한 장소에서 다른 장소로 간다. 그러나 춤을 출 때 우리는 공간 속에서 움직인다."[99] 앞의 경우에 공간은 우리 바깥에 머무는 매개체이고, 우리는 그 매개체를 통해 내면의 동요 없이 움직인다. 반면에 춤을 출 때는 그 공간에 받아들여지고, 우리 자신이 어느 정도 공간의 일부가 된다. 중요한 것은, "춤을 경험할 때 주체와 객체 사이에, 나와 세계 사이에 존재하던 긴장이 해소된다는 점이다."[100] 인간이 다시 공간과 하나가 되는 것이다. 춤을 출 때의 무한한 행복감은 여기에서 비롯된다. 춤은 인간과 세계의 분열이 극복되는 심오한 형이상학적 체험을 선사하고 인간은 "살아 있는 모든 것과 하나 되는"[101] 경험을 한다.

슈트라우스의 다음 말도 이런 의미에서 이해해야 한다. "춤을 추면서 몸을 회전할 때 우리는 처음부터 목적 공간과는 전혀 다른 공간에서 움직인다."[102] 이로써 이 공간의 긍정적인 성격이 드러났다. 춤을 추는 공간은 무미건조한 행위 공간에서 겪어보지 못한 고유의 특성을 획득한다. 이런 의미를 가진 춤의 공간은 슈트라우스의 글에도 강조되어 있다. "춤을 추는 공간은 방향성을 가진 역사적 공간이 아니라 세계의 상징적인 일부이다. 그 공간을 결정하는 것은 거리와 방향과 크기가 아니라 넓이, 높이, 깊이 그리고 고유의 움직임이다."[103] 이 글에서 강조된 춤의 공간 고유의 특성은 좀더 자세히 설명할 필요가 있다. (뒤에 나올 사랑하는 사람과의 공동생활에 관한 부분에서 이 특성을 다른 측면에서 살펴보겠다.) 슈트라우스는 이 긍정적인 특성들을 자세히 설명하지 않고 넓이의 예를 들어 행위 공간과 차별화되는 본질만을 이야기한다. "넓이는 이곳에 있는 넓이가 아니고 지평선에 있는 넓이도 아니다. …… 넓이는 계량할 수 없는 공간의 특성이다. 따라서 춤은 공간의 상징적인 특성들과 결부된다고 말할 수 있다."[104] "춤의 연관성을 결정하는 것은 공간의 상징적 특성들이다."[105]

4 현재적 움직임

인간에게 더 이상 낯설지 않고 오히려 그를 너그럽게 받아주는 이 공간에서 이제 춤의 본질적인 성격을 파악해보자. 춤은 합목적적인 행위와 달리 행위 자체를 넘어서는 목적을 실현하지 않으며 따라서 세계에서도 지속적인 변화가 일어나지 않는다고 앞에서 말했다. 이 말은, 춤은 그 자체로 유쾌한 것이고, 사람들은 움직임 자체에 만족하며, 춤을 벗어난 외적인 목적을 지향하지 않고 춤 자체에서 의미를 얻는다는 뜻이다. 그래서 슈트라우스는 춤을 현재적(präsentisch)이라고 표현했다. 즉 순수한 현재 속에서 실현되는 움직임이라는 뜻이다. 그는 춤의 과정을 관찰한 다음 이렇게 기술한다. "방향성이 없고 제약받지 않는 현재적 춤 동작에는 팽창과 감소, 상승과 쇠퇴만이 존재한다. 춤은 변화를 몰고 오지 않는다. 춤은 역사적 과정이 아니다. 그래서 우리는 춤을 현재적이라고 말한다."[106] 그래서 슈트라우스는 이 현재적 움직임이 진행되는 공간을 현재적 공간(präsentischer Raum)이라고 불렀다. 춤은 이 공간에서 실행된다.

처음에는 부정적으로만 설명했던 특성을 이제 긍정적인 측면에서 이해해보자. 춤에 목적이 없다는 말은 행동하는 현존재의 목적성을 초월한다는 뜻이다. 슈트라우스도 이렇게 적었다. "춤에서는 역사적 사건이 진보하지 않는다. 춤을 추는 사람은 역사적 사건의 흐름에서 벗어나 있다. 그의 체험은 현재에 머무르는 체험이며, 미래에 종결된다는 어떤 암시도 보여주지 않는다."[107] 춤을 추는 사람은 순간의 움직임 속에서 영원을 손에 넣는다.

이는 다른 측면에서 주체와 객체의 긴장이 풀린다고 했던 말과 일맥상통한다. 이런 측면에서 보아도 춤에서 느끼는 쾌락은 심오한 형이상학적 경험에서 비롯된다. 춤을 출 때 인간은 합목적적인 행위와 구성이 지배하는 일상의 현실적인 세계를 뚫고 나온다. 그는 "역사적 사건의 흐름"에서 벗어나 있다. 다시 말해 운명과 지속적인 위협이 존재하는 세계에서 벗어난다. 춤을 추는 사람은 운명을 알지 못한다. 슈트라우스가 이 형이상학적 경험의 다른 측면에서 주체와 객체의 분열이 사라진다고 했을 때 강조했던 말도 비로소 타당성을 얻는다. 인간은 형이상학적 경험을 하려고 춤을 추지 않는다. 춤은 목적을 달성하기 위한 수단이 아니다. 춤을 추는 현재의 순간에 그는 벌써 이를 경험하고 있다. 역사적 사건의 초월은 "춤의 목적이 아니라 처음부터 춤을 체험하게 하는 발판이다".[108]

이로써 춤에서의 공간 경험은 앞의 여러 대목에서 다루었던 근원으로의 회귀와 동일선상에 놓이지만 이 회귀를 독특한 방식으로 바꾸어놓는다. 우리는 바로 앞에서 여러 유형의 분위기 있는 공간을 살펴보았다. 이 공간들에 깊이를 더해주는 또 하나의 새로운 공간이 바로 넓은 곳까지 펼쳐진 운명을 벗어난 춤의 공간이다.

5 슈트라우스의 이원론적 공간 도식 비판

지금까지는 슈트라우스가 춤에서의 공간 경험에 대해 훌륭하게 묘사한 내용을 소개하는 데 주력했기 때문에 그가 기술한 세부 사항을 일일이 논의하지 않았다. 이제 내가 왜 그가 사용한 용어의 수용을 주저했는지 설명할 필요가 있을 것 같다. 슈트라우스는 지금껏 주목받지 못했던 공간성을 춤추는 사람의 공간에서 찾아냈다는 생각에 고무되어 서로 대척하는 두 가지 "공간성의 양태"가 있다고 생각했다. 그는 각각의 양태에

뜻은 동일하지만 문맥에 따라 다른 이름을 붙였다. 그 하나는 정치적 공간, 목적 공간, 역사적 공간이고, 다른 하나는 청각 공간, 교감적 공간, 춤의 현재적 공간이었다.

이 용어들에 대한 나의 의구심은 두 방향으로 펼쳐진다. 첫째로 이 두 양태는 체험공간의 모든 가능성을 망라하지 못한다. (슈트라우스도 망라한다고 주장하지는 않지만, 그의 대립적인 사고 전개가 그런 생각이 들게 한다.) 오히려 고유의 특성을 갖고 있어서 두 양태의 중간 형태로도 볼 수 없는 다른 가능성들이 있다. 둘째로는 공통의 차원에 속하지 않는 공간성들이 각각의 양태에 한데 섞여 있다. 이중 몇 가지 의구심은 용어의 문제로 보이지만 사실은 내용 이해에까지 미치는 것들이다.

행위 공간을 시각 공간과 동일시한 것도 지나친 단순화지만, 더 미심쩍은 것은 행위 공간을 역사적 공간과 동일시한 점이다. 목표를 계획적으로 이루려는 행위는 목표에 맞는 합리성 원칙의 지배를 받지만, 역사성이 개입하면 이 투명한 합리성의 세계에 어두운 운명의 그림자가 깃들기 때문이다. 춤을 추는 사람이 운명을 초월한다면, 그 초월의 정도는 그가 목적을 추구하는 합리적 세계의 바깥에 존재할 때보다 더 크다. 만일 운명이 드리운 공간을 찾아야 한다면 그것은 교감의 공간 쪽에서 찾아야 할 것이다.

그러나 더 큰 의구심은 반대쪽 공간에 관련한 부분에서 생긴다. 이 공간을 청각 공간과 동일시한 것도 지나치게 추상적인 단순화로 보인다. 더욱이 슈트라우스 자신이 소리의 지시적 성격과 고유의 존재라는 이중적 특성을 설득력 있게 강조했다는 점을 생각하면 더욱 그렇다. 교감의 공간이라는 표현도 마찬가지이다. 빈스방거도 방대한 내용의 반박 논문[109]에서, 클라게스에게 빌려온 이 개념이 자칫 수동적인 의미로 이해될 수 있다고 지적하고 분위기 있는 공간 개념을 제안했다. (이런 맥락에서 이 개념을 만든 것으로 보인다.) 그러나 우리가 지금까지 사용했던 분위기 있는 공간이란 개념도 너무 광범위하다. 춤의 공간은 극단적이고 특수한 경우에 지나지 않는다. 이렇게 되면 슈트라우스가 제기한 공간 양태의 이중적 도식은 근본부터 무너진다. 분위기 있는 공간에는 다시 내부에 낙관적인 공간과 비관적 공간이라는 상반되는 공간이 존재하며, 이 두 공간이 함께 묶여 분위기 없는 행위 공간에 대립한다. 그러나 우리는 전혀 다른 유형의 체험공간을 살펴보아야 하므로 이런 의구심을 잠시 접어두겠다.

6
인간의
공동생활 공간

체험공간을 구성하는 요소 중에 지금까지 우리가 다루지 않은 중요한 요소가 있다. 인간이 함께 살아가는 방식이다. 우리는 집의 보호하는 기능과 집에서 발산되는 살기 좋은 분위기를 논의할 때 이 요소에 주목한 적이 있다. 그때 우리는 이 살기 좋은 느낌이 집을 둘러싼 담에서 나오지도 않고 사물에서 비롯되지도 않으며 개개인이 신경 써서 비치한 가구와 시설에서 나오는 것도 아니라고 말했다. 공간이 살기 좋은 곳이 되려면 가족이 함께 사는 삶이 필요하다. 집은 가족의 공동 거주지이다. 우리가 집의 편안함이라는 말로 표현한 것이 조성되려면 가족의 공동생활이 더없이 중요하다. 앞에서 논의를 중단했던 이 문제를 이제 살펴보려 한다. 내가 인간의 공동생활 공간이라는 간단한 말로 표현한 것은 정치적 공간이나 경제적 공간이 아니라 아주 구체적인 외적인 공간을 뜻한다. 우리가 행위 공간이나 분위기 있는 공간을 논하면서 공간의 여러 관점을 배웠듯이, 인간의 공동생활 공간도 공간에 대한 한 가지 관점을 의미한다. 그 공간은 인간의 공동생활에 의해 변화되는 공간이다. 빈스방거는 이 문제를 처음으로 인식한 학자로서 이 공간을 "사랑하는 사람들의 공존재(Miteinandersein)의 공간성" 문제로 발전시켰다. 여기에서는 그의 글을 대상으로 삼아 논의를 이어가겠다.

1 삶의 공간을 둘러싼 투쟁

체험공간의 좁음과 넓음의 문제에서 이야기를 시작해보자. 공간에서는 사물들이 서로 강하게 부딪친다는 실러의 말은 낙천가의 세계에서 타당성을 잃는다고 우리는 앞에서 이야기했고, 낙천가는 자신의 주변세계가 넓어서 자유롭고 쉽게 움직이고 어디에도 부딪치지 않는다고 배웠다. 인간의 공동생활 방식에 대해서도 비슷한 말을 할 수 있다. 이 경우에도 우리는 인간이 움직일 수 있는 일정한 "생활공간"이 필요하다고 말한다. (생활공간이라는 말은 당분간 정치사적인 맥락에서 자유로운 의미로 사용하겠다.) 생활공간에 대한 요구는 사람마다 크거나 작을 수 있다. 그렇기 때문에 "객관적으로" 똑같은 생활공간이 한 사람에게는 넓고 다른 사람에게는 좁을 수 있다. 또 같은 사람이라도 마음 상태에 따라 동일한 생활공간을 좁게 또는 넓게 느낀다.

그러나 인간은 여럿이 함께 좁은 곳에서 살면서 기존의 생활공간을 나누어 써야 하므로 그들 사이에 경쟁 관계가 발생한다. 한 사람이 무분별하게 공간을 넓히면 다른 사람이 피해를 입는다. 한 사람이 공간을 차지하려면 다른 사람에게서 공간을 빼앗아야 한다. 생존경쟁의 측면에서 생활공간을 차지하려는 싸움이 벌어지면 우리는 타인을 희생시켜야만 공간을 차지할 수 있다.

한 사람이 자리를 차지하면, 다른 사람은 내주어야 한다.

밀려나지 않으려면 밀어내야 한다.

다툼이 지배하는 그곳, 강한 자만이 승리한다.[110]

생활공간을 둘러싼 이 싸움은 삶의 작은 부분에서 큰 영역까지 두루 일어난다. 직업의 세계에서는 "경쟁자"를 밀어내야 출세할 수 있다. 상인은 "경쟁 상인"을 희생시켜야 매상고를 올릴 수 있다. 생활공간 투쟁이 가장 위협적인 경우는 여러 민족이 공존할 때이다. 그 투쟁이 매번 전쟁으로 이어졌기 때문이다. "공간 없는 민족"이라는 구호가 그토록 위험한 이유는 타민족의 희생을 전제로 하는, 무력을 동원한 생활공간의 확장을 정당화하는 것처럼 보였기 때문이다.

2 사랑하는 사람들의 공동생활 공간

이 냉정할 정도로 현실적인 관찰 방식이 정당하다는 것은 의심의 여지가 없다. 타인의 권리를 침해하지 않고 점유만 하는 자유로운 공간은 존재하지 않는다. "세계는 내던져졌다." 그 안에서 새로운 공간을 얻으려면 원칙적으로 타인에게 피해를 주어야 한다. 빈스방거는 바로 이 부분에서 예리하게 사유를 전개하여 분위기 있는 공간에서 발견한 상황을 인간의 공동생활 공간에 적용했다. 나는 이 사유가 인간의 모든 공동생활을 이해하는 데 절대적으로 중요하다고 생각한다. 빈스방거는 한 사람이 다른 사람을 몰아내고 그 자리를 차지하려는 생활공간 경쟁이 분명히 존재한다고 인정했다. 그러나 이런 상황뿐 아니라 다른 가능성도 있다고 강조한다. 경쟁과는 완전히 반대되는 이 상황을 그는 《인간 현존재의 기본 형태와 인식》이라는 대작의 도입부에서 "사랑하는 사람들의 공존재의 공간성"이라는 주제 아래 논의했다.

빈스방거는 사랑하는 사람들의 공동의 삶에서는 상황이 다르다고 강조했다. "사랑과 권력 또는 사랑과 폭력은 서로를 배척한다."[111] 그러므로 공동의 공간에서는 애초에 다툼이 생길 리 없다. 빈스방거는 계속해서 말한다. "따라서 이곳에는 …… '개인 공간'의 확대나 축소란 없다. 즉 '세속적인 소유'의 의미에서 내 영역과 네 영역이 만나는 곳이 없다." 오히려 "경계도 없고 나눌 수도 없는 하나의 공동 공간을 항상 마음 편하게 마련하고, 끝없이 오묘하고 신비스러운 우리들의 사랑의 공간을 마련한다."[112] 이곳을 지배하는 상황을 빈스방거는 개념상으로 대단히 파악하기 어려운 이런 말로 바꿔 표현했다.

우리는 이해력이 한계에 다다를 때마다 골똘히 생각해도 알 수 없는 내용을 즉각적이고 직접 와 닿는 말로 표현하는 시인들의 작품에 의지한다. 여기에서도 빈스방거가 분석의 도구로 이용한 릴케의 작품 일부를 소개한다. 사랑하는 사람들끼리는 "서로 상대방을 구속하는 잘못을 범하지 않고 그 반대로 끊임없이 서로에게 공간과 넓은 곳과 자유를 허락"[113]하며, 서로에게 "넓은 공간과 사냥과 고향"[114]을 약속한다고 릴케는 적었다. 이 표현은 상징성을 높여가며 아주 중요한 사실을 드러내는데, 두 가지 특성이 분명히 나타난다. 하나는 사냥과 자유를 선사하는 무한히 넓은 공간의 조성이다. 이곳에서는 어느 누구도 상대를 압박하지 않는다. 빈스방거는 이를 "공간과 넓은 곳, 혹은 모든 공간적 제약으로부터의 자유"[115]로 해석했다. 그러나 이 넓은 곳은 한편으로 빈 공간에 홀로 버려진 상태가 아니다. 그것은 자유의 공간, 고향의 공간, 친근한 공간의 조성이다. 문제는 이 둘이 어떻게 조화를 이루느냐는 점이다. 빈스방거는 앞에서 인용한 릴케의 문장에 기존 방식으로는 해결할 수 없는 "전혀 새로운 공간 문제"가 제기되어 있다고 결론을 내렸다.

빈스방거는 이렇게 설명한다. "여기에서는 일정한 영역에서 '상대방'을 자리에서 몰아내고 몰아낸 사람이 그 자리를 차지하는 대신, 네가 있는 바로 그곳에 (나를 위한) 장소가 '탄생하는' 놀라운 현상이 일어난다. 일정한 합리(!)의 공간에서 '상대방'에게 지위를 내주고 나의 공간을 잃는 대신, 나의 공간을 포기함으로써 내 공간이 '무한히' 증대되는 놀라운 현상이 일어난다! 한 사람이 다른 사람의 '자리'나 '지위'를 빼앗는 일정한 영역 혹은 개념적 공간성 대신, 불분명하지만 사랑하는 사람에게는 너무나 익숙하고 환히 빛나는 바닥 모를 '깊이'와 '넓이'가 나타난다. 그리하여 더 이상 자리도 지위도 존재하지 않고 그것을 둘러싼 싸움도 없으며 단지 '깊이'가 깊어지고 '넓이'는 확대되는 '행복'만이 존재한다."[116]

빈스방거의 문장을 있는 그대로 인용했지만, 표현이 조금 모호하고 문제 제기에서 약간 불안정한 부분이 있다. 여기에는 그럴 만한 이유가 있으니, 아직 확실한 방향이 잡히지 않은 전혀 새로운 분야에 조심스레 발을 들여놓기 때문이다. 선행자의 발자취가 있어야 후학들이 안전하게 그 뒤를 따라갈 수 있다. 이런 의미에서 방금 인용한 빈스방거의 글을 논의해보겠다. 그러기 위해서는 이 글을 가능하면 알기 쉽고 편안한 말로 바꿔 써야 한다. 비록 그 과정에서 심오한 뜻이 모두 드러나지 못하고 진부해 보이더라도 말이다.

우선 주목해야 할 것이 있다. 공간성의 문제는 빈스방거의 유일한 주제가 아니라 "인간 현존재의 기본 형태"라는 광범위한 문제의 일부이다. 이로 인해 공간의 문제는 항상 다른 문제들과 얽혀 있다. 그 하나가 사랑하는 사람들에 관한 문제이다. 전체 맥락을 이해하기 위해 특별한 사례를 들어 이야기를 시작하는 것이 방법론상 옳다고 하더라도, 초점을 성애적인 사랑에 맞추면 다른 관점들이 개입하여 공간의 문제를 가려 버릴 수 있다. 때문에 빈스방거가 "사랑의 공간성"이라는 이름으로 깊이 있게 다룬 내용은 우리가 논하는 체험공간의 문제와 간접적으로만 연관 돼 있다. 빈스방거는 "스스로 커지는 사랑", "아득히 넓은 곳", "바다 모를 깊이", "끝없는 충만함"이라는 표현을 사용했다. 이것은 마음의 상태에 대한 공간적 은유로 앞에서 여러 차례 언급했던 공간 도식과 관련해서는 매우 중요하지만 공간 자체의 이해에는 별로 도움이 되지 않는다. 그런 표현 중의 하나가 앞의 문장에 나온 "사랑하는 사람에게는 너무나 익숙하고 환히 빛나는 바닥 모를 '깊이'와 '넓이'"이다.

두 번째로 생각해볼 점은 이것이다. 빈스방거의 저술은 방법론상의 접근법 때문에 "사랑하는 사람들의 공존재의 공간성"을 하이데거의 배려하는 마음씀(Besorgen)의 공간성 관점에서 논의했다. 그 이유는 하이데거를 비판하려는 게 아니라, 하이데거가 보지 못했거나 고려하지 않은 가능성을 보완하기 위해서였다. 빈스방거 자신도 하이데거의 현존재 분석을 전적으로 수용하여 그 분석의 틀에서 논의한다고 말했다.[117] 빈스방거는 또 사랑의 공간성은 이성[118]이나 합리[119]의 공간성과 다르다고 강조하는데, 이 말에는 슈트라우스가 제시한 두 개(오직 두 개)의 상반되는 공간성의 양태가 영향을 미치고 있다. 그러나 이런 단순화는 위험한 결과로 나타날 수 있다. 배려하는 마음씀의 공간성과 사랑하는 사람들의 공존재의 공간성은 대립 관계로 볼 수 없기 때문이다. 합리적 공간은 우리가 행위 공간이라고 부른 것에 해당되며, 빈스방거는 마음씀의 공간을 합리적 공간이라고 표현했는데 이는 타당하다고 생각된다. 그런데 합리적 공간의 반대는 감정이 실린 분위기 있는 공간이다. 분위기 있는 공간에는 그 공간을 어떤 감정이 채우느냐에 따라 수많은 양태가 존재한다. 다른 한편으로 사랑의 공존재 공간의 반대는 시기와 증오와 질투의 공간, 즉 일반적으로 말해 경쟁의 공간이다. 그러나 경쟁의 공간은 그곳 고유의 구조를 가지고 있다. 따라서 이 공간의 특성인 생활공간을 둘러싼 다툼을 배려하는 마음씀의 방식에 귀속시키는 것은 잘못이다. 시기하는 대립 공간과 사랑의 공존재 공간은 감정적으로 중립적인 마음씀의 공간의 "상위" 차원에서 서로 구분된다. 이 두 상반된 공간은 지금까지의 맥락에서 보면 분위기 있는 공간에 속하지만, 외부 세계를 직접 구성하고 영향을 주는 방식에서는 "단순한" 분위기의 범위를 넘어선다.

사랑의 공간과 시기의 공간은 실제로 순수한(서로 모순되는) 대립 공간이다. 반면에 두 공간이 신중한 마음씀의 공간과 공동으로 맺는 관계는 (하르트만의 층이론의 의미에서) 중첩의 관계이다. 이런 의미에서 두 관점이 서로 맞물린 것은 전혀 문제되지 않으며, 따라서 사랑하는 사람들의 공동생활에서 일상의 마음씀의 세계를 빠뜨리면 안 된다는 빈스방거의 우려는 해소된다고 할 수 있다. "마음씀의 세계는 사랑의 '고향'에 간직되어 있고, 사랑의 '고향'은 마음씀의 세계에 '간직되어 있다'"[120]는 말은 정확한 표현이다.

3 공간을 창조하는 사랑의 힘

이렇게 개념을 구분하여 몇 가지 장애물을 제거한 결과, 빈스방거 이론의 본격적인 내용이 완전하게 의미를 드러냈다. 그런데 여기에도 몇 가지 문제가 서로 얽혀 있다. 그중에서 다음 두 측면을 구별해야 명확해질 것이다. 하나는 나의 공간을 포기함으로써 내 공간이 "무한히" 증대된다는 주장이다. 이 문장의 부정적인 부분, 즉 사랑하는 사람들은 서로 공간을 다투지 않는다는 말은 쉽게 이해가 되지만, 긍정적인 부분은 개념을 확실히 파악하기 어렵다.

어쩌면 마음속에 폭력 없는 조용한 자기발전 방식이 존재한다고 생각하는 것이 좋을 듯도 하다. 이는 처음부터 폭력을 사용해 뜻하는 바를 관철하겠다는 의사를 포기함으로써 생활공간 다툼에서 벗어난 자기발전이며 그런 비폭력으로 인해 저항할 수 없는 설득력을 발휘한다고 여겨진다.[121] 이런 자기 발전은 경쟁적이고 배타적인 공간 밖에 다른 공간이 존재해야 이룰 수 있다. 빈스방거가 이 맥락에서 중요한 자료로 인용한 릴케의 시는 장미꽃이 부드럽게 피는 모습을 통해 이 현상을 상징적으로 묘사했다. 그는 경건한 감동을 느끼며 이렇게 노래한다.

끝없는 열어젖힘,
주변의 사물들이 차지하고 있는 공간을
빼앗지 않으면서 공간을 차지하기[122]

여기에 나오는 공간은 보통 현실의 공간이라고 표현되는 공간, "주변 사물들이 차지하는" 공간이다. 즉 하나의 사물이 공간을 차지할 때마다 다른 사물의 공간을 제한하는 경우이다. 그런데 이 공간에 다른 성격의 공간이 대비된다. "열어젖힘", 즉 발전이 이루어지는 공간, 그러면서도 남의 공간을 빼앗지 않는 공간이다. 릴케는 장미를 노래한 (훗날의) 다른 시에서 똑같은 내용을 분명하게 표현했다. 그는 "너는 너만의 공간을 만든다"[123]고, 즉 너는 네가 필요한 공간을 스스로 만들어낸다고 말한다. 그래서 일상의 공간과 질적으로 다른 이 공간을 그는 "장미 안에서 태어난 장미의 공간"[124] 혹은 "천사의 공간"[125]이라고 표현했다.

이 시구는 생생한 비유로 표현되어 있다. 그러나 장미가 릴케에게는 그의 의미심장한 묘비명에 나올 정도로 인간 삶의 상징이었고 "우리에게도 극한의 것"이었음을 상기한다면, 이 "장미의 공간"이 인간 삶의 영역에서 무엇을 뜻하는지를 물어야 한다. 그러면 그 공간은 순수한 비폭력 공간, 순수한 정신적 현존재가 자신을 펼치는 공간이라고 답할 수 있다. 그 현존재는 다른 이의 공간을 빼앗지 않고도 자기만의 공간을 창조한다.

그뿐만이 아니다. 정신적 현존재는 경외심을 갖고 그를 바라보는 상대방까지 변화시키는 힘을 발산한다. 그 힘에 의해 변화된 상황에 놓인 상대는 더 이상 "주변 사물들이 차지하는 공간"을 요구하지 않고 도리어 행복하고 가벼운 마음으로 새로운 공간을 얻는다. 따라서 이 정신적 현존재는 상대의 공간을 빼앗지 않을 뿐 아니라 반대로 상대방에게 새로운 공간까지 만들어준다고 할 수 있다. 그러나 이 "증대"는 순수하게 양적으로 보면 증대 불가능한 지금까지의 공간에서 발생하는 것이 아니라 더 높은 새로운 차원에서 일어난다. 그곳은 이 만남이 일어나는 "천사의 공간"이다. 여기에서 말하는 천사성은 이기적인 권력욕 없이 순수하게 정신적인 현존재를 실현하는 본질을 나타낸다고 생각된다. 그러한 현존재는 스스로를 초월하여 공간을 만들기 때문에 스웨덴보리가 말한 "천사가 많을수록 자유로운 공간도 많아진다"[126]는 역설이 깊은 의미를 가진다고 말할 수 있다.

이런 연관성은 빈스방거가 "사랑하는 사람들의 공존재의 공간성"이라는 말로 의도했던 본래의 내용과는 거리가 있지만 그의 글을 이해하는 데 필요한 전제를 마련한다. 의도치 않게 공간을 만드는 조용하고 비폭력적인 정신적 현존재에 대해 지금까지 (릴케의 장미의 비유를 통해 드러나고) 분석한 내용은 인간관계, 특히 사랑에도 적용된다. 사랑의 본질적 특성은 이기적인 교활함이 무의미해지는 것이고, 사랑하는 사람은 상대에게 주면서도 가난해지기는커녕 도리어 풍요로워지고 헌신함으로써 무언가를 얻기 때문이다. 스스로 커지는 사랑이라는 빈스방거의 표현이 이 상황을 정확하고 적절히 드러낸다.[127] "나의 공간을 포기함으로써 내 공간이 '무한히' 증대"된다는 말도 이런 뜻으로 사용했다. 이로써 빈스방거는 인간의 공동생활의 기본 전제를 마련했다.

그럼에도 여기에서 공간이란 말, 특히 나의 공간이란 말이 어떤 특별한 의미로 쓰였는지를 다시 한번 물어야 한다. 여기에서는 생활공간을 아주 일반적인 비유의 뜻으로 썼다고 말할 수밖에 없다. 그것은 사랑하는 사람들이 서로 방해하지 않고 조화롭게 더불어 사는 공간, 서로의 삶을 풍요롭게 하여 실제로 공동의 생활공간이 크게 증대되는 공간이다. 그러나 이것은 체험공간을 구체적으로 이해하는 데는 별 도움이 되지 않는다. 빈스방거가 특별한 공간의 문제를 맥락에서 놓치고 수수께끼 같은 사랑의 문제로 방향을 돌린 것도 이런 관점에서 이해할 수 있다.

4 고향의 토대

그럼에도 불구하고 공간을 창조하는 사랑의 힘이라는 명제는 특별한 공간상의 의미를 갖고 있다. 나는 이것이 빈스방거가 발견한 핵심이라고 생각한다. 사람들은 오랫동안 공간의 증대와 축소를 양적인 의미에서 공간이 좁아지고 넓어진다는 뜻으로 해석하여 이 문제의 본질을 이해하지 못했다. 중요한 것은 체험공간의 질적인 변화를 분석하여 공간의 분할과 할당이라는 사고를 극복하는 것이다. 실제로 빈스방거는 다시 릴케를 인용하여 그 분석을 시도한다. "그들(사랑하는 사람들)이 서로에게 만들어주는 공간이 그들의 고향이다."[128] 여기에 나타난 깊이 있는 접근법은 경쟁적인 공간 다툼의 피상성을 드러낸다. 이 사실을 분명하게 인식했다는 점이 빈스방거가 공간 문제에 지속적으로 기여한 바일 것이다.

위 문장에서 빈스방거는 사랑하는 사람들이 함께 사는 공간을 사랑으로 만드는 공동의 고향이라고 표현했다. 동시에 이 문장에는 괴테의 말을 원용한, "네가 있는 바로 그곳에 (나를 위한) 장소가 탄생한다"[129]는 표현이 들어 있다. 이로써 이 문제는 우리가 집을 가족의 거주지로 논의할 때 주목했으나 결론을 내리지 않았던 맥락과 연결된다. 따라서 이런 의문이 생긴다. 인간이 함께 산다는 의미에서 고향이란 무엇인가? 사랑하는 사람들이 만드는 공간이 그들의 고향이란 말은 무슨 의미인가? 그리고 고향을 만든다는 말은 무슨 뜻인가?

빈스방거의 논의를 마지막으로 한 번 더 비판적으로 거리를 두고 신중하게 검토해보자. 그는 사랑하는 사람들이 만드는 고향을 지상을 초월한 "영원한 고향"으로 이해했다. 사랑하는 사람들은 "실제로" 세상의 일정한 장소에 묶여 있어서 그곳을 뛰어넘을 수 없지만, 그들의 집은 "세상 어디에나 있고 세상 어디에도 없기 때문"에 마음 깊은 곳에서는 그곳을 초월한다고 그는 강조한다. 내가 보기에 이는 사랑하는 남녀의 첫 만남을 강조한 견해다. 그들은 행복의 절정에서 세상과 동떨어진 채 살아가면서 주변의 미소를 자주 접한다. 그렇다고 한 사람이 상대방에게서 도피처와 고향을 발견한다는 뜻은 아니다. 두 사람은 함께 고향을 만들어야 한다. 만일 이 고향이 사랑의 절대성에 걸맞게 절대성과 영원성에 뿌리박고 있어야 한다면—여기까지는 빈스방거의 견해가 옳다—그 고향은 지상의 현실에서 공동의 생활공간을 만들어야 얻을 수 있다. 바로 이 지점에서 우리의 본래 문제가 시작된다. 그러나 빈스방거는 진정한 사랑의 고향인 "세상 어디에나, 그리고 세상 어디에도"를 현실의 한 장소에 구속되는 상황과 구분함으로써 이 문제를 너무 빨리 외면해버렸다.

어쩌면 빈스방거는 절정에 이른 사랑의 경험을 노래한 시인들의 작품에서 출발함으로써 "연인들의 사랑의 풍경이 발하는 분위기에만"[130] 매몰되었는지도 모른다. 우리에게 중요한 본질적인 문제는 사랑의 약속을 지키고 고향을 정말로 만드는 상황에서 시작된다. 그 고향은 지상의 유한한 공간에 뿌리박고 있어야 참된 고향이 된다.

다시 한번 빈스방거의 말을 인용하겠다. "네가 있는 바로 그곳에 (나를 위한) 장소가 탄생한다." 이 표현이 나온 맥락에서 이 말이 뜻하는 바는, 한 사람이 특정 공간을 차지하면 상대가 차지할 공간을 제한하는 것이 아니라 도리어 마련해준다는 의미이다. 여기에서 빈스방거는 괴테의 유명한 구절을 인용한다.

내게는 들판과 숲과 바위와 정원이 언제나
공간에 지나지 않았다.
그러나 그대가 그곳들을 장소로 만든다.[131]

괴테의 이 시구는, 전에는 의미 없이 건성으로 지나쳤던 공간이 사랑하는 여인이 존재함으로써 의미 충만한 장소가 되고, 그래서 사랑받는 장소, 가장 머무르고 싶은 곳이 된다는 뜻이다. 다시 말해 둘 중 한 사람이 공간적 부피를 차지한다는 말이 아니라—공간이 장소라는 표현으로 바뀐 것에서 드러나듯이—어느 장소를 머물 만한 곳으로, 살 만한 곳으로 만든다는 뜻이다. 공간의 확대 문제는 여기에서 중요하지 않다. 장소가 된 그곳은 좁지도 넓지도 않기 때문이다. 그 장소는 지상에서 어느 곳이라고 말할 수 있는 특정한 자리이다. 이 특정한 장소와 결속되어 있을 때 비로소 고향이 만들어지기 시작한다.

이제 공동의 삶은 새로운 차원에서 되풀이된다. 앞에서 우리는 개인의 관점에서 이 문제를 너무 추상적으로 설명했지만 이제는 공동생활의 측면에서 보완 설명을 하겠다. 살아가려면 일정한 거주 공간이나 편안함을 안겨주는 장소인 집이 필요하다. 사랑하는 두 남녀는 이제 분위기 있는 연애 시절에서 지속적인 공동생활로 넘어간다. 그들의 사랑이 진실하다면 "영원한 고향"을 넘어 지상에 살 곳을 만들겠다는 결심, 즉 가정을 꾸리고 함께 살 집을 짓겠다는 결심이 그 사랑에서 싹튼다. 원시인들 사이에서는 결혼을 할 때 반드시 집을 짓는 풍습이 있다. 요즘 같은 상황에서 신혼부부들은 대부분 곧바로 집을 짓지 않고 셋집을 마련하지만 원칙적으로 그들의 과제는 동일하다. 그러면 이들은 구체적으로 "경계도 없고 나눌 수도 없는 하나의 공간을 마련"한다. 이곳이 바로 직접 공간이 만들어지는 곳, 그것도 처음부터 공동의 공간이 마련되는 곳이다.

편의상 나는 집을 새로 짓는 단순한 예를 들어보겠다. 공간을 만든다는 것이 무슨 뜻인지 생생히 알 수 있기 때문이다. 추상적인 의미에서는 집을 짓기 전에 이미 부피를 가진 공간이 존재한다. 그것은 수많은 입방미터로 이루어진 대기의 공간이며, 이 공간은 집의 담에 의해 "둘러싸인 공간"으로 변한다. 그러나 이 표현은 실제 상황의 본질을 꿰뚫지 못한다. 여기에서 말하는 공간은 살고 거주하기 위한 공간이다. 즉 앞에서 언어학적인 배경을 설명하며 말했듯이, 우거진 숲처럼 공간으로 느껴지지 않는 주위 환경에서 살기 위해 잘라낸 빈 공간을 말한다. 이곳이 본래 의미에서 공간이 만들어지는 곳이다. 대도시 건물에 있는 셋집도 상황은 다르지 않다. 이 경우에도 입방미터로 이루어진 집의 빈 부분인 가상의 공간에서 인간이 사는 현실 공간이 만들어진다.

이런 공간은 셋집을 빌리거나 가구를 구입하는 일회성 과정을 통해서가 아니라, 가족이 함께 화목하게 살아가면서 집이 고향이 됨으로써 창조된다. 집이 단계적으로 살 만한 곳으로 발전하면서 서서히 고향이 만들어지는 것이다. 이런 맥락에서 돌이켜 보면 나의 개인 공간을 포기한다거나 주장한다는 표현이 얼마나 부적절한지 알 수 있다. 거주 공간을 만들기 전에는 개인 공간이 없었다가 이후에 할당되는 것이 아니기 때문이다. 거주 공간은 처음부터 공동의 공간으로 만들어졌고, 또 공동의 공간으로만 만들 수 있다. 혹 나중에 아이들이 성장하면서 이 공동의 공간에서 (상대적인) 개인 공간을 분리해야 한다면 그것은 부차적인 일이다.

이 지점에서 우리가 심도 있게 논의한 문제는 단순한 도취감에 빠져 사고의 비약에 시달리는 환자의 공간 문제와 구별된다. 감정이 들뜬 상태에서도 공간은 넓어진다. 그럴 때 인간은 사람에 대한 지나친 신뢰감으로 "세상 모든 곳"이 내 집처럼 느껴지면서 일상의 근심을 초월한다. 그러나 사고의 비약에 빠진 환자는 그런 일시적이고 애매한 상태에 머물러 있다가 기분이 바뀌면 언제라도 반대 감정으로 돌변할 수 있지만, 우리가 이야기한 상황에서는 그런 감정이 지속적으로 공간을 만들어낸다. 이는 사랑하는 연인들이 애매모호한 사랑의 단계를 벗어나는 즉시 공동의 인생 계획을 설계하고 함께 꾸준히 노력하여 구체적인 고향을 건설하면서 가능해진다.

시인들의 작품은 철학자에게 매번 새로운 전망을 제시하고 표현의 한계에 봉착할 때마다 의미를 깨우쳐준다. 그래서 철학자는 공간 문제에서도 시의 도움과 확인을 얻고 싶지만, 시인들은 지금 우리가 다루는 공간 문제에서는 눈길을 돌려버린다. 가족이 실제로 삶의 공간을 만드는 과정에 대해서 시인들은 침묵한다. 그들은 남녀가 함께 있는 행복―혹은 함께 있지 못하는 고통―만을 묘사하고 현실에서 함께 살아가는 삶에 대해서는 침묵한다. 왜 그런지 모를 일이다! 따라서 우리는 시인의 찬란한 시어를 포기하고 철학자의 지극히 평범한 산문을 통해 이 중요한 관련성을 암시해보겠다.

5 우호적인 협력으로 탄생하는 공동 공간

빈스방거는 지상에서 구체적인 삶의 공간을 함께 조성하는 문제를 충분히 인식하고 있었지만 이 문제를 "무한한 사랑의 고향에서 호의적인 친구들의 제한된 영역으로의 이행"[132]을 추적하며 조금 다른 맥락에서 다루었다. 물론 공간 문제에서는 남녀의 사랑 외에도 여러 유형의 호의적인 인간관계를 관찰해야 한다. 그런 관계에서는 공동의 공간 창조가 각각 다른 방식으로 변화하기 때문이다. 그렇지만 "무한한 고향"이 "제한된 영역"으로 이행하는 이유를 남녀의 사랑과 남자들의 우정에서 찾아서는 안 된다. 사랑 그 자체에서 찾아야 한다. 사랑은 가정을 만들고 집을 지으면서 지상에서 실제로 고향을 만들기 때문이다.

빈스방거는 우정에 관해 다음과 같이 정확하게 이야기한다. "서로에게 관심과 호의를 보일 때 비로소 공동의 세계, 더 정확히 말하면 세계에서 공동체가 '구성된다'. 물론 이 세계는 '나중에' 다시 나뉠 수 있다."[133] 그러나 이 말은 본래의 사랑과 구별되는 우정에만 해당되는 게 아니라 우정 그 자체에도 똑같이 적용된다. 이것을 되도록 까다롭지 않은 말로 우리의 문제에 맞게 바꿔 써보면 다음을 의미한다. 추상적인 의미에서의 공간은 처음부터 존재하는 것이 아니라 고향을 만들려는 인간의 공동 노력을 통해 만들어져야 한다. 이 공간은 공동의 노력으로 만들어진 근원적인 공동 공간이다. 공동의 벌목과 개간으로 정착 공간을 확보하는 과정도 이런 바탕에서만 이해할 수 있다. 가족이 함께 사는 집이라는 공간도 그렇고 비유적인 의미로 말하는 여러 유형의 삶의 공간도 마찬가지이다. "공장"이나 "사업체" 같은 직장 생활의 공간도 처음부터 공동의 공간으로 존재하므로 그 공간의 분할이나 적절한 공간을 둘러싼 다툼의 문제는 전혀 발생하지 않는다. 이 공동의 공간에서는 서로의 작업을 보완해주기 때문에 개인 공간을 구분하는 것은 전혀 의미가 없다. 앞에서 여러 번 인용했던, "네가 있는 바로 그곳에 (나를 위한) 장소가 탄생한다"는 문장은 맥락을 바꿔 이해하면 이 환경에서도 유효하다. 즉 한 사람의 작업 성과가 다른 사람의 작업을 가능하게 만든다. 이는 가정 내에서 가장 확실히 볼 수 있지만, 직장과 관련된 모든 조직, 더 일반적으로는 모든 유형의 공동생활에 해당되며, 범위를 넓히면 민족 간의 삶에도 해당된다.

그러나 처음의 질서가 한 번 교란되면—생활이 분화되면서 질서는 어쩔 수 없이 점점 교란 상태에 빠진다—즉 공간의 당초 공동성이 사라지면 개인 공간을 차지하려는 경쟁적이고 치열한 다툼이 일어난다. 하지만 이는 훗날에나 가능한 상황이므로 이 만인에 대한 만인의 투쟁을 아무 생각 없이 공동생활 초기에 발생하는 것으로 보아서는 안 된다.

그러나 반대로도 생각할 수 있다. 현실적이라고 자처하는 해석 방식은 개인 공간 확보 다툼이 먼저 일어난다고 생각하지만 이는 실은 훗날 발생하는 질서 교란의 표현이다. 하지만 그 다툼은 교란의 필연적인 결과는 아니다. 그러므로 교란을 적절히 제거하면 다툼을 다시 없앨 수 있다. 이것은 전반적으로 인간의 올바른 내적 가치관의 문제이다. 아주 간단한 예를 들어 설명하면, 우리가 일하는 모든 직장 공동체에서도 이런 상황이 생길 수 있다. 이를테면 적대감과 불신과 경쟁의 분위기가 팽배한 곳에서는 그 누구라도 타인의 앞길을 가로막는다. 모두들 남이 나를 능가할까봐 두려워하고 남이 내 공간과 일자리와 성공 따위를 빼앗아갈까 봐 겁을 낸다. 그러나 특별히 우정이나 호의 같은 게 없더라도 공동생활이 이성적으로 영위되는 곳에서는 직원들이 서로를 압박하는 일은 생기지 않으며 서로 발전할 뿐이다. 한 사람의 성공은 다른 이가 성과를 낼 수 있는 새로운 가능성을 만들어준다. 이런 곳이야말로 공동의 작업을 통해 개인 생활공간의 합보다 더 큰 생활공간을 만들어내는 곳이다. 협력을 통한 공동 작업은 실제로 새로운 삶의 공간을 창조한다.

정서적으로 중립적인 직장 공동체에 해당되는 이 상황은 내면의 사랑을 바탕으로 이루어진 가족이라는 삶의 공동체에서는 더 큰 타당성을 얻는다. 이런 면에서 집은 함께 만들고 함께 살아가는 원초적인 현상의 결과이며 그 본질상 나눌 수 없는 삶의 공간이다.

일일이 논하지는 않겠지만 위의 상황은 민족 간의 삶에도 해당된다. 생활공간 싸움은 진정한 협력과 진정한 공동생활이 시작되는 곳에서 극복된다. 진정한 협력 속에서는 한 사람의 성공이 다른 이의 피해로 나타나지 않고, 공동의 성공으로 모두가 이익을 얻기 때문이다.

1
공간에 있음과
공간을 가짐

1 지향성

우리는 이 책의 서두에서 인간 삶의 공간성과 이 삶에 상응하는 체험공
간 혹은 살아가는 공간을 구별했다.[1] 그러나 우리는 가능하면 철학적 성
찰을 거치지 않고 대상적인 측면부터, 즉 체험공간의 다양한 내용부터
규명하기 위해 인간의 본질을 규정하는 공간성 문제는 논의하지 않았다.
물론 두 문제는 완전히 떼어놓을 수 없기 때문에 나는 인간과 공간의 내
적인 관계를 자주 거론했다. 그러나 대상적인 측면을 좇는 흐름을 깨지
않으려고 문제의 "주관적인" 측면에는 계속 주목하지 않았다. 이제 서두
에서 남겨두었던 문제를 살펴보려 한다. 이때 불가피하게 앞에서 논의한
사항을 새로운 관점에서 다시 거론할 수도 있다.

　인간 삶의 공간성 문제는, 되도록 쉬운 말로 표현하면, 공간에 대한 인
간의 관계이다. 혹 이 말이 공간을 대상적인 사물로 파악하여 인간이 이
런저런 방식으로 공간과 관계를 맺는다는 식의 오해를 불러일으킬 여지

가 있다면 달리 표현해보자. 인간 삶의 공간성 문제는 공간이 어떤 식으로 인간의 본질에 속하느냐의 문제이다.

우리는 흔히 깊이 생각하지 않고 인간은 공간 속에 존재한다고 말한다. 그러나 이런 객관화된 진술은 이 진술이 가리키는 사태의 의심스러운 면을 이미 은폐해버린다. 따라서 우리는 이 사태에서 당연시되는 부분을 밝혀내야 한다. 이런 이유로 하이데거는 인간이 공간에 존재한다는 것은 어느 사물이 그릇 속에 존재하는 것과는 의미가 다르다는 점을 지적했다. 그 둘의 차이는 이렇다. 인간은 사물들 중의 하나가 아니라 주변 세계와 관계를 맺는 주체이며 그런 의미에서 인간은 지향성(Intentionalität)이라는 특징으로 설명해야 한다. 인간이 공간과 관계를 맺는 한 — 더 신중하게 말하면 공간 속에서 사물들과 관계를 맺는 한 — 인간은 공간 내적인 존재가 아니다. 사물들에 대한 인간의 관계는 오히려 그의 공간성을 통해 설명되어야 한다. 다르게 말해보자. 인간이 공간 속에 존재하는 방식은 그를 둘러싼 세계 공간에 대한 규정이 아니라, 주체로서의 인간과 관련된 지향적 공간에 대한 규정이다.

인간은 공간 속의 특정한 위치에 존재한다. 그러나 이 위치 자체는 상상의 공간 속에 있지 않으며 그 본질을 규정하기도 대단히 어렵다. 우리는 이 위치를 하나의 점으로 생각해야 한다. 앞에서도 우리는 수학적인 용어로 자연적인 좌표계의 기점이라는 말을 사용한 바 있다. 하지만 이 점은 공간에 편입되지 않으며, 공간에 주어진 모든 것들과 거리와 방향을 통해 관계를 맺는 확인할 수 없는 중심이다. 이것은 바깥에서 관찰할 수 있는 점이 아니라, 특정한 '그곳'이나 '저곳'과 연관되는 여기의 '이곳'이다.[2]

지각심리학은 이 지향적 공간을 (주체와 관련된) 감각 공간, 특히 시각 공간으로 보고 자세히 연구했다. 인간이 주변에 이 공간을 구성하는 방법은 방향과 거리를 통해 지각하는 인간과 관련된 극좌표계를 통해 도식적으로 설명할 수 있다. 앞에서 행위 공간을 다룰 때 이야기했듯이, 하이데거는 이 관계를 그의 현존재 분석의 철학적 틀에 받아들이고, 내용적으로 분류한 공간에 맞게 "현존재의 공간성"을 심리학이 아니라 삶의 방식에 따라 이해해야 하는 "거리 없애기"와 "방향 잡기"로 설명했다. 공간성에 대한 이런 이해 방식은 앞으로 모든 논의의 기본이 된다.

그럼에도 불구하고 우리는 매번 이 지향적 공간의 개념을 벗어나 논의를 계속했고 지향성이라는 개념 하나만으로 공간의 본질이 충분히 파악될 수 있을지를 회의적으로 보았다. 그러나 이 불만족스러운 내용을 긍정적으로 규정하기는 대단히 어렵다. 따라서 나는 서로 긴밀하게 얽힌 이 접근법들을 따로따로 분리해 이야기할 수밖에 없다.

2 매개체로서 공간

먼저 살펴볼 것은 이렇다. 지각하고 움직이는 인간 주위로 지향적 공간이 구성되듯이, 그 공간은 중심을 이루는 인간의 현 위치와 관련을 맺고 있다. 인간이 공간의 어디에 어떤 식으로 존재하는가, 이 물음은 여기에서 의미 있게 제기할 수 없다. 인간은 그가 처한 공간의 영원한 중심이고, 사물의 연관 체계인 공간은 인간이 움직이면 함께 따라다니기 때문이다. 그러나 이 책의 서두에서 강조했듯이, 인간이 공간 속에서 움직이면서 그 공간을 정지한 것으로 본다는 말에는 그럴 만한 의미가 담겨 있다. 인간은 공간 속 "어딘가에", 즉 특정한 위치에 존재한다. 이때 인간은 공간을, 구체적으로 말하면 지표면을 고정된 것으로 느끼고 인간이 서 있는 모든 자세의 토대가 되어준다고 느낀다.

　　대지, 그대여 지난밤도 변함없더니
　　어느덧 새로운 생기로 내 발치에서 숨을 뿜으며[3]

　잠에서 깨어난 파우스트는 고정된 공간에서 당연히 안도감을 느끼며 이렇게 말한다. 그러나 지향적 공간 개념으로는 이렇게 의식하는 이유를 의미 있게 설명하지 못한다. 지향적 공간 개념에서 보면 공간 속의 변화는 하나의 좌표계로부터 이 좌표계에 대응해 움직이는 다른 좌표계로의 이행이며, 정지와 움직임은 관습적으로만 규정될 뿐이다.

　그러나 다른 관점으로 더 심도 있게 분석할 수 있다. 인간이 어느 곳에 처해 있는 방식은, 그가 우연히 "어딘가에" 버려졌는지 아니면 바로 그 장소가 자신에게 속해 있고 자신과 한 몸처럼 묶여 있다고 느끼는지에 따라 각기 다를 수 있다. 인간은 공간에 버려진 듯이 느낄 수도 있고 공간에서 안도감을 느낄 수도 있다. 또 공간과 일체감을 느끼기도 하고 공간을 낯설게 여기기도 한다. 이것은 인간이 처한 공간에서 발생하는 여러 가지 상황적 심정성(Befindlichkeit)이며 인간이 공간과 맺는 관계의 변화이다. 인간이 공간에 존재할 때는 항상 "어떤 식으로든" 처해 있다.

　인간이 지향성을 가지고 펼치는 공간에서는 이런 문제들이 나오지 못한다. 지향적인 공간은 단순한 관계 체계이다. 그러나 우리의 관점에서는 공간이 일종의 매개체가 되고 나는 그 안에 처해 있게 된다. 이런 매개체라야 공간에 처해 있다(sich-befinden)는 말을 의미 있게 할 수 있다. 이런 매개체로서의 공간은 인간이 공간 속의 사물만이 아니라 공간과도 실제로 특정한 방식으로 관계를 맺고, 그러면서도 공간을 대상화하지 않는다는 점에서 (그리고 공간을 주관화하지 않는다는 점에서) 물질과 유사한 무엇이 된다. 매개체로서의 공간은 "대상"과 "관찰 방식"의 중간적 대상이다. 즉 주체와 무관한 "그릇"도 아니고 단순히 주관적인 설계도 아니다. 공간을 매개체로 표현했다고 해서 공간의 관념성과 실재성이라는 케케묵은 논쟁을 다시 시작하려는 것은 아니다. 이 표현은 "공간의 본질"에 관한 가설로 이해해서는 안 되며, 직접적인 공간 경험에서 현상적으로 주어진 것, 즉 내가 실제로 공간과 다양하게 관계를 맺는다는 것을 말하기 위해 임시로 사용한 것이다. 이런 의미에서 공간과 세계, 공간-내-존재와 세계-내-존재는 서로 근접하며 때로는 동일한 뜻을 가지고 있다. 공간은 그곳을 채우고 있는 개별 사물들을 제외한다면 가장 일반적인 형태의 세계이다.

3 공간 느낌의 형식

공간에 처하여 공간과 관계를 맺는 다양한 방식이 무엇을 뜻하는지는 구체적인 경험을 통해 분명히 드러난다. 이 경험을 공간 의식(Raumbewußtsein) 혹은 공간 느낌(Raumgefühl)이라고 일컫겠다. 그것은 공간에 대한 우리의 관계 전체를 관통하는 특정한 정조(Gestimmtheit)이며, 공간 속 개별 사물에 대한 관계에서 얻어지는 정서적인 색채와는 구별된다.

다양한 방식의 공간 느낌이 존재한다는 것, 그리고 이것이 인간의 삶에 대한 모든 감정과 밀접한 관련이 있다는 것은 앞에서도 여러 번 다루었던 실존철학을 둘러싸고 전개된 정신적 논쟁에 주목해도 알 수 있다.

이 관계를 개념적으로 날카롭게 분석한 하이데거의 이론에서 시작하는 것이 좋겠다. 하이데거는 인간의 세계-내-존재(In-der-Welt-sein)를 "던져져 있음"(Geworfen-sein)으로 설명한다.[4] 던져진 상태는 공간 관계도 포함하므로 우리는 이것도 던져져 있음으로 이해해야 한다. 인간이 무엇인가에 던져져 있다는 것은 중립적인 의미에서 그 무엇인가에 처해 있는 상태 이상의 것을 말한다. 이 말은 인간이 그의 의지와 무관하게, 혹은 그의 의지에 반하여 어떤 거친 방식으로 낯선 매개체 안으로 들어갔음을 말한다. 우리는 이 말에서 감지되는 감정상의 색채를 간과해서는 안 된다. 던져졌다는 말은 신중하게 선택된 단어지 우연히 생각난 말이 아니기 때문이다. 던져졌다는 것은 인간이 어딘가에 들어가 있다거나 이식되어 있는 것 이상을 뜻한다. 여기에는 부주의함과 우연성의 요소가 들어 있다. 무언가를 던지는 행위에는 언제나 공격적인 느낌이 담겨 있다. 우리가 사람에게 음식을 줄 때는 조심스럽게 그 앞에 차려놓지만, 사나운 짐승에게는 그 앞에 먹이를 던져준다. 인간도 낯설고 적대적이고 무시무시한 매개체 안으로 던져진 자신을 발견한다. 공간에서 인간의 상황적 심정성(Befindlichkeit)도 이런 맥락에서 이해할 수 있다. 인간이 생각지도 않은 자리에 있는 자신을 발견할 정도로 공간은 낯설고 압박하는 매개체이다. 그 안에서 인간은, 사르트르의 말을 빌리면, "잉여적"이다. 즉 무의미하고 불필요하다.

이는 실제로 고향을 잃어버리고 뿌리가 뽑혀나간 우리 시대의 인간이 공간과 맺고 있는 관계를 정확하게 본 모습이다. 하지만 이 상황을 인간 전체에 적용해서는 안 된다. 이 모습은 인간의 공간 관계에서 무언가 본질적인 것이 빠져 있을 경우에만 나타나는 현대인의 특징이다.

이 측면은 바슐라르가 예리하게 파헤쳤다. "인간은 '세계 속에 던져지기' 전에 …… 집이라는 요람에 눕혀졌다."⁵ 그는 또 이렇게 강조한다. "삶은 행복하게 시작된다. 집이라는 품에 둘러싸이고 에워싸여 아주 따뜻하게 시작된다." 그후 인간은 "바깥으로 내던져진다". 집에 비유해서 말하자면, "문 밖에 내놓아진다". 바슐라르는 이 상황을 우선 발생학적인 관점에서 보았다. 인간 발전의 초기에 공간에 처한 인간의 심정성은 던져졌다는 말로 표현할 수 없다. 던져졌음은 훗날의 인간 발전 단계에서야 경험한다. 하지만 그 이면에는 단순히 발생학적 관계만이 아닌 본질적인 관계가 숨어 있는 듯하며, 집 안에서 포근히 둘러싸인 상태가 객관적으로도 우위에 있다고 생각된다. 그러나 일단 이 문제를 제외해놓고 보면, 던져져 있다는 말로 나타낼 수 없는, 오히려 던져져 있음과 정반대되는, 어떤 공간에 처한 인간의 심정성이 존재한다. 바로 이것이 중요하다.

이 상황은 하이데거가 〈집짓기, 거주하기, 생각하기〉에서 밝힌 견해와 완전히 일치한다. 그는 (앞에서도 인용했던) 이 글에서, 인간은 거주하는 법부터 배워야 한다고 강조하며 이렇게 말한다. "인간으로 존재한다는 것은 …… 거주함을 말한다."⁶ 거주한다는 것은 던져져 있음과는 근본적으로 상반되는 상태로 공간에 처해 있음을 뜻한다. 거주란 낯선 매개체 속의 임의의 자리에 내던져지는 것이 아니라 집의 보호를 받으며 안전하게 머무는 것이다. 인간이 거주하는 법부터 배워야 한다는 말은, 어쩌면 피할 수 없는 불행한 삶의 발전 과정에서 나타나는 던져져 있음이란 상태를 자신이 노력하여 거주의 상태로 바꿔야 한다는 뜻으로 이해해야 한다.

4 거주

우리가 집을 관찰할 때 핵심적인 인간학의 개념으로 접했던 거주의 개념
은 따라서 용법이 바뀌어 다시 우리의 주목을 받는다. 앞에서 논의할 때[7]
는 집의 소유가 인간에게 무엇을 의미하는지를 문제 삼았다면, 이제는
거주 상황에서 나타나는 인간의 마음 상태가 논점이다. 앞에서는 거주를
당연히 집에서의 거주로 이해했지만, 이제는 좀더 포괄적이고 깊은 의
미에서 공간에 처한 인간의 심정성을 가리킨다. 이런 의미에서 우리는
이 개념을 다시 끄집어내 이런 질문을 제기하려 한다. "거주"(wohnen)란
무엇을 의미하는가? 거주에는 공간에 대한 인간의 관계가 어떻게 구체
화되어 있을까? 그리고 이렇게 이해하는 공간성은 인간의 본질을 이해
하는 문제에서 무엇을 말해줄 수 있을까?

이런 질문을 염두에 두고 앞에서 거주를 관찰했을 때 도출된 결론을
상기해보자.

1. 거주는 공간 속 임의의 위치에 우연히 머무르는 일시적인 체류와 반대
   된다. 거주한다는 것은 특정한 자리에 속하여 뿌리를 내리고 그곳을 집
   으로 삼는다는 뜻이다.
2. 거주한다는 것은 분리된 안전한 영역, 즉 인간이 위협적인 외부 세계로
   부터 도피할 수 있는 집이라는 개인 공간을 갖고 있음을 뜻한다.

이제 우리는 새로운 문제 제기에 맞게 이 외부 세계와 분리된 영속적
인 집에서의 체류, 즉 거주가 인간의 내면적 본질과 공간성을 이해하는
데 어떤 의미를 갖는지 살펴보아야 한다. 요즈음 "거주한다"는 말은 집

에 산다는 뜻에 한정되지 않고 공간에 대한 인간의 관계, 공간에 처한 그의 상황적 심정성 전체를 뜻하는 말로 일반화되었다. 인간의 공간성 전체를 거주로 이해하는 것이다. 우리는 이제 이 문제를 추적해보려 한다. 그러기 위해 우선 거주라는 말의 용법을 개괄한 뒤 그 용법이 뜻하는 바를 분석할 것이다.

이 용법을 구분하기 위해 비록 프랑스어에서 가져왔지만 지금 우리의 문제와 직결되는 예를 하나 들겠다. (두 단어 사이에 우리 문제와 관련된 본질적인 차이가 없기 때문에 이 예를 들어도 무방하다고 본다.) 그것은 메를로퐁티의 글에 나타난 "거주한다"(habiter)는 단어의 확장된 용법이다. 실제 논쟁이 일어나진 않았어도 메를로퐁티의 견해가 (암묵적으로) 사르트르의 실존주의적 입장과 어떻게 다른지 이 단어의 사용법이 단적으로 보여주는 것 같다.

메를로퐁티에게 거주한다는 말은 세계와 삶에 대한 관계를 나타내는 핵심 단어라고 앞에서[8] 말했다. 그가 이 말을 정의하지 않고 거주의 본질도 성찰하지 않을뿐더러 오히려 기존 낱말로는 잡아내기 힘든 존재 관계를 표현하는 대목마다 이 낱말을 당연한 듯이 내세우는 것을 보면, 이 낱말을 빌려 공간 느낌과 관련한 새로운 용법을 설명하는 것이 적절한 듯하다.

메를로퐁티는 만년의 저술인 《기호》에서, 인간은 존재에 거주한다[9]고 말할 만큼 거주한다는 말을 일반적인 의미로 사용한다. 실제로 "존재에 거주한다"는 말은 존재와의 새로운 관계를 훌륭하게 표현해준다. 메를로퐁티는 이 새로운 관계의 전혀 다른 성격을 충분히 인식하고 있었으리라고 생각된다. 그의 마지막 저술인 《눈과 마음》을 이런 강령적인 문장으로 시작하기 때문이다. "과학은 사물들을 조작하지 사물들에 거주하려 하지 않는다."[10] 그는 이 말로써 대상[11]을 마주하는 과학의 객관성과 거주의 내밀성을 분명히 구분했다. 그는 우리가 세계에 거주한다고 일반적인 의미에서 말한다.[12]

거주한다는 말의 의미를 이해하려면 메를로퐁티의 어법을 더 자세히 관찰하면서 각기 다른 적용 사례들을 비교하고 각자의 의미를 규명하여 그 안에 담긴 뜻을 밝혀내야 한다.

1. 이 말의 기본 뜻은 우리가 지금까지 줄곧 주목했던 현상, 즉 집에 거주한다는 뜻이다. 다른 의미들은 이 현상을 바탕으로 이해해야 한다. "인간이 집에 거주하듯이"[13] 다른 거주 방식도 존재한다. 그러나 반대로 집에 거주하는 방식도 확대되고 전이된 다른 의미를 바탕으로 이해해야 한다.

2. 메를로퐁티는 거주의 개념을 영혼과 몸의 관계를 표현할 때도 사용한다. "영혼은 몸에 거주한다."[14] 이는 메를로퐁티가 즐겨 쓰는 표현인데 공간적 구성물인 몸에 "체현된"(Inkarnation) 영혼과의 밀접한 관계를 뜻한다. 거주라는 말로 표현하기는 했지만 이 관계는 당연히 특별한 종류의 거주이다. 삶을 마감하지 않는 이상 영혼은 인간이 집을 떠나듯이 몸 안의 "집"을 떠날 수 없고 그곳에서 "나갈 수" 없기 때문이다. 따라서 이 언어적 "비유"를 우리는 반대 방향으로 읽어야 한다. 즉 인간과 집의 관계는 영혼과 몸의 관계처럼 밀접히 연관되어 있다는 뜻이다. 사람이 집에 거주하는 것도 일종의 체현이다.

3. 이 밀접한 관계는 다른 어법에서 더 확실히 드러난다. 의미는 낱말 속에 거주한다고 메를로퐁티는 말한다. "낱말과 낱말의 생생한 의미를 이어주는 끈은 연상이라는 의미에서 말하는 외부의 끈이 아니다. 의미

는 단어 속에 거주한다. 언어는 정신적 과정을 따라다니는 외적인 수반 현상이 아니다."[15] 비슷한 맥락에서 그는 인간이 감정이입 상태에서는 타인의 몸에 거주할 수 있다고 말한다.[16] 다시 말해 의미는 인간이 지각하는 표현 속에 직접 들어 있다는 뜻이다. 여기에서 낱말과 의미의 일체성 그리고 감정이입을 통한 이해의 예를 들어 모방적 표현과 그 속에 표출된 영혼의 일체성을 "거주한다"는 말로 표현했다. 이는 거꾸로 "거주"라는 말이 집과 거주자의 뗄 수 없는 일체성을 뜻한다고 할 수 있다.

4. 거주라는 말은 인간이 세계에 거주한다는 표현으로도 사용할 수 있다.[17] 이는 인간이 세계에서 아무렇게나 나타난다는 말이 아니라, 영혼과 몸의 관계 혹은 표현된 것과 표현의 관계처럼 인간이 세계와 신뢰 관계로 묶여 있다는 뜻이다. 메를로퐁티는 인간이 세계에 각기 다른 방식으로 거주한다고 말하는데 이는 화가가 예술적으로 묘사한 작품에서 볼 수 있다.[18] "인간이 그의 집에 거주하듯이 눈도 존재에 거주한다"[19]고 그는 강조했다. 여기에서 거주란 신뢰와 이해로 결속된 방식을 뜻한다. 이 말은 세계 전체는 물론이고 개별 사물에도 해당된다. 앞에서도 인용했지만, "인간은 사물에 거주한다"는 말은 인간이 사물과 내적으로 연결되어 있어 사물은 인간에게 외부 대상이 아니라 깊은 존재의 담지자로 인간의 삶에 포함된 대상이라는 뜻이다.

지금까지 열거한 어법들을 요약해보자. 거주라는 개념은 정신적인 것이 신체적인 것 "속"에 "체현"되는 양자의 일체성을 표현하는 데 쓰인다. 또 거주의 개념은 일반적으로 공간에 대한 인간의 관계를 표현할 때도 쓰였다. 메를로퐁티가 볼 때 인간은 공간에 거주한다. 우리는 이 말에 담긴 공간의 의미를 더 분석해보려 한다.

그러기 위해 인간이 몸을 도구로 삼아 세계의 모든 영역에 거주한다[20]는 말의 뜻에 집착할 필요는 없다. 여기서의 몸은 인간이 세계와 관계를 맺을 때 이용하는 도구에 불과하기 때문이다(쇼펜하우어가 몸을 "직접적인 대상물"로 본 것과 크게 다르지 않다). 이 말은 거주의 본질에 대해 아무것도 말해주지 않는다. 더 중요한 것은 메를로퐁티가 우리의 몸 자체를 공간으로 파악하고 이것을 다른 모든 공간 경험의 원형으로 본다는 점이다. 그는 이렇게 말한다. "몸은 영혼의 고향 공간이며 존재하는 모든 공간의 원판이다."[21] 여기에서 몸은 공간을 경험하는 도구일 뿐 아니라 그 자체로 우리가 경험하는 공간이다. 그것도 가장 원초적으로 경험하는 공간이며 이 원형을 본보기로 삼아 우리는 다른 공간들을 이해한다. 따라서 우리 인간은 공간 없는 주체로서 공간 속에 존재하는 게 아니라, 공간적 구성물인 몸을 통해 더 크고 포괄적인 공간 속에 짜여 들어가 있다. 이 문제는 몸을 다룰 때 다시 이야기하겠다.

5. 거주의 개념이 공간과 시간 관계에 적용된 것도 이상의 내용을 기초로 이해할 수 있다. "몸은 공간과 시간에 거주한다."[22] 비록 메를로퐁티가 이 문제를 기술한 대목에서 세계 없는 주체라는 사유를 반박하려고 불가분으로 얽힌 공간과 시간 관계에 치중하고 그로 인해 거주의 문제는 '관여되어 있음' 혹은 '허락되어 있음'의 문제로 단번에 처리했지만, 우리는 그의 글에 표현돼 있지는 않아도 다른 식의 어법으로 가득한, 거주 개념에서 나오는 공간 관계의 해석에 특히 주목해야 한다. 이 맥락에서 우리는 거주 개념을 시간 관계로까지 확대한 것을 우려할 수도 있다. 그래서 인간은 공간에 거주하는 것이지 시간에 거주하지 않는다고 말하여 공간과 시간의 본질적인 차이를 드러내고 싶을지도 모른다. 하지만 일단은 메를로퐁티의 어법을 있는 그대로 받아들이자.

요약해보겠다. 인간 혹은 자아는 몸에 거주하고, 집에 거주하고, 사물들에 거주하고, 세계에 거주하고, 공간과 시간에 거주한다. 또 의미도 낱말과 기호 속에 거주하고, 표현된 정신은 표현 속에 거주한다. 거주라는 말이 적용되는 이런 넓은 분야를 떠올리면서 그 적용 사례를 열거하다 보면 이렇게 다양한 관계들을 거주라는 공동의 개념 아래 묶어주는 근본적인 특성이 드러남을 알 수 있다. 이 말이 쓰인 곳마다 영혼이나 정신적인 것이 공간적인 것에 녹아 있는 긴밀한 관계가 표현되어 있다. 기존 개념으로는 표현하기 힘든 관계이다. 한 대목에서는 거주를 과학적인 태도와 대립시켰다. 체현된다든지 관여되어 있다는 표현도 이렇게 바꾸어 쓰거나 간접적으로 암시할 뿐이다. 그러면 이런 식으로 표현된 공간 관계를 더 가까이 들여다보자.

5 공간을 가짐

공간이 주어진 방식을 지향적인 관계로 규명하려 했을 때 불거진 어려움을 실마리로 삼아 이야기해보겠다. 우리가 공간에 대한 인간의 관계를 관찰할 때 "공간에 있음"(Sein-in-Raum)이란 관점에서 출발한 것은 어쩌면 처음부터 협소하거나 최소한 일면적인 접근 방식이었는지도 모른다. 따라서 우리는 인간이 공간에 있다거나 공간에 처해 있다는 말이 자연스러운 어법에서 볼 때 근원적이고 의미 있는 진술인지, 아니면 이 말이 인간과 공간의 관계를 추상적이고 수학적인 공간 개념의 의미로 중화시키는 것은 아닌지 물어야 한다. 우리는 인간이 집에 있다거나 서재에 있다고 말한다. 이 경우 그는 바깥에 있지 않고 안에 있다. 그러나 이 진술은 공간에 대한 그의 내적 관계, 지향성을 가지고 어디에 있다는 의미의 공간성과는 아무 관련이 없다. 이것은 찬장에 그릇이나 찻잔이 있는 경우와 다르지 않다. 이 진술은 인간을 찾고 발견할 수 있는 특정한 내부 공간을 표현한다. 여하튼 여기에서 인간은 특정한 공간에 있으며, 이 진술은 객관적인 확인의 영역에 머물러 있다. 인간을 그 공간에 있는 사물과 동일한 방식으로 관찰하는 것이다.

그러나 집 바깥에서 인간은 더 이상 공간에 있지 않고 특정한 장소나 특정한 지역에 있다. 이 경우에도 인간이 추상적인 의미에서 "공간 속에" 처해 있다거나 "공간"에 있다고 말한다면, 이 진술은 학술용어 사용법에 익숙하지 않은 사람에게는 이렇다 할 의미를 던져주지 못한다. 우리는 구체적인 일상의 상황에 적용할 때 검증되지 않은 이런 부주의하고 추상적인 표현에 주의해야 한다.

공간이 인간에게 주어진 근원적인 방식을 평범하고 자연스러운 어법을 통해 읽어내다 보면 이 어법에서는 공간 관계가 전혀 다른 방식으로 파악되고 있음을 알 수 있다. 이를 위해 이 책의 서두에서 관찰했던 공간이라는 말의 사용법과 언어사적인 정보를 다시 거론해야 하다. 공간은 존재하는 것이며, 이는 많거나 적을 수 있고 어느 때는 없을 수도 있다고 말했다.[23] 그래서 공간의 필요, 공간 부족, 공간 과잉이라는 말을 하고, 경우에 따라서는 공간 낭비라는 말도 쓴다. 인간에겐 공간이 필요하다. 이때 공간이 많이 필요할 수도 있고 적게 필요할 수도 있다. 여하튼 공간은 우리가 가지고 있거나 가질 수 없는 것이다. 인간이 공간에 있다고 말할 때와는 전혀 다른 상황이다. 조금 극단적으로 표현하면, 인간은 어느 제한된 공간에 "있거나" 처해 있지만, 공간을 가지고 있다고 말할 수 있다. 공간이라는 말 앞에 항상 관사가 나오는 앞의 경우는 양적으로 규정할 수 있는 구체적인 공간인 반면, 언제나 관사 없이 사용되는 뒤의 경우는 인간과 밀접히 연관되어 양적으로 파악할 수 없는 공간이다. 이 공간이 바로 인간이 불특정한 방식으로 갖고 있는 공간이며, 인간이 특정한 장소에 "있을" 때의 공간보다 더 근원적인 공간이다. 우리는 이 공간을 통해 비로소 인간의 공간성의 본질적 바탕에 이를 수 있다.

결국 서로 다른 세 가지 공간 개념이 존재하므로 여기에 각기 다른 이름을 붙여야 할 것 같다. 어법에 위배되는 새로운 낱말을 만드는 대신 우리는 이 새로운 공간을 어색하나마 일단 "인간이 가지고 있는 공간"이라고 표현하겠다. "가졌던" 공간이나 "소유했던" 공간이라는 말은 우리의 목적에 맞지 않는 표현이다. 과거에 가졌거나 소유했다가 지금은 가지고 있지 않은 공간의 의미로 이해되기 때문이다. 이렇게 해서 사물과 인간이 존재하는 세계 내적이고 객관적인 공간, 거리와 방향이 있으며 인간이라는 주체의 주변에 구성되는 지향적인 공간, 이 두 공간에 세 번째 공간 개념인 "인간이 가지고 있는 공간"이 추가되었다.

우리는 인간의 공간성 문제를 통해 특히 절실히 대두되는 "가진다, 소유한다"(Haben)라는 말의 일반적 의미를 추적하지 않겠다. 소유의 문제는 지금까지 철학에서 일방적으로 선호해온 존재(Sein)의 문제보다 더 근본적이고 복잡하다. 인간의 삶에 대한 근원적인 규정은 소유에 대한 규정이지 존재에 대한 규정이 아니다. (물론 소유 자체도 다양하게 변화된 개념이다.) 소유의 문제에서 출발해야만 인간의 영역에서 "존재"가 무엇을 의미하는지 물을 수 있다. 여기에서는 공간의 측면에서 제기되는 소유 문제에 한정해 우리의 논의를 다음 질문으로 표현해보겠다. 인간이 공간을 가지고 있다는 말은 무슨 뜻일까? 인간은 어떤 의미에서 "공간"을 갖거나 "어느 하나의 공간"을 가질 수 있을까? 그리고 인간에게 "필요한" 공간의 규모를 어떻게 규정할 수 있을까?

6 개인 공간

일단은 모든 것이 간단해 보인다. 단지 세세한 것까지 파고들려는 태도로 인해 이런 질문을 제기하게 되는 듯하다. 인간이 자신의 몸으로 특정한 공간의 부피를 차지한다는 당연한 사실은 여기서 지적할 필요가 없다. 우리는 인간이 부딪치지 않고 방해받지 않으면서 몸을 움직이려면 그의 주변에 필요한 만큼의 자유로운 공간을 가지고 있어야 한다는 이야기를 하고 싶다. 좁음과 넓음은 인간에게 필요한 이 공간을 기본적으로 규정하는 개념이다. 만일 인간이 세상에서 혼자 있다면, 이를테면 사막 같은 곳에 있다면 그는 최대한의 공간을 가지고 있을 것이다. 그러면 너무나 많은 공간을 차지하고 있기 때문에 공간은 전혀 문제가 안 된다. 문제가 되는 경우는 공간이 필요한 한 사람의 욕구가 다른 이의 욕구와 충돌할 때이다. 하지만 이 역시 그가 다른 이의 몸과 부딪친다는 말이 아니라, 다른 이에게 필요한 움직임의 공간과 충돌한다는 뜻이며, 여기서의 움직임도 단순히 공간적, 신체적 움직임을 넘어 일반적인 의미로 이해해야 한다. 따라서 인간에게 필요한 공간, 그가 구체적으로 가지고 있거나 혹은 가지고 있지 않은 공간은 우리가 일반적으로 운신의 공간이라고 부르는 것이며, 더 적절한 표현을 들자면 생활공간[이 단어가 부주의한 사용으로 인해 뜻이 훼손되지 않을 경우(본서 18~19쪽의 옮긴이 주 참조)]이다.

그러나 이 공간에서의 움직임은 항상 외부에서 들어오는 방해 요소들, 타인의 침입, 날씨 상태 등으로 위협받기 때문에 인간은 운신의 자유를 지켜내야 한다. 다시 말해 자신의 공간을 방어하고 방해 요소의 침입을 막아내야 한다. 이는 가시적인 변화를 꾀하지 않고 항상 깨어 있는 방어적 태도만으로도 가능하다. 그러나 영구적인 방법으로 울타리, 방어벽, 담장 같은 것을 세워 앞에서 이야기한 대로(본서 168쪽 참조— 옮긴이) 공간을 둘러치면서(Umfriedung) 외부 세계와 구분하고 낯선 세력의 침입으로부터 자신을 지킬 수도 있다. 앞에서 단순한 이동 공간은(일례로 도로 왕래에서) 서로 방해하지 않으면서 상호 교차한다고 말했지만, 이제는 인간에게 배타적으로 귀속되는 공간이 탄생한다. 개방된 움직임의 공간이 이제는 제한된 소유의 공간이 된다. 이것을 우리는 일반적인 의미에서 개인 공간(Eigenraum)이라는 말로 부르려 한다. 이렇게 해서 미해결 상태로 남겨두었던 '인간이 가지고 있는 공간'에 대한 새로운 명칭을 제시했다.

이로써 공간에 대한 인간의 관계가 달라진다. 더 이상 인간은 단순히 이용 가능하다는 불특정한 의미에서 공간을 잠시, 우연히 "가지고" 있다가 얼마 후에는 다시 가지지 못한 상태로 바뀌는 것이 아니다. 이제부터 "가지고 있다"는 말은 소유를 함축한다. 이 공간은 그에게 배타적으로 귀속되는 공간이며 그가 자신의 공간으로 소유하고 자신의 소유물로 간주해 방어하는 공간이다. 이와 동시에 정확한 규정 없이 일반적으로 이해했던 집합 명칭 "공간"에서 구체적으로 구분되고 제한된 공간, 인간이 자기 것이라고 부를 수 있는 공간이 탄생한다.

인간에게 필요하고 인간이 소유하는 개인 공간이 얼마나 커야 하는지는 경우에 따라 매우 다르다. 공간을 과도하게 가지려는 악마적인 소유욕을 톨스토이는 《이반 일리치의 죽음》에서 적나라하게 보여주었다.[24] 그러나 인간이 훗날 관 속에서 차지하는 공간은 작다는 말은 훈계로만 받아들일 수 있을 뿐, 우리가 제기한 질문의 대답은 되지 못한다. 엄격하게 따지면 개인 공간은 죽음과 함께 와해된다. 운신에 필요한 공간이라는 문제가 의미를 잃기 때문이다. 하지만 운신의 공간 내부에서도 인간이 개인 공간을 갖는 방법에는 여러 가지가 있다. 톨스토이의 소설은 "낯설어진" 공간이 피상적인 소유물로 변하는 최후의 극단적인 사례를 보여준다. 이와 대조적인 것이 소유한 공간을 살아 있는 삶 속으로 흡수하는 "자기화"(Aneignung)의 과제이다. 여기에서 '가지고 있음'을 무조건 소유로 보는 어법의 위험이 드러난다. 피상적인 소유의 의미로 이해될 수 있기 때문이다.

1 거주의 세 영역

그렇다면 인간이 공간을 "소유"한다는 말, 즉 개인 공간이 그에게 "귀속"된다는 말은 어떤 의미로 사용할 수 있을까? 직접적인 낱말의 뜻으로 보면 소유할 수 있는 것은 오직 사물뿐이다. 사물은 우리가 소유하면서 손으로 이용하지만 공간은 손에 잡히지 않는다. 이 질문의 답은 인간이 소유한 공간에 대한 구체적인 정의와 밀접하게 연관되어 있다.

인간이 살면서 개인 공간을 소유하는 방식을 우리는 "거주한다"고 표현한다. 이로써 우리는 거주의 개념을 일반적인 의미로 이해한다. 현재 상황에서는 "거주하다"(bewohnen)와 "살다"(wohnen)를 구분하지 않겠다. 인간은 그에게 귀속된 공간에서 거주하거나(bewohnen) 그의 공간에서 산다(wohnen). 이 두 표현을 나는 똑같은 의미로 보려고 한다. 물론 전자에는 '가지고 있음'의 측면이 부각되어 있고, 후자에는 '그 안에 있음'이 강조되어 있다. 여기에서 소유와 존재는 불가분의 관계로 얽혀 있다.

앞에서 "거주"라는 말의 적용 범위를 개관했을 때 개인 공간에는 세 가지 형태가 있었다.

1. 자기 몸의 공간
2. 자기 집의 공간
3. 주변의 일반적인 공간

집은 일반적인 의미에서 몸 외부에 있는 격리된 개인 영역으로서 인간이 머물고 안전하게 움직일 수 있는 곳을 말한다. "일반적인 공간"은 식별 가능한 경계를 통해 내부 공간과 외부 공간으로 구분되지 않는 모든 포괄적인 공간을 말한다. 이곳까지 개인 공간에 포함하는 이유는 앞으로 밝힐 것이다.

세 가지 경우에 개인 공간을 가지고 있는 방식 혹은 소유하는 형식은 각각 다르다. 그러므로 세 공간을 비교 관찰하면 공간 관계와 인간의 공간성의 본질을 더 깊숙이 들여다볼 수 있으리라 생각한다.

2 몸

몸을 관찰하는 이유는 거기에서 공간을 일반적으로 이해하는 단서를 얻을 수 있기 때문이다. 몸에서는 다시 두 가지 문제를 구별해야 한다.

1. 몸은 우리가 공간을 지각하는 도구이다. 다시 말해 몸의 감각 기관과 운동 능력을 통해 공간이 우리에게 주어진다. 이런 의미에서 몸은 공간

을 체험하는 주체의 조직에 속한다.

2. 다른 한편으로 몸은 그 자체로 공간, 즉 개인 공간이기 때문에 우리를 둘러싼 공간의 일부이다. 이런 뜻에서 몸은 우리가 체험하는 객체에 속한다.

그런데 문제는 이 두 측면이 서로 밀접히 연관되어 있다는 데 있다.

a) 몸과 외부 공간

첫째 측면을 논의하기 위해 다시 지향적 공간의 구조를 살펴보겠다. 인간은 공간의 중심에 있다고 앞에서 이야기했다. 그는 "거기"와 "저기"와 관련을 맺고 있는 "여기"에 있다. 그런데 "여기"를 정확히 규정하려 하면 곧 어려움에 처한다. 나는 당연히 "여기"에 있다고 우리는 말한다. 즉 공간 속의 이 자리에 있다고 말이다. 일상에서 이것은 너무도 당연한 이야기다. 그러나 내가 어둠 속에 있어서 내 모습이 보이지 않는다면 소리를 질러 내가 "어디에" 있는지를 알려줄 수 있다. 그러면 상대방은 나를 어디에서 찾아야 할지 안다. 그러나 만일 더 정확히 물어볼 경우, 내가 공간 속에서 위치하고 있는 이 "어디"는 대단히 불확실하여 센티미터 단위로 정확히 특정해 말하기 힘들다. 만일 내가 어둠 속에서 누군가를 잡으려고 그의 팔을 붙잡는다면, 그는 내가 팔을 붙잡은 그곳에 있는 것일까? 아니면 이 "그곳"은 그의 몸이 차지하는 공간적 부피와 일치할까? 일치한다고 생각한다면 우리는 인간을 그의 몸과 동일시하는 것이고 그러면 그의 공간적 구성틀의 지향성을 놓치는 것이다. 따라서 나는 공간 속의 내 위치를 표시하는 하나의 점을 내 몸에 정해놓아야 할 것이다.

한쪽 눈으로만 볼 경우 이 점은 내 눈동자 속에 상당히 정확하게 정해져 있다. 그러나 두 눈을 통해 입체적으로 보는 순간 이 확실함은 사라진다. "그곳"은 두 눈 사이 어딘가에 불확실하게 놓여 있을 것이다. 하지만 이곳을 정확하게 확인하려는 행위는 무의미하다. 그 위치를 자세히 확정하기 어렵기 때문이다. 다른 감각을 동원하거나 공간에서 몸을 움직이더라도 불확실성은 증가한다. 학자들의 연구에 의하면, 본능적인 의식으로 느낌이 발생하는 자리는 심장 부근이고 춤을 출 때는 이 중심이 몸의 무게 중심으로 이동한다.[25] 공간 속의 "여기"는 내 몸이 짐작하는 불확실한 곳일 뿐이다. 그 이상 정확히 확인하려는 것은 무의미하다.

이로써 몸 전체는 인간의 공간성을 이해하는 데 아주 중요한 의미를 가진다. 물론 공간에 있는 나는 몸이라는 신체적 사물과 동일하지 않다고 간단히 말할 수 있다. 그러나 몸 역시 신체적 사물이 아니다. 몸은 시신이 되었을 때야 신체적 사물이다. 몸은 직접적인 의미에서 나의 자아가 있는 "자리"이며, 모든 공간적 세계는 몸을 통해 처음으로 나에게 전달된다. 더 쉽게 말하면, 나는 내 몸을 통해 공간의 세계로 진입했다. 사르트르와 메를로퐁티는 이 문제를 날카롭게 분석했다. 세계는 말하자면 내 온 몸을 가로질러(à travers mon corps) 나에게 주어져 있으며, 내 몸도 공간적으로 확장된 무엇이므로 내 몸의 여러 감각기관은 이미 공간적 거리를 두고 서로 떨어져 있다. 몸을 가로지른다는 말은 내 감각을 이용하는 것 이상을 의미한다. 나는 내 감각들을 공간적으로 확장되지 않은 주체의 점들로 관찰할 수 있지만, 몸은 이미 공간적으로 확장된 구성물이고 나는 이것을 통해 나 자신의 공간적 부피를 지니고 공간 속으로 들어왔다. 그리고 나는 몸의 표면을 경계로 하여 바깥과 구분된다. 다시 말해 나는 실제로 외부 공간과 구별되는 일종의 내부 공간이다. 따라서 공간적 구성물인 몸은 더 이상 순수한 주체도 순수한 객체도 아직 아니다. 몸은 특이하게도 그 중간에 위치한다.

b) 눈에 띄지 않는 몸

이렇게 해서 우리는 첫째 관찰 방식과 뚜렷하게 나누지 않고도 둘째 관찰 방식으로 넘어왔다. 여기에서는 다음의 의문이 생긴다. 공간적 구성물로서 몸은 인간에게 어떤 식으로 주어졌을까? 인간은 어떤 방식으로 자기 몸을 "가지고" 있을까? 몸에 대한 인간의 관계는 어떻게 규정할 수 있을까?

이는 예상치 못한 질문이다. 단순한 사람들은 이런 의문을 제기하지 않고 제기할 수도 없기 때문이다. 그의 몸은 그가 주의를 기울이는 시야에 전혀 들어오지 않는다. 그는 항상 자기 몸을 건너뛰어 직접 세계의 사물들과 접촉한다. 사르트르는 이 문제를 아주 예리하게 표현했다. "몸은 건너뛴 것, '은연중에 발생한 것'이다."[26] 그는 몸을 기호에 비유한다. 몸은 기호와 마찬가지로 "의미 쪽으로 건너간 것이다". 나는 내 몸과 접촉하는 것이 아니라 언제나 내 몸을 건너뛰어 내가 관여하는 사물들과 접촉한다.

따라서 단순하게 생각하면 몸은 고유의 공간을 차지하지 않는다. 오히려 몸을 넘어선 저쪽에서, 피부 바깥에서 공간이 시작된다. 말하자면 몸은 전혀 존재하지 않는 듯한 "비(非)공간"이고 모든 공간적 거리의 시작일 뿐이다. 몸은 공간 속 거리 체계에 대해 점의 기능, 기점의 기능만 갖고 있다. 몸 자체가 하나의 점으로 수렴된다.

내 몸이 공간적 구성물로서 분명히 의식되려면 특별한 경험이 있어야 한다. 이를테면 내가 공간에서 움직일 때 몸이 "성가시게" 방해하여 확연히 알아챌 때가 그렇다. (우리가 개구쟁이 시절에 울타리의 개구멍을 통과하려는데 몸이 빠져나가지 않을 때가 그런 경우이다.) 특히 고통스러운 상태에서 몸이 귀찮아질 때라든지 병이 났을 때 갑자기 몸의 감각기관과 상태에 대해 지금까지 전혀 해보지 못했던 경험을 할 때가 그렇다.[27] 이 문제는 플뢰게가 대단히 설득력 있게 분석했다. 몸이 질병으로 낯설어진 후에야 우리의 관심권 안에 들어온다는 사실을 우리는 항상 주목해야 한다. 하지만 그 이면에서 또 다른 깊이 있는 의문이 생긴다. 우리 몸이 건강하다면, 그래서 아직 고통이나 다른 방해 요소들에 의해 몸이 객관화되지 않았다면 우리 몸의 공간은 우리에게 어떤 식으로 주어질까? 이 문제를 풀기 위해 우리는 몸이 직접 주어진 방식을 살펴보려 한다.

c) 몸의 소유 방식으로서 체현

소유의 개념에서 시작하려면 인간이 자기 몸을 가지고 있다는 명제에서 출발하는 것이 당연할 것이다. 하지만 이 방법은 곧 어려움에 부딪친다. 마르셀은 이 문제점들을 하나하나 분석했다. 인간이 자기 몸을 "가지고 있는" 방식은 다른 소유물을 가지고 있는 방식과 동일하지 않다. 인간은 다른 소유물과 같은 방식으로 몸을 이용할 수 없다. 그는 몸과 어떤 식으로든 밀접히 묶여 있다. 마르셀에 의하면 그것은 "나와 내 몸 간의 신비스러운 내적 결속"[28]이다. 인간은 자기 몸과 거리를 둘 수 없다. 그래서 다른 종류의 소유의 특징인 자기화 문제, 이미 외적으로 소유한 것의 내적인 흡수도 여기에는 없다. 이를테면 피상적으로만 소유했던 미술 작품을 적극적인 상호작용으로 나의 내면과 동화시키는 과정 같은 것이 없다. 몸은 내가 살아서 사용하는 과정에서 이미 내 것이 되어 있고 개인 속에 흡수되어 있다.

인간은 어떤 식으로든 자기 몸 "이다". 이는 개인과 몸을 구분하지 않는 소박한 사고방식에 걸맞은 표현이다. 《일리아스》의 서두에서 아킬레우스의 분노를 노래한 부분을 떠올려보자. 아킬레우스의 노여움 탓에

　수많은 힘센 영웅들의 혼은 황천으로 떠났지만
　그들 자신은 개의 약탈감이 되고 새의 먹잇감이 되었다.[29]

　여기에서도 사람 "자체"가 그의 몸과 동일시되어 있고 그의 영혼만 몸과 구별되었다. 같은 식으로 요즘도 순박하게 사는 사람들은 자기 자신을 몸과 동일시한다. 그래서 신체적 접촉을 곧바로 자기 자신에 대한 공격으로 느낀다. 누가 그의 소매를 잡아당기거나 그를 "만지거나" 붙잡거나 심지어 한 대 때리면 그는 인격이 침해당했다고 느낀다. 몸만이 아니라 실제 내면의 명예(자신에게 붙어 있는)가 타격받았다고 생각한다.

　이런 맥락에서 몸과의 동일시라고 부를 수 있는 관계가 생겨난다. 물론 이것은 부분적인 동일시이며, 더 높은 차원에서는 몸에 닥치는 일에 대해 최소한 생각만으로도 우리는 얼마간 거리를 둔다. 따라서 '우리는 몸을 가지고 있다'는 틀린 말이다. 우리는 이용 가능한 다른 소유물처럼 우리 몸을 이용하지 못하기 때문이다. 몸은 우리가 가지고 있는 다른 모든 것들보다 우리와 더 가깝다. 그러나 '우리는 우리의 몸이다'라고 말할 수도 없다. 이미 어법에 어긋나는 표현이 이 관계의 난해함을 드러낸다. 그래서 사르트르는 "나는 내 몸을 존재한다"[30](ich existiere meinen Leib)는 표현까지 사용했다. 이 문장은 프랑스어 어법에도 위배되는 듯하다. 따라서 정상적인 언어로는 표현 불가능한 중간적 위치를 암시하기 위한 역설적인 표현으로 보아야 한다. 나는 내 몸인 동시에 내 몸이 아니다. 몸은 내 바깥에 머물러 있기 때문이다. 또 나는 내 몸을 가지고 있는 동시

에 가지고 있지 않다. 몸은 내적으로 나에게 속하기 때문이다.

내가 마르셀과 같은 맥락에서 '우리는 우리 몸에 체현되어 있다'고 말한 것도 이런 부분적인 동일시의 다른 표현이다. "체현은 몸과 하나가 되어 나타나는 본질의 상태"[31]라고 마르셀은 말한다. 이 말도 근본적으로는 내가 몸 안에서 신체와 공간으로 변하고 내 몸을 통해 공간에 이식되는 신비로운 공간 관계를 다른 말로 표현한 것에 불과하다. 그러나 (의미는 조금 다르지만) 신학적으로 규정된 이 개념을 인간에 대한 인간학적 정의를 위한 용어로 원용하는 것은 지극히 정당하다. 이 개념은 아무것도 설명하지 못하지만 그 안에서 작용하는 신비에 주목하게 한다. 여기서 체현이라는 용어를 사용한 이유는 바로 이것을 말하기 위해서였다.

'나는 내 몸에 거주한다'는 메를로퐁티의 표현도 더 이상 환원되지 않는 신비로 가득한 이 합일을 염두에 둔 말이다. 어딘가에 거주한다는 것은 어딘가에 체현되어 있다는 뜻이다. 몸에 거주한다는 것은 몸이라는 집과 불가분으로 묶여 있는 특별한 종류의 거주라고 앞에서 말했다. 그런데 다른 측면에서 생각하면 이 공통 어법으로 인해 몸에 체현되어 있다고 표현된 관계가 집에 거주하는 상황이나 공간 일반에 거주하는 상황에서도 반복될 것이라고 추측하게 된다. 그런 의미에서 체현은 인간 삶의 공간성을 보편적으로 이해할 수 있는 생산적인 개념이다.

3 집

a) 집에서의 체현: 몸의 소유와 집에 거주함의 유사성

인간이 소유한 개인 공간의 두 번째 형태는 집이다. 집은 우리가 거주의 개념을 원래 의미대로 적용하는 대상이다. 집에 대해서는 짧게 설명하겠다. 집이 평온과 안식의 장소로서 갖고 있는 인간학적 기능을 이미 앞에서 자세히 이야기했기 때문이다. 단지 인간과 거주 공간의 내적인 관계만 심도 있게 논의할 필요가 있다. 이 맥락에서 중요한 것은 인간과 집의 관계가 인간과 몸의 관계와 비슷하다는 점이다. 이 유사성을 일부러 과장하지 않더라도 집은 어떤 면에서는 확장된 몸으로 볼 수 있다. 그래서 인간은 몸의 경우와 비슷하게 자신을 집과 동일시하고 집을 통해 더 커다란 주변 공간에 편입된다. 몸과 마찬가지로 집에도 경계가 있다. 그 경계는 내가 나 자신과 동일시하고 어떤 의미에서는 나 "자신"인 나의 개인 공간을, 더 이상 나 자신이 아니고 내게 속하지 않아 낯선 다른 공간과 분명히 알아볼 수 있게 구분한다. 몸과 집의 차이점이라면, 나는 몸이라는 개인 공간과 떨어질 수 없고 내가 가는 곳마다 그 공간을 가지고 다니지만, 집이라는 개인 공간은 고정되어 있어서 나는 그곳을 떠났다가 다시 돌아올 수 있다는 것이다.

집에서도 내부 공간과 외부 공간은 성격이 전혀 다르다. 몸과 마찬가지로 여기에서도 공간은 거리와 방향으로 분류된 관계라는 점에서 볼 때 집 바깥에서 처음으로 시작된다고 할 수 있다. 세계를 열어주는 길은 대문에서 시작된다. 그러나 길의 개념을 집 내부에 적용하려는 것은 적절치 않다. 인간이 집에서 옮기는 발걸음과 길거리에서 내딛는 발걸음은 공통된 거리로 합산되지 않는다. 집 내부와 외부에서 펼쳐지는 공간은 서로 다른 공간들이라 그 둘을 하나의 포괄적인 전체 공간으로 묶을 수 없다. 집 내부의 공간은 (몸의 내부 공간처럼) 그 친밀성 때문에 과학적으로 관찰하기 어렵다.

따라서 몸의 경우처럼 두드러지지는 않지만 집에도 역시 직접적인 동일시가 존재한다. 인간은 집을 자신과 동일시한다. 그는 집과 하나로 녹아들어 있다. 인간은 집에서 살면서 그 안에 현존해 있다. 그래서 낯선 사람이 그의 의사를 무시하고 집의 영역으로 들어오면 마치 신체적으로 타격을 받은 듯한 느낌을 받는다. 이 영역은 모양은 조금씩 다르지만 인간의 소유 공간에 속한 모든 것들로 범위를 넓혀간다. 농부는 밭과 자신을 동일시한다. 누가 자기 땅에 무단으로 들어올 때 그가 분노하는 이유는 이를테면 곡식이 짓밟혀 피해를 볼까 걱정돼서가 아니라 "그의" 공간을 침입한 데 거부감을 느끼기 때문이다. 남이 그의 공간에 들어오면 그는 자기 자신이 피해를 입고 모욕을 받았다고 느낀다. 국가가 영토 침해 상황에 맞닥뜨릴 때 불안을 느끼는 이유도 마찬가지다. 그 자체로는 사소한 국경 침입이지만 이로 인해 국가의 명예가 공격당했다고 느끼는 것이다.

앞에서 우리는 집에서 비롯된 거주 개념을 몸에 적용했지만, 이제는 반대로 몸의 영역 고유의 개념인 체현의 의미를 확대해 집에 적용하자. 그러면 인간과 집의 관계를 이렇게 말할 수 있다. 인간은 자기가 사는 집에 체현되어 있다. 집은 이 밀접한 연관성으로 인해 인간 본질의 표현이 된다. 인간은 그가 사는 거주 공간에 자신의 개성을 입히기 때문에 그의 개성은 집과의 밀접한 연관성을 기초로 이해할 수 있다고 앞에서 이야기했다. 이 말은 거꾸로 우리가 체현의 개념으로 바꿔 표현한 인간과 공간의 밀접한 관계를 가리킨다.

인간이 자기 집과 얼마나 강하게 결속되어 있는지는 지금도 여러 민족 신앙에 남아 있는 원시적인 의식에서 드러난다. 정신병리학적 연구를 통해 처음으로 이 관계에 주목한 빌츠는 "주체와 집의 원시적인 이원 일체"[32]라는 말을 사용했다. 상대방을 농담조로 "알테스 하우스"(altes Haus:

글자 그대로는 '오래된 집'이라는 뜻이지만, 주로 나이 든 사람들이 구어체에서 오랜 친구를 친근하게 부르는 말이다 - 옮긴이)라고 부르는 관습은 요즘도 남아 있는데 이것도 인간과 집의 동일시 사례다. 빌츠가 노르웨이에 관한 자료에서 발췌한 내용에 의하면, 그곳에서는 사람을 그가 사는 집의 이름으로 부른다고 한다. 이런 관습은 독일에도 여러 곳에 남아 있다. 일례로 베스터발트 지방의 어느 집안 사람들은 성이 랑한스이지만 글로 쓸 때는 슈나이더로 적는다. 앞의 성은 그 집에 붙어 있는 성으로서 새 거주자마다 물려받는다. 뒤의 성은 아버지에게 물려받은 것으로 호적청에 기재된 성이다. "글로 쓸 때는……"이라는 표현이 보여주듯이 앞의 성은 일상적인 교제에서 불리는 본래의 성이고, 뒤의 성은 보조적인 성, 공식적으로 쓰는 성이라고 볼 수 있다. 이 역시 집과의 공간적 결속이 여러 세대를 거쳐 내려온 시간적 뿌리내림보다 강하다는 것을 보여준다.

집의 의미를 확대하여 사용하는 어법도 인간과 집의 동일시라는 관점에서 흥미로운 현상이다. 집은 경제 단위인 동시에 넓은 의미에서 "가정"에 속하는 모든 것들을 지칭한다. 집은 법적인 의미에서도 중요하다. 집은 담장을 넘어 처마 낙수받이에까지 미치는 권한의 영역을 가리킨다. "저와 저희 집"이라는 표현에 나오는 집은 가부장적인 어법에서 그 집에 속한 모든 구성원을 포괄하는 말이다. 특히 합스부르크가 같은 왕실에서 집은 가계 관계를 지칭하는 말로 쓰인다.

b) 집에서 인간의 변화

인간과 집의 내적인 결속은 인간이 거주 공간에 자기 고유의 성격을 부여하는 동시에 거꾸로 집도 그에게 영향을 준다는 점에서만 드러나는 건 아니다. 그것은 인간의 본질이 주변 공간에 의해 결정되고 주변 공간의 성격에 따라 그의 본질이 변한다는 사실에서도 나타난다. 생텍쥐페리는 이것을 다음처럼 적절하게 표현했다. "여자들은 집에서 머무르는 장소에 따라 조용하거나, 거만하거나, 수줍어진다."[33] 여자에 관한 시에서 나온 이 말은 보편적으로 인간에게도 들어맞는다. 게다가 집 내부의 장소만이 아니라 일반적인 공간 속의 위치에도 해당된다. 비슷한 의미에서 "사람은 장소만 바꾸지 않고 본성까지 바꾼다"[34]고 말한 바슐라르는 명시적으로 "구체적인 공간에서의 현존재의 융해"[35]라는 말을 사용했다. 이 결속에는 공간이 인간을 변화시키면서 그에게 영향을 준다는 의미만 있는 것은 아니다. 만일 그렇다면 영향을 주기 전에 분리되어 있던 것들의 상호작용에 지나지 않기 때문이다. 그 결속은 인간이 구체적인 공간과 하나가 될 때만 특정한 본질을 얻는다는 뜻이다. 인간은 각각의 공간과 분리된 채 본질 "그 자체"를 가지고 있는 것이 아니라 구체적인 공간에서 자신의 본질을 획득한다.

이는 인간이 집 내부에 있을 때와 외부에 있을 때도 타당한 말이다. 피샤르트는 이렇게 적었다.

자기 집에서는 누구나 자유롭다.
그러나 밖에서는 외롭고, 소심하고, 겁이 많다.[36]

집 내부와 외부는 공간 관계가 근본적으로 서로 다르다. 외부 세계는 일을 하고 사무를 보는 곳이며 인간이 임무를 수행하는 공간이다. 이곳에서 상황을 장악하고 예기치 않은 일에 대응하려면 인간은 항상 완벽히 집중하고 주의를 기울여야 한다. 그는 매순간 자기가 하는 일을 통제할 수 있는 의식을 잃지 않아야 한다. 그래서 외부 세계는 주체와 객체가 완전히 갈라진 영역이다. 그곳은 인간에게 낯설고 무시무시한 공간, 그가 "내던져진" 공간이다.

반면에 평화로운 집에서 인간은 이렇게 긴장해서 주의를 기울일 필요가 없다. 그래서 집에서는 금방 주체와 객체 간의 긴장이 풀리고 공간 관계의 지향적 성격도 느슨해진다. 이런 상태가 바로 인간이 공간과 융해되는 조건이며 스스로 공간에 들어가 둘러싸이고 공간에 의해 지탱되는 조건이다.

이와 동일한 관계는 우리가 집을 대표적인 예로 들어 논의한 여러 형태의 개인 공간에서도 당연히 볼 수 있다. 범위를 넓히면 이 상황은 고향의 공간, 타지의 공간, 그리고 대규모 개인 영역을 낯선 공간과 구별하는 여러 공간에도 해당되며, 범위를 좁히면 집 내부의 다양한 공간에도 적용된다. 앞에서 침대 공간과 잠드는 과정을 관찰한 내용은 공간성의 변화를 이해하는 데 중요한 바탕이다.

c) 동물의 영역

인간의 삶은 특정한 거주지와 고향의 영역에 연결되어 있어야 발전할 수 있다는 견해는 동물의 행동에서도 확인된다. 최근 동물심리학은 이 분야에 관심을 기울이고 있다. 동물이 환경에 얼마나 완벽하게 적응하는지를 웩스퀼이 보여준 이후 생물학은 동물의 환경 구조를 세밀히 연구하면서 동물과 그 동물이 사는 공간의 내적 일체성에 주목하였다. 이 결과는 우리가 인간에 대해 주장한 내용과 정확히 일치한다. 이런 의미에서 스위스의 생물학자 헤디거는 다음과 같이 강조했다. "동물은 동물을 둘러싼 공간과 하나가 되고 통일체를 이룬다. 동물의 세계를 관통하는 것은 계획과 조직이다. 신체 구조, 행동, 공간을 모두 포괄하는 것이 계획과 조직이다."[37] 여기에서는 일반적인 생물학 문제에서 우리의 논의와 연관되는 점만 소개하겠다. 그것은 특정 장소나 지역에 대한 애착이다.

조류학자들이 처음으로 관찰한 내용에 의하면, 새들은 우리가 흔히 생각하듯이 자유롭게 숲에서 이동하며 살지 않는다. 그들은 일정한 생활 영역에 매여 있으며 그곳을 자발적으로 넘어서지 않는다. 다른 동물들도 마찬가지이다. 생물학자들은 동물의 개체나 암수 한 쌍 혹은 동물 집단의 특정한 생활공간을 지칭하기 위해 영역(Territorium)이라는 개념을 도입했다. 페터스는 《슈투디움 게네랄레》에 발표한 논문에서 이 관계를 인상 깊게 보고했다.[38]

이 영역은 바깥쪽으로 일정한 경계를 통해 동종 동물의 영역과 구별된다. 동물은 모두 동종 동물의 침입에 맞서 자기 영역을 방어한다. 생물학자들은 동물과 영역의 관계를 소유라는 말로 표현한다. 페터스는 마이어 홀츠아펠의 의견을 좇아 '앉아서 차지한다'는 뜻의 "소유"(Be-sitzen)라는 말을 강조했다. "요즈음 이 말은 주변 환경에서 자기 구역을 힘들여 쟁취해야 하는 동물들에 대해 어느 정도 타당하게 사용된다."[39] 소유는 근본적으로 사람과 관련해 쓰이는 개념인데 동물의 세계에 적용되어 더 관심을 끈다.

일정 영역에 서식하는 동물들은 특정한 표시를 해서 그 영역의 소유권을 주장한다. 말하자면 소유 표식을 다는 것이다. 새들의 경우 음성 신호나 울음소리 또는 노래가 그런 표식이다. 포유동물은 주로 냄새를 표식으로 이용한다. 대표적인 동물이 개다. 개는 다른 개가 이해할 수 있는 표식를 이용해 자기 영역의 경계를 정한다. 먹이가 부족하면 당연히 싸움이 벌어지기도 한다. 그러면 자기 고유의 영역을 지켜야 한다. 각자의 영역은 이런 식으로 구분된다. 페터스에 의하면, "영역 소유자는 대개 자기 영역의 경계를 넘지 않는다. 영역을 넘어오면 싸움이 벌어진다. 이때는 침입자보다 신체적으로 약하더라도 그 자리의 터줏대감에게 우선권이 있다는 규칙이 통용된다. 그러나 일반적으로 영역을 침해하는 일은 일어나지 않는다."[40]

영역은 밖으로만 다른 영역과 구분되는 게 아니라 내부적으로도 서식자의 생활상 필요에 따라 나뉘어 있다. 생활의 모든 기능은 공간 속의 아무 장소에서나 해결되지 않는다. 잠자고 먹고 마시고 배설하는 특정한 자리가 따로 있다. 영역 내 한 장소에서 다른 장소로의 이동도 아무 원칙 없이 일어나지 않는다. 이럴 때를 위해 동물들은 일정한 "도로"를 조성해놓는다. 야생동물의 "통로"(Wildwechsel)가 그런 예다. "한 지점에서 다른 지점으로 이동할 때도 아무 길로나 가지 않고 '통로'를 이용한다. 이 통로는 기존 이동로와 달리 동물들이 스스로 정해놓은 제한된 길이다."[41] 이렇게 우리는 다양한 생활 기능에 따라 조직화된 동물의 생활공간에서도 인간의 공간 구성을 상기시키는 특성을 발견한다.

동물의 여러 생활 기능 중에서 인간과 집의 관계와 유사해서 특히 "인간적"인 느낌을 주는 것이 보금자리이다. 보금자리는 동물의 영역 내에서도 쓰는 말이다. 보금자리는 인간의 침대와 비슷하게 동물이 휴식하고 잠을 자는 곳이다. 상황에 따라서는 같은 영역 내에 비중이 다른 여러 보금자리가 있을 수 있어서 본거지가 되는 보금자리, 몸을 피하는 제2의 보금자리 등이 존재한다. 영역의 중심에 있는 보금자리는 "최고로 안전한 장소"[42]이다. 포르트만도 같은 의미에서 이렇게 강조한다. "보금자리는 모든 고등동물이 안전과 휴식을 얻으면서 근본적으로 최고의 만족감을 얻는 장소이고 안식을 누리는 곳이다."[43] 우리가 집의 인간학적 기능에서 중요하게 다루었던 안식의 개념이 동물의 세계에도 등장하는 것은 우연치 않은 일이다. 여기에서도 안식의 개념이 삶의 필수 조건으로 등장하는데 이는 실존주의와의 논쟁에서 더 뚜렷해진다.

이 맥락에서 우리의 논의에 더 중요한 사고가 있다. 인간은 공간에서 머무르는 장소에 따라 본질이 달라진다고 생텍쥐페리가 말했지만, 이것은 동물도 마찬가지이다. 동물도 보금자리나 영역의 안쪽에 있는지 바깥쪽에 있는지에 따라 본질이 달라진다. 정당한 영역 소유자는 영역 바깥에서는 약자일 경우라도 침입자보다 우월하다. 이 문제를 논한 다양한 문헌 중에서 나는 특히 인상적인 몇 가지 사례만 인용하겠다.

로렌츠는 갈가마귀에 대해 이렇게 보고한다. "영역을 정해놓는 모든 동물이 그렇듯이, 갈가마귀도 남의 영역보다는 '자기 집'에서 훨씬 치열하게 싸우면서 '영역 소유'를 주장한다. 나무 구멍에 터를 잡고 그 둥지에서 소란을 피우는 (다시 말해 특정한 소리로 자신을 알리는) 갈가마귀는 애초부터 어떤 침입자보다 월등히 우세한 입장에 있다. 이 우세함은 동종 집단 개체 간에 존재하는 엄청난 서열의 차이마저 상쇄한다."[44] 우리의 논의와 관련해 두 가지 점을 지적하겠다. 첫째, 새는 자기 영역 바깥보다는 안에 있을 때 훨씬 강하다. 둘째, 그럼에도 불구하고 새의 둥지는 항상 위협을 받고 있어서 방어해야 하기 때문에 매번 새로 확인되는 힘의 균형을 통해 영역이 다시 나뉜다.

포르트만이 클라렌스라는 이름을 붙여준 참새를 묘사한 내용도 이 상황에 잘 들어맞는다. "클라렌스에게는 정서적으로 집이나 다름없는 친숙한 둥지가 있다. 클라렌스는 이 둥지를 방어한다. 여기 있을 때면 바깥의 낯선 세상에 있을 때와는 다른 참새가 되어 소유자가 되고 소유물에 대한 느낌을 과시한다. 클라렌스가 여러 둥지를 방어하는 모습은 그의 생활공간이 고유의 구조를 가지고 있다는 증거이며, 그곳이 각기 다른 감정적 가치를 가진 영역임을 증명한다."[45]

또 하나의 인상 깊은 사례는 전혀 다른 동물 종인 큰가시고기의 행동이다. 이와 관련한 로렌츠의 글 전체를 인용하는 것이 좋겠다. "큰가시고기는 둥지를 마련한 뒤에야 신체적으로 완전한 발정기에 이르고 왕성한 성욕을 느낀다. 큰가시고기가 처절하게 싸우는 모습을 보려면 수컷두 마리를 큰 수족관에 넣어 둥지를 마련하게 해야 한다 이들의 호전성은 자기 둥지와의 거리에 반비례한다. 둥지에 있을 때는 사람 손까지 필사적으로 들이받을 정도로 사나운 투사가 된다. 그러나 헤엄치면서 자기본거지에서 멀어질수록 큰가시고기의 공격성은 약해진다. 따라서 수컷두 마리가 만나면 둘의 싸움이 어떻게 막을 내릴지 거의 확실히 예측할수 있다. 자기 집에서 더 멀리 떨어진 녀석이 도망치는 것이다. 둥지 바로 가까이 있으면 몸집이 아주 작은 녀석이라도 큰 녀석을 이긴다. 한 개체의 상대적인 전투력은 그가 경쟁자로부터 지켜낼 수 있는 자기 영역의크기를 통해서만 나타난다. 싸움에서 진 녀석은 당연히 자기 둥지 쪽으로 도망친다. 승리한 녀석은 자연히 등줄기가 부풀어 오르면서 상대방을맹추격한다. 그러면서 이 녀석은 점점 자기 둥지에서 멀어지고, 패하여달아나는 녀석의 용기가 다시 솟는 것에 비례하여 쫓는 녀석은 용기가꺾인다. 바로 전까지 의기소침했던 녀석은 자기 둥지 근처에 도착하여새 힘을 얻은 뒤 갑자기 몸을 돌려 추격자를 향해 미친 듯이 돌진한다. 이제 새로운 싸움이 펼쳐진다. 이 싸움은 볼 것도 없이 좀 전에 패했던녀석의 승리로 끝난다. 추격전은 같은 길을 돌아가며 반복된다."[46] 여기서 우리는 이미 이야기한 과정이, 있는 그대로 구체화된 모습을 본다. 공간 속의 특정 장소에 따라 본질이 달라지는 상황이 정말 수학 공식처럼표현되었다. 큰가시고기는 방어해야 할 둥지 옆이 아닌 낯선 곳에 있으면 용기를 잃는다. "큰가시고기에게서 둥지를 빼앗고 집이나 다름없는 수족관에서 꺼내 다른 수컷과 함께 놓으면 녀석은 싸울 생각도 하지 않고 아주 볼품없고 비굴해진다."

지금 묘사한 상황은 인간의 세계로도 옮겨놓을 수 있다. 동물의 영역에 인간의 개인 공간의 모습까지 드러나 있다. 그러나 인간과 동물 간에는 근본적인 차이가 있다. 동물은 (우리가 이해하는 한) 자기 공간에 매여 있지만, 인간은 내적으로 개인 공간에서 탈피함으로써 마음속에서 자신을 되찾을 수 있다. 그는 직접적인 공간의 속박에서 풀려날 때만 내면의 자유를 얻는다. 나그네로서의 인간은 이런 내적인 자유의 상징이다.

우리는 이어지는 공간들을 즐거운 마음으로 하나씩 지나가야 한다.
어느 곳에도 고향처럼 집착하지 말아야 한다.[47]

헤세의 글에 나오는 말이다. 《유리알 유희》의 주인공은 "행동과 생활을 …… 초월하고, 모든 공간을 단호하고 즐겁게 딛고 넘어서고, 그곳을 채웠다가 뒤에 남겨두겠다는 ……"[48] 결심을 한다. 거주와 떠남, 안정과 초월의 두 측면이 인간의 깊숙한 내면에서 하나로 묶여 있다는 사실을 언급해둔다. 여하튼 인간은 공간의 직접적인 속박에서 벗어나야 자유 안에서 새로 구속된 삶을 살고 거주할 수 있으며, 이 새로운 구속은 그의 본질 실현을 결정하는 과제로 발전할 수 있다.

4 열린 공간

a) 공간의 보호성

인간이 사는 곳으로 볼 수 있는 세 번째 공간을 우리는 일반적이고 넓은 의미에서 트인 공간이라고 불렀다. 이제 이 주장의 의미를 분명히 밝혀야 겠다. 인간이 특정한 집에서만 살지 않고 공간 일반에서도 산다는 주장은 마치 집에서 담장과 벽의 물질적인 보호를 받으며 살 때처럼 이곳에서도 든든하게 보호받는 느낌으로 산다는 뜻이다. 하지만 그런 물질적인 보호 장치가 더 이상 존재하지 않는 곳에서 어떻게 그런 일이 가능할까?

앞에서 살펴본 바에 의하면, 결국엔 부서질 수밖에 없는 집에서 느끼는 안도감, 그리고 모든 것이 파괴된 후에도 다시 집을 지으려는 용기는 인간의 모든 행위를 초월하여 세계와 삶에 대한 궁극적이고 포괄적인 신뢰로 지탱된다. 이 수수께끼 같은 신뢰감이 인간 현존재의 마지막 비밀이다. 그리고 이것은 다시 공간에 대한 인간의 관계와 밀접한 연관이 있다. 세계는 인간이 살아가는 공간이고 개인 공간과 마찬가지로 인간이 자신과 동일시하는 가장 넓은 공간이기 때문이다. 인간을 보호하는 측면과 무관하게 공간은 그 자체로 보호의 성격을 지닌다.

이 부분에서 공간과 시간이 본질적으로 달라진다. 시간 속에서 인간은 고통에 내던져져 있다. 시간은 대개 "낚아채 가는 시간"(휠덜린)이다. 시간은 모든 것의 덧없음을 의미한다. "시간은 쇠락이기 때문이다."[49] 구약성경의 시초부터 시간은 항상 이런 관점에서 파악되었다. 시간성은 무(無)를 말한다. 여기에 하이데거가 말한, 인간의 본질과 동일한 본래적이고 심오한 시간성을 대비시키더라도 달라지는 것은 없다. 하이데거의 시간성은 시간적 위협에 대한 단호한 반작용에서 얻어지며, 인간의 궁극적 고립감을 해소시키는 게 아니라 오히려 인간을 고립 속으로 밀어넣기 때문이다. 시간 속에서 인간은 안도하지 못한다. (행복으로 가득한 현재의 경험은 논외로 하겠다. 이것은 무시간성으로 경험되면서 파괴적인 시간의 특성과 간접적으로 연관돼 있기 때문이다.)

그러나 공간은 다르다. 공간 속에서 우리는 보호받고 있다. 바슐라르는 이렇게 말한다. "공간, 커다란 공간은 존재의 친구다."[50] 바슐라르의 어법상 여기서의 "존재"는 인간 현존재를 말한다. 이 문장은 공간이 인간의 친구라는 뜻이다. 이게 무슨 의미일까? 바슐라르는 집이나 둥지 같은 특별한 공간을 말하는 것이 아니다. 앞에 인용한 문장에서 그는 분명히 "커다란 공간"이라는 말을 썼다. 그의 말은, 인간이 상상 속에서 '이곳'의 좁음을 벗어나 "어느 다른 곳"으로 갈 수 있다는 의미이다. 그러나 나는 바슐라르의 문장을 일반적인 의미로 해석할 수 있다고 본다. 친구는 우리에게 친숙한 사람이고, 우리의 행복을 바라는 사람이며, 그 옆에 있으면 안도감이 드는 사람이다. 이를 공간에 적용하면, 그것도 특정한 내부 공간이 아니라 공간 일반에 적용하면, 바슐라르의 말은 인간이 공간에 대해서도 친구의 경우와 비슷한 신뢰 관계를 맺고 있다는 뜻이다.

그렇다면 무한히 뻗어 있는 공간이 어떻게 그런 안도감을 줄 수 있을까? 이는 우리가 살고 있는 구체적인 체험공간이 결코 무한하지 않고 늘 보호하는 내부 공간 혹은 빈 공간의 성질을 가졌음을 암시한다. 또 이는 우리가 신화적 세계관과 고대 세계의 공간에서 보았던 바로 그 특성이다. 무한한 세계의 공간은 실제로 확장된 빈 공간이고 규모가 확대된 집이다. 그렇기에 우리가 집에서 보았던 거주의 본질적 특성을 세계 공간으로도 옮겨놓을 수 있다. 따라서 집은 단계적으로 연속되는 형태로 존재한다. 그것은 바슐라르가 빅토르 위고의 《노트르담의 꼽추》에서 힌트를 얻어 열거했듯이 "알, 둥지, 집, 조국, 우주"[51]다. 우주에 대해서는 이렇게도 말할 수 있다. "세계는 둥지"[52]고 인간이 안심할 수 있는 보호의 공간이다.

우리가 코페르니쿠스 체계를 통해 이미 "잘" 알고는 있어도 매일 아침 우리에게는 태양이 지구의 동쪽에서 새로 떠오르듯이, 마찬가지로 세계 공간이 무한함을 알고는 있어도 구체적으로 체험하는 공간은 개별적으로 좁거나 넓거나 상관없이 우리에게는 본질적으로 언제나 유한하다. 이것을 특히 분명하게 느낄 때가 앞에서 자세히 설명한 바 있는, 안개 속 혹은 밤중에 공간이 우리 주변에서 점점 줄어드는 것을 경험할 때이다.[53] 또 밝은 낮 공간에서 거리가 아무리 늘어나더라도 그 공간이 우리를 감싸서 보호하는 공간이라면 원칙적으로는 여기에 동일한 성격을 적용할 수 있다.

b) 열린 공간에서의 거주

이 대목에서는 민코브스키가 《우주론을 향하여》에서 사용한 울림(retentissement)이라는 개념이 도움이 될 듯하다. 울림은 낱말의 뜻으로 보자면 음향 현상이다. 둘러싼 벽에 음파가 부딪혀 반사되면 공간이 소리로 채워진다. 그러나 민코브스키는 이 개념을 소리 영역을 넘어 체험공간의 일반적 성격을 규정하는 데 사용했다. 공간은 그 자체가 울림의 성격을 가지고 있다. 그래서 인간이 무한한 공간에서 흘러다니다 증발한다는 느낌을 막아준다. 무한히 열린 공간이 어떻게 인간 의식의 증발을 막아줄까? 음향 현상에서는 소리를 반사하는 벽이 필요하다. 벽이 없다면 소리는 무한한 곳으로 사라질 것이다. 보호하는 벽이 없는 공간 일반에 이 상황을 적용해보면, 공간은 마치 벽이 있는 것처럼 작용하여 인간이 막힌 공간에 있을 때처럼 그 안에서 안도할 수 있다는 뜻이다. 공간이 이 과제를 수행할 수 있는 이유는, 인간이 이방인이 되어 그에게 낯선 요소인 공간에 존재하는 게 아니라, 자신이 공간과 결속되고 융해되어 공간에 의해 지탱된다고 느끼기 때문이다. 너무나 이해하기 어려운 이 근원적인 경험이 바로 민코브스키가 울림이라는 개념으로 "삶의 근본적 특성"[54]을 표현했을 때 뜻한 내용이다. 인간이 주변세계와 공감하고 화합하고 조화를 이루며 살아갈 수 있는 이유는, 울림이 "자아와 세계의 대립보다 더 근원적인"[55] 원초적 상태이기 때문이다. 이 상태에서는 주체와 객체의 분열이 사라지기 때문에, 더 정확히 말하면 주체와 객체가 아직 분열하지 않았기 때문에 공간은 결코 대상적인 것이 될 수 없고 오히려 인간이 공간과 자신을 동일시한다. 공간은 몸과 다름없이 인간의 일부이다. 우리는 공간에 대해서도 소유와 존재의 중간에 위치하는 독특한 관계를 맺고 있다. 어떤 의미에서는 우리가 우리의 공간이라고 말할 수 있다. 바슐라르도 한 시인의 시구를 특별히 "위대하다"고 강조하며 같은 의미로 이렇게 말했다. "내가 있는 공간, 나는 바로 그것이니."[56] 〔노엘 아르노(Noël Arnaud)의 《초벌 상태(L'État d'ébauche)》에 나온다 ─ 옮긴이〕 인간은 공간의 일부이며, 그런 의미에서 그는 크고 넓은 공간에서 지탱된다. 인간은 이런 식으로 공간에서 살고 있다. 앞에서 우리가 표현법상 주장의 형태로 미리 제시한 진술이 바로 여기서 참이라는 것이 증명된다. 인간과 공간의 융해를 바탕으로 우리는 거주라는 개념을 공간에 처해 있는 상황으로도 확대 적용할 수 있다. 인간은 집에서 살 때와 비슷한 방식으로 공간에서 산다. 인간이 더 넓은 공간에서도 사는 한, 집에서의 거주는 안도감을 줄 수 있다.

따라서 몸에서 시작하여 집에 적용했던 체현의 개념을 이제는 공간 일반에까지 확대 적용하고 너무 무심히 받아들였던 거주의 개념을 새로운 측면에서 조명해보면, 인간은 공간에 체현되어 있다고 말할 수 있다. 인간이 공간에 체현되어 있다거나 공간에서 산다는 말은 그가 공간에서 어떤 상황에 처해 있는 것 이상을 의미한다. 이 말은 인간이 매개체 속에 있다거나 그 속에서 움직인다는 사실만 의미하지 않고, 그 자신이 매개체의 일부이고 경계를 통해 매개체의 다른 부분과 나뉘면서도 경계를 벗어나 매개체와 하나로 이어지고 매개체에 의해 지탱된다는 뜻이다. 우리는 공간에 "내던져진" 것이 아니라 편입되었기 때문에 우리를 붙잡아줄 외벽이 필요 없다. 이런 식으로 공간에 진입한 우리는 공간에 의해 떠받쳐지고 그 안에서 안도감을 느낀다.

공간과 인간의 원초적인 관계는 거주의 관계이지 지향성의 관계가 아니다. 따라서 앞에서 다루었던 지향성으로 분류된 행위 공간의 형태는 사라지지는 않지만, 그것은 파생적인 혹은 후발적인 형태로 거주 공간과 관련되어 있다.

c) 공간과 합일의 다른 형태

인간이 공간과 융해되고 합일된다는 주장을 하기가 약간 주저된다. 왜냐하면 우리가 도취감에 빠져 비판적이고 객관적인 관찰을 이겨내지 못할 주장을 하는지도 모른다는 우려가 생기기 때문이다. 그럼에도 이런 주장을 하는 이유는 문제 자체가 지닌 필연성 때문이다. 우리가 논의 과정에서 융해 현상들을 여러 측면에서 접해왔고, 또 이것이 우리의 주장이 아니라 다양하게 인용된 여러 작가에 의해 증명되었음을 상기한다면, 인간이 공간과 융해된다는 주장은 이질감을 얼마간 덜어낼 수 있다.

이런 현상이 가장 두드러진 경우가 바로 슈트라우스가 설명한 춤의

"현재적 공간"이다. 춤을 출 때는 "공간을 통해" 움직이지 않고 "공간 속"에서 움직인다는 슈트라우스의 말은 근본적으로 달라진 공간 관계를 암시한다. 이때는 주체와 객체의 긴장이 풀린다고 슈트라우스도 분명히 강조했다. 그는 또, 이렇게 "완전히 달라진 공간"은 방향이나 거리가 아닌 깊이나 넓이 같은 다른 특성에 의해 규정된다고 말했다. 이 상황은 지향성으로는 이해할 수 없는, 우리가 정의한 개인 공간과 완전히 일치한다. 분위기 있는 공간에서도 비슷한 상황을 만날 수 있었다. 그중 가장 두드러진 것이 빈스방거가 묘사한 낙천가의 공간이다. 사물이 날카로운 모서리를 잃어버리고 인간이 그 사이를 자유롭고 가볍게 활주할 수 있다면, 이것도 주체와 객체 사이에 존재하는 긴장의 감소로 보아야 한다.

그다음으로 추가할 공간은 우리가 민코브스키를 인용하며 그려보았던 밤 공간이다. 밤 공간이 마치 피부 위에 얹혀 있고 뚜렷한 경계 없이 나의 내면으로 퍼져 들어오거나 우리를 자기 쪽으로 끌어당긴다고 말할 때, 이 역시 인간이 공간과 밀접하게 연결돼 있고 공간은 몸으로 느낄 수 있는 매개체처럼 나타나 인간이 그 속으로 들어간다는, 파악하기 힘든 경험을 표현한다. 밤은 인간을 어머니처럼 품어준다는 노발리스의 말도 밤 공간이 우리를 감동적으로 감싸 안는다는 것을 나타낸다. 마지막으로 상기해볼 것은, 메를로퐁티가 "마나와의 신비로운 합일"이라는 표현을 끌어와 밤이 인간에게 침투하여 그의 "개인적 정체성"을 지워버리는 과정을 묘사한 부분이다. 이 과정 역시 음향 공간에서 소리가 인간을 직접 관통하는 상황과 맞닿아 있다고 볼 수 있다. 민코브스키는 이렇게 말한다. "멜로디, 교향곡, 심지어 음 하나하나도 그것이 무겁고 깊은 소리를 낼 때면 우리 몸 안으로까지 들어와 연장되고, 우리 존재의 밑바닥까지 파고들어와 우리 안에서 다시 소리를 낸다."[57]

이 모든 관계들이 이해하기 어려운 이유는, 이것이 대상에 대한 우리의 의식이 형성되기 이전의 영역에 속하는 것들이기 때문이다. 그러나 이 영역은 의식이 형성된 후에도 우리 삶의 바탕을 이루는 기본층이다. 하지만 이 기본층은 우리가 보통 의식하지 못할뿐더러 그 고유의 특성으로 인해 우리의 인식 능력을 벗어난다. 왜냐하면 우리의 개념적인 인식 능력은 주체와 객체의 분열과 더불어 그 의식의 형성을 이미 전제하는 까닭에, 종류가 전혀 다른 이 영역을 우리의 인식이 제대로 파악하지 못하기 때문이다. 따라서 이 영역을 불가피하게 부적절한 언어로 바꾸거나, 최소한 달리 표현함으로써 그 근원적인 경험을 파악할 수밖에 없다. 그렇다고 오해가 생길까 두려워하여 여기서 멈춘 채 적절한 표현 수단의 한계를 넘어 그 이상도 암시하지 않는다면, 그것은 이 모든 관계를 단순화하는 것이다. 이는 허용될 수 없다고 생각한다.

1 공간성의 변화태

공간에 대한 인간의 관계, 혹은 공간에 대한 인간의 태도를 관찰하는 동
안 우리는 여러 형태의 공간들을 차례로 추려냈다. 그 공간들은 상호 배
제하는 배타적인 공간이 아니라 서로 겹치고 공존할 수 있는 공간들이
고, 그런 의미에서 인간의 공간성의 변화태라고 부를 수 있다. 마지막으
로 이 변화태들을 간단히 설명해보겠다.

1. 첫째는 공간에 대한 소박한 믿음, 어린아이가 느끼는 안도감이다. 이
   느낌은 훗날 살아가면서 집과 고향에서 느끼는 자연스럽고 무의식적
   인 안도감으로 이어질 수 있다. 이럴 때 인간은 자기가 사는 공간과 융
   해되고 그 공간에 직접 체현되어 있다.
2. 둘째는 고향이 없는, 혹은 집이 없는 상태이다. 여기에서 공간은 무섭
   고 낯선 모습으로 나타난다. 이 공간에서 인간은 버려졌다고 느낀다.

3. 그에 따라 셋째로, 집을 지어 안도감을 회복해야 하는 과제가 생긴다. 여기에 대해서는 3장에서 자세하게 논의했다. 이렇게 해서 외부 세계와 분리된 보호하는 내부 공간이 탄생한다. 그렇다고 위협적인 공간이 사라지는 것은 아니고 단지 중심에서 변두리로 밀려날 뿐이다.

4. 인간이 지은 모든 집은 공격당할 수 있다. (또 집 내부에도 보이지 않는 곳에 위험한 공간이 도사리고 있을 수 있다.) 여기에서 고정된 집에 머무르려는 집착을 극복하고 인간이 만든 개인 공간이 아닌 더 넓은 공간에서 다시 궁극의 안도감을 얻어야 하는 마지막 과제가 생긴다. 다시 말해 인위적으로 조성되어 허울뿐인 안도감에 집착하는 허상에서 벗어나, 소박한 공간성이 더 높은 차원에서 회복되는 열린 안도감으로 나가야 한다. 이는 쉽지 않은 일이다. 그렇게 하려면 인간은 허울뿐인 안전에서 탈피하기 위해 각별히 노력해야 한다.

2 보호 공간의 우위

이로써 바슐라르의 《공간의 시학》에 대해 제기될 수 있는 이견이 해소된다. 그가 "장소애"(Topophilie. 바슐라르 스스로 자기 입장을 이 말로 표현했다[58]) 때문에, 즉 공간에 대한 애착 때문에 "행복한 공간의 모습"[59]에만 치중하고 "적대적인 공간"은 아예 무시했다고 이의를 제기할 수 있다. 바슐라르 자신도 분명히 강조한 이 한정된 시각은 일단 그의 책이 주장하는 인식의 요구를 제한하는 심각한 일면성이라고 생각된다. 따라서 팝스트[60]가 어느 강연에서 훌륭하게 시도했듯이, "증오와 다툼의 공간"에 대한 보완 연구를 통해 바슐라르의 결론을 확장하고 검토하는 작업이 가장 시급하다. 그러나 적대적이고 위협적인 공간에 대한 확장 연구가 아무리 중요해도, 이것은 행복한 공간에 대한 분석이 끝난 뒤에야 시도할 수 있다. 실제로 타당하고 중요한 바슐라르의 접근법에 의하면, 공간성의 두 변화태, 즉 행복한 공간과 적대적인 공간은 동일한 차원에서 동등한 형태로 대립하는 게 아니다. 행복한 공간이 원초적인 공간이고, 이 조건을 바탕으로 추후에 적대 공간을 경험한 후 다시 이것을 새로운 차원에서 극복해야 하기 때문이다.

이 사고와 동일한 맥락에 있는 것이 앞에서 일부를 인용하여[61] 핵심을 강조했던 다음 문장들이다. "집은 …… 인간 현존재가 만나는 최초의 세계이다. 인간은 성급한 형이상학자들이 가르치듯 '세계 속에 던져지기' 전에 집이라는 요람에 눕혀졌다."[62] "적대적 세계는 …… 훗날에 경험한다. 초창기에는 모든 삶이 행복이다."[63] 이로써 분명한 순서가 정해졌다. "근원에 주목하는 현상학자의 관점에서 보면, 현존재가 '세계 속에 던져진' 순간부터 연구하는 의식적인 형이상학은 2차 형이상학이다. 이 형이상학은 선행 단계를 건너뛴다. 현존재가 행복인 단계, 원래부터 현존재와 하나였던 행복 속에 인간 존재가 들어가 있는 단계를 생략한다."[64] 바슐라르가 구체적으로 사르트르를 두고 말한 "의식적인 형이상학" 혹은 "의식의 형이상학"은 형성된 의식에서 출발하는 철학적 입장을 뜻한다. 여기에 맞서 바슐라르는, "근원"에 주목하고 현존재가 행복인 "선행 단계"에 주목하는 현상학적 태도를 대립시켰다. "의식의 형이상학"과 대립하는 상태에서 이 현상학은 대상적 의식이 형성되기 전에 존재하던 현존재의 근원적 층을 밝히려는 태도이다. 우리도 공간과의 원초적 합일 경험을 묘사할 때마다 이 태도를 견지해야만 했다.

이에 반해 "의식의 형이상학"이 보여주는 경험 영역은 2차적이다. "의식의 형이상학을 실례를 들어 설명하려면 인간 현존재가 바깥으로 던져지는 경험을 할 때까지 기다려야 할 것이다. 비유를 들어 말하자면, 집에 있던 현존재에서 벗어나 문 밖에 내놓아질 때까지 기다려야 한다. 이는 인간의 적대성과 세계의 적대성이 몰려드는 상황이다."[65] 바슐라르도 이 측면의 타당함을 인식했다. 그가 생각하는 "완전한 형이상학"은 "의식과 무의식을 포괄하는" 형이상학이다. 그러나 이 형이상학은 시간적이면서도 물적인 견고한 질서에 묶여 있다. 형이상학은 "내면(즉 집이라는 세계)의 가치가 우위에 있음을 인정해야 한다". 이것은 우리가 짧게 설명한 공간성의 변화태의 구성과 완벽히 일치하는 견해이다.

3 참된 거주를 위한 요구

공간성의 네 변화태, 즉 공간과 맺는 인간의 네 가지 관계는 시간적인 순서로만 전개되진 않는다. 이 관계는 우리가 살아가는 과정에서도 그대로 유지되면서 다양하게 나뉜 층의 체계에서 서로 중첩된다. 시간의 관점에서 (하이데거가 분석한) 본래적인 시간성이 저절로 실현되는 게 아니라, 인간에게 모든 실존을 걸고 노력할 것을 요구하듯이, 공간에 대한 인간의 관계도 마찬가지다. 인간이 공간에서 누리는 참다운 삶을 거주라고 표현했지만, 이 거주도 인간이 자신의 존재를 쏟아부어 온전히 노력해야만 얻을 수 있고 실현할 수 있다. 그래서 인간은 거주하는 법부터 배워야 한다고 강조한 하이데거의 말은 지극히 타당하다.

그러나 참된 거주에 대립하는 두 가지 양태가 있다는 점에서 인간의 공간적 구성틀의 관계는 시간성의 관계보다 복잡하다. 하나는 고향 없이 적대적인 공간에 내던져진 비거주이고, 다른 하나는 소심하게 집에만 집착하는 잘못된 거주이다. 이 두 대립 관계에서 참된 거주 장소를 아리스토텔레스의 의미에서 중간적 위치로 보아서는 안 된다. 오히려 이 대립 관계는 여러 차원에서 작용한다.

참된 거주의 과제는 세 방향으로 나뉜다. 이것을 간단히 설명하면 세 가지 요구로 요약할 수 있다.

첫째 요구는 공간에서 불안정하게 방황하는 도피자와 모험가의 고향 없는 상태를 겨냥한다. 이 요구는 공간 내의 일정 장소에 정착하여 그곳에서 단단히 토대를 다지고 안식을 주는 개인 공간을 마련해야 함을 의미한다.

나머지 두 요구는 이 개인 공간에서 참된 거주 방식을 실현하지 못할 위험에서 비롯된다. 이중 첫째 요구는 (전체로 따지면 둘째 요구는) 내부 공간에서 웅크리고 있을 위험을 지적한다. 따라서 위협적이고 위험한 외부 공간도 온전히 삶 속에 포함하고, 인간의 삶이 실현되는 유일한 바탕인 내부와 외부 공간의 긴장을 이겨낼 것을 요구한다.

다른 한편으로는 위협적인 외부 공간과 긴장 상태가 지속되더라도 자기 집의 굳건함에 대한 순진한 믿음을 극복하고 전폭적인 신뢰 속에서 큰 공간에 몸을 맡기는 것이 중요하다. 그러면, 우리가 마지막 장에서 묘사했듯이, 이 "큰 공간"도 위험한 성질을 잃어버리고 스스로 보호 공간이 되어준다.[66] 결국 이 셋째 요구는 집에서 거주하면서도 더 큰 공간 전체를 신뢰할 수 있다는 뜻이다.

이러한 세 가지 요구에 응할 때 인간은 공간에서 참된 거주를 실현하며 인간의 본질을 실현할 수 있다.

서론

1. Eugène Minkowski, *Le temps vécu. Etudes phénoménologiques et psychopatholo-giques*(《살아가는 시간. 현상학적 정신병리학적 연구》). Paris 1933.
2. Graf K. von Dürckheim, *Untersuchungen zum gelebten Raum*(《살아가는 공간에 관한 연구》). Neue Psychologische Studien. 6. Bd. München 1932. 383쪽 이하.
3. E. Minkowski, *Vers une cosmologie*(《우주론을 향해》). Paris 1936.
4. Erwin Straus, Die Formen des Räumlichen. Ihre Bedeutung für die Motorik und die Wahrnehmung(〈공간성의 형식들과 그것이 근육 운동과 지각에 주는 의미〉). Der Nervenarzt. 3. Jahrg. 1930. 본서에서 인용한 출처: *Psychologie der menschlichen Welt*(《인간 세계의 심리학》). Gesammelte Schriften. Berlin, Göttingen, Heidelberg 1960. 141쪽 이하.
5. Ludwig Binswanger, *Über Ideenflucht*(《사고의 비약》). Zürich 1933; Binswanger, Das Raumproblem in der Psychopathologie(〈정신병리학에서 공간의 문제〉). *Zeitschr. f. Neurologie*. 145 Bd. 1933. 본서에서 인용한 출처: *Ausgewählte Vorträge und Aufsätze*(《강연록과 논문집》), 2. Bd. 1955. 174쪽 이하; Binswanger, *Grundformen und Erkenntnis menschlichen Daseins*(《인간 현존재의 기본 형식과 인식》). Zürich 1942.
6. Ernst Cassirer, *Philosophie der symbolischen Formen*(《상징 형식의 철학》). 3 Bände. Berlin 1923-1929.
7. H. Lassen, *Beiträge zu einer Phänomenologie und Psychologie der Anschauung*(《직관의 현상학과 심리학에 관한 고찰》). Würzburg 1939.
8. *Situation. Beiträge zur phänomenologischen Psychologie und Psychopathologie*(《상

황. 현상학적 심리학과 정신병리학》). Utrecht, Antwerpen 1954.

9. Gaston Bachelard, *L'eau et les rêves*(《물과 꿈》). Paris 1942; Bachelard, *L'air et les songes*(《공기와 꿈》). Paris 1943; Bachelard, *La terre et les rêveries de la volonté*(《대지 그리고 의지의 몽상》). Paris 1948; Bachelard, *La terre et les rêveries du repos*(《대지 그리고 휴식의 몽상》). Paris 1948.

10. G. Bachelard, *La poétique de l'espace*(《공간의 시학》). Paris 1958. 독일어 번역본: *Poetik des Raumes*, von K. Leonhard. München 1960.

11. R. M. Rilke, *Stundenbuch*(《시도시집》『時禱詩集). Gesammelte Werke. 2. Bd. 175쪽. "Alles Leben wird gelebt.... Lebst du es, Gott,—das Leben?" II 242쪽. 여러 번 인용되는 작품은 쪽수만 표시하고, 전집은 권수와 쪽수를 병기하겠다.

12. 트뤼브너 사전에서 위와 같은 4격 목적어의 예시로 나온 문장은 현대의 글에서 뽑은 것인데, 내가 보기에는 언어 규범에 위배된다.

13. Minkowski, *Le temps vécu*. 367쪽. 외국어로 쓰인 인용은 모두 독일어로 번역해 적었다.

14. Graf Dürckheim, 앞의 책, 389쪽.

15. 같은 책, 389쪽.

16. 같은 책, 390쪽.

17. Bachelard, *La terre et les rêveries de la volonté*. 5쪽.

18. 같은 책, 1쪽 이하.

19. Bachelard, *La terre et les rêveries du repos*. 324쪽.

20. Bachelard, *Poetik des Raumes*. 239쪽.

21. 같은 책, 22쪽.

22. Martin Heidegger, *Sein und Zeit*(《존재와 시간》). Halle a. d. Saale 1927. 111쪽.

23. Minkowski, 앞의 책, 367쪽.

24. Heidegger, 앞의 책, 54쪽.

25. 카시러가 《상징 형식의 철학》의 제3권에서 자세히 기술한 이 문제의 발전에 대해서는 이 책에서 다루지 않았다. 수학적·물리적 공간 개념의 발전에 대해서는 M. 야머의 역저 《공간의 문제》(M. Jammer, *Das Problem des Raumes*, übers. v. P Wilpert, Darmstadt 1960)를 참조할 것.

1부 공간의 기본적인 분류

1. Aristoteles, *Physik*(《자연학》). 208b. 나는 골케(P. Gohlke)의 최근 번역본 《Aristoteles, Die Lehrschriften》, Paderborn 1956을 참조했다. 1854년 라이프치히에서 간행된 프란틀(C. Prantl)의 번역본도 훌륭한 참조물이다.

2. 같은 책, 200b.

3. 같은 책, 208b.

4. 그래서 골케는 이렇게 강조했다. "토포스는 장소와 공간을 함께 의미할 수 있기 때

문에 번역에 어려움이 따른다."(322쪽) 그는 두 낱말을 번갈아 사용하거나 번역의 어려움을 피하기 위해 "장소와 공간"이라고 표현했다. 반면에 프란틀은 일관되게 공간이라고 번역했다.

5. Aristoteles, 앞의 책, 209b.

6. Aristoteles, 앞의 책, 212a.

7. Aristoteles, 앞의 책, 211a.

8. Aristoteles, 앞의 책, 211b, 212a.

9. Aristoteles, 앞의 책, 211a.

10. Aristoteles, 앞의 책, 212a.

11. Aristoteles, 앞의 책, 212b.

12. 번역자 골케는 여기서의 "공간"을 "장소"로 번역했다.

13. Aristoteles, 앞의 책, 212b.

14. 따라서 골케의 다음 설명은 타당하다. "천구 안쪽에는 외피가 있지만 바깥쪽에는 외피가 없다."(324쪽)

15. Friedrich Schiller, *Der Parasit*(《기식자》). Sämtliche Werke. Säkularausgabe, hrsg. v. E. v. d. Hellen, IX 305쪽.

16. Jacob u. Wilhelm Grimm, *Deutsches Wörterbuch*(《독일어 사전》). Leipzig 1854.

17. F. Kluge, *Etymologisches Wörterbuch der deutschen Sprache*(《독일어 어원사전》). 11. Aufl., bearbeitet v. A. Götze. Berlin u. Leipzig 1934.

18. M. Eyth, *Trübners Deutsches Wörterbuch*(《트뤼브너 독일어 사전》), hrsg. v. A. Götze. Berlin 1939에서 인용함.

19. A. v. Droste-Hülshoff, 《트뤼브너 독일어 사전》에서 인용함.

20. R. M. Rilke, *Briefe aus den Jahren 1914-1921*(《서간집 1914-1921》). 1937. 94쪽.

21. J. W. Goethe, *Wilhelm Meisters Lehrjahre*(《빌헬름 마이스터의 수업시대》). Gedenkausgabe, hrsg. v. E. Beutler. VII 308쪽.

22. Schiller, *Der Alpenjäger*(《알프스 사냥꾼》). I 108쪽.

23. 본서에서 계속 인용하는 《트뤼브너 독일어 사전》의 예문들은 앞으로 인용 표기를 따로 하지 않겠다.

24. Goethe, *Faust*(《파우스트》) 1부. 1094행.

25. Hermann Hesse, *Das Glasperlenspiel*(《유리알 유희》). Gesammelte Dichtungen. 1952. VI 556쪽.

26. G. W. Rabener, 《트뤼브너 사전》에서 인용함.

27. Goethe, *Legende*(《전설》). II 109쪽.

28. Schiller, *Wilhelm Tell*(《빌헬름 텔》). VII 212쪽.

29. 같은 책, 255쪽.

30. Goethe, *Brief an Christiane*(《크리스티아네에게 보내는 편지》). XIX 698쪽.

31. Erich Kästner, *Ölberge, Weinberge*(《올리브 동산, 포도원》). Fischer-Bücherei.

1960. 95쪽.

32. I. Kant, *Gesammelte Schriften*(《칸트 전집》), hrsg. v. d. Königl. Preußischen Akademie der Wissenschaften. Berlin 1902. II 378쪽 이하.

33. S. Kierkegaard, *Der Begriff der Angst*(《불안의 개념》), übers. v. Chr. Schrempf. 57쪽.

34. H. Plügge, Über Anfälle und Krisen(〈발작과 위기〉). *Psyche*. 2. Jahrg. 1948/49. 401쪽 이하; Plügge, *Wohlbefinden und Mißbefinden*(《평안과 불안》). Beiträge zu einer medizinischen Anthropologie. Tübingen 1962 참조.

35. L. Binswanger, *Drei Formen mißglückten Daseins. Verstiegenheit, Verschrobenheit, Maniriertheit*(《실패한 현존재의 세 가지 모습. 잘못 솟구침, 괴팍, 허세》). Tübingen 1956; Binswanger, Traum und Existenz(〈꿈과 실존〉), in: *Ausgewählte Vorträge und Aufsätze*. 1. Bd. Bern 1947 참조.

36. 같은 책, 1쪽.

37. 같은 책, 4쪽.

38. 같은 책, 6쪽.

39. 같은 책, 7쪽.

40. 시간 관계에서 과거 시점으로의 회귀 같은 현상이 어느 정도 존재하는지는 다음의 논문에서 설명해놓았다. Bollnow, Nachholen des Versäumten(〈실수의 만회〉), in: *Maß und Vermessenheit des Menschen. Philosophische Aufsätze*, Neue Folge, Göttingen 1962, 214쪽 이하.

41. 이 문제 전체에 대해서는 다음을 참조할 것. E. Jünger, *Sprache und Körperbau*(《언어와 신체구조》). Zürich 1947; K. Bühler, *Sprachtheorie*(《언어이론》). Jena 1934. 이 중에서 Das Zeigfeld der Sprache und die Zeigwörter, 79쪽 이하 참조; L. Klages, *Die Sprache als Quell der Seelenkunde*(《심리학의 원천으로서의 언어》). 2. Aufl. Stuttgart 1959. 이 중 10장의 Sprachliche Raumsymbolik, 160쪽 이하 참조.

42. M. Eliade, *Das Heilige und das Profane. Vom Wesen des Religiösen*(《성과 속. 종교성의 본질에 대해》). Rowohlts Deutsche Enzyklopädie. 31. Bd. 24쪽, Hamburg 1957.

43. W. Grönbech, *Kultur und Religion der Germanen*(《게르만인의 문화와 종교》). 5. Aufl. Darmstadt 1954, 2. Bd. 183쪽.

44. Eliade, 앞의 책, 21쪽 이하.

45. O. W. v Vacano, *Die Etrusker in der Welt der Antike*(《고대 세계에서의 에트루리아인들》). Rowohlts Deutsche Enzyklopädie. 54. Bd. Hamburg 1957. 85쪽.

46. Eliade, 앞의 책, 20쪽.

47. Grönbech, 앞의 책, 110쪽.

48. H. U. Instinski, Inschriften an römischen Straßen(〈로마 도로의 비문들〉), in: *Das neue Bild der Antike*(《고대의 새 모습》), hrsg. v. H. Berve. 2. Bd. 1942. 352쪽.

49. Eliade, 앞의 책, 18쪽.

50. E. Haberland, Naturvölkische Raumvorstellungen(〈원시부족의 공간관〉). *Studium generale.* 10. Jahrg. 1957. 586쪽.

51. H. Brunner, Zum Raumbegriff der Ägypter(〈이집트인의 공간 개념〉). *Studium generale.* 10. Jahrg. 1957. 614쪽 이하; L. Frobenius, *Kulturgeschichte Afrikas*(《아프리카 문화사》). Zürich 1933. 188쪽 참조.

52. W. Weischedel, *Das Denken zwischen Raum und Zeit*(《공간과 시간 사이의 사고》). Universitätstage 1960. Veröffentlichung der Freien Universität Berlin. 7쪽.

53. Kant, 앞의 책, VIII 134쪽.

54. Cassirer, 앞의 책, II 108쪽.

55. Frobenius, 앞의 책, 176쪽.

56. Cassirer, 앞의 책, II 108쪽.

57. 같은 책, 115쪽.

58. 같은 책, 108쪽 이하.

59. 같은 책, 121쪽.

60. 같은 책, 122쪽.

61. Brunner, 앞의 책, 617쪽.

62. Cassirer, 앞의 책, II 124쪽. 이 문제 전체와 관련해서는 H. Nissen, *Das Templum. Antiquarische Untersuchungen*(《템플룸. 고대 연구》). Berlin 1869 참조; W. Müller, *Die heilige Stadt*(《성스러운 도시》). Stuttgart 1961에는 새 자료들이 풍부하다. 프로베니우스는 그의 책 168쪽에서 요즘에도 볼 수 있는 비슷한 예언술을 예시했다.

63. A. E. Jensen, Wettkampf-Parteien(〈경기팀〉). Zweiklassen-Systeme und geo-graphische Orientierung. Studium generale. 1. Jahrg. 1947. 38쪽 이하; E. H. Erikson, *Kindheit und Gesellschaft*(《어린시절과 사회》). Zürich und Stuttgart 1957. 108쪽 이하 참조; E. H. Haberland, Naturvölkische Raumvorstellungen. *Studium generale.* 10. Jahrg. 1957. 583쪽 이하 참조.

64. Haberland, 앞의 책, 585쪽.

65. Jensen, 앞의 책, 44쪽.

66. 같은 곳.

67. Haberland, 앞의 책, 585쪽.

68. Jensen, 앞의 책, 15쪽. 이 사고방식이 그 섬 주민들에 의해 형성되지 않고 "대륙에서 발생해 몰루카 제도로 건너왔다"는 옌젠의 결론(46쪽)이 설득력이 있는지는 여기에서 판단할 수 없다.

69. Goethe, *Dichtung und Wahrheit*(《시와 진실》). X 393쪽.

70. G. Simmel, *Brücke und Tür*(《다리와 문》). Essays, hrgs. v. M. Landmann, Stuttgart 1957. 4쪽.

71. M. Proust, *Auf der Suche nach der verlorenen Zeit*(《잃어버린 시간을 찾아서》). 1. Bd. In *Swanns Welt*, übers. v. E. Rechel-Mertens. Frankfurt a. M., Zürich 1953. 200쪽 이하.

72. 같은 책, 273쪽 이하.

73. 밤 공간처럼 지평선이 보이지 않는 곳에서는 과연 유한성이 어느 정도 유지될지에 대해서는 뒤에서 논의하겠다. 본서 290쪽 참조.

74. G. A. van Peursen, L'horizon(〈지평선〉), in: *Situation*. 204쪽 이하.

75. J. Supervielle, Bachelard, 252쪽에서 인용함.

76. van Peursen, 앞의 책, 208쪽.

77. 같은 책, 207쪽.

78. 같은 책, 217쪽.

79. 같은 책, 233쪽.

80. 같은 책, 234쪽.

81. 같은 책, 212쪽.

2부 넓은 세계

1. J. Burckhardt, *Die Kultur der Renaissance in Italien*(《이탈리아 르네상스의 문화》). Gesammelte Werke. 3. Bd. Darmstadt 1955. 190쪽 이하.

2. Petrarca, *Dichtungen, Briefe, Schriften*(《시와 서간집》), hrsg. v. H. Eppelsheimer. Fischer-Bücherei. 1956. 87쪽.

3. Burckhardt, 앞의 책, 202쪽.

4. H. Sedlmayr, *Verlust der Mitte. Die bildende Kunst des 19. und 20. Jahrhunderts*(《중심의 상실. 19세기와 20세기의 조형미술》). Ullstein-Buch Nr. 39.

5. G. Bruno, *Zwiegespräch vom unendlichen All und den Welten*(《무한자와 우주와 세계》), verdeutscht v. L. Kuhlenbeck. Jena 1904.

6. G. Müller, *Deutsche Dichtung von der Renaissance bis zum Ausgang des Barock*(《르네상스에서 바로크 말기까지의 독일 문학》). 2. Aufl, Darmstadt 1957. 175쪽에 목판화가 수록되어 있다. J. Vogt, *Wege zum historischen Verstehen*(《역사를 이해하는 길》) Stuttgart 1961에는 표지 그림으로 실려 있다.

7. G. Bruno, *Von der Ursache, dem Prinzip und dem Einen*〔《원인, 원리, 일자(一者)에 관해》〕, übers. v. P. Seliger. Reclam-Bücherei Nr. 5113/14. 67쪽.

8. B. Pascal, *Über die Religion(Pensées)*(《팡세》), übertr. v. E. Wasmuth. 2. Aufl. Berlin 1940. 115쪽.

9. W. Pinder, *Deutscher Barock*(《독일의 바로크》) (Blaue Bücher). 23쪽.

10. G. Dehio, *Handbuch der deutschen Kunstdenkmäler*(《독일 예술문화 유산》). 3. Bd. 3. Aufl. Berlin 1925. 575쪽.

11. R. M. Rilke, *Gedichte 1906-1926*(《시집 1906-1926》), 1953. 44쪽.

12. J. Freiherr v. Eichendorff, *Heimweh*(《향수》). Neue Gesamtausgabe der Werke

und Schriften, hrsg. v. G. Baumann u. S. Grosse. Stuttgart 1957. I 44쪽.

13. Nietzsche, Vom Nutzen und Nachteil der Historie für das Leben(《삶에 대한 역사적 공과》). *Groß- und Kleinoktavausgabe.* II 287쪽.

14. L. Tieck, *Gedichte*(《시집》). Dresden 1821. 1. Bd. 115쪽 이하.

15. H. Kunz, *Die anthropologische Bedeutung der Phantasie*(《상상의 인간학적 의미》). 2 Bände. Basel 1946.

16. 같은 책, 297쪽.

17. 같은 책, 288쪽 이하.

18. 같은 책, 297쪽.

19. 같은 책, 294쪽.

20. 같은 책, 308쪽 이하.

21. 같은 책, 309쪽.

22. J. Linschoten, Die Straße und die unendliche Ferne(《도로와 무한히 먼 곳》), in: *Situation.* 235쪽 이하, 258쪽.

23. E. Dardel, *L'homme et la terre*(《인간과 대지》). Paris 1952. 41쪽. 린쇼텐의 논문 258쪽에서 인용함.

24. Linschoten, 앞의 글, 241쪽. J. Vogt, Raumauffassung und Raumordnung in der römischen Politik(《로마 정치에서의 공간관과 공간 질서》), in: *Das neue Bild der Antike*(《고대의 새 모습》), hrsg. v. H. Berve. 2. Bd. 1942. 109쪽 참조.

25. F. Stahl, *Paris. Eine Stadt als Kunstwerk*(《파리. 예술품의 도시》). 9. Aufl. Berlin 1928. 5장. 160쪽 이하; W. Waetzoldt, *Paris. Die Neugestaltung des Stadtbildes durch Baron Haussmann*(《파리. 하우스만 남작에 의한 도시의 재편성》). Leipzig 1943 참조.

26. Linschoten, 앞의 글, 259쪽.

27. 같은 곳.

28. Schiller, *Wilhelm Tell.* VII 248쪽.

29. Linschoten, 앞의 글, 260쪽. 이 말은 현대의 직선 도로에만 해당된다. 소박한 시골길에는 이런 특징이 없다. 시골길은 굽이가 졌기 때문에 지평선에 도달하기도 전에 시야에서 사라진다. 시골길에서는 자연스러운 소실점이 보이지 않는다.

30. 같은 글, 259쪽.

31. 같은 글, 260쪽.

32. E. Strauss, 앞의 책, 160쪽; H. Lipps, *Die Wirklichkeit des Menschen*(《인간의 현실》). Frankfurt a. M. 1954. 171쪽.

33. R. Kuhn, Daseinsanalyse eines Falles von Schizophrenie(《어느 정신분열증 사례의 현존재 분석》). *Monatsschr. f. Psychiatrie und Neurologie*, 112. Jahrg. 1946, 240쪽. 린쇼텐의 논문 238쪽에서 인용함.

34. M. Hausmann, *Einer muß wachen*(《한 사람은 깨어 있어야 한다》). Frankfurt a.

M. 1950. 44쪽; 린쇼텐의 논문 248쪽에서 인용함.

35. Schiller, 앞의 책, 248쪽.

36. 이 기회에 전쟁 중 내가 운전병 부대에서 경험한 훈훈한 동지애를 감사하는 마음으로 추억한다.

37. D. J. van Lennep, Psychologie van het chaufferen(《운전자의 심리학》), in: *Person und Welt. Festschrift für F. J. J. Buytendijk.* Utrecht 1953. 165쪽 이하. 린쇼텐의 논문 242쪽에서 인용함.

38. Heidegger, *Sein und Zeit.* 107쪽.

39. Linschoten, 앞의 글, 254쪽.

40. Eichendorff, 앞의 책, II 349쪽 이하.

41. Eichendorff, 앞의 책, I 10쪽.

42. A. Stenzel, Die anthropologische Funktion des Wanderns und ihre pädagogische Bedeutung(《도보여행의 인간학적 기능과 그것의 교육적 의미》), in: *Erziehung und Leben*(《교육과 삶》), hrsg. v. O. F. Bollnow. Heidelberg 1960. 96쪽 이하.

43. M. Hausmann, 앞의 책, 42쪽. 슈텐첼의 논문 102쪽에서 인용함.

44. Abraham a Santa Clara, *Huy und Pfuy der Welt*(《세상의 밝은 면과 어두운 면》). Nürnberg 1707. 43쪽. 다음도 참조할 것. H. v. Einem, Ein Vorläufer Caspar David Friedrichs(《카스파르 다비트 프리드리히의 선구자》). *Zeitschrift des Deutschen Vereins für Kunstwissenschaft.* 7. Bd. 1940. 156쪽 이하.

45. 이것은 길의 이성이라고 부를 수 있는 것과 관계된다. 길은 우리가 어떻게 하면 목적지에 도착하는지를 가장 잘 알고 있다. 겉으로는 크게 우회하는 것처럼 보이는 길에도 그럴 만한 이유가 있다. 그래서 노선을 단축하려고 지름길이라고 생각하는 길로 들어서면 금방 후회한다. 거기에서 예측하지 못한 장애물을 만나고 힘겹게 통과하거나 심지어 되돌아가야 하기 때문이다. 지방도로는 사람보다 지리를 더 잘 알고 있으므로 인간은 그 도로를 신뢰해야 한다.

46. Linschoten, 앞의 글, 255쪽.

47. Eichendorff, 슈텐첼의 논문 108쪽에서 인용함.

48. R. M. Rilke, *Gedichte in französischer Sprache*(《프랑스어로 쓴 시집》). 1949. 65쪽, 59쪽.

49. 같은 곳.

50. Linschoten, 앞의 글, 252쪽 이하.

51. 같은 글, 255쪽.

52. 같은 글, 253쪽.

53. Kunz, 앞의 책, 293쪽.

54. Linschoten, 앞의 글, 255쪽.

55. 같은 글, 256쪽.

56. 같은 글, 257쪽.

57. 프뢰벨의 "회춘"에 대해서는 다음을 참조할 것. O. F. Bollnow, *Von Arndt bis Fröbel. Die Pädagogik der deutschen Romantik*(《아른트부터 프뢰벨까지. 독일 낭만주의의 교육학》). Stuttgart 1942. 222쪽 이하; H. Lenzen, *Verjüngung als pädagogisches Problem, nach Herders Lebenswerk*(《헤르더의 작품을 통해 본 교육학적 문제로서의 회춘》). Diss. Mainz 1953.

58. O. F. Bollnow, *Neue Geborgenheit. Das Problem einer Überwindung des Existentialismus*(《새로운 안도감. 실존주의 극복의 문제》). 2. Aufl. Stuttgart 1958 참조.

59. Stenzel, 앞의 책, 116쪽 이하.

3부 안식처로서 집

1. H. Broch, *Gedichte*(《시집》). Zürich 1953. 68쪽.

2. M. Heidegger, Bauen, Wohnen, Denken(〈집짓기, 거주하기, 생각하기〉), in: *Vorträge und Aufsätze*(《강연록과 논문 모음집》). Pfullingen 1954. 145쪽 이하, 162쪽.

3. A. de Saint-Exupéry, *Citadelle*(《성채》). Paris 1948. 독일판 제목: *Die Stadt in der Wüste*(《사막의 도시》), übers. v. O. v. Nostitz. Bad Salzig und Düsseldorf 1951. 36쪽.

4. Saint-Exupéry, 앞의 책, 36쪽. 우리의 논의에서 중요한 프랑스어 개념인 habiter의 뜻을 살려 나는 독일어판 번역과 달리 wohnen으로 표현했다.

5. Heidegger, 앞의 글, 147쪽.

6. 요한복음 1장 14절.

7. 《트뤼브너 사전》에서 인용함.

8. Saint-Exupéry, 앞의 책, 32쪽.

9. Fischart, Grimmschen Wörterbuch(《그림 사전》)에서 인용함.

10. 유목민들이 임시로 설치하는 천막에서 그런 (이동하는) 중심이 어떻게 만들어지고 공간 관계는 어떻게 변하는지에 대해서는 별도의 연구가 필요하다.

11. J. Zutt, Über Daseinsordnungen. Ihre Bedeutung für die Psychiatrie(〈현존재의 질서와 그것이 정신의학에 주는 의미〉). *Der Nervenarzt.* 24. Jahrg. 1953. 177쪽 이하, 184쪽.

12. 본서 331쪽 이하.

13. 본서 193쪽 이하.

14. Bachelard, *Poetik des Raumes.* 29쪽.

15. 같은 책, 37쪽.

16. 같은 책, 29쪽.

17. 같은 책. 71쪽.

18. 같은 책, 39쪽.

19. 같은 책, 38쪽.

20. 같은 책, 39쪽.

21. 같은 책, 38쪽.

22. 같은 책, 48쪽.

23. 같은 책, 131쪽.

24. 같은 책, 119쪽 이하.

25. 같은 책, 40쪽.

26. 같은 책, 39쪽.

27. 같은 책, 70쪽.

28. 같은 책, 71쪽.

29. 같은 책, 76쪽 이하.

30. 같은 책, 78쪽.

31. 같은 책, 76쪽.

32. 같은 책, 77쪽.

33. 같은 책, 78쪽.

34. 같은 책, 50쪽.

35. 같은 책, 58쪽.

36. 같은 책, 55쪽.

37. 같은 책, 56쪽.

38. 같은 책, 59쪽.

39. 같은 책, 60쪽.

40. 같은 책, 78쪽.

41. 같은 책, 87쪽.

42. 같은 책, 242쪽 이하.

43. 같은 책, 87쪽.

44. 같은 책, 92쪽.

45. 같은 책, 92쪽.

46. 본서 121쪽 이하 참조.

47. 내밀한 사적인 영역까지 공공성이 침투한 오늘날 이런 소유 영역의 보존이 얼마나 중요한지를 나는 다른 저술에서 자세히 연구했다. Bollnow, *Maß und Vermessenheit des Menschen*(《인간의 절제와 오만》). Göttingen 1962. 55쪽 이하 참조.

48. 현재와 같은 주택 부족 상태에서 자기 집의 상실, 특히 가정의 상실이 인간의 정신 건강에 얼마나 치명적인 영향을 미치고 범죄의 근원이 될 수 있는지는 추트가 앞에서 언급한 논문에서 설득력 있게 보여주었다. Zutt, *Neue Geborgenheit*, 169쪽 이하도 참조.

49. Goethe, *Faust*. 1부, V 247쪽.

50. Eichendorff, *Wanderlied der Prager Studenten*(《프라하 대학생들의 방랑 노래》).

I 48쪽.

51. Schiller, *Das Lied von der Glocke*(《종의 노래》). I 49쪽.

52. Saint-Exupéry, 앞의 책, 61쪽.

53. F. Kafka, *Der Bau*(《굴》), in: Beschreibung eines Kampfes. 173쪽 이하.

54. E. Spranger, *Der unbekannte Gott*(《알려지지 않은 신》). Stuttgart 1954. 24쪽 참조.

55. Rilke, *Gedichte 1906-1926*. 343쪽.

56. Bachelard, 앞의 책, 131쪽.

57. Bollnow, *Neue Geborgenheit*. 139쪽 이하 참조.

58. E. Osenbrücken, *Der Hausfrieden*(《집의 평화》). 1857.

59. E. Cassirer, *Philosophie der symbolischen Formen*(《상징형식의 철학》). 2. Bd.

60. G. van der Leeuw, *Phänomenologie der Religion*(《종교의 현상학》). 2. Aufl. Tübingen 1955.

61. M. Eliade, *Das Heilige und das Profane*(《성과 속》). Vom Wesen des Religiösen. Rowohlts Deutsche Enzyklopädie. 31. Bd. Hamburg 1957.

62. van der Leeuw, 앞의 책, 448쪽.

63. Eliade, 앞의 책, 13쪽.

64. 같은 책, 14쪽.

65. van der Leeuw, 앞의 책, 445쪽.

66. 같은 책, 447쪽에서 인용함.

67. 같은 책, 446쪽.

68. W. Bergengruen, *Die heile Welt*(《성스러운 세계》). Zürich 1950. 74쪽; Bollnow, *Unruhe und Geborgenheit im Weltbild neuerer Dichter*(《근대 시인들의 세계상에 나타난 불안과 안도감》). 2. Aufl. 1958 참조.

69. Cassirer, 앞의 책, II 123쪽.

70. H. Nissen, *Das Templum. Antiquarische Untersuchungen*. Berlin 1869.

71. Eliade, 앞의 책, 19쪽.

72. 같은 책, 34쪽.

73. 같은 책, 20쪽.

74. 같은 책, 13쪽.

75. 같은 책, 27쪽.

76. 같은 책, 32쪽.

77. 같은 책, 28쪽. 그 외의 사례는 카시러의 책을 참조할 것.

78. H. Sedlmayr, *Die Entstehung der Kathedrale*(《성당의 탄생》). Zürich 1950. 115쪽; J. Sauer, *Symbolik des Kirchengebäudes*(《교회 건물의 상징성》). 2. Aufl. Freiburg i. Br. 1924. 참조.

79. v. Vacano, 앞의 책, 28쪽에서 인용함.

80. Eliade, 앞의 책, 28쪽.

81. v. Vacano, 앞의 책, 28쪽에서 인용함.

82. Frobenius, 앞의 책, 177, 179쪽.

83. W. Müller, *Die heilige Stadt*. Stuttgart 1961.

84. Brunner, 앞의 책, 618쪽.

85. v. Vacano, 앞의 책, 27쪽.

86. Bachelard, 앞의 책, 36쪽.

87. 같은 책, 39쪽.

88. E. Minkowski, Espace, intimité, habitat(〈공간, 친근감, 주거〉), in: *Situation*. 172쪽 이하.

89. 같은 글, 183쪽.

90. 같은 글, 180쪽.

91. 본서 331쪽 이하 참조.

92. Minkowski, 앞의 책, 185쪽.

93. G. Simmel, *Brücke und Tür. Essays des Philosophen zur Geschichte, Religion, Kunst und Gesellschaft*(《다리와 문. 역사, 종교, 예술, 사회에 관한 에세이》), hrg. v. M. Landmann, Stuttgart 1057. 4쪽.

94. J. Weinheber, *Der Riegel*(《빗장》). Sämtliche Werke. 2. Bd. Salzburg 1954. 329쪽 이하.

95. 이에 대해서는 다음을 참조할 것. L. Weiser-Aall, *Handwörterbuch des deutschen Aberglaubens*(《독일 미신 사전》). 7. Bd., hrsg. v. H. Bächtold-Stäubli; Pauly-Wissowa, *Realenzyklopädie der klassischen Altertumswissenschaft*(《전통-고고학 사전》).

96. van der Leeuw, 앞의 책, 449쪽.

97. Eliade, 앞의 책, 16쪽.

98. 《트뤼브너 사전》 참조.

99. M. J. Langeveld, L' "endroit secret" dans la vie de l'enfant, in: Situation. 124쪽 이하.

100. O. F. Bollnow, *Rilke*. 2. Aufl. Stuttgart 1956. 250쪽 이하 참조.

101. Rilke, *Gedichte in französischer Sprache*. 85쪽 이하.

102. Eichendorff, *Sehnsucht*(《동경》). I 35쪽.

103. Weinheber, *Das Bett*.(《침대》) II 281쪽.

104. 《트뤼브너 사전》.

105. 메리 에덴과 리처드 캐링턴(Mary Eden/Richard Carrington)의 *The Philosophy of the Bed*, London 1961을 구할 수 없어서 다른 문헌을 참고했다.

106. *Odysse*(《오디세이아》) 제23권, 183행 이하, übers. v. T. v. Scheffer.

107. 욥기, 7장 13절.

108. A. Frankel, Über das Bett als Therapeutikum(〈치료제로서의 침대〉), in: *Pathologie und Therapie der Zirkulationsstörungen*. Leipzig 1930. 69쪽 이하, 76쪽.

109. Th. Mann, *Goethe und Tolstoi*(《괴테와 톨스토이》), in: *Leiden und Größe der Meister*. Fischer-Bücherei. Nr. 167. 1957. 58쪽.

110. Weinheber, 앞의 책, II 282쪽.

111. J. H. van den Berg, 'Garder le lit', essai d'une psychologie du malade(《자리보전. 환자의 심리학에 관해》), in: *Situation*, 68쪽 이하, 83쪽 이하.

112. J. Linschoten, Over het inslapen(《잠듦에 대해》). Tijdschr. Philos. 1952. 독일어판: Über das Einschlafen. Psychologische Beiträge. 2. Bd. 1955. Heft 1 und 2. 274쪽.

113. E. Straus, Die aufrechte Haltung, eine anthropologische Studie(《직립 자세에 관한 인간학적 연구》), in: *Psychologie der menschlichen Welt*. 244쪽 이하, 226쪽.

114. 같은 글, 230쪽.

115. 같은 글, 226쪽.

116. Linschoten, 앞의 책, 279쪽.

117. H. Lipps, *Die menschliche Natur*(《인간의 본성》). Frankfurt a. M. 1941. 18쪽 이하.

118. O. F. Bollnow, *Das Wesen der Stimmungen*(《기분의 본질》). 3. Aufl. Frankfurt a. M. 1956. 154쪽 이하.

119. Lipps, 앞의 책, 19쪽.

120. 같은 책, 23쪽

121. Linschoten, 앞의 글, 279쪽.

122. Straus, 앞의 글, 225쪽.

123. A. Vetter, *Die Erlebnisbedeutung der Phantasie*(《상상의 경험적 의미》). Stuttgart 1950. 118쪽.

124. Linschoten, 앞의 글, 275쪽.

125. Straus, 앞의 글, 225쪽.

126. van den Berg, 앞의 책, 70쪽.

127. M. Proust, *Der Weg zu Swann*, übertragen von R. Schottländer. Berlin 1926.

128. Graf Dürckheim, *Untersuchungen zum gelebten Raum*.

129. Proust, 앞의 책, 10쪽.

130. Graf Dürckheim, 앞의 책, 400쪽.

131. 같은 곳.

132. Proust, 앞의 책, 11쪽.

133. Graf Dürckheim, 앞의 책, 401쪽 이하.

134. 같은 책, 401쪽.

135. Proust, 앞의 책, 11쪽.

136. 같은 책, 10쪽.

137. 같은 책, 10쪽.

138. 같은 책, 15쪽.

139. 같은 책, 263쪽.

140. Lipps, *Die menschliche Natur*. 46쪽.

141. Linschoten, Über das Einschlafen(〈잠듦에 대해〉).

142. 같은 글, 71쪽.

143. 같은 글, 266쪽 이하.

144. 같은 글, 276쪽.

145. 같은 글, 89쪽.

146. 같은 글, 80쪽.

147. Proust, 앞의 책, 8쪽 이하.

148. 같은 책, 84쪽에서 인용함.

149. 같은 책, 278쪽.

150. 같은 책, 283쪽.

151. 같은 책, 283쪽에서 인용함.

152. 같은 책, 273쪽 이하.

153. 같은 책, 263쪽, 81쪽 이하.

154. 같은 책, 267쪽.

155. Bergengruen, *Die heile Welt*. 203쪽.

156. Shakespeare, *Macbeth*(《맥베스》). 실러 번역. IX 37쪽.

157. Schiller, *Wallenstein*(《발렌슈타인》). V 362쪽.

158. *Michelangelo*. 릴케 번역. VI 214쪽.

159. *Odyssee*. 제20장. 85행 이하.

160. Shakespeare, *Macbeth*. 실러 번역. IX 37쪽.

161. Goethe, *Egmont*(《에그몬트》). VI 99쪽.

162. J. E. Erdmann, *Psychologische Briefe*(《심리학 편지》). Leipzig 1882. 116쪽.
Linschoten, 앞의 글, 92쪽에서 인용함.

163. Linschoten, 앞의 글, 91쪽.

4부 공간의 여러 관점들

1. K. Kusenberg, *Die Himmelsschenke*(《천국의 술집》), in: *Mal was andres. Hamburg* 1954, 59쪽 이하.

2. K. Lewin, Der Richtungsbegriff in der Psychologie. Der spezielle und allgemeine hodologische Raum(〈심리학에서의 방향 개념. 특별한 호돌로지적 공간과 일반적인 호돌로지적 공간〉). *Psychologische Forschung*. 19. Bd. 1934. 249쪽 이하, 265쪽.

3. Lewin, 앞의 글, 285쪽.

4. 같은 글, 286쪽. 254쪽 참조.

5. G. Büchner, *Leonce und Lena*(《레온체와 레나》). Werke und Briefe. Neue Ausgabe. Insel-Verlag 1940. 130쪽.

6. H. Plügge, Über das Befinden von Kranken nach Herzinfarkt(《심근경색 후 환자의 상태》), in: *Wohlbefinden und Mißbefinden. Beiträge zu einer medizinischen Anthropologie*. Tübingen 1962. 231쪽 이하.

7. J. P. Sartre, *Das Sein und das Nichts*(《존재와 무》). Vollständige deutsche Ausgabe, übers. v. J. Streller, K. A. Ott u. A. Wagner. Hamburg 1962. 404쪽.

8. 같은 책, 420쪽.

9. 같은 책, 427쪽.

10. 같은 책, 392쪽 이하. 프랑스어 원본에서 옮겨 적을 때 나는 상황에 따라 조금 다른 표현을 사용했다.

11. 같은 곳.

12. 최상의 길은 완벽히 "구조화된" 공간에서만 분명히 결정될 수 있다고 레빈이 강조한 복잡한 문제는 여기에서 다루지 않고 지금 논의하는 맥락과 직결된 부분만 그의 독창적인 논문에서 발췌하겠다.

13. K. Lewin, Kriegslandschaft(《전쟁의 풍경》). *Zeitschrift für angewandte Psychologie*. 12. Bd. 1917. 440쪽 이하.

14. 같은 곳.

15. 같은 곳.

16. 그라프 뒤르크하임의 구분을 따르는 '행위 공간' 개념은 행위를 수행하는 공간을 강조하지만, 내가 말하는 '행위 공간'은 목적 공간을 가리킨다. 이러한 구분은 지금 맥락에서 별로 필요해 보이지 않는다. 슈트라우스가 '현재적 공간'과의 차이를 부각시키기 위해 제안한 '역사적 공간'이란 말도(본서 326쪽 이하 참조) 적절한 용어라고는 생각되지 않는다. 본래 역사적 사건에는 행위 공간을 순수하게 합리적으로 구성하는 것을 넘어서는 운명적인 새로운 관점들이 추가되기 때문이다.

17. Heidegger, *Sein und Zeit*. 102쪽.

18. Heidegger, 같은 책, 102쪽.

19. W. Dilthey, *Gesammelte Schriften*(《전집》), VII 208쪽.

20. Dilthey, 앞의 책, VIII 79쪽.

21. Heidegger, *Sein und Zeit*. §§22, 23.

22. 내가 속한 기존의 문화 공간에서 벗어나 마찬가지로 합목적적으로 구성된 다른 문화 공간으로 들어갈 때, 즉 고향을 벗어나 낯선 곳으로 나갈 때 만나는 경계에 대해서는 논의하지 않겠다.

23. Lassen, 앞의 책, 80쪽 이하 참조.

24. V. v. Weizsäcker, *Der Gestaltkreis*(《형태순환론》). Leipzig 1940.

25. Lassen, 앞의 책, 59쪽 이하.

26. Minkowski, 앞의 책, 393쪽.

27. Bachelard, 앞의 책, 282쪽.

28. 같은 책, 215쪽.

29. Eichendorff, *In der Fremde*(《낯선 곳에서》). I 34쪽.

30. W. Bergengruen, *Die Rose von Jericho*(《예리코의 장미》). Zürich 1946. 9쪽, 14쪽.

31. Hesse, *Nebel*(《안개》). I 635쪽 이하.

32. 같은 곳.

33. 본서 110쪽 참조.

34. A. Stifter, *Bergkristall*(《수정》), in: Bunte Steine. Winkler-Verlag. München 1951. 188쪽 이하.

35. Goethe, *Erlkönig*(《마왕》). I 115쪽 이하.

36. Goethe, *Chinesisch-deutsche Jahres- und Tageszeiten*(《중국 · 독일의 계절과 시간》). II 53쪽.

37. Goethe, *Willkommen und Abschied*(《환영과 작별》). I 49쪽.

38. Minkowski, *Le temps vécu*. 393쪽.

39. 같은 책, 394쪽.

40. M. Merleau-Ponty, *Phénoménologie de la perception*(《지각의 현상학》). Paris 1945. 328쪽.

41. 같은 책, 334쪽.

42. Bachelard, 앞의 책, 95쪽.

43. Binswanger, Das Raumproblem in der Psychopathologie(〈정신병리학에서 공간 문제〉), in: *Ausgewählte Vorträge und Aufsätze*. 2. Bd. Bern 1955. 174쪽 이하. 특히 195쪽 이하에 나온 der gestimmte Raum 부분 참조.

44. Heidegger, *Sein und Zeit*. 134쪽 이하.

45. Bollnow, *Das Wesen der Stimmungen*. 3. Aufl. Frankfurt a. M. 1956.

46. Goethe, *Farbenlehre*(《색채론》). XVI 207쪽 이하.

47. H. Sedlmayr, *Die Entstehung der Kathedrale*. Zürich 1950.

48. 이 부분은 전에 나온 나의 저술인 《기분의 본질》과 《새로운 편안함》의 내용과 어느 정도 중복될 수밖에 없다. 그 저술에서 설명한 내용들을 달라진 관점에 따라 다시 한번 중요한 문제로 다루어야 하기 때문이다.

49. Goethe, *Die natürliche Tochter*(《사생아》). VI 375.

50. Binswanger, 앞의 글, 200쪽.

51. 같은 글, 201쪽.

52. H. Tellenbach, Die Räumlichkeit des Melancholischen(〈우울증 환자의 공간성〉). *Der Nervenarzt*. 27. Jahrg. 1956. 12쪽 이하, 289쪽 이하, 13쪽.

53. 같은 글, 14쪽.

54. 같은 글, 292쪽.

55. 같은 글, 291쪽.

56. 같은 글, 13쪽.

57. 같은 글, 16쪽.

58. 같은 글, 290쪽 이하.

59. J. Burckhardt, *Die Zeit Constantins des Großen*(《콘스탄티누스 대제의 시대》). Gesammelte Werke. Bd. I. Darmstadt 1955. 198쪽.

60. 같은 책, 195쪽.

61. L. Binswanger, *Über Ideenflucht*(《사고의 비약》). Zürich 1933.

62. 같은 책, 19쪽.

63. 같은 책, 58쪽.

64. 같은 책, 59쪽.

65. 같은 책, 59쪽.

66. 본서 326쪽 참조.

67. Binswanger, 앞의 책, 192쪽.

68. Goethe, *Faust.* V 187.

69. 같은 책, V 156.

70. Nietzsche, 앞의 책, I 24쪽.

71. Nietzsche, 앞의 책, XVI 234쪽.

72. E. Straus, Formen des Räumlichen. Ihre Bedeutung für die Motorik und die Wahrnehmung, in: *Psychologie der menschlichen Welt.* Gesammelte Schriften. Berlin, Göttingen, Heidelberg 1960. 141쪽 이하.

73. 같은 책, 141쪽.

74. 같은 책, 145쪽.

75. 같은 책, 156쪽.

76. 같은 책, 147쪽. 슈트라우스에 의하면, 소음은 그것을 유발한 진원지를 가리킬 뿐이라서 그 세계를 제대로 알려면 더 폭넓은 세계 이해의 틀의 필요하지만 무언가를 볼 때는 우리가 본 사물이 곧바로 주어져 있다. 슈트라우스가 지적한 듣기와 보기의 이 차이에 대해서는 여기에서 논하지 않겠다.

77. 같은 책, 같은 곳.

78. 같은 책, 같은 곳.

79. 같은 책, 147쪽.

80. 같은 책, 146쪽.

81. 같은 책, 147쪽.

82. 같은 책, 155쪽.

83. 같은 책, 156쪽.

84. 같은 책, 150쪽 이하.

85. 같은 책, 151쪽.

86. 같은 책, 157쪽.

87. 같은 책, 160쪽.

88. 같은 책, 160쪽.

89. 같은 책, 164쪽.

90. O. Weininger, *Über die letzten Dinge*(《마지막 일들》). 5. Aufl. Wien, Leipzig 1918.

91. Straus, 앞의 책, 174쪽.

92. 같은 책, 176쪽.

93. 같은 책, 164쪽.

94. 같은 책, 175쪽.

95. 같은 책, 176쪽.

96. 같은 책, 164쪽.

97. 같은 책, 164쪽.

98. 같은 책, 166쪽.

99. 같은 책, 164쪽.

100. 같은 책, 166쪽.

101. F. Hölderlin, *Hyperion*(《휘페리온》). Stuttgarter Ausgabe. 3. Bd. 9쪽.

102. 같은 책, 172쪽.

103. 같은 책, 176쪽 이하.

104. 같은 책, 177쪽.

105. 같은 책, 165쪽.

106. 같은 책, 172쪽 이하.

107. 같은 책, 176쪽.

108. 같은 책, 173쪽.

109. L. Binswanger, Das Raumproblem in der Psychologie(〈심리학에서의 공간 문제〉), in: *Ausgewählte Vorträge und Aufsätze*. 2. Bd. Bern 1955. 174쪽 이하.

110. Schiller, *Wallenstein*. V 219쪽.

111. L. Binswanger, *Grundformen und Erkenntnis menschlichen Daseins*(《인간 현존재의 기본 형태와 인식》). Zürich 1942. 25쪽.

112. 같은 책, 26쪽.

113. R. M. Rilke, *Briefe aus den Jahren 1907-1939*(《서간집 1907-1939》). 84쪽.

114. Rilke, 앞의 책, III 274쪽.

115. Binswanger, 앞의 책, 72쪽.

116. 같은 책, 31쪽.

117. 나의 빈스방거 저술 서평을 참조할 것. *Die Sammlung*. 1. Jahrg. 1945. 122쪽 이하.

118. Binswanger, 앞의 책, 223쪽.

119. 같은 책, 31쪽.

120. 같은 책, 77쪽.

121. Bollnow, *Die Ehrfurcht*. 2. Aufl. Frankfurt a. M. 1958. 참조.

122. Rilke, 앞의 책, III 110쪽.

123. Rilke, *Gedichte in französischer Sprache*. 77쪽.

124. Rilke, *Gedichte 1906-1926*. 1953. 557쪽.

125. Rilke, *Briefe aus den Jahren 1914-1921*. 1937. 94쪽.

126. Bollnow, *Neue Geborgenheit*. 242쪽 참조.

127. Binswanger, 앞의 책, 79쪽.

128. 같은 책, 72쪽.

129. 같은 책, 31쪽.

130. 같은 책, 256쪽.

131. Goethe, *Vier Jahreszeiten*. I 257쪽.

132. 같은 책, 256쪽.

133. 같은 책, 256쪽.

5부 인간 삶의 공간성

1. 본서 22쪽 참조.

2. 많은 언어들은 장소를 표현하는 부사와 대명사를 통해 이 공간 관계를 아주 세밀히 분류하고 다양하게 발전시켰다. K. Bühler, *Sprachtheorie*. Jena 1934 참조.

3. Goethe, *Faust*, 2부, V 293쪽.

4. Heidegger, *Sein und Zeit*. 135, 284, 345, 383쪽.

5. Bachelard, 앞의 책, 39쪽.

6. Heidegger, Bauen, Wohnen, Denken, in: *Vorträge und Aufsätze*. Pfullingen 1954. 162쪽.

7. 본서 161쪽 이하 참조.

8. 본서 165쪽 참조.

9. M. Merleau-Ponty, Signes(《기호》). Paris 1960. 20쪽. 곧 발간될 W. Maier의 박사학위 논문《사르트르와 메를로퐁티에 있어서의 몸의 문제》(Das Problem des Leibes bei Sartre und Merleau-Ponty, Tübingen 1963)에서 메를로퐁티에 관해 많은 자료를 얻을 수 있었음을 감사하게 생각한다.

10. M. Merleau-Ponty, *L'œil et l'esprit*(《눈과 마음》). Les Temps Modernes. No. 184-185. 193쪽.

11. Merleau-Ponty, *Phénoménologie de la perception*. Paris 1945. 382쪽 이하 참조.

12. Merleau-Ponty, *Phénoménologie*. 462, 491쪽; *Signes*. 69쪽.

13. Merleau-Ponty, *L'œil et l'esprit*. 200쪽.

14. Merleau-Ponty, *Phénoménologie*. 369쪽.

15. 같은 책, 225쪽.

16. 같은 책, 215쪽.

17. 같은 책, 462, 491쪽.

18. Merleau-Ponty, *Signes*. 68쪽.

19. Merleau-Ponty, *L'œil et l'esprit*. 200쪽.

20. Merleau-Ponty, *Phénoménologie*. 359쪽.

21. Merleau-Ponty, *L'œil et l'esprit*. 211쪽.

22. Merleau-Ponty, *Phénoménologie*. 162쪽. 118쪽 이하, 164쪽 참조.

23. 본서 39쪽 이하 참조.

24. Graf L. Tolstoi, *Sämtliche Erzählungen*, hrsg. v. G. Drohla. Frankfurt a. M. 1961. 603쪽 이하.

25. Bühler, 앞의 책, 131쪽; Strauss, 앞의 책, 167쪽 이하 참조.

26. Sartre, 앞의 책, 429쪽.

27. H. Plügge. 곧 출간될 *Die Gegebenheit des Leibes*에 수록되어 있다. *Wohlbefinden und Mißbefinden*. Tübingen 1962도 참조할 것.

28. G. Marcel, *Être et Avoir*(《존재와 소유》). Paris 1935. 9쪽; Bollnow, Gabriel Marcel. Christlicher Existentialismus(〈가브리엘 마르셀. 기독교적 실존주의〉). *Die Sammlung*. 3. Jahrg. 1948. 401쪽 이하, 481쪽 이하, 549쪽 이하 참조.

29. Ilias. 1편, 3-5행.

30. Sartre, 앞의 책, 454쪽.

31. Marcel, 앞의 책, 11쪽.

32. R. Bilz, Pole der Geborgenheit. Eine anthropologische Untersuchung über raumbezogene Erlebnis—und Verhaltensbereitschaften(〈안도감의 양극. 공간과 관련한 체험 자세와 행동 자세에 대한 인간학적 연구〉). *Studium generale*. 10. Jahrg. 1957. 552쪽 이하.

33. Saint-Exupéry, 앞의 책, 39쪽.

34. Bachelard, 앞의 책, 236쪽.

35. 같은 책, 236쪽.

36. Fischart. 《그림 사전》에서 발췌함.

37. H. Hediger, H. Peters의 논문(주 38 참조)에서 인용함.

38. H. Peters, Über die Beziehungen der Tiere zu ihrem Lebensraum(〈동물과 생활공간의 관계〉). *Studium generale*. 10. Jahrg. 1957. 523쪽 이하.

39. 같은 책, 525쪽; M. Meyer-Holzapfel, *Die Bedeutung des Besitzes bei Tier und Mensch*(《동물과 인간에 있어서 소유의 의미》). Arbeiten zur Psycho-Hygiene. Biel 1952.

40. Peters, 앞의 책, 523쪽 이하.

41. 같은 책, 534쪽. Hediger 참조.

42. H. Hediger. 페터스의 논문 524쪽에서 인용함.

43. A. Portmann, *Das Tier als soziales Wesen*(《사회적 존재로서의 동물》). Zürich 1953. 273쪽.

44. K. Lorenz, *Er redete mit dem Vieh, den Vögeln und den Fischen*(《그는 가축, 새, 물고기와 이야기했다》). Wien 1949. 101쪽.

45. A. Portmann, Vom Wunderspatzen zum Spatzenwunder(《신기한 참새와 참새의 신비》). *Die Weltwoche*, 1956년 5월 11일.

46. Lorenz, 앞의 책, 44쪽 이하.

47. Hesse, *Das Glasperlenspiel*. VI 556쪽.

48. 같은 책, 483쪽.

49. R. M. Rilke, *Briefe und Tagebücher aus der Frühzeit*(《릴케 초기 서간집과 일기》). 1931. 248쪽

50. Bachelard, 앞의 책, 238쪽.

51. 같은 책, 119쪽.

52. 같은 책, 132쪽.

53. 본서 284쪽 이하, 290쪽 이하 참조.

54. Minkowski, *Cosmologie*. 106쪽.

55. 같은 책, 106쪽.

56. Bachelard, 앞의 책, 166쪽.

57. Minkowski, 앞의 책, 106쪽.

58. Bachelard, 앞의 책, 29쪽 이하.

59. 같은 곳.

60. W. Pabst, Funktionen des Raumes in der modernen französischen Literatur(《현대 프랑스 문학에서 공간의 기능》). In: *Universitätstage 1960*. Veröffentlichung der Freien Universität Berlin.

61. 본서 357쪽 이하 참조.

62. Bachelard, 앞의 책, 39쪽.

63. 같은 책, 132쪽.

64. 같은 책, 39쪽.

65. 같은 책, 40쪽.

66. 인간을 지탱하면서 도움을 주는 자연의 식물계에 대한 인간의 관계를 나는 1986년에 열린 오사카 국제녹색환경포럼(International Green Forum)에서 '도시, 녹지, 인간'이라는 강연을 통해 자세히 설명했다. 강연록은 *Zwischen Philosophie und Pädagogik*, Aachen 1988, 44-62쪽에 수록되어 있다.

〈로컬리티 번역총서〉를 펴내며

로컬리티의 인문학 연구단에서 번역총서를 내놓는다. 〈로컬리티 번역총서〉는 고전적·인문학적 사유를 비롯해서, 탈근대와 전지구화의 관점에서 해석되는 로컬리티에 대한 동서양의 다양한 논의를 담고 있다. 로컬리티 연구는 동서양을 막론하고 학문적 교차점, 접점, 소통성을 확보하는 것이 중요한 과제다. 이러한 의미에서 본 연구단에서는 장기적인 계획 아래, 로컬리티 연구와 관련한 중요 저작과 최근의 논의를 담은 동서양의 관련 서적 번역을 기획했다. 이를 통하여 로컬리티와 인문학 연구를 심화하고 동시에 이를 외부에 확산시킴으로써 로컬리티 연구의 저변을 확대하고자 한다.

우리가 로컬리티에 천착하게 된 것은 그동안 국가 중심의 사고 속에 로컬을 주변부로 규정하며 소홀히 여긴 데 대한 반성적 성찰의 요구 때문이기도 하다. 오늘날 로컬은 초국적 자본과 전 지구적 문화의 위세에 짓눌려 제1세계라는 중심에 의해 또다시 소외당하거나 배제됨으로써 고유의 정체성을 잃어가고 있다. 반면에, 전 지구화 시대를 맞아 국가성이 약화되면서 로컬은 또 새롭게 거듭나고 있다. 그동안 국가 중심주의의 그늘에 가려졌던 로컬 고유의 특성을 재발견하고 전 지구화에 능동적으로 대처하는, 이른바 로컬 주체의 형성과 로컬 이니셔티브(local initiative)의 실현을 위해 부단한 노력을 기울이는 모습들이 속속 드러나고 있다.

이제 로컬의 현상들을 파악하기 위해 기존의 지역 논의와 다른 새로운 사고가 절실히 필요하다. 지금까지 지역과 지역성 논의는 장소가 지닌 다양성과 고유성을 기존의 개념적 범주에 맞춤으로써 로컬의 본질을 왜곡하거나 내재된 복합성을 단순화하는 오류를 범했다. 이에 우리는 로컬을 새로운 인식과 공간의 단위로서 재정립해야 할 필요성을 다시 확인하며, 로컬의 역동성과 고유성을 드러내줄 로컬리티 연구를 희망한다.

〈로컬리티 번역총서〉는 현재 공간, 장소, 인간, 로컬 지식, 글로벌, 로컬, 경계, 혼종성, 이동성 등 아젠다와 관련한 주제를 일차적으로 포함했다. 향후 로컬리티 연구가 진행되면서 번역총서의 폭과 깊이는 더욱 넓어지고 깊어질 것이다. 번역이 태생적으로 안고 있는 잡종성이야말로 로컬의 속성과 닮아 있다. 이 잡종성은 이곳과 저곳, 그때와 이때, 나와 너의 목소리가 소통하는 가운데 새로운 생성의 지대를 탄생시킬 것이다.

우리가 번역총서를 기획하면서 염두에 둔 것이 바로 소통과 창생의 지대이다. 우리는 〈로컬리티 번역총서〉가 연구자들에게 로컬리티 연구에 대한 기반을 제공해줌으로써 학제간의 경계를 넘나드는 심화된 통섭적 연구가 이루어지고, 나아가 '로컬리티의인문학(locality and humanities)'의 이념이 널리 확산되기를 바란다.

부산대학교 한국민족문화연구소
(HK)로컬리티의인문학 연구단